Franz Stadler / Manfred Hobsch

Die Kunst der Filmkomödie
Band 1

Franz Stadler / Manfred Hobsch

Die Kunst der Filmkomödie

Band 1: Komiker, Gags und Regisseure

MÜHLBEYER
FILMBUCHVERLAG

Bibliografische Information der Deutschen Nationalbibliothek:
Die Deutsche Nationalbibliothek verzeichnet diese Publikation in der Deutschen
Nationalbibliografie; detaillierte bibliografische Daten sind im Internet über
http://dnb.d-nb.de abrufbar.

© 2015 Mühlbeyer Filmbuchverlag
Inh. Harald Mühlbeyer
Frankenstraße 21a
67227 Frankenthal
www.muehlbeyer-verlag.de

Lektorat, Gestaltung: Harald Mühlbeyer
Umschlagbild: © Ivanov Valeriy/Thinkstockphotos
Umschlaggestaltung: Steven Löttgers, Löttgers-Design Birkenheide

ISBN: 978-3-945378-17-5
Druck: BoD, Norderstedt
Printed in Germany

Das Werk, einschließlich seiner Teile, ist urheberrechtlich geschützt. Jede Verwertung ist ohne Zustimmung des Verlages und des Autors unzulässig. Dies gilt insbesondere für die elektronische oder sonstige Vervielfältigung, Übersetzung, Verbreitung und öffentliche Zugänglichmachung.

Inhalt

Prolog: 11
TEIL 1: GRUNDFORMEN UND HANDLUNGSMUSTER DER FILMKOMÖDIE 16
Grundformen der Filmkomödie 18
    Die Slapstickkomödie 18
    Die Gesellschaftskomödie 20
    Die Tragikomödie 23
    Die Parodie 26
    Die Satire 27
Personelle Grundkonstellationen der Filmkomödie 29
    Komische Typen 29
    Komische Paare 30
    Ensemblekomödien 32
Grundthemen der Filmkomödie 33
    David gegen Goliath 33
    Romantic Comedies 34
        Serenade zu dritt 35
        Der Reigen 36
        Make love, not war 37
        Der Verführer lässt schön grüßen 38
        Sex on the Beach 39
        Screwball Comedies 41
    Familienkomödien 43
    Hochzeitstrouble 45
    Situationskomödien 47
    Culture Clash 48
    Missverständnisse und Verwechslungen 49
    Rollen- und Geschlechtertausch 51
    Schwierige Aufgaben 52
    Gaunerkomödien 53
    Spaß mit Leichen 54
    Pikarische Abenteuer 56
    Komische Prämissen 56
    Kleine Fluchten 58
    Jagdgeschichten 59
    Unvorhergesehene Ereignisse 60
    Kulinarisches Kino 61
Die 20 Grundgags der Filmkomödie 63
    Situationskomik: Der Mensch in einer peinlichen und lächerlichen
    Situation 63
    Kleine Ursache – große Wirkung 64
    Große Ursache – kleine Wirkung 65

- Tücke der Objekte … 65
- Umwandlung der Dinge … 66
- Fehlverhalten … 67
- Die Kunst der Zerstörung … 67
- Anti-Gags … 68
- Running Gags … 69
- Verzögerungsgags … 70
- Spätzündung … 70
- Kettenreaktionen … 71
- Die Tortenschlacht … 72
- Körperliche Deformationen … 73
- Spiel mit der Gefahr … 74
- Verfremdungseffekte … 75
- Komische Nachahmung … 76
- Unangepasste Verhaltensweisen … 76
- Falsche Erwartungen und echte Überraschungen … 78
- Sprachgags … 79

TEIL 2: ABC DER GROSSEN FILMKOMIKER … 81
- Abbott & Costello … 82
- Woody Allen … 84
- Rowan Atkinson … 90
- Roberto Benigni … 93
- Dany Boon … 97
- Bourvil … 99
- Mel Brooks … 102
- Jim Carrey … 105
- Charlie Chaplin … 109
- Chevy Chase … 112
- Billy Crystal … 114
- Danny DeVito … 117
- Heinz Erhardt … 119
- Pierre Étaix … 122
- Marty Feldman … 125
- Fernandel … 127
- W. C. Fields … 130
- Louis de Funès … 134
- Curt Goetz … 137
- Whoopi Goldberg … 140
- Cary Grant … 142
- Alec Guinness … 146
- Dieter Hallervorden … 148

Tom Hanks	150
Goldie Hawn	153
Michael »Bully« Herbig	156
Terence Hill & Bud Spencer	159
Bob Hope	162
Danny Kaye	165
Buster Keaton	169
Laurel & Hardy	174
Jack Lemmon	178
Jerry Lewis	182
Max Linder	187
Theo Lingen	190
Harold Lloyd	193
Loriot	195
Nino Manfredi	198
Steve Martin	201
Die Marx Brothers	205
Walter Matthau	208
Bette Middler	212
Monty Python	214
Dudley Moore	217
Hans Moser	219
Eddie Murphy	221
Bill Murray	223
Maurizio Nichetti	226
Leslie Nielsen	229
David Niven	232
Die Olsen-Bande	234
Pat und Patachon	236
Raimu	239
Pierre Richard	241
Heinz Rühmann	243
Adam Sandler	247
Helge Schneider	250
Peter Sellers	252
Vittorio De Sica	256
Will Smith	260
Ben Stiller	262
Jacques Tati	265
Ugo Tognazzi	270
Totò	272

Peter Ustinov	274
Karl Valentin	278
Otto Waalkes	282
Mae West	284
Gene Wilder	287
Robin Williams	290
TEIL 3: DIE BESTEN KOMÖDIENREGISSEURE	**293**
Pedro Almodóvar	294
Wes Anderson	296
Alessandro Blasetti	299
Philippe de Broca	300
Detlev Buck	303
Tim Burton	306
Frank Capra	309
René Clair	311
Étienne Chatiliez	314
Die Coen-Brothers	315
Charles Crichton	317
Michel Deville	319
Tom DiCillo	322
Doris Dörrie	323
Stanley Donen	326
Blake Edwards	329
Nora Ephron	331
Marco Ferreri	334
Miloš Forman	336
Melvin Frank, Norman Panama	339
Stephen Frears	341
Terry Gilliam	345
Howard Hawks	348
Kurt Hoffmann	350
Juzo Itami	352
Agnès Jaoui	354
Anders Thomas Jensen	356
Jean-Pierre Jeunet	357
Cédric Klapisch	360
Emir Kusturica	362
John Landis	364
Mitchell Leisen	366
Richard Lester	368
Dani Levy	370

Ernst Lubitsch	372
Alexander Mackendrick	376
Leo McCarey	377
Norman Z. McLeod	379
Jiří Menzel	381
Nancy Meyers	383
Édouard Molinaro	385
Mario Monicelli	387
Harold Ramis	389
Carl Reiner	392
Rob Reiner	393
Alain Resnais	395
Dino Risi	397
Yves Robert	399
David O. Russell	401
Sabu	403
Coline Serreau	404
Ettore Scola	406
Preston Sturges	411
Jan Svěrák	413
Frank Tashlin	416
Francis Veber	418
John Waters	420
Lina Wertmüller	423
Billy Wilder	425
Sönke Wortmann	428
Robert Zemeckis	430
ZAZ: Jim Abrahams und die Zucker-Brothers	433
BONUS: DREI KOMÖDIENSCHMIEDEN	**436**
Judd Apatow	436
Ealing Studio: Tradition der Komödienqualität	439
Saturday Night Live	441
Literaturverzeichnis	**443**

Prolog

Kann man ernsthaft über Komödien schreiben? Soll man das überhaupt? Muss man unbedingt alles untersuchen, analysieren, kategorisieren? Verdirbt es einem nicht den Spaß, wenn man stets grübelt, worüber man gelacht hat und warum? Oder erhöht es nicht umgekehrt den Reiz, wenn man lachend durchschaut, weshalb man sich amüsiert hat? Jedenfalls hilft es, die guten Filmkomödien von den schlechten zu unterscheiden. Darum geht es in diesem Buch: um die gute Filmkomödie.

Das Publikum liebt Komödien. Die Filmproduzenten auch. Es ist die billigste Art der Filmproduktion. Man braucht keine prächtigen Kulissen, aufwändige Bauten, teure Komparsenheere, komplizierte Tricks, sensationelle Stunts, komplizierte Computereffekte, unbezahlbare Stars. Man braucht nur drei Grundvoraussetzungen: ein tolles Drehbuch voll origineller Ideen, ausgefeilter Sprachpointen und überraschender Gags, clowneske Komiker wie seriöse Schauspieler mit Freude am Spaß und einen Regisseur mit dem richtigen Gefühl für exaktes Gag-Timing. Und das ist das Problem. Nicht immer kommt dies alles zusammen.

Was ist komisch? Worüber lacht der Mensch? Anerkannte Geistesgrößen haben das wissenschaftlich untersucht und ihre Erkenntnisse in ihrer für den normalen Menschenverstand unbegreiflichen Geheimsprache verklausuliert, die einfachsten Dinge in das Korsett der Verkomplizierung zwängt. Der Philosoph Theodor Lipps definiert in seinem Buch *Komik und Humor* (1989) als Grund jeder Komik »den unvermerkten Übergang von großen Dingen zu kleinen, wodurch eine unaufgelöste Spannung entsteht, die jene krampfartigen Bewegungen erzeugt, die wir Lachen nennen.« Sigmund Freud erklärt in *Der Witz und seine Beziehung zum Unbewussten* das Wesen der Komik aus dem Zuviel oder Zuwenig im Vergleich zur Norm – »zuviel« ist das übereilte Slapsticktempo der Stummfilmstars, »zuwenig« die tölpelhafte Ungeschicklichkeit der Komiker. »Komik ergibt sich aus der Differenz zwischen der Realität, wie wir sie täglich erfahren, und ihrer Verformung im Groteskfilm«, notieren Hans Scheugl und Ernst Schmidt in ihrer *Subgeschichte des Films*.

Was im wirklichen Leben äußerst unangenehm ist und weh tut – das Ausrutschen auf der sprichwörtlichen Bananenschale – wirkt in der Sicht der Filmkomödie komisch. Je höher der Gefallene in seinem Ansehen, seiner Position, seiner Würde und seiner Protzerei erscheint, desto größer ist das schadenfrohe Vergnügen der Zuschauer. Der freie Fall wirkt als Gleichmacher für alle, die der Verlust des aufrechten Gangs der gleichen Lächerlichkeit preisgibt. Durch die Herabsetzung des Erhabenen, die Umwandlung des Dramatischen in den Bereich der Komik wird die Situation entschärft. Die Widrigkeiten des Lebens werden komödiantisch umgeformt durch die übertriebene Darstellung menschlicher Verhaltensweisen und heitere Auflösung ernster Konflikte. Der Zuschauer, der im täglichen Leben angemessen zu funktionieren hat, amüsiert sich über unangemessenes Verhalten, das Situation und Handeln als grotesken Widerspruch erfährt. Da wird die Zuschauererwartung komisch enttäuscht, wenn das Gegenteil dessen geschieht, was erwartet wurde. Ein Überraschungseffekt, der Grundelement aller Komik ist. Sogar ein Uralt-Gag wird noch seine Lachkraft entfalten, wenn er in einen überraschenden Zusammenhang mit dem Geschehen gesetzt wird.

Angesichts der Misere in der großen Welt, auf die wir keinen Einfluss haben, und der Misere in unserer kleinen Alltagswelt, auf die wir Einfluss nehmen können, fordert die Komödie auf, nicht alles so bitter ernst zu nehmen, und aktiviert so das menschliche Grundempfinden für Konfliktbereitschaft, Toleranz und Lebensfreude. Humor definiert Josef Lederle in seinem Essay im Band *Ins Kino gegangen. Gelacht* als »Grundeinstellung zum Leben, die sich der Widersprüchlichkeit unserer Zeit bewusst ist, ohne zu verzweifeln.« Für den Komiker ist die Welt ein Trauerspiel, das nur zu ertragen ist, wenn man es mit Komik überspielt. Als unverbesserlicher Optimist begegnet er dem täglichen Irrsinn mit Geist und Humor – zumindest mit Galgenhumor.

Komik steht in Ursache und Wirkung immer im Zusammenhang mit der Realität, manifestiert sich in der Darstellung gestörter Beziehungen zu unserer Welt, zu den Dingen, den Menschen, der Sprache und zu den Institutionen, die uns umgeben, prägen und beherrschen. Ob man über den Menschen lacht, der hilflos im Netz gesellschaftlicher Anforderungen zappelt, oder aber über die Lächerlichkeit eben dieser Spielregeln – das macht den humanitären Grundton der Komik aus und zeigt den Unterschied zwischen repressivem Humor, der verharmlost und mit einer unschönen Welt versöhnt, und befreiendem Humor, der auf bessere Möglichkeiten des Lebens weist. Aufsässig aggressiv und voller Destruktionslust reagierten etwa die alten Slapstick-Clowns auf die Widrigkeiten des Lebens, stellten die Ordnung auf den Kopf und versahen die spielerische Aufhebung aller Normen als Akt der Befreiung.

Es sind immer wieder die Konflikte des täglichen Lebens, die zum Ausgangspunkt der Filmkomödie werden. Komik ist immer gebunden an ihre Umgebung und ihre Zeit. So ist ihre Resonanz abhängig von den jeweiligen Lebensumständen, den nationalen, kulturellen und persönlichen Eigenarten des Betrachters. So wenig wie der teutonische Humor in anderen Teilen der Welt ankommt, so wenig wie wir den Humor aus fernen Ländern nachvollziehen können, deren Mentalität uns fremd erscheint, so unverständlich ist uns das, worüber sich unsere Vorfahren einst amüsiert haben.

Sprachen in der Vergangenheit die Filmkomödien hauptsächlich die Mittelschicht der erwachsenen Geldverdiener an, so verschob sich spätestens mit dem Aufkommen der Multiplexe in den 1980er Jahren und ihrem jugendlichen Publikum der Akzent auf diese einträgliche Besuchergruppe. Mit der filmischen Komödienausrichtung auf den kindlichen Albernheiten pubertärer Scherze um →Adam Sandler, →Ben Stiller oder →Jim Carrey begann korrespondierend mit dem ohrenbetäubendem Lärm effektstrotzender Actionspektakel die systematische Vertreibung des älteren Publikums aus den Kinosälen. Doch mit Beginn des neuen Jahrtausends erschraken die Filmproduzenten über den schleichenden Verlust des jungen Publikums, das sich vom passiven Filmegucken immer mehr abwandte hin zur interaktiven Freizeitgestaltung im elektronischen Multimediazirkus der Computerspiele, die in ihrer aufwändigen Perfektion die Produktionskosten von Hollywoods Megablockbustern übertreffen. Und ihre Gewinnmöglichkeiten ebenfalls! Seit das Internet in all seinen Möglichkeiten zum Lieblingsspielzeug der jungen Generation wurde, ist der Erlebnisort Kino nur noch eine von vielen Möglichkeiten der Freizeitgestaltung. Reumütig besannen sich die Filmproduzenten des älteren Publikums, deren Filminteressen sie solange ignoriert hatten, und holten die Feel-Ever-Young-Generation, die heute fitter und unternehmungslustiger ist als ihre Altersgenossen vor 50 Jahren, mit Filmen wie QUARTETT (QUARTET, 2012, Regie: Dustin Hoffman), BEST EXOTIC MARIGOLD HOTEL (2012, Regie: John Madden) oder WIE BEIM ERSTEN MAL (HOPE SPRINGS, 2012, Regie: David Frankel) ins Kino zurück. Dieser Reifeprozess kommt der Komödienqualität zugute.

Wer sich über die Blödelkomik eines →Jerry Lewis oder das Grimassenschneiden eines Jim Carrey kaputt lacht, kann eventuell dem feinsinnigen Humor eines →Ernst Lubitsch in seinen amerikanischen Komödien nichts abgewinnen. Es hängt auch von der Intelligenz, der Bildung, dem Geschmack eines jeden Einzelnen ab, mit welcher Lachenergie er auf Leinwandkomik reagiert. All die feinen und unfeinen Nuancen der Filmkomik, vom zotigen Gag bis zur zynischen Satire, vom derben Klamauk bis zu feinsinnigen Anspielungen, vom durchgeknallten Irrsinn bis zum nachdenklich stimmenden Schmunzelhumor sind die Grundelemente und Bausteine der Filmkomödie. Ein Gag kommt selten allein. Er reiht sich nahtlos ein in ein gut geöltes Räderwerk vorbereitender, sich ergänzender, sich steigernder, sich überschlagener Gags, die als pointengenau getimte Lachpartituren den Filmrhythmus vorgeben.

Wie die Gagmaschine Kino funktioniert, möchten wir im folgendem darstellen, ohne mit übersteigerter Interpretationssucht den Spaß am Lesen verderben zu wollen.

TEIL 1

GRUNDFORMEN UND HANDLUNGSMUSTER DER FILMKOMÖDIE

von Franz Stadler

Das weite Feld der Filmkomödie in ihrer Erscheinungsvielfalt mit einem starren Regelwerk fest gefügter Formen und Inhalte eingrenzen zu wollen, gerät anders als bei den etablierten Genres Western oder Krimi, Horror- oder Animationsfilm zum wagemutigen Balanceakt über die komischen Abgründe einer Filmspezies, die in der Bandbreite ihrer Gestaltungsformen und der Unendlichkeit ihrer komödiantischen Variationsmöglichkeiten sich in einer eindeutig klaren, analytisch erforschbaren Begriffsdefinition entzieht.

Wenn die Hits des modernen Action-Kinos ihre Spannungsszenen mit lustigen Sprüchen und witzigen Überraschungen komödiantisch auflockern, weichen sie die Genregrenzen auf. Wo hört der Actionfilm auf? Wo fängt die Komödie an? Sind DER JÄGER DES VERLORENEN SCHATZES und MEN IN BLACK Action-Filme oder Komödien? Jedes Filmgenre – vom Western bis zum Krimi, von der Science Fiction bis zum Horrorfilm, vom Katastrophenspektakel bis zum Sexfilm, vom Historienschinken bis zum Schlagerfilm – lässt sich mit komödiantischen Einsprengseln verbinden, ohne gleich zur reinen Komödie zu werden. Denn dazu gehören mehr als nur ein paar lustige Sprüche und komische Szenen. Entscheidend ist, wie weit der Komödienton in der Grundhaltung und im Stil des Films das Geschehen bestimmt, ob er sich aus dem Inneren der Handlung heraus, aus dem Charakter, aus den menschlichen Beziehungen untereinander entwickelt.

Die Überschneidung der Genregrenzen macht es schwer, den Begriff der Filmkomödie exakt zu definieren. Um höchste Vergnüglichkeit zu bewirken, werden durch geschickte Verknüpfung mehrerer Themen neue Reize gewonnen, verschiedene Handlungsfäden und Komikelemente miteinander vermengt, satirische und parodistische Momente ins Geschehen eingefügt; wird die Situationskomik des Slapsticks mit den Wortgefechten gepfefferter Dialoge gewürzt, Liebesgeflüster mit wilden Verfolgungsjagden aufgescheucht und feinste Charakterkomik auf dem Schlachtfeld gröbster Zerstörungsorgien geopfert. Doch bei all dem komödiantischen Durcheinander kristallisieren sich bestimmte Grundformen und Grundthemen heraus, die in unterschiedlicher Gewichtung Inhalt und Gestalt der Komödien bestimmen und so ihr dramaturgisches Fundament bilden. Wie die einzelnen Filme dem Komödienschema folgen und dem Genre doch etwas Neues abgewinnen, macht ihre Qualität aus und bestimmt ihren Unterhaltungswert.

Die im folgendem erwähnten Filmtitel dienen dazu, die Ausführungen des Buchtextes beispielhaft zu untermauern, erheben keinen Anspruch auf Vollständigkeit, wollen den Leser eher ermuntern, in seinem filmischen Langzeitgedächtnis nach weiteren passenden Titeln fündig zu werden.

Grundformen der Filmkomödie

Die Slapstickkomödie

Schon die erste Filmkomödie L'ARROUSER ARROSÉ (DER BEGOSSENE GÄRTNER) von den Brüdern Lumière aus dem Jahr 1895 enthielt Grundelemente der Slapstickkomödie: Ein Gärtner, dem ein Streich gespielt wird, ein Gartenschlauch, der sich wassersprühend selbstständig macht und die abschließende Jagd nach dem Täter – das Missgeschick, die Tücke der Objekte und die Verfolgungsjagd.

Die Wortherkunft von Slapstick, zusammengefügt aus »sticks«, Stöcke, die Zirkusclowns aneinander schlugen (»slap«), um den Beifall des Publikums herauszufordern, weist auf die Komiktradition des Zirkus, der Music Hall und des Variétés hin, wo Heerscharen von Groteskkomikern rekrutiert wurden, um dem Kinopublikum das Lachen zu lehren. Die ersten Stummfilmgrotesken wurden in Frankreich und England gedreht, bevor Mack Sennett als der selbst ernannte »King of Comedies« eine ganze Armee von Komikern auf die Welt los ließ, um komisches Chaos zu schaffen. Jeden seiner Komiker stattete er mit einem ganz speziellen Aussehen aus, das ihn als unverkennbar komischen Typen festlegte. Es war die Komik der zu großen Hüte, der zu kleinen Anzüge, der bombastischen Bärte und wulstigen Augenbrauen, der wieselflinken Dürren und der akrobatisch behänden Dicken. Besonders beliebt waren Mack Sennetts Spezialtruppen: Die stets im Alarmzustand befindliche Polizeitruppe der Keystone Cops, die für Ordnung sorgen sollte, aber nur Chaos stiftete, ebenso wie seine »Bathing Beauties«, die mit ihrem Sex-Appeal die Männer verwirrten. Eine Handlung gab es nicht; nur eine Grundsituation und was man daraus Komisches machen konnte.

Die Slapstickkomödie

Dass Film Bewegung sei, ist das Grundprinzip aller Mack Sennett-Grotesken. Die Rasanz des sich überschlagenden Geschehens, der rasche Wechsel von Orten und Szenen, das wahnwitzige Tempo der Inszenierung steigerten sich zu einer mitreißend verrückten Wirkung, die alle Beteiligten wie im Sog eines Taifuns durcheinander wirbelte, um im finalen Ritual der Verfolgungsjagd alle Manifestationen der bürgerlichen Ordnung und alle Errungenschaften der Technik mit der fröhlichen Energie hemmungsloser Zerstörungswut zu Bruch gehen zu lassen. Nicht nur die Menschen spielten verrückt, sondern auch die Dinge. Die Errungenschaften der Technik befreiten sich aus der Herrschaft der Menschen und wandten sich gegen ihre Erfinder und Nutzer: Lokomotiven, Autos, Schiffe und Flugzeuge entwickelten ein unsteuerbares Eigenleben und verweigerten ihre Dienste. Dass Sennett seine Grotesken ins Absurde und Surreale übersteigerte, lässt sie heute noch modern erscheinen.

Gilt Mack Sennet als Vater der Stummfilmgroteske, so ist der Produzent Hal Roach ihr Vollender. Er verlangsamte das Tempo, verfeinerte den archaischen Slapstickstil durch subtilere Gags und durch Psychologisierung seiner Figuren. Roach reduzierte seine Komik auf eine einfache Grundidee und wenige Darsteller, wobei er jeden Gag in allen möglichen Variationen durchspielte und die Wirkung nach Prinzip der Kettenreaktion steigerte. So wurde Hal Roach auch zum Mentor von →Laurel & Hardy.

Ein früher Star der Stummfilmgroteske war der Franzose →Max Linder in den 1910er Jahren, dessen vornehme Gentleman-Kleidung und dandyhafte Note im Gegensatz standen zum grotesken Outfit all seiner Slapstick-Kollegen. →Charlie Chaplin bezeichnete Max Lin-

Abb. 1 Buster Keaton auf führerlosem Motorrad in Sherlock,, Jr.

der als sein Vorbild. Von ihm übernahm er mit Anzug, Stöckchen und Bowler Hut die schäbigen Reste einer ehemaligen Eleganz. Der ewige Tramp war der ungekrönte König im Olymp der Slapstickstars. →Buster Keaton – der Mann, der niemals lachte – begegnete allen Gefahren und Problemen, die ihm auflauerten, mit stoischem Gleichmut, um sie mit artistischer Geschicklichkeit und konzentrierter Tatkraft zu überwinden. →Harold Lloyd war kein Wolkenkratzer zu hoch, um daran hochzuklettern und spaßige Spiele mit der Gefahr zu treiben. Laurel & Hardy, diese geniale Paarung aus infantilem Humor und zerstörerischer Komik, sind die einzigen Stummfilmkomiker, denen der Sprung in die Tonfilmära übergangslos gelang. Die Sprachpointen ihrer Dialogkunst haben ihre visuelle Komik verfeinert und verdoppelt.

Komiker wie →Jerry Lewis, →Jacques Tati, →Pierre Étaix, →Peter Sellers, →Marty Feldman, →Rowan Atkinson und →Jim Carrey haben Jahrzehnte später die Tradition der Situationskomik erfolgreich wiederbelebt. Die Komikergenies →Charlie Chaplin, →Buster Keaton, Jacques Tati, Pierre Etaix, →Woody Allen und →Mel Brooks haben ihre Filme selbst inszeniert. Und Meisterwerke des komischen Films geschaffen.

Die Gesellschaftskomödie

Mit dem Beginn des Tonfilms wanderte die Komik aus dem hektischen Treiben der Stummfilmclowns in die Dialoge des Tonfilms, was das Gagtempo langsamer und die Pointen feiner machte. Nicht länger war nur das komisch, was der Komiker tat. Damit ist die Situationskomik nicht aus der Tonfilmkomödie verbannt, aber sie ist nur ein Element des Komischen, besonders geeignet, das Filmtempo zu beschleunigen.

Wo die Handlung im Slapstick nur ein Vorwand war für eine Abfolge komischer Situationen, erzählt die Dialogkomödie richtige Geschichten, in denen der Held nicht unbedingt ein Komiker sein muss und in denen die charakterliche Vertiefung der Personen die Handlung des Films fest in der realen Welt verankert. So wird die Gesellschaftskomödie zum Abbild ihrer Umwelt und ihrer Zeit, in der sie spielt und deren Fehler und Schwächen sie persifliert. Komik entsteht aus den vergeblichen Versuchen des Helden, sich in seiner Umgebung zu recht zu finden, seine Ziele zu verfolgen und die ihm den Weg gestellten Hindernisse zu überwinden.

Nicht der komische Typ steht im Mittelpunkt, sondern ein Normalmensch mit seinen Problemen, die meist erotischer Natur sind. Statt der Situationskomik wird die Sprachkomik betont, die sich vom Slapstick das Wahnsinnstempo aneignet. So sind denn die Filmkomödien weniger durch ihre Komiker als vielmehr durch ihre Autoren und Regisseure geprägt. →Ernst Lubitsch, →Frank Capra, →Billy Wilder, →Preston Sturges, →Howard Hawks und →Stanley Donen waren Meister der eleganten Gesellschaftskomödie mit aktuellen Zeitbezügen und milder Selbstironie, welche die vornehme High Society-Welt mit überlegenem Spott porträtiert und satirische Pfeile gegen Kapitalismus, puritanische Moral, Reklamerummel und Psychiaterkult schießt. Lovestories, Dreiecksverhältnisse, Generationskonflikte und Familienprobleme werden in gehobenen Kreisen ausgetragen, was imposante Dekors und feine Dialogpointen ermöglicht.

Seit Beginn des Tonfilms nützt das Kino die bühnenerprobten Vorlagen der Salon- und Boulevardkomödien mit ihren amüsanten Verwicklungen, erotischen Komplikationen, geschliffenen Dialogen und doppeldeutigen Anzüglichkeiten als Erfolgsformel für stargespickte Filmkomödien, die in der Form der »Sophisticated Comedy« ihre eleganteste Vollendung findet. Die feine Gesellschaft mit ihren luxuriösen Salons und ihrer Kunst des Müßiggangs bietet das ideale Forum für funkelnde Aphorismen und sarkastische Bonmots, geistreich formuliert von den Großmeistern der europäischen Salonkomödie Molière, Marivaux, Oscar Wilde, Georges Feydeau, Eugène Labiche, Jean Anouilh, Marcel Pagnol, Carlo Goldoni, →Curt Goetz, Noel Coward und weiter entwickelt von den Autoren unserer Zeit: Neil Simon, Alan

Abb. 2: Streit in DER GOTT DES GEMETZELS

Ayckbourn, Peter Shaffer, Ephraim Kishon, Joe Orton, Harold Pinter, Yasmina Reza.

Auch heute werden diese Theaterstücke aus zurückliegenden Jahrzehnten oder gar Jahrhunderten immer wieder neu verfilmt, haben sie doch trotz ihrer historischen Angestaubheit nichts von ihrem Witz und ihrem Charme verloren. Roman Polanski überführt in seiner Verfilmung des aktuellen Theaterstücks von Yasmina Reza DER GOTT DES GEMETZELS (2011) die Grundform der Salonkomödie in die Jetztzeit und entlarvt im Streitdisput zweier gut situierter Ehepaare das versteckte Aggressionspotenzial, das hinter der Fassade zivilisierter Bürgerlichkeit lauert.

Als Kunstform des 20. Jahrhunderts bezieht sich die Filmkomödie auf die komischen Aspekte der Gegenwart, die sie dem Theater und der Literatur ebenso entnimmt wie der Präsenz des alltäglichen Lebens, das die Autoren, Komiker und Regisseure in ihrem Aberwitz, ihrer Widersprüchlichkeit und Absurdität einfangen. Regisseure wie Ernst Lubitsch, Frank Capra, →René Clair, →Francis Veber, →Coline Serreau, →John Landis, →Blake Edwards oder →Kurt Hoffmann haben sich auf Komödien spezialisiert und das komische Filmuniversum mit der Lachgarantie ihres individuell geprägten Kinohumors bestimmt, während einige der besten und schönsten Kunststücke des Genres von Regisseuren stammen, in deren Schaffen diese Filmspezies eher eine Ausnahme ist: von Monumentalfilmspezialist David Lean (HERR IM HAUS BIN ICH, 1954), von Western-Regisseur John Ford (DER SIEGER, 1952), von Spannungsmeister Alfred Hitchcock (MR. UND MRS. SMITH, 1941; IMMER ÄRGER MIT HARRY, 1955), von den Meistern seriöser Filmkunst Ingmar Bergman (DAS LÄCHELN EINER SOMMERNACHT, 1955), Louis Malle (ZAZIE, 1960; VIVA MARIA!, 1965), Stanley Kramer (EINE TOTAL, TOTAL VERRÜCKTE WELT,

1963), Pietro Germi (SCHEIDUNG AUF ITALIENISCH, 1961) oder Stanley Kubrick (DR. SELTSAM ODER: WIE ICH LERNTE, DIE BOMBE ZU LIEBEN, 1964). Komödien, die als künstlerische Meilensteine der Filmgeschichte gelten.

Die Tragikomödie

Im Gebiet der Gesellschaftskomödie ist die Tragikomödie angesiedelt – ein dramaturgischer Zwitter, in dem sich Ernstes und Komisches gegenseitig durchdringen. Da mögen Gags noch so erheitern, stets schimmert der ernste Hintergrund des Geschehens durch. Es obliegt der Kunst des Autors, des Regisseurs und der Darsteller, eine delikate Balance zu finden zwischen Ernst und Komik, in der die Gags nicht geschmacklos, die Scherze nicht peinlich, die Pointen nicht deplaciert sind angesichts des Dramas, das sich wirklich vollzieht.

Die Figuren der Tragikomödie geraten in menschliche Grenzsituationen, auf die sie reagieren, in denen sie sich beweisen müssen. Wie sie da hineingeraten und sich hinauszumanövrieren versuchen mit ungeeigneten Mitteln und unorthodoxen Methoden, mit unpassendem Verhalten und überraschendem Einfallsreichtum lässt sie komisch und tragisch zugleich erscheinen. Es geht um die Gefährdung des privaten Glücks, der beruflichen Existenz, des eigenen Lebens. Anders als bei der reinen Komödie kann der Zuschauer sich nicht auf glückliche Fügungen verlassen, die eine unglückliche Geschichte ins Positive wenden. Happy End hat in der Tragikomödie eher Seltenheitswert. Es bleibt das Prinzip Hoffnung. Und die Erkenntnis, dass das Leben weitergeht.

»Bill ist 32 Jahre alt. Er sieht aus wie 22. So sah er auch schon vor 5 Jahren aus. So sieht er auch in 20 Jahren noch aus. Ich hasse Männer.« Mit abgeklärter Resignation und scharfzüngigem Sarkasmus reagiert Schauspieldiva Bette Davis in ALLES ÜBER EVA (ALL ABOUT EVE, 1950) über die Gefährdung ihrer Attraktivität durch das Alter und die Bedrohung ihrer Karriere durch eine ehrgeizige Jungschauspielerin, die ihr die Rollen und den Mann wegzunehmen versucht, um ihren Platz im Starhimmel zu erobern. Den Reifeprozess eines Schriftstellers, der durch alle Höhen und Tiefen des Lebens geht, skizziert die John Irving-Verfilmung GARP UND WIE ER DIE WELT SAH (THE WORLD ACCORDING TO GARP, 1978) im Auf und Ab aberwitziger Situationen, komischer Katastrophen und tödlicher Geschehnisse. Sein heiles Familienleben droht zu zerbrechen, als ein Sohn stirbt und der Andere ein Augenlicht verliert, seine Frau ihn betrügt, ihr Liebhaber beim Fellatio durch einen bizarren Unfall seinen Penis verliert und seine als literarische Ikone der Frauenbewegung gefeierte Mutter einem Attentat zum Opfer fällt. Jack Nicholson rebelliert in EINER FLOG ÜBER DAS KUCKUCKSNEST (ONE FLEW OVER THE CUCKOO'S NEST, 1975) gegen das strenge Regelwerk und menschenverachtende System einer Nervenklinik, die ihre Patienten zu willenlosen Zombies degradiert. AMERICAN BEAUTY (1999) seziert die Midlife Crisis eines Mannes, der die hohlen Werte seiner Wohlstandswelt und die Nichtigkeit des »American Dream« erkennt. Aus dem Einsamkeitsgefühl des Neu-Rentners heraus fährt Jack Nicholson in ABOUT SCHMIDT (2002) quer durch Amerika, um wieder Kontakt zu finden zu seiner weit verstreuten Familie, und →Bill Murray geht in BROKEN FLOWERS (2005) auf Spurensuche nach seinen verflossenen Liebschaften und seiner ihm unbekannten Tochter – Lebensodysseen, die sich als vergebliche Versuche erweisen, die Vergangenheit in den Griff zu kriegen. Auf die Reise begibt sich auch ein Behindertentrio, das auf einem ganz speziellen Spanientrip sexuelle Erfüllung findet. HASTA LA VISTA (2011) geht das Tabu Behindertensex als Tragikomödie an.

Kann man über den Holocaust komische Filme drehen? Ein Balanceakt zwischen Grauen und Komik über die Abgründe unheilvoller deutscher Vergangenheit ist der Versuch der Tragikomödie, die Schrecken der Naziherrschaft mit den Mitteln lächerlich machenden und entlarvenden Humors einzufangen. Nach Ende des Zweiten Weltkriegs hat →Charles Chaplin erklärt, wenn er gewusst hätte, wie schrecklich das Schicksal der jüdischen Bevölkerung im Hitler-Deutschland war, hätte er DER GROSSE DIKTATOR (THE GREAT DICTATOR, 1940) nicht drehen können. Um die grauenvolle Wirklichkeit erträglich zu machen, gaukelt Autor, Regisseur und Hauptdarsteller →Roberto Benigni in DAS LEBEN IST SCHÖN (LA VITA È BELLA, 1997) seinem kleinen Film-Sohn das Dasein im KZ als abenteuerlichem Versteckspiel vor; und in dem rumänischen Film ZUG DES LEBENS (TRAIN DE VIE, 1998) entert eine jüdische Dorfgemeinschaft einen ganzen Zug, um sich in Naziuniform-Verkleidung selbst in die Freiheit zu deportieren und so der Gefangenschaft durch die Nazis zu entgehen. Beim Versteckspiel überlebt nur der Sohn, der »Zug des Lebens« erweist sich in der Schlussszene als Freiheitstraum eines KZ-Insassen.

Abb. 3: So etwas wie Glück in DAS LEBEN IST SCHÖN

Das stete Schwanken zwischen Ernst und Komik ist das ideale Stilmittel, um die Komplexität der menschlichen Existenz in ihrer Widersprüchlichkeit, im dichten Nebeneinander von Drama und Komödie, Tragik und Lächerlichkeit als Grunderfahrung des Lebens wiederzuspiegeln. Eine Lebenserfahrung, die dem Kinozuschauer vertraut ist und zu einfühlsamer Anteilnahme am Filmgeschehen bewegt. Bei der reinen Komödie lacht der Zuschauer aus der Distanz der Überlegenheit über die komischen Gestalten auf der Leinwand. In der Tragikomödie lacht und weint er mit ihnen.

Die Parodie

In der Parodie macht sich das Kino über sich selber lustig. Die Filmgenres Western, Krimi, Horror- und Science Fiction-Film mit ihren fest gefügten Handlungsschemen und Standardsituationen reizen dazu, durch übertriebene Darstellung persifliert zu werden. Vertraute Kinosituationen werden angespielt, um sie durch komische Umwandlung lächerlich zu machen und die Zuschauererwartung zu düpieren. Das Gebaren der Komikhelden steht im grotesken Missverhältnis zum vertrauten Verhaltenskodex.

Der besoffene Revolvermann Lee Marvin in CAT BALLOU (1965), der sich nicht mehr auf dem Pferd aufrecht halten kann; der HOFNARR →Danny Kaye, der sich mit dem wechselnden Fingerschnipsen einer Hexe von einer Sekunde zur anderen vom kampfunkundigen Feigling zum kampflustigen Degenfechter wandelt (THE COURT JESTER, 1955); →Harpo Marx, der in DIE MARX BROTHERS IM WILDEN WESTEN (GO WEST, 1940) beim Revolverduell statt eines Colts eine Kleiderbürste aus dem Halfter zieht und den Gegner säubert; →Mel Brooks, der in seiner Hitchcock-Parodie HÖHENKOLLER (HIGH ANXIETY, 1998) statt von hackenden Krähen von kackenden Tauben attackiert wird; die Cowboys, die in IS' WAS SHERIFF? (BLAZZING SADDLES, 1974) hoch zu Ross mitten in der einsamen Prärie von einer roten Ampel zum Halt gezwungen werden; die klassische Autoverfolgungsjagd, die in WAS GIBT'S NEUES PUSSY? (WHAT'S NEW PUSSYCAT?, 1965) mit Gocarts ausgetragen wird – in allen diesen Kinoparodien werden die üblichen Handlungsmuster gegen den Strich gebürstet, auf den Kopf gestellt und auf eine andere Ebene gestellt, wo sie unpassend und deshalb komisch wirken. Ein Grundmotiv aller Komik, der Sturz des Realen ins Absurde, des Erhabenen ins Banale ist der Wirkstoff der Parodie.

Was Kinoparodien so vergnüglich macht über den reinen Spaß hinaus, ist das Entschlüsseln der szenischen Anspielungen, das stets durchscheinende liebevolle Verständnis und die Bewunderung für das, was da parodiert wird.

Die Satire

Anders als die Parodie ist die Satire nicht auf befreiendes Gelächter aus. Sie beschäftigt sich nicht mit der Scheinwirklichkeit des Kinos, sondern mit der schnöden Realität, deren Missstände sie entlarvt. Sie greift bestimmte Erscheinungsformen unseres täglichen Lebens auf, um Fehlentwicklung zu kritisieren und deren Lächerlichkeit und Gefährlichkeit aufzuzeigen. Stilmittel der Satire sind die Karikatur und groteske Überzeichnung, um in einem grotesken Zerrspiegel widersinnige Verhaltensweisen und überholte Konventionen, Behördenwillkür und Raffgier unserer Gesellschaft anzuprangern.

Die Heinrich Mann-Verfilmung DER UNTERTAN (1951) enthüllt mit beißendem Spott den autoritätshörigen Untertanengeist, der dem Hitler-Reich den Boden ebnete. →Charlie Chaplin karikiert im GROSSEN DIKTATOR den menschenverachtenden Größenwahn Hitlers und in MODERNE ZEITEN (MODERN TIMES, 1936) das Ausgeliefertsein des Einzelnen im Räderwerk einer vollautomatisierten Technikwelt. Jean Renoir enthüllt in der SPIELREGEL (LA RÈGLE DU JEU, 1939) die Abgründe hinter den Verhaltensregeln der Gesellschaft, indem er die verschiedenen Schichten der Herrschenden und der Dienenden miteinander konfrontiert, während Luis Buñuel in DAS GESPENST DER FREIHEIT (LE FANTÔME

Abb. 4: Verschiedene Führer in DER GROSSE DIKTATOR

DE LA LIBERTÉ, 1974) das Leben der besseren Gesellschaft ins Absurde übergeführt, indem er ihre Rituale umkehrt: zum Essen verzieht man sich allein aufs Klo und zur Darmentleerung versammelt man sich gemeinsam am Tisch. Von einem reinen Frauenteam gestaltet, stellt der schwedische Film NEHMEN SIE ES WIE EIN MANN, MADAME (TA DET SOM EN MAND, FREU, 1975) im Rollentausch von Mann und Frau die traditionellen Geschlechterrollen auf den Kopf: die beruflichen und sexuellen Aktivitäten gehen von der Frau aus, die hausfraulichen und dienenden Tätigkeiten bleiben dem Mann. Die absurden Verrücktheiten der modernen Großstadtwelt kontrastiert Louis Malle in ZAZIE (ZAZIE DANS LE MÉTRO, 1960) mit der unverkorksten Natürlichkeit einer Pariser Göre. Trotz Änderung der politischen Weltlage hat Stanley Kubricks Weltuntergangssatire DR. SELTSAM (DR. STRANGELOVE OR: HOW I LEARNED TO STOP WORRYING AND LOVE THE BOMB, 1964), die auf die fatalen Konsequenzen des atomaren Rüstungswettrennens und ihre verhängnisvollen Vergeltungsautomatik hinweist, nichts von ihrem beängstigenden Bedrohungspotenzial verloren.

Ist Satire nur aus zeitlicher Distanz erlaubt? Erst nach dem Mauerfall wurde →Billy Wilders Ost-West-Satire EINS, ZWEI, DREI (ONE, TWO, THREE - 1961) als Film von Kritik und Publikum gefeiert, wie auch →Chaplins DER GROSSE DIKTATOR und →Lubitschs SEIN ODER NICHTSEIN (TO BE OR NOT TO BE, 1942) erst mit jahrzehntelanger Verspätung als humoristische Meisterwerke geehrt wurden. Zeitlich zu nah erschien dem deutschen Publikum die Schandzeit des Nationalsozialismus und die Tragödie der deutschen Teilung. Da bietet die englische Satire über den irrsinnigen Fanatismus islamischer Selbstmordattentäter FOUR LIONS (2010) mit ihrer Aktualität Sprengstoff für die Diskussion darüber, was Satire darf und was nicht.

Satire ist stets dem jeweiligen Zeitgeist verpflichtet. Mit aggressivem Lachen verzichtet sie auf die verharmlosende Wirkung versöhnlichen Humors und zielt auf die Erkenntnis dessen, worüber man lacht. Bis einem das Lachen im Halse stecken bleibt.

Personelle Grundkonstellationen der Filmkomödie

Komische Typen

Ein Komiker steht im Mittelpunkt. Seine Figur, sein Charakter, seine Kleidung, seine Gestik, sein komisches Talent sind fest umrissen und unveränderliche Merkmale im Auftritt komischer Alltagshelden. So wird er auf eine ihm feindlich gesinnte Welt losgelassen, in Situationen versetzt, denen er nicht gewachsen ist, und hilflos einer tückischen Umwelt ausgeliefert. Wie die Filmkomiker trotz all ihrer Fehler, Schwächen und Missgeschicke überleben und siegen, das ist der Inhalt ihrer Filme und die Stärke ihrer Komik.

Wie Monsieur Hulot Ferien in Chaos verwandelt und als MON ONCLE die moderne Technik sabotiert, wie →Jerry Lewis als tollpatschiger Trottel in jeder Lebenslage versagt, wie der cholerische Zappelphilipp →Louis de Funès als wild gewordener Kleinbürger den Existenzkampf gegen die ganze Welt führt, wie →Woody Allen alle Leiden des Großstadtneurotikers durchlebt, wie →Peter Sellers als Trottel-Inspektor Clouseau jedes Fettnäpfchen findet, in das er treten kann, wie →Heinz Rühmann als harmlos-unpolitischer Kleinbürger das »Dritte Reich« ebenso erfolgreich überlebt wie die Nachkriegszeit, wie →Rowan Atkinson als schusseliger Mr. Jedermann jeder Tücke des Alltags zum Opfer fällt – das hat jedem dieser Komiker seine eigene Popularität beschert.

Dass der Komikerfilm seine Effektivität direkt aus der Groteskkomik der Slapsticks ableitet, liegt in der Natur der Sache und ist ein Geheimnis seines Erfolgs.

Über wen das Publikum im Fernsehen abgelacht hat, den will es auch im Kino sehen. Und so kann es im Fernsehzeitalter nicht ausbleiben, dass alle beliebten TV-Komiker – von →Heinz Erhardt bis →Otto, von →Didi bis Christoph Maria Herbst – irgendwann mal ihre eigenen Kinofilme machen.

Komische Paare

Das Dick und Doof-Paar →Laurel & Hardy, der Tollpatsch →Jerry Lewis und der smarte Frauenerooberer Dean Martin, der Dampfhammer →Bud Spencer und der coole Blonde →Terence Hill, der cholerische Brummbär →Walter Matthau und das sensible Weichei →Jack Lemmon, →Fernandel, der schlagkräftige Diener Gottes Don Camillo, und sein kommunistischer Widersacher Peppone (Gino Cervi), Quasselstrippe →Eddie Murphy und Stoiker Nick Nolte – sie alle sind komische Paare, die sich tief ins filmische Gedächtnis der Zeit eingegraben haben.

Literarisches Vorbild dieser Männerpaare sind Miguel de Cervantes' Don Quichote und Sancha Pansa – der reine Tor und der Pragmatiker. Die Komik resultiert aus ihrer Gegensätzlichkeit: Ihr unterschiedliches Naturell veranlasst sie zu steten rituellen Kleinkriegen, um andererseits ihre körperlichen Unterschiede und Fähigkeiten umso gezielter gegen die Attacken gemeinsamer Feinde einzusetzen. Und Feinde haben sie immer.

Abb. 5: Pat und Patachon als Don Quichote und Sancho Pansa

Nach gleichem Grundprinzip, das auf das Konfliktpotential ungleicher Paare setzt, erfolgt in DIE FILZLAUS (L'EMMERDEUR, 1973) der komische Dauerzwist zwischen dem Profikiller Lino Ventura und der alle seine Mordversuche sabotierenden Nervensäge Jacques Brel wie auch die Dauerfehde zwischen dem polnischen Juden →Danny Kaye und dem antisemitischen Krieger Curd Jürgens, die sich in JAKOBOWSKY UND DER OBERST (ME AND THE COLONEL, 1958) auf ihrer gemeinsamen Flucht ein bissiges Pointenduell liefern, bis sie erkennen, dass sie aufeinander angewiesen sind: der eine mit seiner listigen Intelligenz, der andere mit seinem Heldenmut. Die gegensätzliche Paarung bestimmt schon den Titel des französischen Überraschungserfolgs ZIEMLICH BESTE FREUNDE (INTOUCHABLES, 2011). Der hoch gebildete Gelähmte und der ungebildete Proll als sein Pfleger ergänzen sich zu einer Zweckgemeinschaft, die jeweils vom Anderen das Beste annimmt: der Gelähmte neue Freude am Leben und der Helfer einen Hauch von Bildung.

Aus dem Gegensatz der grundsätzlichen Verschiedenheit der Geschlechter zündet die Romantic Comedy komödiantisches Feuer. Die männlichen und die weiblichen Hauptakteure des erotischen Geschehens sind an und für sich nicht komisch – außer, wenn →Cary Grant die männliche Hauptrolle spielt. Komisch ist nur, was sie so alles treiben, um die Hindernisse, Fallen und Missverständnisse im Kampf der Geschlechter zu überwinden. Dass nach dem Happy End die Schlacht erst richtig beginnt, demonstrieren Michael Douglas und Kathleen Turner in der DER ROSENKRIEG (THE WAR OF THE ROSES, 1989) mit boshafter Vollendung, wenn sie es als ihre einzige Lebensaufgabe betrachten, den Liebespartner von einst fix und fertig zu machen.

Ensemblekomödien

Im Ensemble-Film gibt es keine Hauptfigur, keinen Starkomiker, der die Handlung in Gang setzt. Der Star ist das Ensemble. Eine Gruppe höchst unterschiedlicher Männer und Frauen trifft zusammen, weil sie ein gemeinsames Ziel haben oder einen gemeinsamen Feind. Wie in einem Rollenspiel repräsentieren sie gleichwertig verschiedene menschliche Typen, die im Gesamtgefüge des Films zur funktionierenden Einheit werden.

Louis Malles EINE KOMÖDIE IM MAI (MILOU EN MAI, 1990) wirbelt eine französische Großfamilie durcheinander, die getroffen wird vom Untergang der Bourgeoisie und dem Scheitern der jugendlichen 1968-er Revolte. PILGERN AUF FRANZÖSISCH (SAINT JACQUES – LA MECQUE, 2005) veranlasst verfeindete Familienmitglieder zu einer gemeinsamen Pilgerreise, wo sie auf dem Jakobsweg zu sich selbst finden. Die Bewohner der SONNENALLEE (2000) figurieren als burleskes Panorama des DDR-Systems mit all seinen Schikanen und Absurditäten. Und im indischen BEST EXOTIC MARIGOLD HOTEL (2012) findet eine Rentner-Gruppe neue Lebensperspektiven. Das Gaunerpersonal all der Einbruchsfilme vom großen Coup ist sowieso fester Bestandteil der Ensemblekomödien.

Aus der Gruppendynamik unterschiedlicher Charaktere entwickelt sich der Zündstoff für Zoff zwischen den einzelnen Mitgliedern der Zwangsgemeinschaft, wenn sie mit ihren persönlichen Macken und aufgestauten Aggressionen, unterschiedlichen Ambitionen und gegenseitigen Rivalitäten aufeinanderprallen. Doch der Weg ist das Ziel, auf dem sie sich zum Happy End wider alle Gegensätze zusammenraufen.

Grundthemen der Filmkomödie

In der Situationskomödie lacht man über komische Typen. Die Gesellschaftskomödie unterzieht die Konflikte des alltäglichen Lebens einer komischen Betrachtungsweise. Die Tragikomödie registriert das Filmgeschehen mit einem lachenden und einem weinenden Auge. Die Satire kippt die Normen falscher Lebensformen ins Lächerliche. Die Kinoparodie lacht über sich selbst. Situationskomödie, Gesellschaftskomödie, Tragikomödie, Parodie, Satire – das sind die Grundformen der Filmkomödie, wie sie nur selten in »Reinform« erscheinen und deren Stilmerkmale sich in jedem Film neu und anders zu unerschöpflichen Variationen Lachmuskeln reizenden Kinovergnügens vermischen.

Während einerseits jede dramatische Geschichte als Ausgangsposition eines lustigen Films dienen kann, haben sich anderseits bestimmte Hauptthemen, immer wiederkehrende Motive und Grundkonstellationen herausgebildet, die besonders geeignet sind, die Filmkomödie zur vollen Entfaltung ihrer komischen Möglichkeiten zu bringen. Alle Komödien basieren auf diesen Handlungsmotiven, die immer wieder miteinander vermischt und weiter entwickelt werden.

David gegen Goliath

Der Kampf des Schwachen gegen die Starken, der nur mit List, Intelligenz und Fantasie zu gewinnen ist – das ist die ewige Grundsituation des Komikers: ein Symbolkampf zwischen Individuum und Gesellschaft, zwischen Selbstverwirklichung und Unterdrückung. Wo die alten Slapstickkomiker Ungehorsam gegen Autoritäten und Gesellschaft lehrten und noch ihr Scheitern mit tragischer Note umwoben war, da hat der deutsche Kinohumor der fünfziger Jahre in Bewahrung braver Untertanenmentalität das rebellierende Individuum in seine Schranken verwiesen, indem es den lächerlich macht, der gegen die einmal gegebene Ordnung verstößt, und nur brave Einordnung mit Happy End belohnt – der Diener, der ein Herr sein will oder: der Arme, der vergeblich die Reiche begehrt. Schuster, bleib bei deinen Leisten. Eine filmische Tradition, die vor allem in den →Heinz Rühmann-Filmen fröhliche Triumphe feierte.

Eigentlich lebt jede Komödie aus dem Grundkonflikt David gegen Goliath. Jeder Komödienheld hat seinen eigenen Goliath, mit dem er sich im Verlauf der Handlung auseinandersetzen muss – seien es stärkere und mächtigere Personen oder die Unüberwindbarkeit widriger Umstände und gesellschaftlicher Gegebenheiten, an denen er zu scheitern droht. Oder Herausforderungen, denen er nicht gewachsen erscheint. Oder Gefahren und Katastrophen, die ihn zu vernichten drohen. Im Spannungsfeld dieses Urkonflikts findet die Filmkomödie ihre Gags und ihre Geschichten.

Romantic Comedies

Wie zwei Liebende sich kriegen, ist das Grundthema der Romantic Comedies. Der im Grunde sentimentale Verlauf einer Liebesgeschichte wird ins Komische gewendet als Lovestory mit Hindernissen. Bevor Mann und Frau zum Paar werden, müssen persönliche Gegensätze, Standesdünkel, Vorurteile, Liebeskonkurrenten und böse Schwiegereltern überwunden werden. Zwei lernen sich kennen, beschnuppern sich, kokettieren mit ihrer Unschuld oder Verruchtheit, bekriegen sich, belügen sich, streiten sich und versöhnen sich spätestens zum Happy End. Der Weg dorthin ist gepflastert mit komischen Situationen, anzüglichen Dialoggefechten, schrulligen Figuren und aberwitzigen Überraschungen, die dazu dienen, das Ziel der erotischen Begierde aus seiner Reserve zu locken und um, wie es Roloff / Seeßlen in *Klassiker der Filmkomik* formulieren, »das emotionale Timing aufeinander abzustimmen.«

Überwiegend sind es die Männer, die auf Frauenjagd gehen. Einmal auf Freiersfüßen scheitern sie mit ungeschickten Verführungsversuchen ebenso wie mit ausgeklügelter Eroberungstaktik, letztlich aber am Ego ihres Männlichkeitswahns. In BETTGEFLÜSTER (PILLOW TALK, 1959) und EIN HAUCH VON NERZ (THAT TOUCH OF MINK, 1962) arbeiten sich Rock Hudson bzw. →Cary Grant unermüdlich an der unüberwindbaren Keuschheit der ewigen Jungfrau Doris Day ab. Und umgekehrt erledigen Katharine Hepburn in LEOPARDEN KÜSST MAN NICHT (BRINGING UP BABY, 1938) und Barbra Streisand in IS' WAS DOC? (WHAT'S UP DOC?, 1972) den verführten Mann wie ein waidwundes Reh. Komik resultiert aus der penetranten Blindheit oder prüden Verweigerungshaltung des oder der Angebeteten gegenüber allen erotischen Avancen, der Ungeschicklichkeit amateurhaften Liebeswerbens und der grotesken Auflösung peinlicher Situationen.

Psychologisch wirkt die Liebeskomödie auf den Zuschauer, weil dieser die Emotionen von Peinlichkeit, von Schüchternheit, von tolpatschiger Balz und Abweisung selbst kennt – und hier in überzogener Form vorgeführt bekommt, so dass das, was im wahren Leben schmerzt, im Film in Lachen aufgelöst wird.

Serenade zu dritt

Eine Frau zwischen zwei Männern, ein Mann zwischen zwei Frauen – die Grundkonstellationen des Melodrams werden komödiantisch gelöst. Eine Frau kann sich nicht für einen Mann entscheiden, was man Miriam Hopkins in dem →Lubitsch-Film SERENADE ZU DRITT (DESIGN FOR LIVING, 1933) gern abnimmt, wenn sie zwischen Gary Cooper und Fredric March wählen soll. →Cary Grant versucht ausgerechnet am Hochzeitstag, Katharine Hepburn ihrem neuen Mustergatten auszuspannen (DIE NACHT VOR DER

Abb. 6: Zwei Männer, eine Frau in SERENADE ZU DRITT

HOCHZEIT – THE PHILADELPHIA STORY, 1940). In ENGEL (ANGEL, 1937) wird Marlene Dietrich als vernachlässigte Politikergattin von einem Charmeur in Versuchung geführt. Zahnarztlüstling wechselt von frischer Sexpuppe zu spätjüngferlicher Sprechstundenhilfe (DIE KAKTUSBLÜTE – CACTUS FLOWER, 1969). Scheues Reh (Audrey Hepburn) verliebt sich in Playboy William Holden und angelt sich den soliden Bruder Humphrey Bogart (SABRINA, 1954). Und in →Coline Serreaus WARUM NICHT! (POURQUOI PAS!, 1977) muss eine junge Frau eine delikate bisexuelle Balance finden gemeinsam mit ihrem Liebhaber und dessen Freund.

Um die unliebsame Konkurrenz zu vertreiben, sind dem Liebenden alle Mittel und Tricks recht. Wie diese Versuche erst einmal scheitern und ob sie nach vielen Komplikationen und Umwegen Erfolg haben, macht den Reiz der Dreiecksgeschichten aus. Am Ende gehen die Sexabenteurer leer aus, den Braven winkt das Happy End.

Der Reigen

Je höher der Personalbestand einer erotischen Komödie, desto weiter reicht das Themenfeld amouröser Verwicklungen und komischer Komplikationen. Max Ophüls hat in seiner Verfilmung von Arthur Schnitzlers REIGEN (LA RONDE, 1950) die Grund-Figurenkonstellation eines funktionierenden Liebeskarussells fest gelegt, dem wir in vielen erotischen Episodenfilmen immer wieder begegnen: der charmante Don Juan und die untreue Ehefrau, der schüchterne Liebhaber und die Sexbombe, die männliche Jungfrau und die liebestolle Witwe, der reiche Lebemann und das arme Mädchen, der sexuelle Versager und die erfahrene Lebedame, der Ehekrüppel beim Seitensprung und die Unschuld vom Lande. Im hormongesteuerten Episodenreigen kunstvoll verschachtelter Liebesaffären, flüchtiger Begegnungen und enttäuschter Hoffnungen werden die verschiedensten Personenkonstellationen durchprobiert in Filmen mit viel versprechenden Titeln: UND IMMER LOCKT DAS WEIB (1956), BOCCACCIO 70, SEXY (1962), IMMER DIE VERFLIXTEN FRAUEN (1959), DAS LÄCHELN EINER SOMMERNACHT (1955) oder MÄNNERHERZEN (2009).

Liebe und Freundschaft – kann man das trennen? Das prickelnde Gefühl uneingestandener erotischer Gefühle zwischen Frauen und Männern im Freundeskreis scheint ein Spezialthema des französischen Films zu sein. Es taucht immer wieder auf im Beziehungsreigen befreundeter Paare, deren Partnertreue in Komödien wie EIN ELEFANT IRRT SICH GEWALTIG (UN ÉLÉPHANT ÇA TROMPE ÉNORMÉMENT, 1976), AFFÄREN À LA CARTE (LE CODE A CHANGÉ, 2009) oder KLEINE, WAHRE LÜGEN (LES PETITS MOUCHOIRS, 2010) auf die Probe gestellt wird. Im Verlauf eines anfangs harmonischen Miteinanders tauen verborgene Konflikte und unterdrückte Begierden auf, siegt der Sex über die Konventionen, zerbrechen Ehen und beginnen neue Partnerschaften.

Make love, not war

Mit Beginn der sexuellen Befreiung der 1970er Jahre verlor die Romantic Comedy ihren Grundkonflikt: Der Mann will nur Sex, die Frau die Ehe. Was ist noch kinoabendfüllend am Geschlechterkrieg, wenn die Liebe sofort zum Sex übergeht?

Da mussten andere Konfliktsituationen aufgebaut werden, um das gegenseitige Zusammenfinden der Liebenden auf 90 Kinominuten zu strecken: soziale Klassenunterschiede (NOTTING HILL, 1999), das Gebundensein in anderen Partnerschaften (DIE HOCHZEIT MEINES BESTEN FREUNDES – MY BEST

Friend's Wedding, 1997), räumliche Entfernungen (Schlaflos in Seattle – Sleepless in Seattle, 1993). Oder es wird die Grundsatzfrage gestellt nach der prinzipiellen Unmöglichkeit glücklicher Beziehungen zwischen Mann und Frau, was schon →Loriot als Kurzformel definiert hat: Männer und Frauen passen nicht zusammen. →Woody Allen hat im Stadtneurotiker (Annie Hall, 1972) die unterschiedliche Empfindlichkeit der Geschlechter auf den Punkt gebracht, wenn ein und die gleiche Frage des Psychiaters nach der Häufigkeit des Geschlechtsverkehrs bei ihm und seiner Partnerin zu Antworten von diffiziler Unterschiedlichkeit führt: »Eigentlich kaum, nur dreimal die Woche.« und: »Ständig, dreimal die Woche«. Es ist nicht schwer zu erraten, wer was gesagt hat.

Der Verführer lässt schön grüßen

Liebe fern aller Romantik frönen die modernen Don Juans der Erotikkomödie, die wie unter psychotischen Zwang jede Frau erobern müssen und feste Bindungen scheuen wie der Teufel das Weihwasser. Um jeden Gedanken an Heirat im Ansatz zu ersticken, gaukelt →Cary Grant in Indiskret (Indiscreet, 1958) seiner Geliebten Ingrid Bergman vor, er sei verheiratet. Michael Caine als Frauenheld Alfie (Der Verführer lässt schön grüssen, 1966) schäkert von der Leinwand her mit dem Kinopublikum und lästert über die Frauen, die er verführt. Als unschuldiges Opfer weiblicher Reize stellt sich Peter O'Toole in Was gibt's Neues Pussy? (What's New Pussycat?, 1965) dar. Der Regisseur der Beatles-Filme →Richard Lester verrät in seiner Sexsatire Der gewisse Kniff (The Knack – and How to Get It, 1965) die Erfolgsregeln eines Schürzenjägers, um sie ad absurdum zu führen. Und in den Hexen von Eastwick (The Witches of Eastwick, 1987) ist es der Teufel höchstpersönlich in Gestalt von Jack Nicholson, der als diabolischer Verführer in das Leben dreier unbemannter Frauen einbricht.

Am Ende steht die schale Erkenntnis, dass Sex nicht alles ist im Leben, und manchmal sogar die reuevolle Bindung an einen festen Partner. Schlechtestenfalls sind diese Verführungskomödien männliche Eroberungsfantasien; bestenfalls ein Spiel mit den Klischees von Männlichkeit, die veralbert werden.

Sex on the Beach

Teenie-Komödien sind schon fast ein eigenes Subgenre, seit die israelische Eis am Stil-Filmserie zu einem Zeitpunkt, da Ende der 1970er Jahre Sexualität im Jugendalter noch tabuisiert war, das Leben Jugendlicher in ihrer Torschlusspanik vor dem Eintritt ins Berufsleben und in den Ernst des Lebens thematisierte. In Eis am Stil (Eskimo Limon, 1978) wie in allen anderen Teenie-Komödien dreht sich alles um Mädchen und Partys, jugendliche Streiche und sexuelle Erfahrungen.

In den amerikanischen High School-Varianten werden die vertrauten Standards der Romantic Comedy auf die kleine Welt zwischen Campus, Party und elterlichem Reihenhaus angewandt und in eine heile Welt ohne die hässliche Realität von Jugendgewalt, Drogensucht und Unterprivilegierten-Armut versetzt. Die Dialoge sind gewürzt mit dem gepfefferten Sexualvokabular pubertärer Scherze. Im Kino dieser Art bedient Hollywood das jugendliche Popcorn-Publikum, das überwiegend die Multiplexe bevölkert, und projiziert neue Idole auf die Leinwand, mit denen sich das junge Publikum identifizieren kann. Es gereicht diesen Filmen zum Vorteil, dass die jungen Darsteller und Regisseure wegen der geringen Produktionskosten Narrenfreiheit genießen und ihren jugendlichen Elan voll in ihre Filme einbringen können.

Am Anfang der amerikanischen Teenie-Filmwelle stand ein Apfelkuchen, ein penetrierter Apfelkuchen, was dem Film den Titel American Pie (1999) gab und das Humor-Niveau bestimmte. Die Schule als sexueller

Abb. 7: Apfelkuchen als Sexobjekt: AMERICAN PIE

Fortbildungskurs – hoch motiviert gehen vier Schulfreunde mit unterschiedlichen Erfolgsstrategien daran, bis zum Schulabschluss ihre Unschuld zu verlieren. Dem frischen Spiel der Darsteller und der Spontaneität der Inszenierung gelang es immerhin, selbst die derbsten Sexualscherze mit so argloser Leichtigkeit zu servieren, dass AMERICAN PIE als filmischer Akt der Befreiung für die verklemmte amerikanische Jugend gilt. ZEHN DINGE, DIE ICH AN DIR HASSE (TEN THINGS I HATE ABOUT YOU, 1999) poliert das Sex & Liebe-Thema mit dem Motiv von Shakespeares' *Der Widerspenstigen Zähmung* auf, und EINE WIE KEINE (SHE'S ALL THAT, 1999) bedient sich bei Bernhard Shaws *Pygmalion*. Doch Shakespeare und Shaw in einem Atemzug mit amerikanischen Teenie-Klamotten zu nennen, grenzt schon an Klassikerschändung.

Dass es in der Jugend um mehr als nur um Spaß und Sex geht, zeigen zwei Filme, die ihre jugendlichen Helden bei aller Komik ernst nehmen. Mit nostalgischem Gefühl beschreibt George Lucas in AMERICAN GRAFFITI (1973) den Wochenendabend einer Freundesclique, die auf der Schwelle zum Erwachsenwerden Abschied von ihrer Jugend nimmt. Auf den Tanz FANDANGO (1985), den Casanova in seinen Memoiren als den wollüstigsten aller Tänze bezeichnet, bezieht sich ein früher Kevin Costner-Film, in dem Schulfreunde nach der Schulabschussfeier mit dem Vietnam-Einberufungsbefehl in der Tasche zu einem letzten Trip in die Freiheit aufbrechen. Mit lakonischem Witz und melancholischen Untertönen fängt FANDANGO die On the Road-Tour der fünf Chaoten ein, die sich zu einer Auseinandersetzung über Jugend, Reife und Freundschaft entwickelt.

Die Auflockerung unserer Gesellschaft im Umgang mit dem Tabuthema Sexualität hat dazu geführt, dass die vulgären Direktheiten des Fäkalhumors die Diskretion des Unaussprechlichen rüpelhaft beiseite gefegt haben.

Wenn die pubertäre Freude an der Artikulation tabuisierter Sexualausdrücke die verbalen Schicklichkeitsgrenzen des Komödientons durchbricht, wird dies von vielen Zuschauern als schockierend und primitiv empfunden, während andere es als lustvollen Ausbruch aus dem beengenden Sittenkorsett einer scheinheiligen Doppelmoral betrachten, die mit Redeverbot belegt, was heimlich gedacht und gemacht wird. Die Teenie-Klamotten AMERICAN PIE (1999) und SUPERBAD (2007) mit ihren pubertären Zoten und peinlichen Geschmacklosigkeiten wurden so zu Kinohits des unfeinen Humors. Wo die Vulgarität ihr hässliches Haupt erhebt und der Comedy die Romantik raubt, sehnen sich ältere Kinogänger nach der feingeistigen Delikatesse des →Lubitsch-Touchs, der die unfeinen Pointen diskret verschwieg und der Fantasie des Betrachters überließ.

Screwball Comedies

Auch im Zeitalter hoher Scheidungsraten, Homo-Ehen und One-Night-Stands ist die simple Grundformel »Mann sucht Frau« mit ihrem romantischen Kern ein Erfolgsgarant beliebter Komödien von PRETTY WOMAN (1990) bis HARRY UND SALLY (WHEN HARRY MET SALLY, 1989), von VIER HOCHZEITEN UND EIN TODESFALL (FOUR WEDDINGS AND A FUNERAL, 1994) bis BESSER GEHT'S NICHT (AS GOOD AS IT GETS, 1997) geblieben. Doch die komischste Variation der Liebesspiele erblühte im Hollywood der 1930er und 1940er Jahren in Form der Screwball Comedy.

Mit respektlosem Humor, rasanter Handlung, exzentrischen Typen und frechen Dialogen schildern die Screwball Comedies die Liebesprobleme zwischen Mann und Frau als Geschlechterkampf. Ob nun der Ausdruck »screwball« = »Wirrkopf« den überkandidelten, lebenslustigen Frauen gilt oder den spleenigen, lebensfremden Männern, ist ein Diskussionsobjekt für Filmtheoretiker.

Es gibt zwei Handlungsabläufe, die all diesen Filmen zugrunde liegen: als amerikanische Variante von Shakespeares' *Der Widerspenstigen Zähmung* versuchen Siegertypen wie Clark Gable, James Stewart, →Cary Grant, Henry Fonda oder Melvin Douglas die abweisenden Damen zu erobern. Das geschieht in ES GESCHAH IN EINER NACHT (IT HAPPENED ONE NIGHT, 1934), DIE NACHT VOR DER HOCHZEIT (PHILADELPHIA STORY, 1940) oder BLAUBARTS ACHTE FRAU (BLUEBEARD'S EIGHTH WIFE, 1938).

In der anderen Handlungsvariante gehen die Frauen – in komischer Umkehrung klassischer Rollenmuster – auf Männerfang. Die kessen, selbstbewussten Damen Miriam Hopkins, Paulette Godard, Jean Arthur, Katharine Hepburn und Carole Lombard erwecken die in ihre Arbeit oder in fixe Ideen verrannten Männer aus ihrem erotischen Dornröschenschlaf. Dazu müssen sie die Herren der Schöpfung aus ihrer Ruhe aufscheuchen und außer Fassung bringen. Das gelingt ihnen, indem sie zielstrebig ihre männlichen Opfer von einer peinlichen Situation in die nächste manövrieren, bis sie erschöpft aufgeben. Der französische Regisseur Jacques Rivette bezeichnet dies als »die verhängnisvollen Etappen der Verblödung besonders intelligenter Menschen«, zu besichtigen in Filmen wie LEOPARDEN KÜSST MAN NICHT (BRINGING UP BABY, 1938), DIE SCHRECKLICHE WAHRHEIT (THE AWFUL TRUTH, 1937) und IS WAS DOC? (WHAT'S UP, DOC?, 1972).

→Howard Hawks, →Preston Sturges, →Mitchell Leisen, →Leo McCarey und →Ernst Lubitsch sind Meister dieses Inszenierungsstils. →Frank Capra schuf mit ES GESCHAH IN EINER NACHT und MR. DEEDS GEHT IN DIE STADT (MR. DEEDS GOES TO TOWN, 1936) die ersten Screwball Comedies. In ES GESCHAH IN EINER NACHT jagt der abgebrühte Reporter Clark Gable einer ausgerissenen Millionärstochter hinterher, und Gary Cooper geht als Mr. Deeds in die Stadt, um als der große Naive des amerikanischen Kinos sich gegen aalglatte Rechtsverdreher, korrupte Beamte und geldgierige Verwandte zu wehren. Alfred Hitchcock hat in einer seiner wenigen Komödien die Probleme zwischen Mann und Frau als die komische Variante seiner Spannungsfilme konzipiert: MR. AND MRS. SMITH (1941) – George Montgomery und Carole

Lombard müssen feststellen, das sie gar nicht verheiratet sind. Während die Frau die überraschende Freiheit auskosten will, möchte der Mann sein Eheleben wieder haben. Das bedeutet Kampf.

In den 1950er und 1960er Jahren verlor sich der Drive der Screwball Comedies in den harmlosen und prüden Liebes-

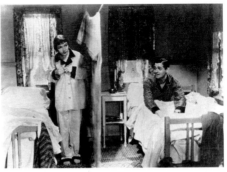

Abb. 8: Die »Mauern von Jericho« - eine Wäscheleine zwischen Männlein und Weiblein in ES GESCHAH IN EINER NACHT

verkrampfungen der Doris Day-Komödien, bis Exkritiker Peter Bogdanovich in den 1980er Jahren das Genre mit seiner Gag-Hommage IS WAS DOC? revitalisierte.

Familienkomödien

Was geschieht nach dem Happy End? In zeitlich konsequenter Fortsetzung der Romantic Comedies handeln die Familienkomödien von dem, was danach passiert: der erste Ehestreit, das erste Baby, die Schwerstarbeit der Kindererziehung, die Schockbegegnung mit Schwiegersohn oder Schwiegertochter, Trouble mit der popeligen Verwandtschaft, das unvermeidliche Chaos großer Familienfeiern – all die Grundstationen im ewigen Kreislauf des ganz normalen Familienlebens.

In KUCK 'MAL, WER DA SPRICHT (LOOK WHO'S TALKING, 1989) ist es ein Baby, das die Fehler der frisch gebackenen Eltern aus seiner Sicht kommentiert; →Cary Grant wird in HAUSBOOT (HOUSEBOAT, 1958) mit dem plötzlichen Terror einer dreiköpfigen Kinderschar konfrontiert; Spencer Tracy und 40 Jahre später →Steve Martin müssen als VATER DER BRAUT (FATHER OF THE BRIDE,

1950 und 1991) die Hochzeit ihrer Tochter ertragen; in MEINE BRAUT, IHR VATER UND ICH (MEET THE PARENTS, 2000) blamiert sich →Ben Stiller als angehender Schwiegersohn mit seinen grotesk verunglückenden Versuchen, die Huld des erzkonservativen Brautvaters zu erringen. Ein heiles Familienleben der besonderen Art führt das Lesbenpaar Anette Benning und Juliane Moore in THE KIDS ARE ALL RIGHT (2010) mit ihren beiden Kids, bis diese ihren wirklichen Vater, den Samenspender ihrer Existenz, kennen lernen. Das Nesthockerproblem plagt in TANGUY – DER NESTHOCKER (2001) ein genervtes Elternpaar, das alles versucht, den erwachsenen Sohn aus dem Haus zu graulen, der nicht die Bequemlichkeit des »5-Sterne-Hotels Mama« aufgeben will.

Die innerfamiliären Probleme frisch gebackener Ehepaare, von Schwiegereltern und Brautvätern, die sich erst an eine neue Lebenssituation gewöhnen müssen, sind das Spannungsfeld der Familienfilme, die bestehende Grundkonflikte aufzeigen und diese auch zu lösen vermögen, durch gegenseitige Anerkennung, Toleranz und Humor. Sie bilden idealtypische Lebensmodelle der Gesellschaft ab, in denen sich das Kinopublikum wieder zu erkennen vermag.

→Cédric Klapisch und →Woody Allen zerstören in ihren Filmen TYPISCH FAMILIE (UN AIR DE FAMILLE, 1996) und HANNAH UND IHRE SCHWESTERN (HANNAH AND HER SISTERS, 1986) das Bild vom heilen Familienleben, als wollten sie die Thesen der amerikanischen Kolumnistin Susan Sonntag von der Kleinfamilie als »Tummelplatz der moralischen Unklarheit, Museum des Besitzdenkens, Brutstätte der Schuldgefühle, Schule der Selbstsucht« mit subversiver Komik bebildern. In TYPISCH FAMILIE entlarvt sich die zum gemeinsamen Essensritual vereinte Familie angesichts einer Krisensituation als Antigemeinschaft, die unfähig ist, die verdrängten Probleme und ungelösten Konflikte der Vergangenheit zu lösen. Woody Allen beobachtet in HANNAH UND IHRE SCHWESTERN mit der ihm eigenen Ironie das Leben einer New Yorker Intellektuellenfamilie, die mit all ihren Neurosen und Versagerängsten in die Sinnkrise einer existentiellen Verunsicherung gerät.

Eine vergnügliche Attacke auf die sexuellen Normen des heilen Familienlebens reitet die französische Komödie MEERESFRÜCHTE (CRUSTACÉS ET COQUILLAGES, 2005). Die Mutter hält sich einen Liebhaber, der Vater entdeckt seine Homosexualität, der Sohn testet sich im Spannungsfeld zwischen Hetero- und Homosexualität. Erst als die Familienmitglieder sich outen und befreien von der Heuchelei und den Heimlichkeiten, zu denen eine lustfeindliche bürgerliche Moral zwingt, finden sie in der fröhlichen Harmonie eines freien Liebelebens ihr wahres Glück.

Hochzeitstrouble

Kaum ein Fest ist so emotionsgeladen, mit solch feierlich-protziger Festtagsstimmung und privater Glückserwartung determiniert wie die Hochzeit. Aus unterschiedlichen filmischen Perspektiven betrachtet, bereiten die Vorbereitungen und die Durchführung einer Hochzeit den Grund und Boden für ein tückisches Minenfeld hochexplosiver Spannungen und komischer Katastrophen.

Im Gewand der Familienfilme hadern Spencer Tracy und →Steve Martin als VATER DER BRAUT damit, dass sie ihre Tochter verlieren und erweisen sich als die besseren Schwiegerväter, wenn sie erkennen, dass sie nicht ein Familienmitglied verloren, sondern eins dazu gewonnen haben. Dass mit jeder Hochzeit völlig verschiedene Familien miteinander zwangsverheiratet werden, wirkt wie ein Brandbeschleuniger für die Problematik sozialer Unterschiede: reiche Wohlstandsbürger und arme Schlucker, uralter Geldadel und neureiche Emporkömmlinge, hoch gebildete Intellektuelle und ungebildete Arbeiter sollen sich auf einmal gern haben und vergessen, dass sie bislang in völlig verschiedenen Welten lebten. Wenn die Liebenden dann noch aus unterschiedlichen Kultur- und Religionskreisen stammen, sind die Hürden jahrhundertealter Traditionen und fundamentalistischer Bedenkenträ-

Abb. 9: Brautbrigade in BRAUTALARM

ger zu überwinden: ein ernster Kampf der Kulturen, der in Filmen wie MY BIG FAT GREEK WEDDING (2002), MONSOON WEDDING (2001) und EAST IS EAST (1999) heiter gelöst wird.

Es sind die besten Freunde des Bräutigams – so in DIE TRAUZEUGEN (A FEW BEST MEN, 2011) – und die besten Freundinnen der Braut – so in BRAUTALARM (BRIDEMAIDS, 2011) –, die in vertrauter Cliquengemeinschaft die Rituale traditioneller Hochzeitsvorbereitungen von der Kleiderprobe bis zum Junggesellenabschied abarbeiten und durch gut gemeinte, aber schlecht ausgeführte Ratschläge ins Fiasko grotesker Fehlentwicklungen und peinlicher Blamagen stürzen.

Dem Brautpaar kommt im Überschwang ihres Glücksgefühls erst kurz vor der Hochzeitszeremonie Bedenken ob der Richtigkeit ihrer Wahl. In der Neil Simon-Verfilmung HOTELGEFLÜSTER (PLAZA SUITE, 1970) schließt sich die verunsicherte Braut ins Klo ein. Mit unterschiedlicher Überredungskunst, mal zärtlich, mal autoritär, versuchen Eltern und Schwiegereltern, Geschwister und Freundinnen vergeblich, die abgetauchte Hauptperson der Hochzeit zum Verlassen ihrer Zufluchtstätte zu bewegen. Und in VIER HOCHZEITEN UND TODESFALL (FOUR WEDDINGS AND A FUNERAL, 1994) schockiert der Bräutigam Hugh Grant mit seiner Verweigerung direkt vorm Traualtar die festliche Hochzeitsgemeinde, was ihm ein blaues Auge einbringt und die Liebe der einzigen Frau, die er wirklich liebt.

Es bleibt dem filmischen Chefanalytiker des American Way of Life, Robert Altman, vorbehalten, in seiner satirischen Attacke auf die Institution Ehe EINE HOCHZEIT (A WEDDING, 1978) gründlich den Mythos vom schönsten Tag des Lebens vor dem Hintergrund einer High Society-Hochzeit zu zerstören, deren Scheinidylle zerbricht, als im Verlauf des Tages dunkle, sorgsam verborgene Familiengeheimnisse enthüllt, Zwangs- und Suchtverhältnisse der Familienclans demaskiert werden und verdrängte Emotionen und enthemmte Aggressionen das Fest ins Chaos stürzen.

Situationskomödien

Keine Handlung, nur eine Grundsituation und daraus resultierende Gags. Ein Tag aus dem Leben einer Waschanlage (CAR WASH, 1976), der Sommerabend einer amerikanischen Provinzjugend (AMERICAN GRAFFITI, 1973), das Versinken einer Prominenten-Party ins Chaos (DER PARTYSCHRECK – THE PARTY, 1968), das Katastrophenleben von →Jerry Lewis als Page im Luxushotel (HALLO PAGE – THE BELLBOY, 1960), die Ferienabenteuer des Herrn Hulot (1953). In konsequenter Folgerichtigkeit wendet sich eine alltägliche Situation zielgerichtet ins Chaos. Was die frühen Stummfilmgrotesken einst an Ort und Stelle improvisierten, wird zum Ausgangspunkt ausgeklügelter und abendfüllender Gag-Partituren.

Abb. 10: PARTYSCHRECK-Chaos

Culture Clash

Wo unterschiedliche soziale Gruppen und Menschen anderer Völker aufeinander treffen, führt das unvermeidlich zu Kommunikationsschwierigkeiten und Fehlleistungen. Wenn der australische Naturbursche CROCODILE DUNDEE (1986) mit seinem urwüchsigen Outback-Outfit in die Großstadt New York verfrachtet oder Charles Laugthon als BUTLER IN AMERIKA (RUGGLES OF RED GAP, 1935) mit seinen feinen Manieren in den Wilden Westen versetzt wird, dann wirken ihre unangepassten Verhaltensweisen im Kontrast zur ungewohnten Umgebung so fehl am Platz wie komisch.

Was die Begegnung mit einer anderen Welt auszulösen vermag, zeigt der schottische Film LOCAL HERO (1983), in dem sich der Großstadt-Manager einer texanischen Ölfirma mit dem naturverbundenen Leben in einer schottischen Dorfidylle so sehr anfreundet, dass er die Naturzerstörungspläne stoppt. WILLKOMMEN BEI SCH'TIS (BIENVENUE CHEZ LES CH'TIS, 2008) fühlt sich auch ein in Frankreichs schlimmste Provinz strafversetzter Postbeamter, der einen ganz eigenen Menschenschlag mit einer ganz eigenartigen Sprache lieben lernt und die Lächerlichkeit klischeehafter Vorurteile erkennt. Dagegen scheitern in BOUDU – AUS DEN WASSERN GERETTET (BOUDU SAUVÉ DES EAUX, 1932) alle Versuche, den geretteten Clochard Michel Simon in die bürgerliche Welt einzugliedern am anarchischen Trieb und an der unverschämten Amoral des undankbaren Außenseiters.

Der Zwiespalt zwischen dem Zwang zur Anpassung und dem Verlust der eigenen kulturellen Identität ist steter Handlungshintergrund aller Integrationskomödien. Mit liebevollen Blick schildert ALMANYA – WILLKOMMEN IN DEUTSCHLAND (2011) die Probleme der ersten und der nachfolgenden türkischen Einwanderergeneration in Deutschland. Der Konflikt wird auf die Spitze getrieben, wenn Kad Merat, der in FASTEN AUF ITALIENISCH (L'ITALIEN, 2011) seine arabischen Wurzeln gekappt hat, um als Vollblutitaliener zu gelten, ein Doppelleben beginnen muss, um stellvertretend für seinen erkrankten Vater die muslimischen Fastenrituale des Ramadan einzuhalten.

Der Romeo und Julia-Konflikt verfeindeter Familien und Völker ist Ausgangspunkt der Lovestories zwischen Liebenden unterschiedlicher Abstammung. Während die Glückseligkeit des Liebesrauschs die trennenden Gräben unterschiedlicher Kulturkreise, Glaubensrichtungen und Mentalitäten übertüncht, beharren die Familienmitglieder umso vehementer auf die Unvereinbarkeit der Liebenden. Wie die gegenseitigen Vorbehalte aufgelöst und die aufgebauten Grenzen überwunden werden, schildern Kulturschock-Komödien wie MY BIG FAT GREEK WEDDING (2002), EAST IS EAST (1999) und MARIA, IHM SCHMECKT'S NICHT (2011) in satirischer Überzeichnung. Ob das nun als unstatthafte Verharmlosung real existierender Probleme zu werten ist oder als heitere Lebenshilfe zur Auflockerung verhärteter Fronten, ist ein Diskussionsobjekt für sozialkritische Experten.

Missverständnisse und Verwechslungen

Ein Missverständnis kann endlose Orgien des Aneinandervorbeiredens verursachen, zu unsinnigen Aktionen führen, unbeabsichtigte Feindseligkeiten provozieren oder Fehlentwicklungen einleiten, die eine einfache Handlung in einen Irrgarten komplizierter Verwicklungen verwandeln. So lässt in CLOCKWISE – RECHT SO, MR. STIMPSON (1986) die simple Verwechslung von rechts und links den Schuldirektor und Pünktlichkeitsfanatiker John Cleese eine falsche Fahrtrichtung einschlagen, was ihn auf eine groteske Odyssee entführt.

Durch ein Missverständnis wird jemand verwechselt mit einer Person, die er nicht ist, und er löst damit vergnügliche Verwirrspiele aus. Dass er für diese Rolle gar nicht geschaffen ist, macht den Spaß erst möglich. Als DER GROSSE BLONDE MIT DEM SCHWARZEN SCHUH (LE GRAND BLOND AVEC UNE

CHAUSSURE NOIRE, 1972) wird Geiger →Pierre Richard für einen gefährlichen Geheimagenten gehalten, der HOFNARR →Danny Kaye wird, als verruchter Giftmörder verdächtigt, zum Spielball tödlicher Hofintrigen, →Heinz Rühmann verkleidet sich als HAUPTMANN VON KÖPENICK (1956) und mausert sich vom geduckten Kleinbürger zur militärischen Autorität. In seiner Doppelrolle als Friseur und Adolf Hitler wird →Charlie Chaplin für den GROSSEN DIKTATOR gehalten und nimmt dessen Platz ein. Weil sie als Babys vertauscht wurden, leben ein Junge und ein Mädchen in DAS LEBEN IST EIN LANGER, RUHIGER FLUSS (LA VIE ES TUN LONG FLEUVE TRANQUILLE, 1988) jeweils das Leben des Anderen. Anders als die Personen der Handlung durchschaut der Kinozuschauer die wahre Situation und freut sich schon im Voraus auf all die unausweichlichen Komplikationen und komischen Fallen, die sich aus der Ahnungslosigkeit der Kinofiguren ergeben.

Es genügen aber auch schon vertauschte Gegenstände, um eine abendfüllende Komödienhandlung in Gang setzen wie die sich gleichenden Koffer in IS' WAS DOC? (WHAT'S UP DOC?, 1972), die falsche Begehrlichkeiten wecken und ständig ihren Besitzer wechseln. Nur weil durch einen fehlenden Nagel aus der Appartementnummer 6 eine 9 wird, erhält in dem thailändischen Film 6IXTYNIN9 (RUONG TALAK 69, 1999) eine entlassene Sekretärin fälschlicherweise einen Karton mit Mafia-Millionen. Ihr verständlicher Wunsch, das Geld zu behalten, setzt ein Kettenkarussell bizarrer und tödlicher Ereignisse in Gang, das völlig außer Kontrolle gerät. Das Sujet der Verwechslung, das die Figuren der Filme in ebenso überraschende wie unpassende Situationen hineinsteuert, ist natürlich ein ideales Forum für satirische und parodistische Seitenhiebe.

Rollen- und Geschlechtertausch

Der Charleys-Tante-Effekt wirkt immer: Ein Mann in Frauenkleidern. Er wirkt umso komischer, je mehr Schwierigkeiten die in eine gegensätzliche Persönlichkeit geschlüpfte Figur hat, sich in der neuen Rolle zurechtzufinden. Tony Curtis und →Jack Lemmon verkleiden sich in MANCHE MÖGEN'S HEISS (SOME LIKE IT HOT, 1959) als Frauen, um in einer Damenkapelle unterzutauchen. Der arbeitslose Kleindarsteller Dustin Hoffman wird als TOOTSIE (1982) in der Rolle einer Frau zum Fernsehstar und hat Probleme, von diesem Image los zu kommen. →Robin Williams tarnt sich als Haushaltshilfe MRS. DOUBTFIRE (1993), um seinen Kindern nah sein zu können. Umgekehrt verkleidet sich Liselotte Pulver im WIRTSHAUS IM SPESSART (1958) als Bursche, um den geliebten Räuberhauptmann zu erobern.

Abb. 11: Madame Curtis und Lady Lemmon in MANCHE MÖGENS HEISS

Richtig kompliziert wird es, wenn Renate Müller bzw. Julie Andrews in VIKTOR UND VIKTORIA (1933) bzw. VICTOR/VICTORIA (1982) eine Frau spielt, die einen Mann spielt, der eine Frau spielt, um als Travestiestar Triumphe zu feiern. →Laurel & Hardy zelebrieren nicht nur den Rollentausch der Geschlechter, sondern auch den der Generationen: In OUR WIFE leben sie in der Harmonie einer glücklichen Viererbeziehung zusammen als Mr. und Mrs. Hardy (in Gestalt von Stan) und

Mr. Laurel und Mrs. Laurel (in Gestalt von Ollie), in BRATS begegnen sie als Väter und Söhne sich selbst.

Der Unterschied zwischen männlicher Figur und weiblichem Verhalten bietet den Komikern eine breite Palette komischer Auftrittsmöglichkeiten. Ein Umstand, aus dem das Auftauchen schwuler Paare wie im KÄFIG VOLLER NARREN (LA CAGE AUX FOLLES, 1978) superbe Kontraste zieht, wenn der männliche Part im Frauengewand alle Posen holder Weiblichkeit demonstriert.

Schwierige Aufgaben

Jemand wird vor unlösbare Aufgaben und Probleme gestellt. Je ungeeigneter er für diesen Job erscheint, desto größer ist die Quelle der Komik und der Grad der Überraschung.

→Buster Keaton ist ein Spezialist für die Bewältigung schwieriger Aufgaben: in DER GENERAL (1926) führt er seine Dampflokomotive heil durch alle Gefahren und feindlichen Attacken des amerikanischen Bürgerkriegs und in DER MUSTERSCHÜLER (COLLEGE, 1928) besiegt er beim sportlichen Wettkampf alle seine Gegner durch artistische Beweglichkeit und Improvisationskunst im Umfunktionieren der Dinge. GANZ ODER GAR NICHT (THE FULL MONTY, 1997) ist die Parole einer Gruppe Arbeitsloser, die mit dem Versuch einer männlichen Striptease-Show ihrer finanziellen Misere entkommen wollen, während in KALENDER GIRLS (CALENDAR GIRLS, 1993) brave Kleinstadtdamen einen Tabubruch planen mit einem hausfraulichen Nacktkalender. Um die Mitglieder einer legendären Bluesband zusammen zu trommeln, kurven die BLUES BROTHERS (1980) John Belushi und Dan Aykroyd mit coolen Sprüchen und heißen Songs quer durch Amerika. Um Musik ganz anderer Art geht es in dem englischen Arbeiterfilm BRASSED OFF (1996): In einer von Zechenschließung bedrohten Bergarbeitersiedlung kämpfen die Mitglieder einer Blaskapelle ums Überleben der Band und um den Sieg beim

Musikwettbewerb. Der HANGOVER (2009) eines außer Kontrolle geratenen Junggesellenabschieds zwingt eine Freundesclique die Gedächtnislücken ihres Filmrisses auszuforschen, um in einer bizarren Suche nach der verlorenen Zeit den verschwundenen Bräutigam rechtzeitig zur Hochzeit wieder zu finden. In DREI MÄNNER UND EIN BABY (TROIS HOMMES EST UN COUFFIN, 1985) entwickeln sich eingefleischte Junggesellen wider alle Grundvoraussetzungen zu begeisterten Ersatzvätern. Und letztlich ist die unlösbare Aufgabe vom Prinzip her auch die Standardsituation all der Gaunerfilme vom großen Coup.

Wie die Helden dieser Durchhaltefilme den Hindernisparcours bewältigen mit vor keiner Konsequenz zurückschreckender Tatkraft und unbeugsamem Starrsinn, den kein Rückschlag erschüttern kann, lässt sie als unverbesserliche Optimisten erscheinen, die dem Negativcredo von der Vergeblichkeit allen menschlichen Strebens, wie es Mackie Messer in der *Dreigroschenoper* formuliert: »Ja, mach nur einen Plan, sei nur ein kluges Licht, mach dann noch 'nen zweiten Plan, gehen tun sie beide nicht,« mit dem festen Glauben an die Machbarkeit der Dinge trotzen.

Gaunerkomödien

Als Spezialgebiet für schwierige Aufgaben erweisen sich Gaunerkomödien. Wie ein Safe zu knacken, eine Bank auszurauben, ein Spielcasino auszuräumen, ein Bild aus dem Museum zu stehlen, Diamanten zu entwenden sind, das ist ein Job für ausgebildete Spezialisten. Je gesicherter die Objekte der Begierde sind, desto höher der Ehrgeiz, alle Sicherheitsmaßnahmen zu überwinden. Kletterte →Cary Grant 1955 noch als Einzelgänger über die Dächer von Nizza und waren die Kleinganoven Marcello Mastroianni und Vittorio Gassman in DIEBE HABEN'S SCHWER (IL SOLITI IGNOTI, 1958) mit ihrem amateurhaften Bankraub für Anfänger zum Scheitern verurteilt, so erfordert das Erfolgsmodell der modernen Gaunerfilme vom großen Coup ein Team hochversierter Spezialisten, die ihre unterschiedlichen Fähigkeiten und technischen Kenntnisse zum Wohl der gemeinsamen Aktion vereinen.

So stibitzen Maximilian Schell, →Peter Ustinov und Melina Mercouri in TOPKAPI (1964) trickreich einen mit wertvollen Diamanten besetzten Dolch aus dem gleichnamigen Istanbuler Museum, vereint sich rund um das Starteam von OCEAN'S ELEVEN (2001) mit George Clooney, Julia Roberts, Matt Damon und Brad Pitt eine erlesene Auswahl erwiesener Fachleute, um ein Spielcasino von Las Vegas auszurauben: ein Croupier, ein Pyrotechniker, ein Taschendieb, ein Autobastler, ein Elektroniktechniker und ein Akrobat. An solchen Anforderungen kann ein Typ wie →Woody Allen in SCHMALSPURGANOVEN (SMALL TIME CROOKS, 2000) nur scheitern.

Quelle der Komik in der Gaunerkomödie ist der Unterschied zwischen Theorie und Praxis. Alle die genialen Pläne und ausgetüftelten Tricks drohen an banalen Zufällen und unvorhergesehen Zwischenfällen zu scheitern. Und natürlich stellt die Gaunerkomödie eine ganz besondere Herausforderung an die Inszenierung – die nämlich *noch* raffinierter sein muss als der Coup der Einbrecher.

Spaß mit Leichen

Schwarzer Humor ist das ideale parodistische Stilmittel, um die Schockmomente des Horrorkinos und des Thrillers zu bannen, indem sie ins Lächerliche gezogen werden. Der Mord als schöne Kunst betrachtet verliert seinen Schrecken: da muss der Theaterkritiker →Cary Grant in ARSEN UND SPITZENHÄUBCHEN (ARSENIC AND OLD LACE, 1944) erfahren, dass seine lieben Tantchen genauso viele Leichen im Keller haben wie sein wahnsinniger Halbbruder, der als Serienmörder gesucht wird. In ADEL VERPFLICHTET (KIND HEARTS AND CORONETS, 1949) mordet sich der verbannte Spross einer Adelsfamilie quer durch den Stammbaum seiner achtköpfigen Sippschaft. Die kaltblütige Verbrecherclique der Ladykillers (1955) bringt es nicht fertig, die liebenswerte Witwe Mrs. Wimmerforce zu killen. Im Theater des Grauens (Theatre of Blood, 1973) meuchelt ein verkannter Schauspieler seine Kritiker künstlerisch wertvoll nach dem Vorbild von Shakespeares besten Bühnenmorden. Ein trickreiches Katz- und Mausspiel treibt der erfolgreiche Krimiautor Laurence Olivier mit dem Liebhaber seiner Frau in Mord mit kleinen Fehlern (Sleuth, 1972), bis das Spiel in tödlichen Ernst umschlägt. Der damalige Nebenbuhler Michael Caine übernimmt pikanterweise in der Neuverfilmung 1 Mord für 2 (Sleuth, 2007) die Laurence Olivier-Rolle. Und in den Filmen Kleine Morde unter Freunden (Shallow Grave, 1995), Fargo (1996) und The Big Nothing (2006) versuchen arme Schlucker mit einem kriminellen Coup, bei dem alles schief geht, was schief gehen kann, ihrer Misere zu entrinnen und geraten in eine ausweglose Spirale verhängnisvoller Taten und grotesk überspitzter Gewalt.

Very british – Schwarzer Humor ist eine besondere Spezialität des englischen Kinos, das im Irrsinnshumor von →Monty Python seine verrücktesten Seiten aufschlägt. Der subtile, feine Humor des englischen Kinos steht im komischen Kontrast zum tödlichen Ernst des Geschehens und federt alle Einwände der Geschmacklosigkeit elegant ab. Die schwärzeste aller Satiren Dr. Seltsam oder: Wie ich lernte, die Bombe zu lieben stammt natürlich auch aus England und handelt von nichts Geringerem als vom Untergang der Welt nach einem Atomschlag. Auch die Anzeige eines Duisburger Kinos, die für den Film mit der Schlagzeile warb: »Ab morgen Weltuntergang – vorläufig nur im Kino« zeugt von schwarzem Humorverständnis. Geschmacklos oder nicht? Es ist eine Frage der eigenen Anschauung.

Pikarische Abenteuer

TOM JONES (1963) und DER BRAVE SOLDAT SCHWEJK (1960), DIE BEKENNTNISSE DES HOCHSTAPLERS FELIX KRULL (1957) und FORREST GUMP (1994), LITTLE BIG MAN (1970) und DIE BLECHTROMMEL (1979) sind Verfilmungen klassischer Schelmenromane, in denen sich der Held in einer Reihe pikaresker Abenteuer durchs Leben schlägt. Die spanische Bezeichnung »picaro« für Schelm gab dieser Literaturform ihren Namen.

Aus unteren Schichten stammend durchstreift der »Schelm« alle gesellschaftlichen Milieus. Obwohl er keinen Einfluss auf das Geschehen hat, entkommt er, bauernschlau und gewitzt, wie er ist, allen gefährlichen Situationen. Tom Jones frisst und schläft sich durch die englische Adelswelt, Schwejk überwindet mit der ihm eigenen Bauernschläue alle Kriegsgefahren und Obrigkeiten, Felix Krull gelingt mit Charme und Verführungskunst der gesellschaftliche Aufstieg, der Schnellläufer Forrest Gump eilt durchs Leben und begegnet allen Größen des 20. Jahrhunderts, als Wanderer zwischen den Welten der Indianer und der Weißen durchlebt Dustin Hoffman als LITTLE BIG MAN alle Stationen in der Geschichte des Wilden Westens und der kleine Blechtrommler schlägt sich quer durch die Geschichte des Nationalsozialismus und des Kriegs.

Am Ende all dieser Lebensodysseen steht der Einblick in die Spielregeln, nach denen die Welt funktioniert.

Komische Prämissen

Als komische Prämisse bezeichnet der amerikanische Drehbuchautor John Vorhaus die Kluft zwischen komischer und realer Wirklichkeit. Es wird eine im realen Leben nicht mögliche Grundsituation aufgebaut, die den Protagonisten in eine andere Welt versetzt.

Im Zeitsprung-Film ZURÜCK IN DIE ZUKUNFT (BACK TO THE FUTURE, 1985) reist Michael J. Fox zurück in seine Vergangenheit und begegnet sich selbst als Junge wieder. →Allen lässt in THE PURPLE ROSE OF CAIRO (1985) die Figur eines Films von der Leinwand herabsteigen direkt hinein in die Existenz einer vom Leben frustrierten Kinobesucherin.

Abb. 12: MEIN FREUND HARVEY: Hase da oder nicht?

In FALSCHES SPIEL MIT ROGER RABBIT (WHO FRAMED ROGER RABBIT, 1988) wird Bob Hoskins in eine Welt von Zeichentrickfiguren versetzt, die den Aufstand proben, und BEING JOHN MALKOVICH (1999) lässt einen Puppenspieler Zugang finden in das Bewusstsein des großen Stars. MEIN FREUND HARVEY (HARVEY, 1950) ist ein menschgroßer unsichtbarer Hase, der nur in der Fantasie von James Stewart existiert und seine Umwelt in Verwirrung stürzt. UND TÄGLICH GRÜSST DAS MURMELTIER (GROUNDHOG DAY, 1993) lässt →Bill Murray in der Zeitschleife eines sich ewig wiederholenden Tageskreislaufs verschwinden, wodurch es ihm möglich ist, die Kenntnis des zukünftigen Geschehens zu seinem Vorteil zu nutzen. Der selbstmordgefährdete James Stewart bekommt in IST DAS LEBEN NICHT SCHÖN? (IT'S WONDERFUL LIFE, 1940) von seinem Schutzengel vor Augen geführt, wie das Leben in seiner Stadt ohne ihn verlaufen wäre, nämlich schlechter, was die Bedeutung eines jeden Einzelnen in der Gesellschaft belegt und diesen Film jedes Jahr als ideales Besinnungserlebnis für das Weihnachtsprogramm im deutschen Fernsehen prädestiniert.

Kleine Fluchten

KLEINE FLUCHTEN (LES PETITS FUGUES) heißt ein wehmütig-heiterer Schweizer Film von 1979, in dem ein alter Knecht das Motto aller Aussteiger in die Tat umsetzt. Er kauft sich ein Motorrad und verlässt erstmals seine abgestammte Umgebung. Seine Fahrten sind wie eine Befreiung aus eingefahrenen Verhältnissen. Er beginnt sich zu wandeln, überwindet seine Passivität und Abhängigkeit, wird aktiv und eigenständig. Wie der alte Knecht Uli befreit sich auch die italienische Hausfrau und Mutter in BROT UND TULPEN (PANE E TULIPANI, 2000) aus ihrem häuslichen Sklavendasein, als sie in Venedig strandet, einfach dableibt und ein neues Leben beginnt, in dem sie wirkliches Glück und Freiheit findet. Eine Erfüllung weiblicher Sehnsüchte, die den Film zum Kinohit machte.

Die Aufbruchsstimmung der 68er Generation beflügelte Aussteigerträume im Kino: HAROLD UND MAUDE (1971) torpedieren als Oma-Jüngling-Paar nicht nur erotische Schicklichkeitsgrenzen des Alters, sondern grundsätzlich alle bürgerlichen Lebensformen. Der frustrierte Arbeiter Michel Piccoli vollzieht in THEMROC (1973) den Radikalausstieg, haut kaputt, was ihn kaputt machte, und haust als Steinzeitmensch in einer Großstadthöhle, von der aus er sich kaputt lacht über die Staatsmacht, Bürgertum und Zivilisation. In STEELYARD BLUES (1973) richten Donald Sutherland und Jane Fonda ihr Aussteigerleben in einem Flugzeug ein, um dem amerikanischen Way of Life in ein Land ohne Gefängnisse zu entfliehen. Eine zeitliche Rolle rückwärts dagegen probt Gérard Philippe, wenn er in DIE SCHÖNEN DER NACHT (LES BELLES DE NUIT, 1952) als lärmgeplagter Komponist im Traum in vergangene Zeiten entflieht, wo alles besser war. Von einer schöneren Zeit träumt auch der von seinem saturierten Leben angeödete Drehbuchautor Owen Wilson in →Woody Allens MIDNIGHT IN PARIS (2011) und taucht auf wundersame Weise ein ins legendäre Paris der goldenen zwanziger und dreißiger Jahre, wo er seinen Idolen Ernst Hemingway, Pablo Picasso, Salvador Dali und Scott Fitzgerald begegnet.

Eskapistische Kinoträume von einem besseren Leben sind eine der schönsten Spielwiesen der Filmkomödie, die unseren Geist und unsere Fantasie stets aufs Neue beflügeln.

Jagdgeschichten

Was Endpunkt eines jeden Slapsticks und Höhepunkt jedes Neuzeitkrimis ist, die Verfolgungsjagd, genügt in einigen Komödien als einziges Motiv und Motor der Handlung, was in EINE TOTAL, TOTAL VERRÜCKTE WELT (IT'S A MAD, MAD, MAD WORLD, 1963) auf drei Stunden ausufert. Auf der Jagd nach einem vergrabenen Geldschatz hetzt eine Meute bekannter Komiker quer durch Amerika; eine groteske Fallstudie menschlicher Gier, in der jeder jeden übertölpeln, austricksen, behindern und ausschalten will. Gleich mehrmals höchst unterschiedlich verfilmt – u. a. mit →Heinz Rühmann (1938), von und mit →Mel Brooks (1971) und von Ulrike Ottinger (2004) – wurde die Suchexpedition um 13 bzw. 12 STÜHLE, in denen ein Vermögen versteckt ist. Wenn Marius-Müller Westernhagen losstartet, seinen geklauten LKW zurück zu holen, macht er dem Filmtitel THEO GEGEN DEN REST DER WELT (1976) auf ebenso vergnügliche wie abenteuerliche Weise alle Ehre. Und auch das mit →Jack Lemmon, Tony Curtis, Natalie Wood und Peter Falk bestückte Starvehikel DAS GROSSE RENNEN UM DIE WELT (THE GREAT RACE, 1965) verrät mit dem Titel schon die ganze Handlung, die in der größten und längsten Tortenschlacht der Kinogeschichte gipfelt.

Ist das Jagdfieber einmal ausgebrochen, gibt es kein Halten mehr. Autos, Motorräder, Lastwagen, Fahrräder, Tiere, Kinderspielzeuge, Eisenbahnzüge, Straßenbahnen, Busse, Schiffe, Kutschen, Flugzeuge, Ballons – alles, was sich irgendwie bewegen lässt, dient dem unaufhaltsamen Drang der

Fortbewegung. Die Jagd wird zu Lande, zu Wasser und in der Luft ausgetragen. Da werden alle Grenzen überschritten, Häuser durchquert, Dächer als Rutschbahnen genutzt zur Absprungposition, um gemäß dem Motto »Denk nicht an den Aufprall, genieß das Fliegen« den freien Fall zu üben und die Funktionsmöglichkeiten eines Regenschirms als Fallschirmersatz zu testen, was aber nur im Kino klappt. Die Eskalation der Jagd kulminiert letztendlich in einer Massenverfolgung, die Jäger und Gejagte in die unvermeidliche Katastrophe steuert.

Unvorhergesehene Ereignisse

Ein unvorhergesehenes Ereignis bringt das ganz normale Leben des Helden ins Wanken und wirft alles über den Haufen, was bislang seine Existenz bestimmt hat. Er wird vor Probleme gestellt, die er vorher nicht hatte, in Situationen gestoßen, denen er kaum gewachsen ist, muss Herausforderungen meistern, für die er nicht geschaffen scheint.

John Cleese in EIN FISCH NAMENS WANDA (A FISH CALLED WANDA, 1988) führt ein langweiliges, konservatives Leben, bis die kriminelle Wanda in sein Leben eindringt und seine Existenz auf den Kopf stellt. In BROT UND TULPEN (PANE E TULIPANI, 2000) wird eine Hausfrau und Mutter in Venedig vergessen und in ein völlig neues Leben gestoßen. Ein Lottogewinn, der aber erst noch erschwindelt werden muss, bringt das Leben einer irischen Dorfgemeinschaft durcheinander in LANG LEBE NED DEVINE (WAKING NED DEVINE, 1988). Das in Gewohnheit erstarrte Eheleben von MR. UND MRS. SMITH (1941) wird aufgeschreckt und zerstört, als sich herausstellt, dass die Heirat durch einen Formfehler ungültig ist. Durch einen Gedächtnisschwund wird eine frustrierte Ehefrau aus ihrer sicheren Existenz gerissen und lebt das gefährliche Leben der New Yorker Szenebraut Madonna, mit der sie verwechselt wird (SUSAN ... VERZWEIFELT GESUCHT – DESPERATELY SEAKING

SUSAN, 1985). Nach dem Schock des unvorhergesehnen Ereignisses ist nichts mehr wie zuvor: ein neuer Lebensabschnitt beginnt.

Kulinarisches Kino

Im Kino entfaltet die Kochkunst eine erotische Wirkung, die im Genuss ihren Höhepunkt findet und zu schicksalshaften Wendungen im Leben der Filmfiguren führt. Die Berliner Filmfestspiele haben dem kulinarischen Kino eine alljährliche Sektion gewidmet.

In dem japanischen Film TAMPOPO (1985) vereint die Suche zur perfekten Nudelsuppe Kochen und Essen, Liebe und Tod zur skurrilen Kochschule des Lebens, in der es nicht nur um das richtige Rezept geht, sondern um die richtige Einstellung zum Leben. Der alte Spruch »Liebe geht durch den Magen« ist das Motto des mexikanischen Films BITTERSÜSSE SCHOKOLADE (COMO AGUA PARA CHOCOLATE, 1992). Die von ihrer Mutter und ihren Schwestern schikanierte jüngste Tochter lebt ihre unterdrückten Gefühle am Herd aus mit Gerichten, die sinnliche Gelüste hervorrufen. Und auch die Köchin Martina Gedeck definiert sich in BELLA MARTHA (2001) nur durch ihren Beruf, bis sie durch die Aufnahme ihrer elternlosen Nichte und die Bekanntschaft mit einem exzentrischen Koch neue Lebensperspektiven gewinnt.

Bösartig wird es in →Marco Ferreris Wohlstandssatire DAS GROSSE FRESSEN (LA GRANDE BOUFFE, 1973), in der sich vier gut situierte Genussbürger treffen, um sich genussvoll zu Tode fressen. Mit DER KOCH, DER DIEB, DIE FRAU UND IHR LIEBHABER (THE COOK, THE THIEF, HIS WIFE & HER LOVER, 1989) brät der Avantgarde-Regisseur Peter Greenaway sein filmisches Meister-Süppchen, gefüllt mit Tabus und Sex, verfeinert mit Mord und Kannibalismus, abgeschmeckt mit Mythologie und religiösem Symbolismus. Die Frau eines reichen Gourmets bereitet ihrem mörderischen Gatten eine bizarre Henkersmahlzeit und serviert ihm die Leiche des von ihm getöteten Liebhabers auf

Abb. 13: Kulinarische Genüsse in BRUST ODER KEULE

dem Tablett. »Kochen ist Krieg«, sagt Jean Reno, der in KOCHEN IST CHEFSACHE (COMME UN CHEF, 2012) die hehre Tradition der feinen französischen Küche gegen die hochmoderne Molekularküche aus dem Handbuch der Chemiebausatzkochkunst mit der gleichen Intensität verteidigt wie sich einst →Louis de Funès als Gastrokritiker in BRUST ODER KEULE (L'AILE OU LA CUISSE, 1976) gegen die Geschmacksbarbarei der Fast Food-Ketten wehrte.

Mit dem Alter reift auch die Kochkunst. So erlöst eine ehemalige französische Meisterköchin (Stéphane Audran) in BABETTES FEST (BABETTES GAESTEBUD, 1987) mit der Verführung durch kulinarische Hochgenüsse die in asketischer Frömmigkeit und Kargheit lebende Gemeinde eines nordischen Fischerdorfs aus ihrer sozialen Erstarrung. EAT, DRINK, MAN, WOMAN (1994) – schon im Titel deutet Regisseur Ang Lee die Thematik seines Films an, der mit augenzwinkerndem Humor elementare Lebensbedürfnisse behandelt: Essen und Sex. Ein vom Verlust des Geschmackssinns bedrohter Meisterkoch versammelt seine drei erwachsenen Töchter zum regelmäßigen Sonntagsessen, in dessen Verlauf sich ihre Befindlichkeiten und Probleme in unterschiedlicher Drastik und Komik äußern. Ein FESTMAHL IM AUGUST (PRANZO DI FERRAGOSTO, 2008) konfrontiert einen allein bei seiner Mutter lebenden Mittfünfziger mit einem lebenslustigen Quartett alter Damen, dem er nicht gewachsen ist. Ein Film, der einem die Angst vorm Altwerden nimmt und die Lust auf italienisches Essen gibt.

Lauter Filme, in denen die Kochkunst zur lustvollen Metapher für Lebenskunst, die Speise zum Gesamtkunstwerk, das Essen zum sinnlichen Genuss wird.

Die 20 Grundgags der Filmkomödie

Sie kommen aus einem Film, haben sich köstlich amüsiert, haben über mindestens 100 Gags gelacht. Doch in Wirklichkeit waren es nur 20 Gags: die 20 Grundgags der Filmkomödie, auf denen alle Komik beruht die sich stets nur wiederholen und ergänzen, die weiter entwickelt und variiert, in neue Zusammenhänge gesetzt oder miteinander kombiniert werden, um das Handlungsgefüge des Films aus dem Füllhorn humorvoller Einfälle und treffsicherer Pointen zu festigen.

Die komische Situation und ihrer kleinsten Einheit, der Gag, stellt das Grundmaterial des Komischen dar. Erst in der Komposition von Handlung, Gags und Beziehung der Personen, im Rhythmus von Bild, Dialog und Musik gewinnt die Komödie Form und Bedeutung.

Situationskomik: Der Mensch in einer peinlichen und lächerlichen Situation

Die elementare Grundsituation aller Komik. Jemand gerät in eine peinliche, lächerliche, gefährliche Situation, der er nicht gewachsen ist. In seiner Aufregung und Not macht er alles falsch, was falsch zu machen ist, verschlimmbessert nur seine Situation und ist nun mit mehreren Problemen gleichzeitig konfrontiert, die er erst recht nicht lösen kann. In der unvermeidlichen Konsequenz seiner Fehlleistungen und irrationalen Handlungen erwächst sich die kleine Katastrophe zu einer großen. Das ist die Grundsituation, in die alle Komiker der Groteske →Charlie Chaplin bis →Laurel & Hardy, von →Jacques Tati bis →Jerry Lewis, von →Peter Sellers bis →Rowan Atkinson unvermeidlich hinein geraten.

Schöner ist es, wenn es ihren Gegnern passiert: je reicher, je mächtiger, je würdiger derjenige ist, dem die Sahnetorte ins Gesichts klatscht, der ins Wasser plumpst oder auf den Hintern knallt, desto größer sein Verlust an Macht und Würde, desto größer der Spaß des Publikums. Die Lächerlichkeit der Mächtigen als Ausgleich sozialer Gerechtigkeit.

Noch komischer ist der Mensch, der in eine lächerliche Situation gerät und sie nicht zur Kenntnis nimmt – aus persönlicher Voreingenommenheit, Sturheit, Weltfremdheit oder weil er besoffen ist. Musterbeispiel: der Betrunkene, der vorgibt, nüchtern zu sein. Blind für die Realität, sieht er nicht die Gefahr, in der sich befindet. Er schwebt wie →Pierre Richard in DER GROSSE BLONDE MIT DEM SCHWARZEN SCHUH mit der traumwandlerischen Sicherheit eines Schlafwandlers über alle Stolpersteine und Fallen und spaziert wie →Cary Grant in LEOPARDEN KÜSST MAN NICHT unbekümmert über die Straße, ohne zu bemerken, dass eine solche Bestie ihm hinterher schleicht. Die durch nichts zu erschütternde Ignoranz der Wirklichkeit, das krampfhafte Festhalten am Irrglauben und das daraus resultierende Fehlverhalten wird im heilsamen Schock der Erkenntnis erlöst. Das ist stets die Schlusspointe, die allen Beinahekatastrophen nachfolgt.

Kleine Ursache – große Wirkung

Das Banalenschalen-Syndrom ist eine Ursituation aller Komik. Jemand rutscht auf einer Bananenschale aus. Dass er sich dabei wehtut, ist weniger schlimm als der Verlust seiner Würde, den sein Fall verursacht. Und da das Missverhältnis zwischen der Ursache des Sturzes und seinen schmerzhaft verletzenden Folgen so gravierend ist, spricht es den allgemeinen Gesetzen von Ursache und Wirkung Hohn. Die Bananenschale ist das sprichwörtliche Beispiel für all die kleinen, unbedeutenden Dinge des Lebens, die nur darauf lauern, uns zu Fall zu bringen. Im Kino wie im Leben.

Große Ursache – kleine Wirkung

Umgekehrt ist es nicht minder komisch, wenn jemand einen gewaltigen Aufwand betreibt, der in keinem Verhältnis zum Ergebnis steht wie ein Clown, der aus einem großen Koffer nur eine kleine Minivioline herbeizaubert oder Wichtigtuer →Laurel & Hardy, der das gesamte Gestikreservoir der für ihn typischen Manierismen des Krawattenwedelns und des Fingertupfens bemüht, um nichtige Dinge zu tun oder zu erklären. Bei →Karl Valentin ist es das Grundprinzip all seiner Lebensrollen als Musiker, Handwerker, Kunde oder Fotograf, durch sein stures Beharren auf bestimmte Leistungen und Aktionen ein Höchstmaß an Aufwand heraus zu fordern, dem ein Nichts im Ergebnis all dieses Tuns gegenübersteht. Viel Lärm um nichts.

Tücke der Objekte

Der Komiker steht im täglichen Überlebenskampf gegen die Tücke der Objekte, die ein verhängnisvolles Eigenleben entwickeln. Alle Gegenstände des Lebens sind grundsätzlich dafür geeignet, sich gegen ihren normalen Gebrauch zu wenden, durch die Ungeschicklichkeit ihrer Nutzer oder durch die Kompliziertheit ihrer Anwendungsformen. In der Vollendung ihrer katastrophalen Möglichkeiten steigert sich die Tücke der Dinge zum Aufstand der Dinge, die über den Menschen triumphieren. In der surrealen Kurzfilmfabel DIE WOHNUNG (THE FLAT, 1968) von Jan Svankmajer verweigern die Gegenstände einer Wohnung – Stühle, Töpfe, Öfen, Gabeln, Löffel und Messer – ihre normale Gebrauchsfunktion und machen seinen Bewohner zum hilflosen Gefangenen in seinen eigenen vier Wänden.

Umwandlung der Dinge

→Buster Keaton ist der Perfektionist im Umfunktionieren der Dinge. Alles, was ihm in den Weg kommt, nutzt er mit verblüffendem Erfindergeist und unorthodoxen Methoden für seine Zwecke aus, um es wider ihrem normalen Gebrauch umzuwandeln zu völlig neuen Funktionszwecken, sei es zur Konstruktion einer vollautomatischen Frühstücksanlage oder zu Rettungsankern aus Momenten der Gefahr. Kaffeekannen werden zu Unterwasserhelmen, Kinderwagen zu Rennautos, Wäschestangen zu Hochsprungstäben. →Charlie Chaplin funktioniert als Pfandleiher einen Wecker zu einem lebendigen Operationsobjekt um, indem er mit der Präzision eines Pathologen das Gerät seziert und seiner Eingeweide entleert.

Abb. 14: Jerry Lewis und Schmetterlinge in Zu heiss gebadet

Wenn in dem →Jerry Lewis-Film Zu heiss gebadet eine Schmetterlingssammlung wegfliegt und auf das Kommando eines Pfiffs im Formationsflug wieder in die angestammte Ordnung zurückkehrt, gewinnt das einen Hauch von surrealer Poesie wie die Tiermotive auf den Wandbildern und die Gegenstände in der Fabelhaften Welt der Amélie, die zum Leben erwachen. »Die Wandlung der Objekte ist die Antwort des Komikers auf die Tücke der Objekte«, resümmieren Roloff und Seeßlen in ihrem Buch *Klassiker der Filmkomik*.

Fehlverhalten

Missgeschick ist das Grundmaterial des Komikers. Oft nährt es sich aus der Tücke der Objekte, ist aber nicht unbedingt als Ursache darauf angewiesen. Das erledigt der Komiker mit seiner Tollpatschigkeit, Blindheit und Ungeschicklichkeit auch ganz allein, indem er alle Unzulänglichkeiten auf sich vereint und sich als unfähig erweist, die genormten Verhaltensregeln und automatischen Bewegungsabläufe des täglichen Lebens störungsfrei zu verrichten, sei es beim Essen oder Laufen, beim Anziehen oder beim Einkauf, beim Sport oder im Straßenverkehr. Der Komiker will alles richtig machen, doch die Diskrepanz zwischen dem, was er will, und dem, was sein Körper tut, ist sein Verhängnis zur Schadenfreude des Zuschauers, der sich darüber freut, dass es nicht ihm passiert, sondern stellvertretend der Kinofigur. War →Buster Keaton ein Meister der Geschicklichkeit, so sind Typen wie →Jerry Lewis, →Peter Sellers oder →Rowan Atkinson Meister der perfekten Ungeschicklichkeit.

Die Kunst der Zerstörung

Es braucht nicht die alles überrasende Wucht einer Verfolgungsjagd, um Wohnungseinrichtungen zu zerstören, Autos zu demolieren, Häuser zum Einsturz zu bringen. Es reicht schon die konsequente Trotteligkeit eines Unglücksraben oder die Aggressionslust zweier Kontrahenten, um die bürgerliche Welt mit ihren Einrichtungen zu zerstören. In unausweichlicher Konsequenz führt die Eskalation der Gewalt zu lustvollen Zerstörungsorgien, denen die Fetische des Bürgertums – Kleidung, Wohnungen, Autos, Christbäume und ganze Häuser – zum Opfer fallen. Durch die Kunst der Zerstörung befreit sich der Komiker von den Zwängen der Dingwelt, der er ansonsten zum Opfer fällt. Niemand beherrschte die Kunst der Zerstörung perfekter als →Laurel & Hardy, die kaum einen ihrer Filmschauplätze verlassen, ohne ihn gründlich demoliert zu haben.

Anti-Gags

Gags, die man nicht sieht, aber erwartet, denn man weiß, was passieren wird. Der Kinozuschauer sieht nicht den Gag, sondern nur seine Folgen, wenn das Wasser hoch spritzt, weil der Filmtrottel mal wieder ins Schwimmbecken gefallen ist, oder wenn ein Auto nach einem Unfall, der nur durch sein Geschepper wahr zu nehmen war, grotesk deformiert weiter fährt. Diese Gagtechnik basiert auf dem Prinzip des Witze-Erzählens: die Pointe wird ausgespart, ergibt sich aus dem Zusammenhang des zuvor Gesagten und bildet sich erst in der Fantasie des Zuhörers.

Seine spezielle Variante des Anti-Gags kultivierte der Meister komischer Auslassung →Ernst Lubitsch, indem er das Erkennen unanständiger Pointen und unmoralischer Vorgänge der »schmutzigen« Fantasie des Betrachters überließ, die durch eindeutig zweideutige Spuren in den Dialogen und im Gebaren der Kinofiguren in die gewünschte Deutungsrichtung gelenkt wurde. Wenn in Ärger im Paradies der elegante Meisterdieb und die reiche Witwe getrennt in ihren Hotelzimmern verschwinden und am nächsten Morgen jeder der beiden aus dem Zimmer des Anderen heraustritt, dann ist der Zuschauer über ihre nächtliche Liaison informiert. Der Kinobesucher bleibt vor der verschlossenen Tür, ahnt aber genau, was dahinter geschieht.

Running Gags

Ein an und für sich nicht sonderlich komischer Gag wirkt umso komischer, je öfter er in schöner Regelmäßigkeit im Verlauf des Films wiederholt, variiert und in andere Situationen verlegt wird. Darüber freut sich der deutsche Fernsehzuschauer jeden Silvesterabend, wenn der betrunkene Butler in DINNER FOR ONE mehr oder weniger elegant über den Tierkopf des Teppichvorlegers stolpert. In der Gagorgie HELLZAPOPPIN spaziert ein Mann einen Blumentopf tragend durch die Filmhandlung mit dem vergeblichen Ruf nach »Mr. Jones«, während die Pflanze mit jedem Auftritt größer wird. Der lärmgestresste Komponist Gérard Philipe aus DIE SCHÖNEN DER NACHT träumt sich stets auf Neue in vergangene Epochen der Zeitgeschichte, die jeweils mit dem Klageruf nach der guten, alten Zeit enden. Auch der empörte Schrei des Gestapo-Chefs Konzentrationslager-Erhard in SEIN ODER NICHTSEIN nach seinem Untergebenen »Schulz«, wenn er mal wieder was verbockt hat, was er diesem anhängen möchte, wirkt umso komischer, je öfter er erklingt, ebenso wie die konstanten Anrufe, mit denen →Allens Freund in MACH'S NOCH EINMAL, SAM seinen jeweiligen Aufenthaltsort angibt.

Abb. 15: Der Tiger-Lacher in
DINNER FOR ONE

Verzögerungsgags

Ähnlich wie der Anti-Gag spielt auch der Verzögerungsgag mit der Zuschauererwartung und lässt den Komikhelden wie einen Schlafwandler wider Erwarten heil durch alle Gefahrenmomente stolpern, die ihm drohen. Wenn der betrunkene Butler in DINNER FOR ONE ausnahmsweise einmal nicht über seinen Privatfeind Teppich stolpert, ist das komischer, als wenn er darüber stolpert. Und wenn in IS' WAS DOC? während einer Verfolgungsjagd auf San Franciscos steilen Straßen eine riesige Glasscheibe quer durch das Jagdgebiet balanciert wird, haarscharf an den vorbei rasenden Autos vorbei, ohne auch nur einen Riss abzukriegen, wird die Erwartungshaltung des Zuschauers mit jeder missglückten Crashmöglichkeit aufs Neue komisch enttäuscht, um dann letztendlich doch noch ihre Erfüllung zu finden, indem nicht die dazu bestimmten Autos, sondern eine umstürzende Leiter die Glasscheibe der Endbestimmung zuführen, die jeder großen Glasscheibe in jeder Komödie vorbehalten bleibt, ihrer totalen Zerstörung nämlich. Die Gagsituation wird in all ihren komischen Möglichkeiten angedeutet und ausgespielt, um in der lustvollen Verzögerung eines filmischen Coitus Interruptus ihren Höhepunkt zu finden.

Spätzündung

Der Makel der Begriffsstutzigkeit ist ein effektiv genutzter Standard im Verhaltenskodex der Komiker. Da freut der Zuschauer sich, dass er den Figuren auf der Kinoleinwand geistig überlegen ist und registriert mit zunehmenden Vergnügen die Schwachheiten menschlicher Erkenntnisprozesse und die Unterschiedlichkeit von Wahrnehmungsdifferenzen. Erst durch die Gabe der Unterentwicklung geistiger Aufnahmefähigkeit ist die ganze Kultur des Aneinandervorbeiredens, der Missverständnisse, der Fehlinformationen und des Fehlverhaltens möglich, welche die Komödie mit all ihren Verwirrungen und Verwicklungen in Gang hält. Niemand beherrscht das korrekte Timing der Spätzündung perfekter als →Stan Laurel. Erst mit zeitlicher Verzögerung bemerkt er, was man von ihm will und was man ihm antut, um dann umso vehementer zu reagieren. Dies zu einem Zeitpunkt, wo es für jede Reaktion zu spät und diese nur noch absurd erscheint.

Ein Weiterentwicklung der Spätzündung ist der von Laurel & Hardy praktizierte »Slowburn«: Mit unbewegter Miene und ohne einzugreifen schauen die beiden den Attacken ihrer Gegner zu, um das ganze Ausmaß der Feindseligkeit in aller Ruhe zu würdigen und erst danach umso heftiger zum Gegenangriff über zu gehen. So zieht eine Aggression die andere nach sich und am Ende stehen zerstörte Autos und Häuser. Augenscheinlicher lässt sich der Wahnsinn menschlicher Aggressionswut und Zerstörungslust nicht dokumentieren.

Kettenreaktionen

Eine verhängnisvolle Kettenreaktion nach dem Grundprinzip von kleiner Ursache und großer Wirkung setzt eine zwanghafte Zerstörungsorgie in Gang. Da genügt ein kleiner Vogel, der sich auf das Dach des von →Laurel & Hardy gebauten Neubaus setzt, um das gesamte Haus zum Einsturz zu bringen, was den Titel des Films A FINISHING TOUCH als pure Selbstironie erscheinen lässt. Nur weil →Monsieur Hulot in einem Ferienhaus ein Bild gerade rücken will, zerstört er mit seiner Reitgerte und seinen Sporen systematisch die gesamte Zimmereinrichtung – eine Filmsequenz, der →Loriot in einem seiner Sketche eine grandiose Hommage erweist. In DELIKATESSEN leitet ein im Beischlaftakt quietschendes Bettgestell eine lustbetonte Kettenreaktion kurzer Filmszenen ein, in denen sich die Bewohner des Hauses mit ihren Tätigkeiten des Teppichausklopfens, des Cellospielens, des Fahrradaufpumpens, des Anstreichens, des Strickens dem vorgegebenen Rhythmus als eine Art Geräuschorchester taktgenau anpassen. Und wenn die beiden furchtsamen Tankwarte in EINE TOTAL, TOTAL VERRÜCKTE WELT sich gegen einen brutalen Autofahrer zu wehren versuchen, dann führt das zu einer Zerstörungsorgie, in der die ganze Tankstelle in unaufhaltsamer Konsequenz zu Bruch geht.

Die Chaostheorie vom Flügelschlag eines Schmetterlings im Amazonasurwald, der einen Orkan auf der anderen Seite der Welt auszulösen vermag, findet in der Kettenreaktion der Dinge seine filmische Entsprechung als metaphorisch verkleidete Formel für die Höchstempfindlichkeit der Dinge und deren komplexe Zusammenhänge, in denen selbst die kleinste Veränderung unabsehbare Folgen verursacht.

Die Tortenschlacht

Von all den Varianten effektiver Zerstörungslust gibt sich die Tortenschlacht als kulinarisches Vergnügen, um die bürgerliche Welt ins Chaos zu stürzen. Was ursprünglich zum delikaten Verzehr gedacht war, gerinnt im Gesicht des Getroffenen zu einer unförmigen Matschmasse, welche alle Insignien von vornehmer Adrettheit, Schönheit, gutem Aussehen, feiner Kleidung und Würde bekleckert und somit der Lächerlichkeit preisgibt. Wie schwer es ist, eine Sahnetorte zielgenau im menschlichen Antlitz zu placieren, hat →Loriot in einem seinem Sketche durchexerziert.

Abb. 16: Tortenschlacht in
THE BATTLE OF THE CENTURY

Die Situationskomödie erhebt die Tortenschlacht zur hohen Kunst des präzisen Schleuderns und der erlesenen Auswahl der Ziele. Die ausgedehnte Tortenschlacht in dem →Laurel & Hardy-Film THE BATTLE OF THE CENTURY – welch würdiger Titel – bringt das Kunststück fertig, dass für jede der insgesamt 3000 verbrauchten Torten eine andere Variationsmöglichkeit gefunden wurde, um den gleichen Gag bei jeder Torte anders aussehen zu lassen.

Körperliche Deformationen

→Marty Feldman mit seinen Glubschaugen im Spitzmausgesicht zieht aus seiner angeborenen körperlichen Deformation seine ganz spezielle Komik eines Ritters von der traurigen Gestalt. Anderseits nutzen Fatty Arbuckle, →W. C. Fields oder →Oliver Hardy ihre Korpulenz, um mit unerwarteter Geschicklichkeit über ihre körperliche Unförmigkeit zu triumphieren. Bringt die festgelegte Überzeichnung komischer Figuren durch große Bärte, buschige Augenbrauen, schielende Augen, bucklige Gestalten schon ein grundsätzliches Moment der Komik in den Film, so verwandelt das komplette Katastrophenarsenal der Unfälle, Zusammenstöße, Schlägereien, Explosionen und Brände alles, was noch normal aussieht, in grotesk missgestaltete Opfer mit blauen Augen, fehlenden Zähnen, verdrehten Köpfen, verbrannten Haarresten, in humpelnde Krüppel mit weißen Bandagen und Gipsverbänden, die froh sind, dem Ungemach, das über sie hinein gebrochen ist, zwar nicht heil, aber doch lebend entkommen zu sein.

Die Kunst der Filmkomödie

Spiel mit der Gefahr

Höhenangst, das Balancieren über Abgründen, die Angst vor dem Sturz in die Tiefe verführt die Komiker zu waghalsigen Spielen mit der Gefahr, die sie im grotesken Wechsel von tölpelhaften Fehltritten und akrobatischer Geschicklichkeit meistern. Das Spiel mit der Höhenangst war das Spezialgebiet von →Harold Lloyd, dem kein Wolkenkratzer zu hoch und kein Abgrund zu tief war, um seine akrobatischen Fähigkeiten in schwindelerregender Höhe auszutesten. →Laurel & Hardy, ungeeignet für körperliche Höchstleistungen jeder Art, verirren sich in LIBERTY auf ein hohes Baugerüst,

Abb. 17: Harold Lloyd in DER TRAUMTÄNZER (1930)

wo der Sprung in die Freiheit sie zwingt, nicht nur über schmale Balken zu balancieren, sondern auch noch unter diesen verschärften Bedingungen ihre vertauschten Hosen zu wechseln. →Charlie Chaplin kurvt in MODERNE ZEITEN auf Rollschuhen mit verbundenen Augen mit traumwandlerischer Sicherheit an einem abgrundtiefen Loch vorbei. Erst als er die Gefahr erkennt, droht er hineinzufallen.

Verfremdungseffekte

Wenn Bild und Ton, Film und Wirklichkeit auseinander klaffen, hat das stets komische Wirkung – in der Beschleunigung der Bewegung im Slapstick wie in der Verlangsamung durch die Zeitlupe. Ebenso komisch befremdend wirkt es, wenn die menschliche Stimme verzerrt wird oder sie nicht ihrem Erscheinungsbild entspricht, wie ein Knabe, der mit der Bassstimme eines Erwachsenen redet oder ein Kraftkerl, der die piepsigen Stimmlaute einer Frau von sich gibt, wenn Tiere wie Menschen sprechen und Menschen wie Tiere grunzen. Alle diese Verfremdungsgags sind rein visuelle Komik und reflektieren die Auseinandersetzung mit dem eigenen Medium. →Buster Keaton träumt sich in SHERLOCK JR. als Filmvorführer in den Film hinein und kämpft mit wechselnden Szenerien. In HELLZAPOPPIN geraten die Komiker in den falschen Film, werden vom Bildstrich halbiert und streiten sich mit dem Filmvorführer.

Komische Nachahmung

Ein häufiger Spielzug der Parodie ist es, ein Kinovorbild nachzuahmen. Aber da dies im falschen Moment geschieht oder der Komiker in seiner äußeren Erscheinung dem Heldenbild in keinster Weise entspricht, wirkt das bizarre Gefälle zwischen Realität und Vorbild nur noch komisch. →Stan Laurel ist immer wieder versucht, den korpulenten Ollie mit seinem würdevollen Gentleman-Gehabe nachzuahmen, was bei seiner schmächtigen Figur nur den gegenteiligen Effekt hervorruft. Mögen Worte und Mimik gleich sein, die Unterschiedlichkeit der Personen wirkt wie ein Verfremdungseffekt der komischen Art.

Unangepasste Verhaltensweisen

Der Verhaltenskodex unserer Gesellschaft basiert auf festen Spielregeln, die der Komiker zwanghaft durchbricht, absichtlich oder unabsichtlich. So ist Lachen beim Begräbnis so unpassend wie komische Faxen beim hochkulturellen Opernbesuch. Wenn Henry Hübchen in ALLES AUF ZUCKER in die Grabesgrube fällt, ein nackter Mann über den Hotelflur rast oder →Loriot auf Platzsuche beim Konzertbesuch die Vorstellung stört, so widerspricht

Abb. 18: Meg Ryan zeigt, wie es geht: HARRY UND SALLY

das den angepassten Verhaltensweisen ebenso wie eine zur nächtlichen Ruhezeit von →Jacques Tati in voller Lautstärke abgespielte Jazzplatte, die das ganze Hotel aus dem Ferienschlaf reißt. Doch erst durch die Konfrontation mit

Unbeteiligten werden unangepasste Verhaltensweisen zur Quelle der Komik. Es ist nicht sehr ladylike, wenn Meg Ryan in Harry und Sally in einem öffentlichen Lokal lautstark die Lustäußerungen eines weiblichen Orgasmus mimt, richtig komisch wirkt dies aber erst aus dem Blickwinkel unbeteiligter Beobachter, die auf eine ihnen befremdlich erscheinende Situation mit den stummen Merkmalen ungläubigen Staunens reagieren.

Eine andere Spielart unangepasster Verhaltensweisen sind überflüssige Bewegungen, die nichts bewirken wie die nachträglich regulierende Handbewegung eines Keglers, der wie in The Big Lebowski nach dem Abwurf die Laufbahn der Kugel zu dirigieren versucht, oder die Luftschläge von Beobachtern einer Schlägerei, die mit der Gestik wilder Faustschläge die Kämpfenden anspornen wie in John Fords Irlandkomödie Der Sieger.

Unangepasste Verhaltensweisen im Dialog sind freche Antworten und unverschämte Sprüche, die in ihrer Absurdität und Drastik die Etikette feiner Umgangsformen verletzen. Wenn →Karl Valentin als Handwerker der Beschwerde von Restaurantgästen, deren Tische er verschmutzt hat, mit dem Vorwurf begegnet: »Um diese Zeit isst man ja auch nicht!«, wirkt das genauso komisch wie der jugendliche Vulgärhumor in Filmen wie Verrückt

Abb. 19: Überraschung in Ein Fisch namens Wanda

NACH MARY oder AMERICAN PIE, in denen mit pubertärer Freude an unanständigen Sprüchen die mit Anstand und Gefühl belegten Bereiche gesellschaftlicher Übereinkünfte im Umgang mit der Sexualität schamlos attackiert werden.

Eine besonders komische Steigerung unpassender Verhaltensweisen ergibt sich, wenn der Komiker durch überraschende Handlungswendungen, mit denen er nicht gerechnet hat, in Situationen gerät, die all sein Handeln höchst deplaciert und somit lächerlich erscheinen lassen. So geht es John Cleese, wenn er in EIN FISCH NAMENS WANDA verführerisch russisch sprechend für seine Geliebte nackt durch ein Wohnzimmer tanzt, in das völlig unerwartet ein komplette Familie inklusive Kleinkinder hineinplatzt, oder wenn Alec Baldwin in WENN LIEBE SO EINFACH WÄRE beim erotischen Telefonflirt via Bildschirm mit seiner Geliebten ihr seinen erigierten Freudenspender in Großaufnahme präsentieren will, dieses Bild aber durch eine Fehlschaltung direkt an ihren Mann geht.

Falsche Erwartungen und echte Überraschungen

Die alltägliche Lebenserfahrung enttäuschter Gefühle und falscher Erwartungen findet in unerwarteten Überraschungen immer wieder ihre komisch ernüchternde Darstellung. Eine schwere Kugel kann sich als federleicht erweisen und ein unbedeutender Gegenstand als bedeutend. Die Dinge sind anders als ihr Augenschein. Das gilt auch für die Vorgänge des täglichen Lebens. Da malt sich der Strohwitwer Tom Ewell in DAS VERFLIXTE 7.JAHR das Zusammensein mit der Sexbombe Marilyn Monroe in erotischen Träumen aus, die, in die Tat umgesetzt, an lächerlichen Lappalien scheitern. Da freut sich der in sein Dorf zurückkehrende Don Camillo angesichts des jubelnden Empfangskomitees am Bahnhof und muss beim Aussteigen feststellen, dass der Jubel nicht ihm, sondern einem Sportler gilt. Was im Leben deprimiert, kann im Kino komisch sein.

Falsche Erwartungen erwecken auch die vergeblichen Versuche von →Laurel & Hardy in LIBERTY, ihre gegenseitig vertauschten Hosen zu wechseln, wobei sie immer wieder mit heruntergezogenen Hosen erwischt werden. Ist jeder unbeabsichtigte Körperkontakt in genitalen Zonen – man denke nur daran, wie unauflöslich sich männlichen Reißverschlüsse und weibliche Knöpfe ineinander verhaken können – schon peinlich genug, so führt das aus der Erwartungshaltung zufälliger Betrachter zu völlig falschen Schlüssen. Da wird Sex vermutet, wo nur Missgeschick im Spiel war.

Sprachgags

Jede gute Filmkomödie punktet mit der Formulierungskunst witziger Dialogpointen. Das Spiel mit sprachlichen Funktionsstörungen dagegen zielt auf die Infragestellung des Wortes als taugliches Kommunikationsmittel. Das Stottern ist eines der primitiveren Mittel, um aus persönlichen Gebrechen komischen Profit zu ziehen. Intelligenter und subtiler ist da schon das Spiel mit der Sprache, wie es →Groucho Marx oder →Karl Valentin auf ihre ganz eigene Weise praktizieren, um die sprachliche Bedeutung der Worte zu hinterfragen. Groucho ist ein Virtuose in der Wortverdrehungskunst, der hinterlistig die Doppeldeutigkeit der amerikanischen Sprache für die Verwirrung seiner Partner und Gegner nutzt. Lieblingsobjekt seiner Sprachtiraden ist die reiche und somit begehrenswerte Witwe Margaret Dumont, an deren würdevoller Matronenhaftigkeit seine anzüglichen Frechheiten und unverschämten Schimpfkanonaden abprallen.

Mit seinen alles Selbstverständliche verleugnenden Wortiraden stellt Valentin unser Sprachverständnis von der Welt in Frage, indem er die Sprache beim Wort nimmt. Mit der Frage »Hat es Sinn, dass es jeden Tag Nacht wird?« stellt er die Gewissheiten unserer Weltordnung grundsätzlich zur Disposition.

Sprachliche Missverständnisse stürzen die Aufklärung des Geschehens in Is' was Doc? in babylonische Sprachverwirrung, wenn Barbra Streisand vergeblich versucht, dem Richter die Kausalkette verständlich zu machen, die sie und noch 20 andere Mittäter zu einer Verfolgungsjagd quer durch die Stadt und zu einem unfreiwilligen Bad in der San Francisco-Bucht getrieben hat. War der Tonfilm angetreten, um Klartext zu sprechen in der Vermittlung des Filmgeschehens, hat es die Virtuosen der Sprechakrobatik immer wieder gereizt, die Sprache als Mittel der Verständigung ins Absurde zu treiben.

Wenn man die verschiedenen Filmformen und Handlungsvarianten zusammenfügt und reich mit den Grundgags bestückt, die dem Genre zur Verfügung stehen, kann man ohne geistige Eigenleistung den Komödienhit der Saison schaffen. Peter Bogdanovich hat das erfolgreich vorgemacht mit seiner Komplett-Anthologie der Filmkomik Is' was Doc?

TEIL 2

ABC DER GROSSEN FILMKOMIKER

von Franz Stadler und Manfred Hobsch

Aus dem Sternenhimmel der Starkomiker haben wir die wirklich Großen ihres Faches herauskristallisiert, jene Genies der Filmkomik, die mit ihrem Humor das Wesen des komischen Films bestimmt und Generationen von Besuchern ins Kino gelockt haben, welche sie immer wieder in »ihrer« Rolle und nicht anders sehen wollen. Wie der Komiker seiner Rolle immer wieder neue Nuancen abgewinnt, welche Varianten er der Komik seines Auftritts entlockt und wie er »seine« Figur weiterentwickelt, darin liegen der Reiz und der Erfolg seiner Ausstrahlung. Was die individuelle Eigenart und der persönliche Charakter, was die ganz spezifischen Mittel und Erfolgsrezepte ihrer Komik sind, versuchen wir in unserem Buch zu ergründen.

Es hat Komödianten immer wieder gereizt, aus dem Amüsierterrain auszubrechen und auch den Hamlet zu geben. So agieren →Jack Lemmon, →Tom Hanks, →Cary Grant oder →Robin Williams glaubhaft und überzeugend auch in ernsthaften Rollen, ohne dass es ihr Komiker-Image beschädigt. Umgekehrt offenbaren ausgesprochen dramatische Schauspieler und Actionstars wie Lino Ventura, Jack Nicholson, Bruce Willis oder Marcello Mastroianni überraschend komische Facetten ihrer Darstellungskunst, ohne dass sie gleich als Komiker gelten.

Unser Komikerreigen umfasst hundert Jahre Filmgeschichte von den Anfängen der Slapstickära bis in die heutige Zeit, ist geprägt durch den Blick auf das europäische und amerikanische Kino, das unser Sehbewusstsein geprägt hat, gefiltert durch das, was aus fernen Ländern im deutschen Kino zu sehen war, was auf Filmfestivals entdeckt werden konnte, was im

Fernsehen gesendet wurde, was auf dem DVD-Markt aufzuspüren ist. Nicht berücksichtigt sind die Heerscharen von »Sidekicks«, jene Nebenrollendarsteller wie Edward Everett Horten in den Fred Astaire-Musicals, James Finlayson bei →Laurel & Hardy, Eddie Arent in den Edgar Wallace-Krimis, Terry-Thomas in »English Comedies« oder Coluche als Pariser Vorstadt--Proll, die alle als verlässliche Zeitarbeiter der Filmkomik das Handlungsgerippe mit ihren prägnanten Kurzauftritten füllen und der komödiantischen Labsal die letzte Würze verleihen. Ihre Porträts hätten den Rahmen dieses Buchs gesprengt.

Abbott & Costello

Bud Abbott (1895 – 1974), **Lou Costello** (1906 – 1959)

Abbott & Costello, der lange Dürre und der doofe Dicke, waren ein im Amerika der 1940er Jahre populäres Komikerpaar, das sich vor allen in Militärklamotten und Genreparodien austobte. Ihr gelungenster Film war denn auch die Horrorparodie ABBOTT UND COSTELLO TREFFEN FRANKENSTEIN (ABBOTT AND COSTELLO MEET FRANKENSTEIN, 1948), die mit den klassischen Horrorstars Lon Chaney und Bela Lugosi die stilistischen Reize der legendären Vorbilder evozierte.

Eigentlich waren die beiden die etwas simplere Ausgabe von →Laurel & Hardy ohne deren hintergründigen Witz und einzigartige Originalität. In der Rollenverteilung der beiden war Bud Abbott stets der kleinkarierte Durchschnittsmann, der seinen kleinen, dicklichen und dummen Partner immer wieder ausnutzt. Im Grunde war er aber der Stichwortgeber für die komischen Reaktionen von Lou Costello, der in seiner infantilen Art grundsätzlich alles missversteht und mit jeder seiner Antworten dem zuvor Gesagten eine völlig neue Deutung gibt, die in Gefilde höheren Blödsinns führt. Berühmt ist ihre »Who's on first«-Nummer aus dem Film THE NAUGHTY NINETIES (1945), die ein Frage- und Antwort-Spiel um Baseballspieler mit den Spitznamen »Who«, »What« und »Idontknow« in ein Inferno der Missverständlichkeit treibt, da Costello alles wörtlich nimmt. Manchmal hat ihr komischer Wahnsinn Methode. In ABENTEUER IM HAREM (LOST IN HAREM, 1944) werden sie von einem Magier zu Termiten hypnotisiert, woraufhin sie das ganze Mobilar auffressen. Ihre Komik war halt der drastischen Art.

Abb. 20: Bud Abbott und Lou Castello

Ihr Darstellungsstil war geprägt vom Wortwitz der Music Hall, woher sie beide stammten, und dem überdrehten Gagtempo des Slapstick-Stils, den sie in die Tonfilmära einbrachten. Costello, der ja der eigentliche Komiker der beiden war, wusste die Bedeutung Abbotts zu schätzen: »Komiker gibt es wie Sand am Meer. Gute Stichwortgeber sind schwer zu finden.«

Die Filme – eine Auswahl:

1941: Zwei von der Marine (In the Navy), 1941: Vorsicht Gespenster! (Hold That Ghost), 1941: Fallschirmakrobaten (Keep 'Em Flying), 1942: Helden im Sattel (Ride 'Em Cowboy), 1942: Abbott und Costello unter Kannibalen (Pardon My Sarong), 1943: Abbott und Costello auf Glatteis (Hit the Ice), 1944: Abenteuer im Harem (Lost in a Harem), 1945: The Naughty Nineties, 1945: Abbott und Costello in Hollywood (Bud Abbott and Lou Costello in Hollywood), 1946: The Time of Their Live, 1947: Zwei trübe Tassen – vom Militär entlassen (Buck Privates Come Home), 1948: Strick am Hals (The Noose Hangs High), 1948: Abbott und Costello treffen Frankenstein (Abbott and Costello Meet Frankenstein), 1948: Abbott und Costello im Lande der Kakteen (Mexican Hayride), 1949: Verrücktes Afrika (Africa Screams), 1950: Abbott und Costello als Legionäre (Abbott and Costello in the Foreign Legion), 1951: Auf Sherlock Holmes' Spuren (Abbott and Costello Meet the Invisible Man), 1952: Jack und die Bohnenstange (Jack and the Beanstalk), 1952: Lost in Alaska, 1952: Abbott und Costello als Piraten wider Willen (Abbott und Costello Meet Captain Kidd), 1953: Abbott and Costello Go to Mars, 1953: Abbott and Costello Meet Dr. Jekyll and Mr. Hyde, 1955: Abbott und Costello als Gangsterschreck (Abbott and Costello Meet the Keystone Kops), 1955: Abbott und Costello als Mumienräuber (Abbott and Costello Meet the Mummy), 1956: Tolle Jungs im Einsatz (Dance with Me Henry)

Woody Allen

Abb. 21: Woody Allen

(*1935) Einmal Stadtneurotiker, immer Stadtneurotiker: In seinem wohl berühmtesten Film aus dem Jahr 1977 sind Woody Allens Lieblingsthemen – Sex, Liebe, Tod und Sinnkrise – bereits vereint: sie bestimmen alle weiteren Filme und sind stets auch autobiographisch, selbst wenn er dem gern widerspricht: »Seit ich Filme drehe, denken die Leute, etwas über mich zu erfahren. Dabei bin ich nur ein Schreiber, der seine Stoffe filmisch am besten umsetzen kann.« Das Porträt eines New Yorker Intellektuellen, der über sein bisheriges Leben resümiert, ist mit seinem an die →Marx Brothers erinnernden Tempo der Worte, seiner dynamischen Erzählweise und dem Einsatz filmischer Mittel – Split Screens, Animationen und Bildtitel – ein Meilenstein der amerikanischen Filmgeschichte. In einer Szene sitzt Woody Allen als Kind auf dem Sofa seiner Eltern und ist depressiv. Er will nicht mehr zur Schule gehen: »Eh alles vergebens«, sagt der Kleine resignierend. Hier versteckt sich ein Schlüssel zu Allens Werk, denn ein Gefühl der Vergeblichkeit durchströmt alle seine Filme – sein bissiger Humor deckt auf, wie die Menschen sich mühen, die Fragwürdigkeit ihres Seins zu überspielen. Dabei scheint nichts lustiger zu sein, als Leute beim Verdrängen zu beobachten. Mit seinem Stadtneurotiker etablierte Allen eine Kunstfigur, die zum Sympathieträger vor allem der europäischen Intellektuellen avancierte: der existentielle Verlierer, den die ewigen Fragen der abendländischen Geistesgeschichte stets erneut bewegen und der sich mit – bisweilen zynischem – Witz gegen die Vergänglichkeit dieser einzigen aller möglichen Welten behauptet.

Woody Allen ist einer der europäischsten unter den amerikanischen Regisseuren, seine Filme sind Beichten und Parodien, zumeist aus der Sicht eines Verlierers. Er zeigt die Neurosen, Minderwertigkeitsgefühle, Ängste und Schwächen der Großstadtmenschen. Der amerikanische Filmregisseur, Schauspieler und Schriftsteller, eigentlich Allen Stewart Königsberg, wurde als Sohn einer orthodoxen jüdischen Familie im New Yorker Stadtteil Brooklyn geboren und begann im Alter von 15 Jahren unter dem Pseudonym Woody Allen witzige Glossen für Zeitungen zu schreiben. Danach arbeitete er als Gag-Schreiber für Rundfunk- und Fernsehdarsteller, u. a. für →Bob Hope, und schloss sich nach einem abgebrochenen Studium dem Mitarbeiterkreis um den Fernsehkomiker Sid Caesar an. Von 1961 bis 1964 arbeitete er als Komiker in einem Nachtclub, wo er von einem Filmproduzenten entdeckt wurde. Dieser beauftragte ihn mit dem Drehbuch zu dem Spielfilm WAS GIBT'S NEUES, PUSSY? (WHAT'S NEW, PUSSYCAT, 1965), in dem er auch selbst eine Rolle übernahm. Anschließend schrieb er einige Sequenzen für die James-Bond-Persiflage CASINO ROYALE (1966) und die Umarbeitung und Neusynchronisation des japanischen Agenten-Streifens KIZINO KIZO, die man dann – in Anlehnung an Allens erste Filmarbeit – WHAT'S UP, TIGER LILY? nannte. Allen gestaltete den ernst gemeinten Film derart um, dass der Held nun nach dem Rezept für einen Eiersalat suchte.

Von Anfang an zielte Allens Witz auf ein intellektuelles Publikum, das sich mit den Problemen eines jüdischen Underdogs identifizieren konnte. Sein Kinofanatiker in MACH'S NOCH EINMAL, SAM (PLAY IT AGAIN, SAM, 1971) versucht in einer verzweifelt-komischen Art, seinem großen Vorbild Humphrey Bogart nachzueifern, was ihm mehr oder weniger auch gelingt. Er kämpft nicht mehr gegen die Tücken des Objekts, wie es noch Woody Allens Vorgänger →Chaplin, →Keaton und →Lloyd vorführten. Seine Komik ist nicht unbedingt eine Komik der verrückten Situationen und Konstellationen. Vielmehr ist Allens Witz literarischer Natur, der sich vor allem aus dem Prinzip der Sinnumkehrung speist. In seinen ersten Filmen inszenierte er Genre-Parodien wie die Flower-Power- und Revolutions-Persiflage BANANAS (1971), den Episodenfilm WAS SIE SCHON IMMER ÜBER SEX WISSEN WOLLTEN, ABER BISHER NICHT ZU FRAGEN WAGTEN (EVERYTHING YOU ALWAYS WANTED TO KNOW ABOUT SEX* *BUT WERE AFRAID TO ASK, 1972), die Sciencefiction-Satire DER SCHLÄFER (THE SLEEPER, 1973) und die *Krieg und Frieden*-Variante DIE LETZTE NACHT DES BORIS GRUSCHENKO (LOVE AND DEATH, 1975). Nach seinem Werk DER STADTNEUROTIKER (ANNIE HALL, 1977) war die wundervolle Schwarz-Weiß-Komödie MANHATTAN (1979) eine persönliche Liebeserklärung an seine Heimatstadt New York: Er schilderte wieder die Einsamkeit eines hilflosen Großstadtintellektuellen, der im Banne dreier Frauen versuchen muss, seine Identität zu wahren.

In der romantisch-witzigen Shakespeare-Variante EINE SOMMERNACHTS-SEXKOMÖDIE (A MIDSUMMER NIGHT'S SEX COMEDY, 1982) war erstmals Mia Farrow, seine langjährige Lebensgefährtin, in der Hauptrolle eines seiner Filme zu sehen – insgesamt wirkte sie in elf seiner Filme mit. In Form einer Dokumentation schilderte Allen mit ZELIG (1983) die Geschichte eines fiktiven Charakters namens Zelig, eine in den 1920er-Jahren gefeierte aber nun vergessene Figur, die es verstand, sich wie ein Chamäleon durch die Zeit zu stehlen. Schon in seinem eigentlichen Kinodebüt WOODY DER UNGLÜCKSRABE (TAKE THE MONEY AND RUN, 1969), einer Parodie auf sozialkritische Kriminalfilme der 1930er-Jahre, hatte er Elemente des Interview-Dokumentarismus gekonnt karikiert, wenn die Eltern des Kriminellen mit Pappnasen, Schnäuzer und buschigen Augenbrauen wie Groucho Marx maskiert sind. Das komödiantische Spiel mit Schein und Sein im Medienzeitalter, mit Lebensformen unter dem Einfluss der Bilder und Töne, die täglich auf alle einstürmen, führte Allen dann fort in der einfallsreichen Kino-Reflexion THE PURPLE

Rose of Cairo (1985) und in Radio Days (1987), der wunderbaren Erinnerung an vergangene Radiozeiten.

Die in dokumentarischem Stil gehaltene Komödie Ehemänner und Ehefrauen (Husbands and Wives, 1992) war ein Fingerzeig auf das baldige Ende der Beziehung mit Mia Farrow. Als Allen eine Liaison mit Mia Farrows Adoptivtochter Soon-Yi Previn begann und die Ehe geschieden wurde, geriet Allen auch in die Schlagzeilen der Regenbogenpresse. Durch den Sorgerechtsstreit gegen seine Ex-Frau Mia Farrow hatte er einen beträchtlichen Teil seiner Fangemeinde verloren. Im Juni 1993 erhielt Farrow das alleinige Sorgerecht von einem New Yorker Gericht zugesprochen. 1997 heiratete Allen die mittlerweile 27 Jahre alte Soon-Yi. Seine Antwort auf diese Affäre war sein nächster Film Geliebte Aphrodite (Mighty Aphrodite, 1995), in dem er eine Adoption zum Ausgangspunkt ganz anderer (amouröser) Verwicklungen wählt. Ein Sportreporter adoptiert zur Vervollkommnung seines Eheglücks einen kleinen Jungen und gerät bei der Suche nach der leiblichen Mutter auf Abwege in ein ganz anderes Lebensumfeld. Der besondere Clou des Films ist der Running Gag-Auftritt eines griechischen Chors, der das Geschehen ständig kommentiert. Als seine bislang schwärzeste Komödie erwies sich Harry ausser sich (Deconstructing Harry, 1997). Darin wird die Persönlichkeit eines unter Schreibblockade leidenden Schriftstellers systematisch auseinander genommen, wenn die von ihm erfundenen Figuren in sein Leben eindringen und ihm den Spiegel vorhalten.

Wie in einigen anderen Werken des Regisseurs sind ironische Querbezüge auf das Filmemachen und die Filmgeschichte integriert: So vermischt sich bei Manhattan Murder Mystery (1993) die New Yorker Intellektuellen-Komödie mit klassischen Thriller-Elementen, Bullets Over Broadway (1994) ist eine Persiflage auf den Theaterbetrieb im New York der 1920er-Jahre und Alle sagen: I Love You (Everyone Says I Love You, 1996) mit Julia Roberts ein ironisches Spiel mit den Stilmitteln des Musicals.

Nach den intellektuellen Stadtneurotikern, die er über viele Jahre genial parodiert hatte, kehrte Woody Allen mit der Gaunerkomödie

SCHMALSPURGANOVEN (SMALL TIME CROOKS, 2000) zu seinen Wurzeln zurück. Im Jahr 2002 trennte sich der unabhängige Filmemacher im Streit von seiner langjährigen Produzentin Jean Doumanian und floh nach Europa, wo er drei Filme in Großbritannien drehte. MATCH POINT (2005) war eine erfrischend boshafte Gesellschaftssatire aus der europäischen Metropole London, eine sinnliche Love Story, eine schwarze Komödie über Schuld und Moral und ein Thriller über ein perfides Verbrechen. Auch mit SCOOP - DER KNÜLLER (SCOOP, 2006) versuchte Allen, sein klassisches Neurosenkino ins Upper-Class-Drama des Königreichs zu übertragen, und mit CASSANDRAS TRAUM (CASSANDRA'S DREAM, 2007) imitierte er den typisch britischen, rabenschwarzen Humor.

Als semiprofessioneller Klarinettist spielt er regelmäßig in einer Jazzband, denn Jazzmusik hat immer eine große Rolle gespielt in seinem Leben und in seinen Filmen. Die Soundtracks sind von der persönlichen Leidenschaft für Dixieland geprägt: »Denken Sie nur«, sagte sein Filmpartner Alan Alda, »an die Gershwin-Musik am Anfang von MANHATTAN. Wie kräftig wird man da schon in eine andere Welt transportiert, bevor irgendeiner eine Zeile Dialog gesagt hat«. Den Soundtrack zu DER SCHLÄFER spielte er mit seiner eigenen Dixielandband ein. SWEET AND LOWDOWN (1999) schließlich war eine sehr persönliche Hommage an den legendären Jazzgitaristen Django Reinhardt. Nach über 30 Jahren gab Regisseur und Autor Woody Allen für CASSANDRAS TRAUM zum ersten Mal wieder eine originäre Filmmusik in Auftrag und vertraute dabei auf den Komponisten Philip Glass.

Der kleine Mann mit der großen Hornbrille hat in einem halben Jahrhundert rund 70 Filme gedreht, jedes Jahr mindestens einen, diese Kontinuität ist nahezu einmalig in der Filmgeschichte. In Europa waren seine Filme erfolgreicher als in den USA. Seit 2005 hat Woody Allen so oft in Europa gedreht wie kein anderer amerikanischer Regisseur. Sein Liebesfilm VICKY CRISTINA BARCELONA (2008) und seine Komödie MIDNIGHT IN PARIS (2011) sind Hommagen an die europäische Kultur und Lebenslust. Mit MIDNIGHT IN PARIS hat er auch das Publikum in seiner Heimat überzeugt, es ist sein größter US-Kassenerfolg. Während MIDNIGHT IN PARIS nirgendwo anders als in Paris spielen konnte, blieb bei seinem Episodenfilm TO ROME WITH LOVE (2012), der sich an BOCCACCIO '70 aus dem Jahr 1961 orientiert, die Ewige Stadt nur schöne Kulisse. Nach seiner künstlerischen Europa-Reise kehrte Allen mit BLUE JASMINE (2013) nach Amerika – freilich nicht nach New York, sondern nach San Francisco – zurück für das Porträt einer Frau, die plötzlich aus ihrem feinen Luxusleben herausgerissen wird und in einer ihr fremden Welt des Prekariats ums Überleben kämpft – um dann wieder nach Europa, an die Côte d'Azur zu reisen, wo in MAGIC IN THE MOONLIGHT (2014) ein arroganter Meistermagier ein Medium als Schwindlerin entlarven will. Colin Firth gibt mit süffisanter Eloquenz den blasierten Mann von Welt, der alle Tricks kennt und doch ausgetrickst wird. Sinn der zauberhaften Lektion ist etwas, was Woody Allen auch schon in ICH SEHE DEN MANN DEINER TRÄUME (I SEE A TALL DARK STRANGER, 2010) verkündet hatte: eine glückliche Illusion ist schöner als eine unglückliche Wirklichkeit – eine Erkenntnis, die eine zutiefst filmische ist.

Drehbuch, Darsteller:

1965: Was gibt's Neues, Pussy? (What's New, Pussycat?), 1966: What's Up, Tiger Lily?, 1967: Casino Royale, 1971: Mach's noch einmal, Sam (Play it Again, Sam)

Darsteller:

1976: Der Strohmann (The Front), 1991: Ein ganz normaler Hochzeitstag (Szenen von ein Mall), 1995: Sonny Boys (The Sunshine Boys), Plötzlich Gigolo (Fading Gigolo, 2013)

Buch, Regie:

1978: Innenleben (Interiors), 1985: The Purple Rose of Cairo, 1987: Radio Days, 1987: September, 1988: Eine andere Frau (Another Woman), 1990: Alice, 1994: Bullets Over Broadway, 1998: Celebrity, 2004: Melinda und Melinda 2005 Match Point, 2007: Kassandras Traum (Cassandras Traum), 2008: Vicky Cristina Barcelona, 2009: Whatever Works– Liebe sich wer kann, 2010: Ich sehe den Mann deiner Träume (You Will Meet a Tall Dark Stranger), 2011: Midnight in Paris 2013: Blue Jasmine, 2014: Magic in the Moonlight

Darsteller, Buch, Regie:

1969: Woody, der Unglücksrabe (Take the Money and Run), 1971: Bananas, 1972: Was Sie schon immer über Sex wissen wollten, aber bisher nicht zu fragen wagten (Everything You Always Wanted to Know About Sex, But Were Afraid to Ask), 1973: Der Schläfer (Sleeper), 1975: Die letzte Nacht des Boris Gruschenko (Love and Death), 1977: Der Stadtneurotiker (Annie Hall), 1979: Manhattan, 1980: Stardust Memories, 1982: Eine Sommernachts-Sexkomödie (A Midsummer Night's Sex-Comedy) 1983: Zelig 1984: Broadway Danny Rose 1986: Hannah und ihre Schwestern (Hannah and her Sisters), 1989: New Yorker Geschichten, Dritter Teil Ödipus Ratlos (New York Stories:: Ödipus Wracks) 1990: Verbrechen und andere Kleinigkeiten (Crimes and Misdemeanors), 1991: Schatten und Nebel (Shadows and Fog) 1992: Ehemänner und Ehefrauen (Husbands and Wifes) 1993: Manhattan Murder Mystery, 1995: Geliebte Aphrodite (Mighty Aphrodite), 1996: Alle sagen: Ich liebe dich (Everyone Says I Love You), 1997: Harry außer sich (Deconstructing Harry), 1999: Sweet and Lowdown, 2000: Schmalspurganoven (Small Time Crooks), 2001: Im Bann des Jade Skorpions (The Curse of the Jade Scorpion), 2002: Hollywood Ending, 2003: Anything Else, 2006: Scoop – Der Knüller (Scoop), 2012: To Rome With Love

Rowan Atkinson

Abb. 22: Rowan Atkinson in BEAN – DER ULTIMATIVE KATASTROPHENFILM

(*1955) Mit der Figur des Mr. Bean kreierte Rowan Atkinson die populärste Komikgestalt der 1990er Jahre. Am Neujahrestag 1990 tauchte der schusselige Sonderling erstmals in einer englische Fernsehserie auf, die es auf 14 Folgen brachte und zu zwei Kinofilmen: BEAN – DER ULTIMATIVE KATASTROPHENFILM (BEAN, 1997) und MR. BEAN MACHT FERIEN (BEAN'S HOLIDAY, 2007). Wie ein moderner Ritter von der traurigen Gestalt steckt er mit seinen Hosen, die zu kurz, und seiner altbackenen Jacke, deren Ärmel zu lang sind, in den unmodischen Sachen eines geschmacklos gekleideten Biedermanns, immer bedacht, ja nichts falsch zu machen, sich nicht zu blamieren und durch lässig gespielte Coolness seine Missgeschicke zu vertuschen. So stolziert er linkisch durchs Leben und stolpert über die Tücke der Objekte von einer komischen Situation in die andere, jede ein Kabinettstück feinster Slapstickkomik und systematisch gesteigerter Gagpartituren. Mit seinem ausgeprägten Hang zu grotesker Körpersprache, die in albernste Verrenkungen ausufert, ist er immer dann am besten, wenn er gar nichts sagt und sich ganz auf sein Mienenspiel verlässt, das ihm als Virtuose der Grimassenschneiderei den Spitznamen »Rubber Face« (Gummigesicht) einbrachte. Seine Komik bedarf keiner Worte. Der Grundcharakter seiner komischen Darstellungskunst als Nummernrevue lässt seine abendfüllenden Filme weniger als handlungsrelevante Kinokunststücke denn als Szenenfolge mehr oder weniger gelungener Situationskomik erscheinen, was ihren Erfolg aber nicht minderte.

Sein komisches Talent zeigte der diplomierte Elektroingenieur Rowan Atkinson schon während seiner Studentenzeit in Oxford als Mitglied einer Theatergruppe. Seine Karriere begann bei der BBC mit der Comedy-Show »Not The Nine O'Clock News« und der Serie »Blackadder«, die sich über legendäre Helden der englischen Geschichte und über aktuelle englische Eigenschaften lustig machte. Seinen ersten richtigen Kinoauftritt hatte er in dem Film DAS LANGE ELEND (THE TALL GUY, 1989) als arroganter und eitler Theaterstar, der seinen Bühnenpartner Jeff Goldblum als Prügelknabe für seine Gags verheizt. DAS LANGE ELEND ist ein kleines Komödienjuwel mit der vielleicht lustigsten Kopulationsszene der Filmgeschichte, für das MR.BEAN-Autor Richard Curtis die Dialoge schrieb und Mel Smith Regie führte, der auch den ersten Mr. Bean-Film inszenierte.

In dem Fantasy-Film HEXEN HEXEN (THE WITCHES, 1990) von Nicoals Roeg tauchte Atkinson als Kinder hassender Hotelbesitzer auf, in HOT SHOTS! DER ZWEITE VERSUCH (HOT SHOTS PART DEUX, 1993) von →Jim Abrahams als im Irak verschleppte Geisel. Seine Kurzauftritte als unerfahrener und früh vertrottelter Jungpfarrer in VIER HOCHZEITEN UND EIN TODESFALL (FOUR WEDDINGS AND A FUNERAL, 1994) zeigten schon typische Mr. Bean-Charakteristika. Mit der Mr. Bean-Maske des tollpatschigen Missgeschicks versuchte die James

Bond-Parodie JOHNNY ENGLISH – DER SPION, DER ES VERSIEBTE (2003), der acht Jahre später die Fortsetzung JOHNNY ENGLISH – JETZT ERST RECHT folgte, das Helden-Image des berühmtesten Spions aller Zeiten gründlich zu sabotieren. In →Jerry Zuckers Chaos-Komödie RAT RACE – DER NACKTE WAHNSINN (2001) reihte sich Atkinson neben John Cleese, Cuba Gooding jr. und →Whoopi Goldberg als von der Schlafkrankheit befallener Autoraser mit seiner Trottelkomik nahtlos in ein Komikerensemble ein, das ein total verrücktes Wettrennen durchführt. Seine in einem Interview geäußerte Absicht, sich von der Mr. Bean-Figur zu trennen, löste er in der pechschwarzen Komödie MORD IM PFARRHAUS (KEEPING MUM, 2006) ein, ohne an komischer Substanz zu verlieren. Mit überraschend zurückhaltender Understatement-Komik legt er die Rolle eines weltfremden Pfarrers an, dessen neue Haushälterin die heile Pfarrhauswelt als ehemalige Serienmörderin auf ihre ganz eigene Art von unmoralischen Elementen säubert. Mit ihrem makabren Humor erinnert die fromme Mord-Komödie an die großen Spass-mit-Leichen-Klassiker ADEL VERPFLICHTET und LADYKILLERS. Doch der Erfolg an der Kinokasse blieb aus. Das Publikum wollte lieber Mr. Bean sehen.

Die Filme – Auswahl:

1983: Sag niemals nie, 1989: Das lange Elend (The Tall Guy), 1990: Hexen hexen (The Witches), 1993: Hot Shots! Der zweite Versuch (Hot Shots! Part Deux), 1994: Vier Hochzeiten und ein Todesfall (Four Weddings and a Funeral), 1997: Bean – Der ultimative Katastrophenfilm (Bean), 2000: Maybe Baby, 2001: Rat Race – Der nackte Wahnsinn (Rat Race) 2002: Scooby Doo, 2003: Johnny English – Der Spion, der es versiebte (Johnny English), 2003: Tatsächlich ... Liebe (Love Actually), 2006: Mord im Pfarrhaus (Keeping Mum), 2007: Mr. Bean macht Ferien (Mr. Bean's Holiday), 2011: Johnny English – Jetzt erst recht! (Johnny English Reborn)

Roberto Benigni

(*1952) Schon im Alter von 16 Jahren tingelte Roberto Benigni als Straßenkomödiant und Stegreifkomiker über Land. Auf der Straße entwickelte er wohl auch seinen ganz persönlichen Komikstil: wild mit Armen und Beinen gestikulierend und mit scharfzüngigem Lästermaul alles und jeden verhöhnend, spielt er sich als lautes, immer fröhliches Energiebündel in jeder Szene in der Vordergrund. Ein reiner Tor, der seine Verrücktheiten mit der Grazie eines anmutig tänzelnden Clowns serviert und in seine ausschweifende Gebärdensprache die ganze Fülle menschlicher Gefühle legt.

Abb. 23: Roberto Benigni in DAS LEBEN IST SCHÖN

Mit 26 wurde er Präsentator einer Fernsehshow und als Moderator des Schlagerfestivals in San Remo 1980 schockte er mit seinen antiklerikalen Witzen den Vatikan so sehr, dass Strafanzeige erfolgte und er wegen Beleidigung der Religion und eines Staatsoberhauptes zu einem Jahr Gefängnis verurteilt wurde. Dieser Skandal-Auftritt inspirierte wohl auch seine schrille Performance als Showmaster in der Filmsatire DAS AUGE DES PAPSTES (TELE VATICANO, 1980).

Der politisch engagierte Komiker gilt als einer der schärfsten Kritiker Berlusconis. »Es ist nicht so, dass ich mich schämen müsste, für Berlusconi zu arbeiten. Er muss sich schämen, weil man nichts mehr tun kann, wo er nicht auch schon wäre. Alles gehört ihm, Fernsehen, Kinos, Spielzeug - alles seins.« Die Fernsehserie »Televacca«, die Benigni in Italien bekannt machte, wurde von der Zensur abgesetzt. Trotz seiner antiautoritären

Grundeinstellung, mit der immer wieder die Mächtigen verspottete, wurde Benigni 2005 mit dem Cavaliere di Gran Croce, dem Verdienstorden der Italienischen Republik, ausgezeichnet.

Es waren Italiens renommierteste Regisseure, die ihn mit kleinen, aber prägnanten Nebenrollen im Kino bekannt machten: Luigi Zampa mit WILDE BETTEN –LIPPENSTIFT-TIGERINNEN (LETTI SELVAGGI, 1978), Constantin Gosta-Gavras mit DIE LIEBE EINER FRAU (CLAIR DE FEMME, 1978), Bernardo Bertolucci mit LA LUNA (1979), →Marco Ferreri mit MEIN ASYL (CHIEDO ASYLO, 1979). International bekannt wurde er jedoch durch den Jim Jarmusch-Film DOWN BY LAW (1986), in dem er als radebrechender Gefängnisausbrecher das Loser-Trio um John Lurie und Tom Waits mit seinem durch nichts zu erschütternden Optimismus aufmuntert. Komödiantische Glanzlichter setzte Benigni auch in Jarmuschs Episoden-Filmen NIGHT ON EARTH (1992) und COFFEE AND CIGARETTES (1986 – 2003). In NIGHT ON EARTH schwärmt er als römischer Taxifahrer seinem priesterlichen Reisegast so intensiv von seinen sexuellen Erlebnissen vor, dass dieser vor Aufregung einen Herzinfarkt erleidet. In COFFEE AND CIGARETTES feiert er die einzigartige Symbiose von Kaffee und Zigaretten.

Einen ganz anderen Benigni lernte man in seinem Meisterwerk DAS LEBEN IST SCHÖN (LA VITA È BELLA, 1997) kennen, das so persönlich geprägt war wie kein anderer seiner Filme. Er schrieb das Drehbuch, das von den Erinnerungen seines Vaters an das Konzentrationslager Bergen-Belsen inspiriert ist; er spielte die Hauptrolle und führte Regie. Mit ungewohnter Zurückhaltung mimt er die Rolle eines Durchschnittitalieners, der mit seinem Sohn ins Konzentrationslager gerät und ihm durch Lügengeschichten das Dasein im KZ als abenteuerliches Versteckspiel vorgaukelt, um ihn zu retten. »Künstler kennen den Unterschied zwischen Wahrheit und Lüge nicht: Für einen Künstler ist Lügen das Leben, weil er Geschichten erfindet«, sagt Benigni über seine Tragikomödie, die komisch über dem Abgrund des Schreckens balanciert, ohne die Grausamkeit des Daseins zu verbergen. Die mit dem Ausland-Oscar und sämtlichen europäischen Preisen als bester

Film ausgezeichnete Tragikomödie bestätigt eindrucksvoll Benignis Selbsterkenntnis: »Die meisten Komiker haben ein ausgeprägtes Bewusstsein für die Tragik.«

Nach seiner ersten Regiearbeit Tu mi turbi (1983) mit seiner Frau Nicoletta Bruschi als Mutter Maria und ihm selbst als Jesus war Ein himmlisches Teufel (Il piccolo diabolo, 1988) eher ein teuflisches Vergnügen, handelte es doch davon, wie Benigni als diabolischer Dauerquassler vom Exorzistenpater →Walter Matthau aus der Hölle befreit wird. In der Verwechslungskomödie Zahnstocher Johnny (Johnny Stechino, 1991) wird Benigni als harmloser Busfahrer für einen gefürchteten Mafiosi gehalten mit absehbaren Folgen. Mit der Verfilmung des berühmten Kinderbuchklassikers Pinocchio (2002) erfüllte sich Benigni einen Jugendtraum. Doch sein Ehrgeiz, mit seinen 50 Jahren auch die Rolle des kleinen »Holzjungen« spielen zu wollen, ließ den ganzen Film so unglaubwürdig erscheinen wie sein völlig überdrehtes Spiel dem Kinomärchen jeden Zauber stahl. Keine seiner Filminszenierungen konnte an die einzigartige Qualität von Das Leben ist schön heranreichen. Auch sein romantisches Kinomärchen Der Tiger und der Schnee (La tigre e le neve, 2005) strauchelte bei dem Versuch, den melodramatischen Blick auf aktuelle politische Konflikte mit den künstlichen Mythen des Märchens zu vereinen, um vor der Kulisse des Irakkriegs das Märchen von Schneewittchen neu zu erzählen – ein ambitioniert gescheiterter Versuch, die subversive Macht des Narrentums als Slapstickwaffe gegen die Machthaber dieser Welt einzusetzen.

Benigni war prädestiniert für die Rolle des mondsüchtigen Traumwandlers, der in Federico Fellinis letztem Film Die Stimme des Mondes (La vocce della luna, 1990) mitten in der Hektik der Großstadt nach der Stille und dem Wesen der Dinge forscht. Der Versuch jedoch, mit seiner Person die →Peter Sellers-Rolle der rosaroten Panther-Serie in Der Sohn des rosaroten Panthers (Son Of The Pink Panther, 1993) neu zu beleben, ließ nur sehnsüchtig ans Vorbild zurückdenken. Dafür gelang es Benigni, als Präfekt Tulius Destructivus in der Asterix gegen Cäsar-Verfilmung von 1999 durch seine Art der Darstellung jene feine Ironie der Asterix-Comics aufblitzen zu lassen, die dem aufwändigen Spektakel ansonsten fehlt. Und in →Woody Allens Episodenreigen From Rom With Love (2012) ist er noch einmal voll in seinem Element als in seinem normalen Leben unbeachteter Jedermann, der über Nacht zum Medienstar wird, unter seiner Popularität leidet und sie doch schmerzlich vermisst, als er ebenso schnell in Vergessenheit gerät.

Eine feste Konstante in fast all seinen Filmen ist das Mitwirken seiner Frau und Muse Nicoletta Braschi, was bösartige Kritiker zur Behauptung veranlasste, das Schönste an seinen Filmen sei noch immer ihr verlässlicher Auftritt. Benigni war nie der Kritiker-Liebling feingeistiger Filmjournalisten, die in ihm immer nur den grotesk lärmenden Hampelmann sahen und den warmherzigen Humor und die mitreißende Lebensfreude nicht zu schätzen wussten, die er ausstrahlt und die seine Filme so liebenswert erscheinen lassen.

Darsteller:

1977: Berlinguer ti voglio bene, 1978: Wilde Betten – Lippenstift-Tigerinnen (Letti selvaggi), 1978: Die Liebe einer Frau (Clair de femme), 1979: I giorni cantati, 1979: La Luna, 1979: Mein Asyl (Chiedo Asilo) 1980: Tele Vaticano – Das Auge des Papstes (Il Pap'occhio) 1981: Il minestrone, 1985: Tutto Benigni – Dal vivo, 1986: Down By Law, 1990: Die Stimme des Mondes (La voce della luna), 1992: Night on Earth, 1993: Der Sohn des rosaroten Panthers (Son Of The Pink Panther,) 1999: Asterix und Obelix gegen Caesar. 2003: Coffee and Cigarettes 2012: To Rome With Love

Darsteller, Regie:

1983: Tu mi turbi, 1984: Die Lucky Boys (Non ci resta che piangere), 1988: Ein himmlischer Teufel (Il piccolo diavolo) 1991: Zahnstocher Johnny (Johnny Stecchino), 1994: Das Monster (Il mostro), 1997: Das Leben ist schön (La vita è bella), 2002: Pinocchio, 2005: Der Tiger und der Schnee (La tigre e la neve)

Dany Boon

(*1966) Der Überraschungshit WILLKOMMEN BEI DEN SCH'TIS (BIENVENU CHEZ LES CH'TIS, 2008) katapultierte den unbekannten Bühnenkabarettisten und Straßenkomiker Dany Boon zum erfolgreichsten französischen Komikstar seit →Louis de Funès. Über 20 Millionen Kinobesucher allein in Frankreich

Abb. 24: Dany Boon in SUPER-HYPOCHONDER

– damit war Dany Boon auch der erfolgreichste französische Regisseur aller Zeiten. Dany Boon schrieb das Drehbuch, spielte eine der Hauptrollen und führte Regie. Ein Film über eine verpönte Minderheit zog die Massen ins Kino. WILLKOMMEN BEI DEN SCH'TIS ist eine filmische Lieberklärung an Dany Boons Heimat Nord-pas-de-Calais – ein abgelegenes Gebiet im Norden Frankreichs, das im französischen Nationalbewusstsein verankert ist als von Rückständigkeit, Armut, schlechtem Wetter und einem unverständlichen Dialekt geprägte Region. Mit kenntnisreicher Zuneigung und bodenständigem Humor führt Boon den Zuschauer in eine ganz eigene Welt, in der Menschlichkeit, Gastfreundschaft und Freundlichkeit keine Tristesse aufkommen lassen. Der in diese unwirtliche Region strafversetzte Postbeamte (Kad Merat) revidiert seine Vorurteile, als er dem anheimhelnden Charme seiner Bewohner erliegt und die Erkenntnis gewinnt, dass Spaß mit Freunden glücklicher macht als jede berufliche Karriere. War diese Filmbotschaft das Erfolgsgeheimnis von WILLKOMMEN BEI DEN SCH'TIS?

Der Regisseur und Produzent Claude Berri, der schon Dany Boons erste Regiearbeit über einen vom Pech verfolgten Schuldeneintreiber TRAUTES HEIM, GLÜCK ALLEIN (LA MAISON DU BONHEUR, 2006) produziert hatte, war auch Co-Produzent des SCH'TI-Films. Mit NICHTS ZU VERZOLLEN (RIEN À DÉCLARER, 2010) wandelte Dany Boon in gleicher Personalunion als Autor, Darsteller und Regisseur das Thema des »Culture Clash« ab zum Schlagaustausch zwischen einem französischen und einem belgischen Zöllner, die angesichts des drohenden Zollwegfalls im Jahr 1993 um ihren Job und ihre Feindbilder bangen.

Als Darsteller ist Dany Boon das exakte Gegenteil des miesepetrigen Wüterichs Louis de Funès. Er ist ein stets gut gelaunter Sympathieträger, der mit überbordenden Gesten und ausgeprägtem Mienenspiel sein Gespür für komödiantisches Timing auslotet. Es ist sein Naturell – auch im echten Leben guckt er so wie in seinen Filmen: immer freundlich, ein bisschen melancholisch, manchmal verletzt, stets gutmütig. Einer, dessen gute Laune ansteckend wirkt. So spielt er in MEIN BESTER FREUND (MON MEILLEUR AMI, 2006) einen Taxifahrer, der einem einsamen Workaholik die einfachen Lebensgrundgesetze von Freundschaft und Mitmenschlichkeit beibringt. In der Rollentauschkomödie AUF DER ANDEREN SEITE DES BETTES (AU L'AUTRE CÔTE DU LIT, 2008) tauscht er mit Sophie Marceau die männlichen und weiblichen Rollen als Geldverdiener und Hausfrau. MICMACS – UNS GEHÖRT PARIS (MICMACS À TIRE LANGOT, 2009) entführt Boon in das skurrile Panoptikum einer WG exzentrischer Außenseiter, wie sie nur der Fantasie →Jean-Pierre Jeunets entspringen kann. Als Hausmann bittet er in AFFAIREN À LA CARTE (LE CODE A CHANGÈ, 2009) einen illustren Freundeskreis zu Tisch, der seine Neurosen in gepflegter Konversation zu verbergen sucht. Doch der schöne Schein fliegt beim nächsten Treffen auf. In seinem jüngsten Film DER NÄCHSTE, BITTE (UN PLAN PARFAIT, 2013) gerät Dany Boon in die Fänge der schönen Diane Kruger, die ihn nur zum Schein heiratet und vor nichts zurückschreckt, um ihn wieder loszuwerden. Mit einer Mitleid erregenden Mischung aus Trottel und Trotzkopf mimt er den naiven Reisejournalisten, der während einer hahnebüchenden Odyssee durch Europa, Afrika und Russland in ein Chaos absurder Situationen, durchtriebener Gemeinheiten und romantischer Momente gerät. Doch Dany Boon wäre nicht Dany Boon, wenn es ihm nicht gelänge, wirkliche Liebesgefühle seiner Scheinbraut zu erwecken.

Dany Boon

Darsteller - Filmauswahl:

1998: Liebe auf den sexten Blick (Bimboland), 2005: In flagranti – Wohin mit der Geliebten? (La Doublure), 2005: Merry Christmas (Joyeux Noël), 2006: Trautes Heim, Glück allein (La Maison du bonheur), 2006: Mein bester Freund (Mon meilleur ami), 2008: Auf der anderen Seite des Bettes (De l'autre côté du lit), 2009: Affären à la carte (Le Code a changé), 2009: Micmacs – Uns gehört Paris! (Micmacs à tire-larigot), 2011: Willkommen im Süden (Benvenuti al Sud, 2012: Asterix & Obelix – Im Auftrag ihrer Majestät (Astérix et Obélix: Au Service de Sa Majesté), 2013: Der Nächste, bitte! (Un plan parfait), Eyjafjallajökull – Der unaussprechliche Vulkanfilm (Eyjafjallajökull)

Darsteller, Drehbuch, Regie:

2008: Willkommen bei den Sch'tis (Bienvenue chez les Ch'tis), 2010: Nichts zu verzollen (Rien à déclarer), 2014: Super-Hypochonder (Supercondriaque)

Bourvil

(1917 – 1970) Mit seinem unscheinbaren Aussehen, seiner schmächtigen Figur, seiner Stirnglatze und seiner Schiefnase war Bourvil der Prototyp des kleinen Mannes, der mit seiner Naivität immer wieder in schwierige Situationen und persönliche Gefahren gerät, aus der sich aber mit Mutterwitz und Pfiffigkeit zu befreien weiß. Es sind die Siege des kleinen Mannes, die ihn im Kino seiner Zeit so populär machten. In den Filmen mit →Louis de Funès war er der freundlich-ruhige Gegenpart zum cholerischen Temperament des wild gewordenen Gartenzwergs wie in

Abb. 25: Bourvil 1967

Scharfe Sachen für Monsieur (Le corniaud, 1965), Die grosse Sause / Drei Bruchpiloten in Paris (La grande vadrouille, 1966) – bis zu den Sch'tis 2008 der publikumsstärkste Film in Frankreich – oder in ihrem ersten Zusammenspiel Zwei Mann, ein Schwein und die Nacht von Paris (La traversée de Paris, 1956), das in Form einer schwarzen Komödie die groteske Odyssee eines Schwarzmarkttransports durch das nächtliche Paris während der deutschen Besatzung beschreibt und das Verhalten der Franzosen unter der Okkupation einer kritischen Betrachtung unterzieht. Auf den Filmfestspielen in Venedig 1956 wurde Bourvil mit dem Darstellerpreis ausgezeichnet, der Film selbst wurde als bester Film nominiert.

Einer normannischen Bauernfamilie entstammend, wuchs er als André Zacharie Raimbourg in einem kleinen Städtchen auf, dessen Namen er als Künstlernamen wählte: Bourvil. Sein Talent als Spaßmacher entdeckte er während seiner Militärzeit und begann seine Karriere als musikalischer Clown im Kabarett. Über Auftritte im Radio und auf Operettenbühnen kam er in der 1940er Jahren zum Film, meist in der für ihn typischen Rolle des Bauern und Kleinbürgers, der vom Leben enttäuscht wird, Probleme bekommt und zum Happy End über alle Widrigkeiten siegt. Titel wie Ein Herz aus Gold (Le cœur sur la main, 1948), Der Sonntagsangler (Poisson d'avril, 1954), oder Den Seinen gibt's der Herr (Un drôle de paroissienn, 1963) sind bezeichnend für freundlich-humorvolle Filme aus dem Kleinbürgermilieu, deren besinnlichen Charme man entspannt genießen kann. Durch die lebenspralle Inszenierung und die bis zur Karikatur überspitzte Typenkomik gilt die Verfilmung des Hauptwerks von Marcel Aymé Die grüne Stute (La jument vert, 1959) um einen Sippenzwist in der bäuerlichen Provinz des 19. Jahrhunderts als die beste all dieser Provinzpossen. Freuden der Grossstadt (Le tracassin ou les plaisirs del la ville, 1961) zeigt Bourvil dagegen als Großstadtneurotiker: das pointengesättigte Tagesprotokoll eines von Terminhetze, Parkplatznot, Stress und Pannen aller Art gepeinigten kleinen Angestellten: keine Handlung, nur Gags! In dem →René Clair-Film Alles Gold dieser Welt (Tout l'or du monde, 1961) zelebriert Bourvil seine

Kunst der Charakterkomik mit seiner Doppelrolle als Vater und Sohn und in ALLES IN BUTTER (LA CUISINE AU BEURRE, 1963) steigert sich das Zusammenspiel der beiden Topkomiker des französischen Kinos – →Fernandel und Bourvil – zur gagreichen Burleske um einen Kneipenwirt, der als Kriegsheimkehrer seine Frau mit einem Anderen verheiratet sieht.

Mit Jean-Paul Belmondo bildet Bourvil in der Gaunerkomödie DAS SUPERHIRN (LE CERVEAU, 1969) ein komisches Ganovengespann, das nach dem Vorbild des legendären englischen Postraubs einen Bahnüberfall plant und dabei einem Mafia-Boss und einem Verbrechergenie in die Quere kommt. Ganz gegen seine Image spielt Bourvil in einem seiner letzten Filme VIER IM ROTEN KREIS (LE CERCLE ROUGE, 1970) die Rolle eines von seinem Beruf besessenen Polizeidetektivs und zeigte in dieser Psychostudie eine beeindruckende Wandlungsfähigkeit. Mit nur 53 Jahren starb Bourvil an einer Krebserkrankung.

Die wichtigsten Komödien:

1948: Ein Herz aus Gold (Le cœur sur la main), 1950: Monsieur Tugendsam (Le rosier de Madame Husson), 1953: Versailles – Könige und Frauen (Si Versailles m'était conté), 1954: Der Sonntagsangler (Poisson d'avril), 1956: Zwei Mann, ein Schwein und die Nacht von Paris (La traversée de Paris), 1958: Leben und lieben lassen (Un drôle de dimanche), 1959: Die grüne Stute (La jument verte), 1961: Alles Gold dieser Welt (Tout l'or du monde), 1961: Freuden der Großstadt (Le tracassin ou Les plaisirs de la ville), 1963: Den Seinen gibt's der Herr ... (Un drôle de paroissien), 1963: Alles in Butter (La cuisine au beurre), 1964: Sie werden lästig, mein Herr (Le Majordome), 1965: Spione unter sich (Guerre secrète), 1965: Scharfe Sachen für Monsieur (Le corniaud), 1965: Die großen Schnauzen (Les grandes gueules) 1966: Drei Bruchpiloten in Paris (La grande vadrouille), 1967: Junger Mann mit Zukunft (Les Arnaud), 1969: Pascal (L'arbre de Noël), 1969: Monte Carlo Rallye (Monte Carlo or Bust!), 1969: Das Superhirn (Le cerveau), 1970: Leo, der Kriegsheld (Le mur de l'Atlantique)

Mel Brooks

Abb. 26: Mel Brooks 1984

(*1926) Sein Vater war geborener Danziger; er selbst hat den Namen Kaminsky im Pass stehen, geboren wurde er in Brooklyn. Hier machte Brooks erste Bekanntschaft mit dem Theater und Varieté. Sein Bühnendebüt gab er in Red Bank, New Jersey, in Clifford Odets Stück *Golden Boy*. Zeitweilig arbeitete er als Pianist und Schlagzeuger. Er sammelte Erfahrungen als Schauspieler und Regisseur an regionalen Theatern. Die »goldenen Jahre« des Fernsehens faszinierten den Autor und zehn Jahre lang schrieb Brooks, wie →Woody Allen und Buck Henry, für den Star-Komiker Sid Caesar. Als Caesar das Fernsehen verließ, tat sich Brooks mit →Carl Reiner zusammen und nahm mit ihm das Sketch-Album »The 2000 Year Old Man« auf, das sich über Nacht zum Bestseller entwickelte. 1965 entwickelte er zusammen mit Buck Henry die Komödien-Serie »Get Smart«, die über fünf Jahre im Fernsehen lief. »Minimax« hieß die Bond-Parodie mit Agent 86, Maxwell Smart, in Deutschland.

Zwei Konstanten sind es, die das Filmschaffen Mel Brooks durchziehen: die ebenso systematische wie respektlose Verulkung des amerikanischen Genrekinos wie die stete Einbeziehung jüdischer Traditionen und jüdischen Witzes ins Filmgeschehen als Relikt seiner eigenen Herkunft. »Sehen Sie sich die jüdische Geschichte an. Ununterbrochenes Gejammer wäre doch unerträglich. So bestimmte Gott, dass auf zehn Juden, die sich an die Brust schlagen, ein Verrückter käme, der die Brustklopfer zu amüsieren hätte.« So einer ist Mel Brooks. Im gehört stets die Pointe, dank derer der Schwache und Unterlegene dem Starken mit der verbalen Waffe des Witzes Paroli bietet. Der jüdische Witz zeichnet sich durch eine sardonische Selbstironie aus, die gleichzeitig die eigene geistige Überlegenheit zelebriert und die Dummheit des Anderen.

Gleich in seinem ersten Film FRÜHLING FÜR HITLER (THE PRODUCERS, 1968) vergriff sich Mel Brooks mit einer ebenso total überdrehten wie vor keinem geschmacklosen Gag zurückschreckenden Satire an Hitler und am Nationalsozialismus. Ein abgehalfterter jüdischer Broadwayproduzent versucht mit einer zum Scheitern verurteilten Nazi-Revue über einen tanzenden Hitler die Geldgeber abzuzocken. Doch sein betrügerischer Coup scheitert am Überraschungserfolg der Aufführung, die als gelungene Satire die Nazis der Lächerlichkeit preisgibt. Für sein Drehbuch erhielt er den Oscar. In seinem nächsten Film DIE ZWÖLF STÜHLE (THE TWELVE CHAIRS, 1970) kombinierte er frei nach der Romansatire von Jewgeni Petrov Hollywood-Klischees über Mütterchen Russland mit jüdischem Wortwitz und grotesken Slapstickgags.

Mit der Westernparodie IS' WAS SHERIFF? (BLAZZING SADDLES, 1972) begann Brooks seine systematische parodistische Verballhornung des amerikanischen Genre-Kinos: in FRANKENSTEIN JUNIOR (YOUNG FRANKENSTEIN, 1974) führte er das Grusel- und Monsterkino vor, in MEL BROOKS' LETZTE VERRÜCKTHEIT (SILENT MOVIE, 1976) die Ära des Stummfilmkinos, in MEL BROOKS' HÖHENKOLLER (HIGH ANXIETY, 1977) das Spannungskino Alfred Hitchcocks, in MEL BROOKS – DIE VERRÜCKTE GESCHICHTE DER WELT (HISTORY OF THE WORLD, PART I, 1981) die Historienspektakel Hollywoods, in SPACE BALLS (1987) die Science Fiction-Abenteuer der KRIEG DER STERNE-Reihe, in ROBIN HOOD-HELDEN IN STRUMPFHOSEN (ROBIN HOOD: MEN IN TIGHTS, 1993) das Genre der Mantel- und Degenfilme, in DRACULA – TOT ABER GLÜCKLICH (DRACULA: DEAD AND LOVING IT, 1995) den Mythos von Bram Stokers klassischem Vampirroman. Alle seine anspielungs- und zitatenreichen Kinoparodien zeugen von intimer Kenntnis der Filme, die er respektlos veralbert und deren Handlungsklischees er mit subversiver und zunehmend vulgärer Komik unterläuft. Das Vergnügen des Regisseurs an geschmacklos-komischen Situationen führt in den besten Szenen zu Kabinettstücken anarchischen Wahnsinns, in seinen schwächeren Filmen zum klamaukhaften Leerlauf einer auf pure Unterhaltung getrimmten Spaßmaschinerie.

Frei von Genreparodierungsabsichten bietet DAS LEBEN STINKT (LIFE STINKS, 1991) eine sehr vergnügliche Brooks-Variante über einen Multimilliardär, der die Slums von L. A. abreißen lassen will und durch eine Wette selbst zum obdachlosen Streuner wird. Mit dem Remake des →Lubitsch-Klassikers SEIN ODER NICHTSEIN (TO BE OR NOT TO BE, 1983) wagte Brooks als Produzent und Hauptdarsteller eine Hommage auf die geniale Komik Lubitschs. Besser gelang ihm das Eigen-Remake von FRÜHLING FÜR HITLER, bei dem sein Drehbuch weniger auf seinem eigenen Filmdebüt denn auf dessen Bühnen-Version beruht. Die Neuverfilmung THE PRODUCERS (Regie: Susan Strohman, 2005) überzeugte durch die überbordende Spiellaune der Darsteller und mitreißende Tanznummern.

Faszinierend bei Brooks ist seine künstlerische Autonomie. Das Allround-Genie macht (fast) alles bei seinen Filmen selbst. Er führte Regie, spielte, schrieb am Drehbuch mit und produzierte so manchen seiner Filme selbst. Brooks ist ein Allroundtalent wie Woody Allen: Doch wo Allen sich eher in vertrackten intellektuellen Scherzen mit Hintersinn übt, schlägt Brooks mit populärer Bosheit zu: grelle Effekte, mit kräftigen Strichen gezeichnete Karikaturen, erhellende Übertreibung. Indianer mit jüdischem Akzent, Schwarze mit Ku-Klux-Klan-Umhang: Aus der Misere getretener Minderheiten entwickelt sich beißender Witz. Erlaubt ist, was ihm einfällt - auf herkömmliche Muster, guten Geschmack oder ähnlichen Ballast nimmt er dabei kaum Rücksicht. Chaos und Anarchie regieren. Keine Abgeschmacktheit wird gescheut, nie die Chance zu einem noch so vulgären Spaß versäumt. Brooks denkt nicht daran, seine aberwitzige Fantasie zu zügeln. Das »Geheimnis« seiner Erfolge liegt darin, dass er überwiegend Filme machte, wie sie kein moderner Regisseur drehen würde. Er arbeitete nach alten, unverwüstlichen Slapstick-Regeln. Die Story war stets leicht, allgemeinverständlich und in ein, zwei Sätzen zu erzählen. Doch man sollte sich nicht täuschen lassen. Mel Brooks fabrizierte nicht einfach unterhaltsame »Klamotten«. Seine geradezu ausschweifend ulkenden und persiflierenden Lustspiele handelten hintergründig alle von der eigentlich traurigen Unzulänglichkeit des Menschen. Was sich uns da als ungenierte Farce anbietet und zu ebenso ungeniertem Gelächter provoziert, ist in seinem Kern stets »menschliche Komödie«. Die lauten, ja derben Späße des Mel Brooks sind sozusagen die Selbstschutzanlage eines Sensiblen, Verletzlichen, Erschrockenen. Es sind Scherze, deren Ursprung Angst und Entsetzen sind. Jüdischer Witz eben!

Darsteller, Drehbuch, Regie:

1968: Frühling für Hitler (The Producers), 1970: Die zwölf Stühle (The Twelve Chairs,) 1972: Der wilde wilde Westen / Is was, Sheriff? (Blazing Saddles), 1974: Frankenstein Junior (Young Frankenstein), 1976: Mel Brooks' letzte Verrücktheit: Silent Movie (Silent Movie), 1977: Mel Brooks' Höhenkoller (High Anxiety), 1981: Mel Brooks – Die verrückte Geschichte der Welt (History of the World, Part I,) 1987: Spaceballs, 1991: Das Leben stinkt (Life Stinks) 1993: Robin Hood – Helden in Strumpfhosen (Robin Hood: Men in Tights), 1995: Dracula – Tot aber glücklich (Dracula: Dead and Loving It)

Jim Carrey

(*1962) Nach kurzen Filmauftritten in Francis Ford Coppolas Film PEGGY SUE HAT GEHEIRATET (PEGGY SUE GOT MARRIED, 1986), als Rockstar im fünften »Dirty Harry«-Film DAS TODESSPIEL (THE DEAD POOL, 1988) und in Julien Temples poppiger Science Fiction-Satire ZEBO, DER DRITTE AUS DER STERNENMITTE / MEIN LIEBHABER VOM

Abb. 27: Jim Carrey in ACE VENTURA

ANDEREN STERN (EARTH GIRLS ARE EASY, 1988) katapultierte Jim Carrey ein Film zum Shooting Star der ausgehenden 1990er Jahre: ACE VENTURA – EIN TIERISCHER DETEKTIV (ACE VENTURA – PET DETEKTIVE, 1994). Jim Carreys Totalangriff auf die Lachmuskeln des Publikums paart sein schrilles Auftreten, seine virtuose Grimassentechnik, seine hyperaktive Gestik, seine schlangenhafte Körperbeherrschung und sein vorlaut kalauerndes Mundwerk mit witzigen parodistischen Anspielungen auf typische Detektivklischees. So von sich überzeugt, dass alle anderen angesichts seiner Dreistigkeit nur noch staunen können, betreibt er Irrsinn mit Methode und überwältigt das Publikum mit einer Rigorosität, Hemmungslosigkeit und anarchischen Wildheit, die direkt den Cartoon Movies entsprungen scheint.

Das wird noch deutlicher in DIE MASKE (THE MASK, 1994). Der Fund einer geheimnisvollen Maske verwandelt Jim Carrey in einen Supermann mit all den Eigenschaften einer Comicfigur, die sich von einem irrwitzigen Verwandlungsgag zum nächsten hangelt. DIE MASKE betreibt die filmische Umsetzung der Zeichensprache des Animationsfilms in eine ausgefeilte Körpersprache, die dank digitaler Filmtricks die Entmenschlichung des Körpers in surreale Kinobilder umsetzt, wie der Zuschauer sie nur vom Zeichentrickfilm her kennt. Da quellen die Augen weit aus seinem Kopf heraus, sein pochendes Herz beult sein Hemd aus, nach dem Verschlucken von einem Dutzend Dynamitstangen rülpst er wie ein Flammenwerfer. Ist die Cartoon-Tradition von der Totalzerstörung und ruckartigen Wiederauferstehung der Zeichentrickfiguren ein beliebter Running Gag etwa bei Tom & Jerry, so wird in Carreys lebensnaher Umsetzung daraus ein Ventil für aufgestaute Wut und Frustration. Beide Filme fanden eine Fortsetzung: ACE VENTURA – JETZT WIRD'S WILD (ACE VENTURA: WHEN NATURE CALLS, 1995) und (ohne Carrey) DIE MASKE 2 – DIE NÄCHSTE GENERATION (SON OF THE MASK, 2005).

Über seinen nächsten Film DUMMER UND DÜMMER (DUMB AND DUMBER, 1994) lässt sich positiv festhalten, dass er seinem Titel gerecht wird. Gemeinsam mit Jeff Daniels mimt Carrey ein Idiotenpaar, das in einem gegenseitigen Wettbewerb dämlichen Verhaltens einen Nobelferienort aufmischt.

Mit ihrem »genitalen« Anarchohumor haben die Regie-Brüder Bobby und Jim Farrelly das Gagniveau enorm vertieft und gleichzeitig den Blick auf gesellschaftlich isolierte Loser gelenkt. Besser als sein Titel dagegen ist DER DUMMSCHWÄTZER (LIAR LIAR, 1997). Gemäß dem Originaltitel »Lügner Lügner« spielt Carrey einen notorischer Lügner, der als anwaltlich erfolgreicher Rechtsverdreher die Kunst des Lügens zur Meisterschaft erhoben hat, aber von seinem vernachlässigten Sohn mit dem Fluch belegt wird, einen ganzen Tag nur die Wahrheit sagen zu können, was seine ganze Existenz aufs Spiel setzt, da das Lügengebäude seines Lebens zusammenbricht. Es ist diese Mischung aus Slapstick und Ernst, die diesem pfiffigen Film seinen eigenen Charme verleiht. Im nächsten Film für die Brüder Bobby und Peter Farrelly ICH, BEIDE & SIE (ME, MYSELF & IRENE, 2000) spielt Carrey einen eigentlich netten Polizisten, der nach einem Schicksalsschlag zur gespaltenen Persönlichkeit wird, dessen zweites Ich nun sein Wesen als aggressiver Kotzbrocken bestimmt. In einer nicht gerade feinen »Jekyll & Hyde«-Variante versuchen sich die Farrelly-Brüder an einer Mischung aus Komödie, Actionfilm, Romanze und Gag-Derbheiten, in der allein Carrey mit seiner Präzisionskomik und totaler Körperkontrolle überzeugt.

Im zweiten Film des Komikers →Ben Stiller CABLE GUY – DIE NERVENSÄGE (1996) überrascht Carrey als TV-Freak, der sein ganzes Leben nur nach den Klischees der Medienwelt richtet und vergeblich einen Freund im wirklichen Leben sucht. Mit dieser gewitzten Reflexion über das Bewusstsein von Menschen, das nur vom Fernsehen geprägt ist, nähert sich Carrey anspruchsvolleren Rollen, die er in den Filmen von Peter Weir, →Miloš Forman, Michael Gondry und Joel Schumacher annehmen wird und die tragische Komponenten hinter der Figur des Grimassenschneiders auftauchen lassen.

Peter Weirs an die Voyeur-Wirklichkeit angelehnte Fernsehsatire DIE TRUMAN SHOW (1998) zeigt Carrey als einen Herrn Jedermann von heute, der entdeckt, dass sein ganzes Leben eine einzige inszenierte Fernsehshow ist, die in Echtzeit von Millionen Zuschauern verfolgt wird. In Miloš Formans filmischer Biographie des amerikanischen Entertainers Andy Kaufman DER MONDMANN (MAN ON THE MOON, 1999) ist Carrey die ideale Besetzung des überdrehten TV-Provokateurs, der das Publikum mit seinen Scherzen so sehr verunsicherte, dass es sogar seinen Krebstod für einen seiner geschmacklosen Scherze hielt. VERGISS MEIN NICHT (ETERNAL SUNSHINE OF THE SPOTLESS MIND, 2004) ist ein absurd-schräges Filmvergnügen aus der Feder des Kinomagiers Charlie Kaufman (BEING JOHN MALKOVICH, 2004), in dem Carrey wohltuend zurückgenommen einen verlassenen Mann spielt, der seine verflossene Geliebte mittels Gehirnmanipulation aus seinem Gedächtnis löschen will und dabei alle Stationen dieser Beziehung im Zeitraffer durchläuft. Vergangenheit und Erinnerung, Traum und Wirklichkeit vermischen sich zu einem unentwirrbaren fantastischen Bilderchaos. Realität und Fiktion vermengen sich auch in Joel Schumachers ambitioniertem Vexierspiel über Wahrnehmung und falsche Interpretation der Wirklichkeit THE NUMBER 23 (2007). So heißt ein geheimnisvolles Buch, in dem Carrey seltsame Parallelen zu seinem eigenen Leben entdeckt, die er zu entschlüsseln versucht. Auch seine schrille Performance als Joker in BATMAN FOREVER (1995) ist durch seine ins Dämonische gesteigerte Komik als eine seiner besten Kinorollen zu werten.

Mit Filmen wie DER GRINCH (HOW THE GRINCH STOLE CHRISTMAS, 2000), BRUCE ALLMÄCHTIG (BRUCE ALLMIGHTY, 2003), LEMONY SNICKET – RÄTSELHAFTE EREIGNISSE (LEMONY SNICKET'S A SERIES OF UNFORTUNATE EVENTS, 2004) und – eingeschränkt – in I LOVE YOU PHILLIP MORRIS (2009) kehrte Carrey wieder zur reinen Groteskkomik zurück.

Man kann sich gar nicht vorstellen, dass ein derart exzessiver Komiker zeitlebens von Depressionen befallen war. Carrey hat erkannt, dass die Wurzeln dieser Krankheit in seiner von Armut geprägten Kindheit zu suchen sind. Nachdem sein Vater seine Arbeit verloren hatte, musste er mit seinen drei Geschwistern für den Lebensunterhalt der Familie sorgen. Schon in der Schule war er der Spaßmacher und Pausenclown – ein Talent, das er ausnützte, als er im Alter von 16 Jahren die Schule verließ und als Stand

Up-Komiker in seiner Heimatstadt Toronto sein Glück versuchte. Der Erfolg kam mit seinem Umzug nach Los Angeles, wo über verschiedene Fernsehauftritte hinaus 1985 seinen ersten Filmauftritt hatte, dem 30 weitere Filme folgen sollten.

Die Filme:

1984: Der Chaos Express / Wer hat, der hat (Finders Keepers), 1985: Einmal beißen bitte (Once Bitten), 1986: Peggy Sue hat geheiratet (Peggy Sue Got Married), 1988: Zebo, der Dritte aus der Sternenmitte (Earth Girls Are Easy), 1989: Pink Cadillac, 1991: Eine Nervensäge (High Strung), 1994: Ace Ventura – Ein tierischer Detektiv (Ace Ventura: Pet Detective), 1994: Die Maske (The Mask), 1994: Dumm und Dümmer (Dumb & Dumber), 1995: Batman Forever 1995: Ace Ventura – Jetzt wird's wild (Ace Ventura: When Nature Calls), 1996: Cable Guy – Die Nervensäge, 1997: Der Dummschwätzer (Liar Liar), 1998: Die Truman Show, 1998: Simon Birch – Kleiner Held ganz groß! 1999: Der Mondmann (Man On The Moon), 2000: Ich, beide & sie (Me, Myself & Irene), 2000: Der Grinch (How the Grinch Stole Christmas), 2001: The Majestic, 2003: Bruce Allmächtig (Bruce Almighty), 2004: Vergiss mein nicht! (Eternal Sunshine Of The Spotless Mind), 2004: Lemony Snicket – Rätselhafte Ereignisse (Lemony Snicket's A Series Of Unfortunate Events), 2005: Dick und Jane – Zu allem bereit, zu nichts zu gebrauchen (Fun With Dick And Jane), 2007: Nummer 23 (Number 23), 2008: Der Ja-Sager (Yes Man), 2009: Disneys Eine Weihnachtsgeschichte (A Christmas Carol), 2009: I love You Phillip Morris, 2011: Mr. Poppers Pinguine (Mr. Popper's Penguins), 2013: Der unglaubliche Burt Wonderstone (The Incredible Burt Wonderstone), 2013: Kick-Ass 2, 2014: Dumm und Dümmehr (Dumb and Dumber To)

Charlie Chaplin

(1889 – 1977) Charlie Chaplin, mit Melone, Stöckchen und schäbigem Anzug, ist unangefochten einer der genialsten und berühmtesten Weltstars der Leinwand. Über sein Leben, vom Armenhaus in London bis zum Ruhm und Reichtum der letzten Tage, ist viel geschrieben worden - Annehmbares, Wichtiges, aber auch Unwahres und Pamphlete. Mitunter geriet auch sein Familienleben in die Schlagzeilen, was er verhüllen wollte. Seit 1914, als Chaplin das erste Mal in einer Keystone-Kurzkomödie aufgetaucht war, erleidet Charlie die Urängste und Urerlebnisse der Menschen wieder und wie-

Abb. 28: Charlie Chaplin in seiner
»Tramp«-Rolle

der: Er – selbst hilflos – beschützt noch Hilflosere (THE KID, 1921), verhilft einem blinden Mädchen zum Augenlicht (LICHTER DER GROSSSTADT / CITY LIGHTS, 1931), nimmt den Zweikampf mit der Monotonie der Maschine auf (MODERNE ZEITEN / MODERN TIMES, 1936), kämpft gegen Spiegel wie Don Quichote (CIRCUS, 1928) oder sitzt in einer Hütte, die über dem Abgrund schaukelt, aber nicht abstürzt (GOLDRAUSCH / THE GOLD RUSH, 1926). Mit DER GROSSE DIKTATOR (THE GREAT DICTATOR) lieferte Chaplin 1940 eine beißende Satire gegen Faschismus und Gewalt.

In kaum einem seiner Filme lässt Chaplin sich die Gelegenheit entgehen, in einer großen Nummer seine einzigartigen Talente als Tänzer, Clown, Akrobat und Pantomime zu einer Gesamtleistung chaplinesker Körpersprache zu verbinden: so im Boxkampf in LICHTER DER GROSSSTADT, dem Rollschuhtanz in MODERNE ZEITEN, dem Tanz mit der Weltkugel im GROSSEN DIKTATOR. Es ist erstaunlich genug, dass er sich nur bei zwei Filmen die Schauplätze gewählt hat, die die natürliche Bühne für seine besondere Artistik darstellen und dazu als Filmmilieu von jeher beliebt waren: in CIRCUS die Welt der Manege, in RAMPENLICHT (LIMELIGHT, 1952) das Varieté, Chaplins eigentliche künstlerische Heimat. Beide Male nützt Chaplin lustvoll und zum Vergnügen seines Publikums die Möglichkeiten des Milieus, in CIRCUS noch weitaus ausschweifender als in RAMPENLICHT. Aber beide Male lässt er es nicht damit bewenden, einen Rahmen mit den Späßen zu füllen, die in diesen Rahmen gehören. In beiden Filmen stellt er seinen Beruf und damit auch sich selbst infrage, sein Publikum aber nicht minder; daher auch die melancholische Note dieser Filme.

Als Chaplin RAMPENLICHT drehte, war er über 60 Jahre alt und hatte einige seiner finstersten Jahre hinter sich. 1947 hatte er seinen letzten Film uraufgeführt, MONSIEUR VERDOUX; über diese »Komödie des Mordes«, wie Chaplin den Film nannte, hatte das amerikanische Publikum so wenig lachen können wie das englische Music Hall-Publikum in RAMPENLICHT über die Späße des alten Calvero. Aber das war noch nicht alles. Publikum und Kritik wandten sich nicht mit Desinteresse von Chaplin ab, sondern mit dezidierter Abscheu; als MONSIEUR VERDOUX, so glaubte man, rehabilitierte und glorifizierte Chaplin seine eigene Rolle als »pervertierter Staatsbürger, der hauptsächlich wegen seiner gewaltsamen Verführung weißer Mädchen bekannt ist« (so nannte ihn in diesem Jahr ein US-Kongressabgeordneter). Auch künstlerisch fand die Kritik den Film ganz jämmerlich, »einen Affront für die Intelligenz« (New York Herald Tribune) und das Ende des großen Chaplin.

Charlie Chaplin und Amerika: Das ist eine bittere Geschichte davon, wie sehr die Mächtigen den Spott fürchten; das ist die beschämende Geschichte ständiger Verfolgungen und Verleumdungen eines humanistischen Künstlers. Höhepunkte der permanenten Kampagne gegen einen Mann, der in seinen Filmen Sympathien mit den Besitzlosen und Hass auf die Besitzenden fühlte: 1918 wurde einer seiner Filme – GEWEHR ÜBER (SHOULDER ARMS), ein dringender Appell, das Völkermorden des Weltkriegs zu beenden – nur in einer verstümmelten Fassung in die Kinos gebracht; 1922/23 wurde ein anderer seiner Filme – DER PILGER (THE PILGRIM), eine Satire auf kleinbürgerliche Heuchelei – in einigen Bundesstaaten verboten. 1947 begann im Zeichen des McCarthyismus die politische Hetze gegen den vermeintlichen Kommunisten Chaplin. Und in Hollywood fand Chaplin sich von so vielen Feinden umgeben, dass er seinerseits mutig erklärte: »Ich erkläre Hollywood den Krieg!«

In England drehte Chaplin 1957 EIN KÖNIG IN NEW YORK (A KING IN NEW YORK), mit dem er sich für die Schmach der Verfolgung rächte, die ihm in der McCarthy-Ära in den USA widerfuhr und die ihn veranlasste, diesem

Land den Rücken zu kehren. Nur noch einmal kehrte er 1972 kurzfristig in die USA zurück anlässlich der Verleihung eines Ehren-Oscars an ihn.

Die Langfilme – Darsteller, Drehbuch, Regie:

1921: The Kid, 1923: Die Nächte einer schönen Frau (A Woman Of Paris), 1925: Goldrausch, 1926: Camille, 1928: Der Zirkus (The Circus), 1931: Lichter der Großstadt (City Lights), 1936: Moderne Zeiten (Modern Times) 1940: Der große Diktator (The Great Dictator), 1947: Monsieur Verdoux – Der Frauenmörder von Paris (Monsieur Verdoux), 1952: Rampenlicht (Limelight), 1957: Ein König in New York (A King In New York), 1967: Die Gräfin von Hongkong (A Countess From Hong Kong)

Chevy Chase

Abb. 29: Chevy Chase in SCHÖNE BESCHERUNG

(*1943) Als krisengeplagter Haushaltsvorstand Clark W. Griswold wurde Chevy Chase zum Superstar amerikanischer Familienkomödien in den 1980er Jahren: DIE SCHRILLEN VIER AUF ACHSE (NATIONAL LAMPOONS'S VACATION, 1983), HILFE – DIE AMIS KOMMEN (NATIONAL LAMPOON'S EUROPEAN VACATION, 1985) und SCHÖNE BESCHERUNG / HILFE, ES WEIHNACHTET SEHR (NATIONAL LAMPOON'S CHRISTMAS VACATION, 1989). Nachdem die Chaotenfamilie der Griswolds alle komischen Urlaubskatastrophen heil überstanden hat, droht in ihrem letzten Familienausflug endgültig das Aus. In DIE SCHRILLEN VIER IN LAS VEGAS (NATIONAL LAMPOON'S VEGAS VACATION, 1997) verzockt Daddy das Familienvermögen, verliert der Sohn seine Unschuld, versucht sich die Tochter als Stripperin und Mutter verguckt sich in einen Schnulzensänger.

Alle diese Filme feiern die Institution der »heiligen Familie« als stabilen Rettungsanker in all den Wirrnissen, Gefährdungen und haarsträubenden Abenteuern einer Chaosfamilie, die Übervater Chevy Chase dank seiner phlegmatischer Ruhe zusammenhält: die naive Mutter Ellen, den frühreifen Sohn Rusty und die liebeskranke Tochter Audrey. Mit Spurenelementen der Satire auf die Auswüchse des »American way of life« angereichert, beziehen diese Filme ihren Witz aus dem Wiedererkennungswert von Grundsituation typischen Familienlebens und deren Übersteigerung ins Groteske. Familientauglich sind auch fast alle seine anderen Filme, in denen er mit unbewegter Miene debile Kalauer absondert und mit seinem unschuldigen Allerweltsgesicht die Abarten amerikanischer Untugenden auf die Spitze treibt.

Müsste man seine Komik auf einen besonders charakteristischen Filme reduzieren, wäre dies gewiss FLETCH – DER TROUBLEMAKER (1985). Chase tobt sich hier als investigativer Verkleidungskünstler aus, um als rasender Reporter unerkannt in der Rauschgiftszene zu recherchieren. Er läuft zur Hochform auf als Chirurg, der kein Blut sehen kann, und als Festredner, der ein pikfeines Bankett sprengt. Ein Running Gag seiner wandelbaren Persönlichkeiten sind die immer obskurer werdenden Namenskreationen, mit denen er sich vorstellt. Mr. McPimmel ist da noch eine seiner harmlosesten Namensgebungen. Im Fortsetzungsfilm FLETCH – DER TAUSENDSASSA (FLETCH LIVES, 1989) recherchiert er weiter als Frau verkleidet.

Chevy Chase begann seiner Komikerkarriere als Gagschreiber für das Satiremagazin MAD und als Mitglied der »Saturday Nigh Live«-Show. Sein Durchbruch als Filmkomiker kam mit dem Film WAHNSINN OHNE HANDICAP (CADDYSHAKE, 1980), in dem er sich als Caddy mit exzentrischen Golfern anlegt. Auf die meisten seiner Komödien trifft zu, was der amerikanische Kritiker James Beraldinelli über SCHNEEFREI (SNOW DAY, 2000) schreibt: »Einer dieser unintelligenten Filme für ein Publikum unter 11 Jahren.« An komödiantischer Harmlosigkeit scheitern auch die beiden Genre-Parodien SPIONE WIE WIR (SPIES LIKE US, 1985) und DREI AMIGOS (THREE AMIGOS, 1986), während die mit Genre-Zitaten überladene Krimi-Parodie EINE GANZ KRUMME TOUR (FOUL PLAY, 1980) noch beträchtlichen Spielwitz entfaltete. Mit schwindender Publikumsgunst kreuzt der Komikheld der achtziger Jahre vermehrt in Nebenrollen in Filmen von bedeutend höherem Niveau auf wie in →Steve Martins Liebeserklärung an Los Angeles L. A. STORY (1991) und in →Stephen Frears' Satire auf die inszenierte Wirklichkeit der Massenmedien EIN GANZ NORMALER HELD (HERO, 1992).

Die wichtigsten Filme:

1974: Big Gäg – Movie Station (The Groove Tube), 1978: Eine ganz krumme Tour (Foul Play), 1980: Ein Himmelhund von einem Schnüffler (Oh Heavenly Dog), 1980: Wahnsinn ohne Handicap (Caddyshack), 1980: Fast wie in alten Zeiten (Seems Like Old Times), 1983: Die schrillen Vier auf Achse (National Lampoon's Vacation), 1983: Das Bombengeschäft (Deal of the Century), 1985: Fletch – Der Troublemaker (Fletch,) 1985: Hilfe, die Amis kommen (National Lampoon's European Vacation), 1985: Spione wie wir (Spies Like Us), 1986: Drei Amigos! (¡Three Amigos!), 1988: Der Couch-Trip (The Couch Trip), 1988: Funny Farm, 1988: Caddyshack II, 1989: Fletch – Der Tausendsassa (Fletch Lives), 1989: Schöne Bescherung (National Lampoon's Christmas Vacation), 1991: L.A. Story, 1992: Jagd auf einen Unsichtbaren (Memoirs of an Invisible Man), 1992: Ein ganz normaler Held (Hero), 1997: Die schrillen Vier in Las Vegas (National Lampoon's Vegas Vacation), 1998: Dirty Work, 2000: Schneefrei (Snow Day), 2002: Nix wie raus aus Orange County (Orange County), 2005: Ellie Parker, 2009: Stay Cool – Feuer & Flamme (Stay Cool) 2010: Hot Tub – Der Whirlpool ... ist 'ne verdammte Zeitmaschine (Hot Tub Time Machine)

Billy Crystal

(*1948) Wie so viele amerikanischen Komiker begann Billy Chrystal seine Karriere als Fernseh-Entertainer in kleinen TV-Serien und in der legendären →»Saturday Night Live«. 1984 tauchte er erstmals in einem Kinofilm auf: in der Musik-Satire DIE JUNGS VON SPINAL TAP (THIS IS FINAL TAP) seines Freundes →Rob Reiner. Ohne großen Eindruck zu hinterlassen, spielte er die Hauptrollen in der Cop-Komödie DIE ZWEI SIND NICHT ZU FASSEN (RUNNING SCARED, 1986), der Fantasy-Komödie DIE BRAUT DES PRINZEN (THE PRINCESS BRIDE, 1987) und der Mordtausch-Parodie SCHMEISS' DIE MAMA AUS DEM ZUG (THROW MOMMA OUT OF THE TRAIN, 1987), bevor ihm mit HARRY UND SALLY (WHEN HARRY MET SALLY, 1989) der große Durchbruch gelang als bindungsscheuer Großstadtneurotiker, der mit Meg Ryan vergeblich den Versuch einer platonischen Freundschaft wagt, um doch nur die Gültigkeit seines Chauvi-Spruchs zu erkennen: »Männer und Frauen können nie Freunde sein. Der Sex kommt ihnen immer dazwischen!« Mit dieser Rolle als der nette junge Mann von nebenan, der mit trockenem Humor seine kleinen Bosheiten und fröhlichen Albernheiten heraussprudelt, mit denen er den Missgeschicken des Lebens begegnet, war Billy Crystal auf den Typus festgelegt, der auch in seinen folgenden Filmen sein Image bestimmte. In CITY SLICKERS – DIE

Abb. 30: Billy Crystal 2012.

GROSSSTADTHELDEN (1991) treibt es ihn als großstadtmüden Büromenschen in den Wilden Westen, wo er mit seinem Schandmaul jedem treffsicheren Revolvermann Paroli bietet. In REINE NERVENSACHE (ANALYZE THIS, 1999) muss er als Psychiater einen durchgedrehten Mafiaboss therapieren und ihn wieder in einen normal angepassten Gangster verwandeln. Im Zusammenspiel mit Robert De Niro, der all die Gangsterrollen seines Kinolebens lustvoll karikiert, entwickelt sich aus der Konfrontation von Mafia-Boss und Seelenklempner ein Feuerwerk aus Situationskomik und Dialogwitz. Beide Filme waren so erfolgreich, dass jeweils eine Fortsetzung folgte.

Mit seiner One Man-Show VERGISS PARIS (FORGET PARIS, 1995) als Autor, Regisseur, Produzent und Hauptdarsteller versuchte Crystal, seinen HARRY UND SALLY-Erfolg zu wiederholen. Doch Debra Winger ist nicht Meg Ryan und Billy Crystal als Autor nicht →Nora Ephron. Über den Rahmen einer beschwingten Beziehungskomödie, wie es sie tausendfach gibt, kommt VERGISS PARIS nicht hinaus. Geglückter erscheint dagegen sein in gleicher Personalunion gedrehter Film DER LETZTE KOMÖDIANT – MR. SATURDAY NIGHT (1992), der als sein persönlichster gelten kann. Er schrieb sich darin die Paraderolle eines abgehalfterten Komikers auf den Leib, der seine besten Tage hinter sich hat und ein Comeback versucht. Anrührend und temporeich inszeniert hält der Film das Gleichgewicht zwischen Tragik und Komik. Der mit Herzblut geschriebene und inszenierte Film wurde mit einer Oscar-Nominierung belohnt.

Wie alle großen Hollywood-Stars mimt Billy Crystal auch seinen →Allen-Auftritt und zwar in HARRY AUSSER SICH (DESTRUCTING HARRY, 1997), wo er sich mit Woody – hier als gefeiertes Bestsellergenie in Existenzkrise – einen perfiden verbalen Schlagabtausch liefert, in dem beide mit ihren übelsten Taten prahlen, um den jeweils Anderen an Gemeinheit zu übertrumpfen. Für die Allstar-Komödie AMERICA'S SWEETHEARTS (2001) mit Julia Roberts, John Cusack, Catherine Zeta-Jones, Christopher Walken und Alan Arkin schrieb Billy Chrystal auch das Drehbuch, in dem er für sich die Rolle eines PR-Profis reservierte, der ein zerstrittenes Hollywood-Traumpaar mit allen Tricks seiner Branche wieder vereinen soll. Leider konnte Crystal sich nicht entscheiden, ob es eine Romantic Comedy oder eine entlarvende Hollywood-Satire werden sollte. Und so verpuffen alle satirischen Anspielungen auf die Traumfabrik im nostalgischen Stargeplänkel.

Mit seinen häufigen Auftritten als Gastgeber der alljährlichen Oscar-Verleihung erfüllte sich für Billy Crystal ein Jugendtraum. Von 1991 bis 2012 führte er achtmal durch Hollywoods glamouröseste Veranstaltung.

Seine besten Filme

1984: This is Spinal Tap, 1986: Diese zwei sind nicht zu fassen (Running Scared), 1987: Die Braut des Prinzen (The Princess Bride), 1987: Schmeiß' die Mama aus dem Zug! (Throw Momma From The Train), 1989: Harry und Sally (When Harry Met Sally...), 1991: City Slickers – Die Großstadt-Helden, 1992: Der letzte Komödiant – Mr. Saturday Nigh, t 1994: Die goldenen Jungs (City Slickers II: The Legend of Curly's Gold), 1995: Vergiß Paris (Forget Paris) 1997: Ein Vater zuviel (Fathers' Day), 1997: Harry außer sich (Deconstructing Harry), 1999: Reine Nervensache (Analyze This), 2001: America's Sweethearts, 2002: Reine Nervensache 2 (Analyze That), 2012: Die Bestimmer – Kinder haften für ihre Eltern (Parental Guidance)

Danny DeVito

(*1944) Kleiner Mann ganz groß. Um diesen Spruch kommt man bei dem 1 Meter 52 kleinen Danny DeVito nicht herum. Unübersehbar und unüberhörbar spielt er sich in jedem Film in den Vordergrund mit seinem quirligem Temperament und sarkastischen Seitenhieben auf jeden, der ihm begegnet.

Abb. 31: Danny DeVito

Der amerikanische Originaltitel von DIE UNGLAUBLICHE ENTFÜHRUNG DER VERRÜCKTEN MRS. STONE (RUTHLESS PEOPLE, 1986), wo DeVito einen Millionär spielt, der froh ist, sein gekidnappte Frau los zu werden, charakterisiert die Figuren, die er immer wieder spielt: RUTHLESS PEOPLE, unbarmherzige und mitleidlose Leute, die Anderen das Leben zur Hölle machen – psychopathische Muttermörder, gierige Börsenhaie, schmierige Anwälte, windige Verkäufer, schmuddelige Pornoproduzenten, cholerische Taxifahrer, gewissenlose Sensationsreporter und geizige Millionäre, denen er seine minimale Gestalt mit optimaler Wirkung verleiht. Als Hollywoods beliebtester Giftzwerg spielt er diese Widerlinge mit so viel Leichtigkeit und unwiderstehlichem Charme, dass die Hölle, die er allen bereitet, höchst komisch erscheint.

Danny DeVitos Berufsweg begann im Schönheitssalon seiner Schwester mit der Aussicht, später Maskenbildner zu werden, weshalb er denn auch an der American Academy of Dramatic Arts in New York studierte. Er wechselte dort zur Schauspielerei, bekam erste Rollen in der Bühnenversion von EINER FLOG ÜBER DAS KUCKUCKSNEST (ONE FLEW OVER THE CUCKOO'S NEST, 1975). Daran erinnerte sich sein damaliger New Yorker Zimmergenosse und Kommilitone Michael Douglas, als er sieben Jahre später die Verfilmung mit Jack Nicholson produzierte, und besetzte ihn mit exakt dieser

Rolle auch im Film. Die Partnerschaft mit Michael Douglas zeitigte noch weitere große Kinoerfolge: Auf der Jagd nach dem grünen Diamanten (Romancing the Stone, 1984), dessen Fortsetzung Auf der Jagd nach dem Juwel vom Nil (The Juwel of the Nile, 1985) und natürlich die komische Apotheose eines Scheidungskriegs Der Rosenkrieg (The War of the Roses, 1989), den DeVito mit treffsicherer Bosheit selbst inszenierte. Schon sein Regiedebüt Schmeiss' die Mama aus dem Zug! (Throw Momma From the Train, 1987) erwies sich als gelungen schwarzhumorige Hitchcock-Parodie, die den Handlungsplot aus Der Fremde im Zug um gegenseitig getauschte Morde effektvoll persifliert. Nichts zu lachen gab es in DeVitos Filmbiographie über den legendären Gewerkschaftsführer Jimmy Hoffa (Hoffa, 1992), den er fern aller Komödienabsichten zum epischen Porträt über Aufstieg und Fall eines Arbeiterführers gestaltet, der sich zum Wohl der Arbeiter mit der Mafia verbündet und zum Staatsfeind wird.

Mit Arnold Schwarzenegger gibt Danny DeVito ein denkwürdiges Kontrastpaar ab als Zwillinge eines misslungenen Genexperiments in Twins – Zwillinge (1988). Als Gnom des Bösen absolviert er seine prägnantesten Auftritte mit der Rolle eines hemmungslos rivalisierenden Versicherungsvertreter in Tin Men (1987), als skrupelloser Finanzberater in Das Geld anderer Leute (Other People's Money, 1991), als Comic-Schurke Pinguin in Batmans Rückehr (Batman Returns, 1992) und als zynischer Sensationsreporter in L.A. Confidental (1997). Auch als Filmproduzent zeigte DeVito ein ebenso gutes Gespür wie bei der Rollenwahl seiner Filme. Er war in dieser Funktion maßgeblich bei den Filmen Pulp Fiction (1994), Gattica (1997), Out Of Sight (1998) und Erin Brochovich (2000) beteiligt.

Darsteller - die wichtigsten Filme:

1971: Bananas (Bananas), 1975: Einer flog über das Kuckucksnest (One Flew Over the Cuckoo's Nest), 1977: Der größte Liebhaber der Welt (The World's Greatest Lover), 1978: Der Galgenstrick (Goin' South), 1983: Zeit der Zärtlichkeit (Tearms of Endearment), 1984: Auf der Jagd nach dem grünen Diamanten (Romancing the Stone), 1985: Auf der Jagd nach dem Juwel vom Nil (The Jewel of the Nile) 1986: Die unglaubliche Entführung der verrückten

Mrs. Stone (Ruthless People), 1987: Tin Men, 1988: Twins – Zwillinge (Twins), 1991: Das Geld anderer Leute (Other People's Money), 1992: Batmans Rückkehr (Batman Returns) 1995: Schnappt Shorty (Get Shorty), 1996: Mars Attacks!, 1997: L.A. Confidential, 1997: Der Regenmacher (The Rainmaker), 1999: Der Mondmann (Man on the Moon), 1999: The Virgin Suicides, 2000: Der Fall Mona (Drowning Mona), 2001: Heist – Der letzte Coup (Heist), 2003: Anything Else, 2004: Big Fish, 2009: Solitary Man

Darsteller, Regie:

1987: Schmeiß die Mama aus dem Zug (Throw Momma from the Train), 1989: Der Rosenkrieg (The War of the Roses) 1992: Jimmy Hoffa (Hoffa), 1996: Matilda

Heinz Erhardt

(1909 – 1979) Musiker und Sänger, Kabarettist, Schauspieler, TV-Talkmaster und Gala-Conférencier, Dichter, Schriftsteller und Reklame-Ikone: Heinz Erhardt hat in seiner Karriere kaum einen Bereich ausgelassen, um sein Multitalent unter Beweis zu stellen. Ab Mitte der 1950er Jahre machte der begnadete Humorist Karriere beim Film und wurde zum populären Kinostar. In der Wirtschaftswunder-Ära verkörperte er meist den Typ des

Abb. 32: Heinz Erhardt mit Brille auf der Nase neben Almut Berg und Günther Jerschke in DAS KANN DOCH UNSREN WILLI NICHT ERSCHÜTTERN

»kleinen Mannes«. Als dauergestresster und komisch-vertrottelter Familienvater spielte sich der Komiker mit dem Durchschnittsgesicht in die Herzen eines Millionenpublikums. In Filmen wie VATER, MUTTER UND NEUN KINDER (1958) und NATÜRLICH DIE AUTOFAHRER (1959) war der Kleinkunstspezialist in seinem Element: Er durfte unbeholfen sein, naiv dreinschauen, sich geradezu kindisch freuen, mal kleine Lieder trällern oder Sketch-Einlagen geben.

Absoluter Höhepunkt war das Film-Lustspiel DRILLINGE AN BORD (1959), wo Heinz Erhardt den Drillingen Eduard, Otto und Heinz Bollmann Gesicht und Charakter lieh. In den Familienkomödien der 1950er Jahre ist er Papa Heinz, der es schon richten wird, und unter Einsatz seines Teddybär-Charmes eleganteren Gegnern eine Nase dreht.

Das Sprachgenie Heinz Erhardt begegnet allen Unbilden des Alltags mit scheinheiliger Unschuld, die mit linkischen Bewegungen und verklemmtem Kichern die Konflikte hinwegfegen. Er verkörpert meist kleine Angestellte, Beamte oder einen Bäckermeister, die zuhause hoffnungslos überforderte Möchtegern-Patriarchen sind. Der liebenswürdige Komiker mit dem durchtriebenen Charme bewegt sich graziös und steht wie kaum ein anderer für die spießig-peinlichen 1950er Jahre, die er mit hintergründigem Humor karikiert. Heinz Erhardt war Komiker durch und durch. Für Heinz Erhardt, der 1979 nach schwerer Krankheit starb, gab es als Überlebensprinzip nur eins: »Zähne hoch und Kopf zusammenbeißen.« In den 1980er-Jahren wurde der populäre Komiker von der Turnschuh-Generation als »irrer heißer Typ« wieder entdeckt.

Im Gegensatz zu vielen Filmkollegen, die sich im Gefallen am Klamauk vor der Kamera manchmal bis zur Lächerlichkeit überschlagen, war Heinz Erhardt als Schauspieler immer darum bemüht, mit möglichst kleinen und präzisen Gesten auszukommen. Seinen Film-Humor wusste Heinz Erhardt sehr wohl abzugrenzen: »Ich bin voller Bewunderung für →Chaplins Gags von Anno dunnemals. Ich freue mich besonders, wenn mein Film an die alte Stummfilm-Tradition anknüpft, weil doch sonst der lachträchtige Gag heutzutage nicht mehr so ernsthaft gepflegt wird wie einst. Man bedenke: In Stummfilm-Zeiten waren, wenn Chaplin, →Buster Keaton oder →Harold Lloyd ihre Späße trieben, im Atelier stets so genannte Gag-Men anwesend, und zwar jeweils mehrere. Sie waren dazu da, während der Aufnahmen Gags zu produzieren, die die Szene urkomisch bereicherten. Sie erfanden ihre grotesken Bild-Pointen nicht am Schreibtisch, sondern in der Unmittelbarkeit der lebendigen Praxis.«

So gab Heinz Erhardt oft seinen Lebenslauf zum Besten: »Am 20. Februar 1909 in Riga geboren, also Wassermann. Von 1919 bis 1924 in Hannover und in der Wennigser Mark am Deister gelebt. Schulbesuch wenig erfolgreich. Von 1924 bis 1926 wieder in Riga ... 1926 bis 1928 Musikstudium in Leipzig und Volontär in einem Musikgeschäft. 1928 bis 1938 Noten- und Klavierverkäufer in Riga in Großpapas Geschäft. Große Pleite. 1938 bis 1998 (!) Humorist, Kabarettist, Schauspieler, Chansonnier, Schriftsteller, Dichter, Komponist und Vater.« Leider war es ihm nicht vergönnt, bis 1998 Karriere zu machen, wie er hier mutmaßte, trotzdem ist er auch nach seinem Tod bekannt und beliebt (vielleicht sogar beliebter als zu Lebzeiten). Die ersten eigenen Werke veröffentlichte Heinz Erhardt bereits im Jahr 1947 in dem Gedichtband *Tierisches und Satirisches*. Später folgten noch weitere Bücher, unter anderem *Noch 'n Gedicht* und *Noch 'n Buch*. Er habe Bücher verbrochen, meinte Heinz Erhardt, »Bücher, die zuerst verlegt, dann wieder gefunden wurden.«

Auf der Kinoleinwand war Heinz Erhardt ab Anfang der 1960er-Jahre seltener zu sehen, er übernahm Nebenrollen in Revue- und Schlagerfilmen und hatte Auftritte in zwei Karl-May-Verfilmungen. Da er auf den direkten Kontakt zu seinem Publikum auf gar keinen Fall verzichten wollte, ging er weiterhin auf Theatertourneen quer durch Deutschland. Und in seinen letzten vier Filmen variierte er seine Paraderolle des Finanzbeamten Willi Winzig, den er über 500-mal auf der Bühne gespielt hatte: WAS IST DENN BLOSS MIT WILLI LOS? (1970), DAS KANN DOCH UNSREN WILLI NICHT ERSCHÜTTERN (1970), UNSER WILLI IST DER BESTE (1971) und WILLI WIRD DAS KIND SCHON SCHAUKELN (1971). Für sein Hauptrollen-Comeback lobte Heinz Erhardt den Filmproduzenten Horst Wendlandt: »Das muss ich ihm lassen: Er bringt mich noch einmal groß heraus. Vielleicht wird das meine schönste Filmrolle. Ich spiele einen Steuerbeamten, der aus Mitleid mit den überforderten Steuerzahlern Akten im Papierkorb verschwinden lässt. Neunzig Prozent der Texte in dem Film sind übrigens von mir ...«

35 Jahre nach seinem Tod sorgte Heinz Erhardt 2014 wieder für Schlagzeilen, als in einem Wiener Nachlass ein unbekannter Film des Komikers aufgetaucht war. Der 37 Minuten lange Film mit dem Titel GELD SOFORT erlebte im Januar 2015 seine TV-Premiere.

Seine Hauptrollen

1957: Der müde Theodor, 1957: Witwer mit 5 Töchtern, 1958: Immer die Radfahrer, 1958: So ein Millionär hat's schwer, 1958: Vater, Mutter und neun Kinder, 1959: Der Haustyrann, 1959: Natürlich die Autofahrer, 1959: Drillinge an Bord, 1960: Der letzte Fußgänge, r 1960: Mein Mann, das Wirtschaftswunder, 1961: Ach Egon!, 1961: Drei Mann in einem Boot, 1970: Was ist denn bloß mit Willi los?, 1970: Das kann doch unsren Willi nicht erschüttern 1971: Unser Willi ist der Beste, 1972: Willi wird das Kind schon schaukeln

Pierre Étaix

Abb. 33: Pierre Étaix in YOYO

(*1928) Als der letzte der stummen Clowns wird Pierre Étaix gern bezeichnet. Seine ganze Liebe gilt dem Zirkus, dem er mit seinem Film YOYO (1964) eine filmische Liebeserklärung widmete. Ein vom Leben gelangweilter Millionär vertauscht sein Luxusleben gegen das glückliche Clownsleben in einem fahrenden Zirkus. Yoyo ist eine Clownsfigur, die Étaix für seine Zirkusauftritte entwickelt hatte. Clown – das ist für Etaix mehr als nur eine Rolle, es ist für ihn eine Lebenseinstellung. »Clown ist ein Zustand, keine Funktion.«

Die Faszination für diese Welt abseits normaler Existenz erfasste ihn schon von seiner Jugend an. Er trat als Clown und Pantomime in kleinen Kabaretts auf, studierte bildende Kunst und Glasmalerei, war tätig als

Zeichner, Buchillustrator, Karikaturist und Bühnenbildner. Die Bekanntschaft mit →Jacques Tati eröffnete ihm den Weg zum Film. Er war als Zeichner und Gagautor bei MON ONCLE (1958) mit von der Partie. Da hatten sich zwei Gleichgesinnte des rein visuellen Humors getroffen, die der Sprache nicht bedurften und diese allenfalls als komische Geräuschkulisse benutzten. Doch stets stand Étaix im Schatten von Tati. Wo der große, schlaksige Tati mit seinem spitzen Hütchen, seiner Pfeife und seinem federnden Gang eine unübersehbare Persönlichkeit abgibt, ist Pierre Étaix als später Nachfahre →Buster Keatons ein kleiner, schmächtiger Jedermann, der traurig in die Welt blickt und nichts zu lachen hat angesichts der komischen Katastrophen, die auf ihn lauern. Étaix ist ein Gagtüftler, der seine komischen Effekte aus der genauen Beobachtung des Alltags bezieht und seiner Übersteigerung ins Absurde. Vielleicht sind seine mit mathematischer Präzision ausgefeilten Gags zu verspielt, als dass sie die ganz großen Lacher provozieren. Es ist eher ein subtiler Schmunzelhumor, der seine köstlichen Pointen wie auf einer kostbaren Perlenkette erlesener Zwerchfellreizungen aneinanderreiht.

Für seinen zweiten Kurzfilm HOCHZEITSTAG (HEUREUX ANNIVERSAIRE, 1961) erhielt er den Oscar – eine auch heute hochaktuelle Satire auf den Großstadtverkehr. In seinem ersten Langfilm AUF FREIERSFÜSSEN (LE SOUPIRANT, 1962) geht Pierre Étaix als weltfremder junger Mann auf Brautschau, um mit all seinen Liebesversuchen nur grotesk zu scheitern. MEINE NERVEN, DEINE NERVEN (TANT QU'ON LA SANTÉ, 1965) ist eine gaggespickte Satire auf das moderne Großstadtleben, die Hektik, den Lärm und den Stress des Alltags. Als stummer Clown geht Étaix durch vier Szenarien typischen Großstadtlebens. Episode 1 fängt das Chaos des täglichen Lebens ein – im Berufsleben, beim Arztbesuch, beim Essen im überfüllten Lokal, beim Lärmterror der Bauarbeiten. Episode 2 lässt die beim Kinobesuch erlebten Reklamefiguren Einlass ins wahre Leben finden und demaskiert auf komische Weise die absurde Realität der lebensfernen Werbewelt. Episode 3 stellt die heile Urlaubswelt auf einem Campingplatz als pedantisch geregeltes Straflager dar. Episode 4 lässt eine Landpartie in der Idylle der Natur als unaufhaltsame Reise ins persönliche Chaos driften. In der 2012 auf Arte ausgestrahlten restaurierten Fassung wurde Episode 3 ersetzt durch den Kurzfilm SCHLAFLOSIGKEIT (L'INSOMNIE, 1963), in dem Étaix als Leser eines Vampirromans den Horror des Lesens entdeckt und die Gruseleffekte des Kinos ab absurdum führt.

In seinem letzten Film WAHRE LIEBE ROSTET NICHT (LE GRAND AMOUR, 1968) skizziert Étaix in den Erinnerungen und Fantasien eines von der Midlife Crisis in Versuchung geführten Mannes das Auf und Ab eines gutbürgerlichen Ehelebens. In einem Kabinettstück filmischen Erzählens glossiert Etaix spießigen Kleinstadtklatsch, wenn aus einer harmlosen Begegnung im Park mit jeder nachbarlichen Weitererzählung ein Liebesakt hinterm Parkgebüsch wird. Es entbehrt auch nicht einer gewissen surrealen Konsequenz, wenn Étaix im Traum mitsamt seinem Bett sich auf eine außereheliche Kollision begibt und unterwegs alle Pannen und Unfälle des normalen Autoverkehrs auf seinem rollenden Bett durchlebt.

Nach seinem Abschied vom Kino gründete Étaix eine Zirkusschule und trat gemeinsam mit seiner Frau Annie Fratellini als Clownspaar weltweit im Zirkus auf. In einigen viel beachteten Filmen großer Regisseure hatte er prägnante Kurzauftritte: in Robert Bressons PICKPOCKET (1959), Louis Malles DER DIEB VON PARIS (LE VOLEUR, 1966), Federico Fellinis DIE CLOWNS (1971), Nagisa Oshimas MAX MON AMOUR (1985) und LES IDIOTS (1987), Philip Kaufmanns HENRY UND JUNE (1987), →Jean-Pierre Jeunets MICMACS – UNS GEHÖRT PARIS (2009) und Aki Kaurismäkis LE HAVRE (2011).

Darsteller, Drehbuch, Regie:

1962: Auf Freiersfüßen (Nous n'irons plus au Bois,) 1964: Yoyo, 1965 Meine Nerven, deine Nerven (Tant qu'on à la santé), 1968 Wahre Liebe rostet nicht (Le grand amour)

Marty Feldman

(1933 – 1982) Mit dem Filmtitel DREIST UND GOTTESFÜRCHTIG ist schon eine seiner hervorragenden Charaktereigenschaften benannt, die Marty Feldmans Komik der aggressiven Art bestimmten. Mit enormer Wandlungsfähigkeit schlüpft er in die unterschiedlichsten Rollen, um andererseits mit der unverwechselbaren Physiognomie seines Glubschaugengesichts der Hässlichkeit menschlichen Handelns ein groteskes Antlitz zu verleihen. Seinen Makel an männlicher Schönheit funktioniert er um zur grotesken Karikatur all der Respektpersonen, die ihre Umwelt mit frechen Unverschämtheiten terrorisieren und respektlos alles attackieren, was ihnen über den Weg läuft, ob als Verkäufer, Postbeamter, Fahrkartenverkäufer oder als Taxifahrer, der einen Vernichtungsfeldzug gegen Fußgänger führt. Bei aller Absurdität seiner Auftritte und Sinnlosigkeit seines Tuns ist seine Komik fest in der Realität des Alltags verankert, um die latente Brutalität des menschlichen Umgangs miteinander sichtbar zu machen.

Abb. 34: Marty Feldman in FRANKENSTEIN JUNIOR

Marty Feldman begann seine Karriere als Gagschreiber beim Fernsehen, bis er 1968 mit seiner ersten eigenen TV-Show »Marty« populär wurde. Nach seinem Kinodebüt in →Richard Lesters Weltende-Satire DANACH (THE BED SITTING ROOM, 1969) erspielte sich Marty Feldman ersten Starruhm in →Mel Brooks' Horrorparodie FRANKENSTEIN JUNIOR (YOUNG FRANKENSTEIN, 1974) als buckliger Gehilfe Frankensteins, der seinen Buckel mal links, mal rechts trägt. In →Gene Wilders Arthur-Conan-Doyle-Parodie SHERLOCK HOLMES CLEVERER BRUDER (THE ADVENTURES OF SHERLOCK HOLMES' SMARTER BROTHER, 1975) war er als Scotland Yard-Polizist mit bei der nicht allzu lustigen Partie. Grenzenloses Vergnügen dagegen vermittelte Mel Brooks

StummfilmHommage MEL BROOKS' LETZTE VERRÜCKTHEIT - SILENT MOVIE (1976), die neben Marty Feldman mit Burt Reynolds, Liza Minelli, James Caan, Paul Newman und Anne Bancroft einen illustren Starreigen verpflichtete, um einen Film zu drehen über ein Stummfilmprojekt, das in Zeiten des Tonfilms zum Erfolg wird. Dass diese Schnapsidee tatsächlich mit dem Oscar-Sieger THE ARTIST (2011) filmische Wirklichkeit wurde, ist eine kuriose Pointe der Filmgeschichte.

Sein komisches Talent als Autor und Filmregisseur bewies Feldman in DREI FREMDENLEGIONÄRE (THE LAST REMAKE OF BEAU GESTE, 1977), indem er die Klischees und Mythen historischer Abenteuerfilme einfallsreich persiflierte. Weniger geglückt war seine zweite Regiearbeit DREIST UND GOTTESFÜRCHTIG (IN GOD WE TRUST, 1980), die das Geschäft mit dem Glauben mit Kalauern und groben Gags verspottet. Ein Science Fiction-Roman von Kurt Vonnegut jr. war die Vorlage für die nur auf vordergründige Komik ausgerichtete Satire SLAPSTICK (SLAPSTICK OF ANOTHER KIND, 1982), in der →Jerry Lewis neben Feldman auftrat, was den Film aber auch nicht retten konnte. Das halbe →Monty Python-Team mit John Cleese, Graham Chapman und Eric Idle war mit an Bord der Piratenfilmparodie DOTTERBART (YELLOWBEARD, 1983), Marty Feldmans letztem Film, der noch während der Dreharbeiten an Herzversagen verstarb.

Darsteller:

1969: Danach (The Bed-Sitting Room), 1974: Frankenstein Junior (Young Frankenstein), 1975: Sherlock Holmes cleverer Bruder (The Adventure of Sherlock Holmes' Smarter Brother), 1976: Müssen Männer schön sein? (40 gradi all'ombra del lenzuolo), 1976: Mel Brooks' letzte Verrücktheit: Silent Movie (Silent Movie,) 1982: Slapstick (Slapstick of Another Kind), 1983: Dotterbart (Yellowbeard)

Darsteller, Drehbuch, Regisseur:

1977: Drei Fremdenlegionäre (The Last Remake of Beau Geste), 1980: Dreist und gottesfürchtig (In God We Tru$t)

Darsteller, Drehbuchautor:

1970: Haferbrei macht sexy / Marty Feldman – ich kann alles (Every Home Should Have One), 1971: Die herrlichen sieben Todsünden (The Magnificent Seven Deadly Sins)

Fernandel

(1903 – 1971) In ewiger Erinnerung bleibt Fernandel (eigentlicher Name: Ferdinand-Joseph Désiré Contandin) als streitbarer Dorfpfarrer Don Camillo, der Zwiesprache mit Gott führt und einen ewigen Grundsatzkampf mit dem kommunistischen Erzfeind Peppone, dem von Gino Cervi gespielten Bürgermeister, ausficht. Dabei war er in Frankreich schon lange Star unzähliger Komödien, denen er mit seiner wuchtigen Figur, seinem aufbrausendem Temperament, seinem kummervollen Pferdegesicht, seinem zähnebleckenden Lachen und seinem Mut zur Hässlichkeit oft eine tragischkomische Dimension verlieh. In all seinen Filmen spielt Fernandel immer die gleiche Rolle, ob er nun Hector, Emil, Hercule oder Casimir heißt. Er ist immer der gleiche Fernandel, der Komiker des kleinen Mannes, über den man lacht in seiner Hilflosigkeit und Blödheit, die immer wieder alles zum Guten wendet. Anders ist nur sein Don Camillo, da ist er ein kämpferischer Pfarrer mit außerordentlicher Durchschlagskraft. Er bringt das Kunststück fertig, einen gleichzeitig mit der katholischen und Kirche und dem Kommunismus zu versöhnen, indem er die Segnungen der Dorfgemeinschaft, der

Abb. 35: Fernandel

Familie und den gesunden Menschenverstand über allen religiösen und ideologischen Unsinn siegen läßt.

Obwohl Fernandel nicht wählerisch war in seiner Rollenauswahl und es so auf 125 Filmauftritte brachte, gibt es immer wieder Filme, in denen er aus seinem Komiker-Klischee ausbricht und sein schauspielerisches Talent offenbart. »Der Beweis, dass ich ein großer Schauspieler bin, ist in Don Camillo erbracht, wo ich den größten Partner hatte: den lieben Gott selbst.« Mit fein nuancierter Charakterkomik spielt er in DER HAMMEL MIT FÜNF BEINEN (LE MOUTON À CINQ PATTES, 1954) höchst unterschiedliche Fünflinge und ihren greisen, grantigen Vater gleich mit. In DIE ROTE HERBERGE (L'AUBERGE ROUGE, 1951) wird der Schrecken der schwarzhumorigen Moritat um eine tödliche Herberge durch den großartig aufspielenden Fernandel aufgefangen, der verzweifelt versucht, das Schweigegelübde des Beichtgeheimnisses zu wahren und dennoch die bedrohte Reisegesellschaft zu retten. Der französische Topkomiker Fernandel und der deutsche Topkomiker →Heinz Rühmann ergänzen sich in GELD ODER LEBEN (LA BOURSE ET LA VIE, 1966) zum Team perfekter Gegensätze. Nichtsahnend werden ein pedantischer deutscher Buchhalter und ein schlitzohriger französischer Kassierer mit einer illegalen Geldaktion auf eine kriminelle Frankreich-Tour geschickt. Wer welche Rolle spielt, ist auch ohne Nationalitätennachweis klar.

Wenn der idealistische Filmregisseur in →Preston Sturges' Filmkomödie SULLIVANS REISEN erkennt, dass dem Publikum mit dem befreienden Lachen einer Komödie mehr gedient ist als mit realistischen Sozialdramen, dann macht das Autor und Regisseur Marcel Pagnol zum Thema in LE SCHPOUNTZ (1938): »Der Komiker, der das Publikum die Miseren des Lebens vergessen lässt, der sie über Dinge, die eigentlich traurig sind, lachen lässt, der gibt ihnen die Kraft zum Leben.« Fernandel spielt in diesem Film einen Kinonarren, der ein Filmstar werden will und zum Opfer der Filmleute wird, die sich über ihn lustig machen, indem sie ihn im Glauben lassen, er habe das Zeug zu einem großen dramatischen Star. Doch er wird nur ein komischer Star. Resignierend erkennt der »Schpountz«: »Das wollen sie sehen an einem Komiker, einen Menschen, der es ihnen erlaubt, sich überlegen zu fühlen. Heute Abend bin ich zufrieden, weil ich einen gesehen habe, der noch schlimmer und hässlicher ist als ich.« Mit sarkastischen und treffsicheren Pointen entlarvt Marcel Pagnols Filmsatire den Zynismus einer ganzen Branche.

Dass Fernandel ins Filmgeschäft einsteigen konnte, hat er Sacha Guitry zu verdanken, der ihn auf einer Varieté-Bühne entdeckte, wo er als Volkssänger und Komiker auftrat. Nach ersten kleinen Rollen in Filmen zu Beginn der dreißiger Jahre gelang ihm der Durchbruch in der Verfilmung der Guy de Maussant-Novelle *Der Tugendbold der Madame Husson* - Deutscher Filmtitel: MONSIEUR TUGENDSAM (LE ROSIER DE MADAME HUSSON, 1932), für die Marcel Pagnol das Drehbuch schrieb. Mit der Figur eines tugendreichen Dorftrottels, dessen ideale Verkörperung er war, spielte er erstmals die Rolle, auf die er für ewige Zeiten festgelegt war. Die höchst amüsante Satire über Spießertum und Moral war ein Welterfolg, das Lied vom »tugendreichen Isidor« ein Hit in Deutschland. Seinen letzten Film, die mittlerweile fünfte Fortsetzung der »Don Camillo und Peppone«-Saga, konnte er nicht mehr beenden. Er starb 1971 an Krebs.

Seine besten Filme:

1932: Der Tugendjüngling der Madame Husson (Le Rosier de Madame Husson), 1933: Les Gaitéz de l'escadron, 1934: Angele, 1937: Spiel der Erinnerung, 1937: Das Mädchen und der Scherenschleifer (Regain), 1938: Fric-Frac 1938: Le Schpountz, 1950: Casimir, 1951: Die rote Herberge (L'Auberge Rouge), 1952: In gewissen Nächten (Boniface Somnambule), 1952: Verbotene Frucht (Le Fruit défendu), 1953: Der Bäcker von Valorgue (Le Boulanger de Valorgue), 1954: Der Hammel mit den fünf Beinen (Le Mouton à cinq pattes), 1954: Ali Baba und die 40 Räuber (Ali Baba et les quarante voleurs), 1956: In 80 Tagen um die Welt (Around The World In Eighty Days), 1956: Der Mann im Regenmantel (L'homme à impermeable), 1956: Vater wider Willen (Quatre pas dans les nuages) 1957: Der Faulpelz (Le Chômeur de Clochemerle), 1957: Senechal ist der Größte (Senechal le Magnifique), 1958: Falsches Geld und echte Kurven (Paris Holiday), 1958: Gesetz ist Gesetz (La legge è legge), 1959: Ich und die Kuh (La Vache et le prisonnier) 1961: Das Jüngste Gericht findet nicht statt (Il giudizio universale), 1961: Der Mörder steht im Telefonbuch (L'assassin est dans l'annuaire), 1962: Der Mann mit der Schärpe (La Cambio della Guarde), 1962: Der Teufel und die zehn Gebote (Le Diable et les Dix commandements), 1963: Le Bon roi Dagobert, 1963: Alles in Butter (La Cuisine au beurre), 1966:

Geld oder Leben (La Bourse et la vie), 1966: Die Reise des Vaters (Le Voyage du père), 1970: Sein letzter Freund (Heureux qui comme Ulysse)
Die Don Camillo-Filme:
1952: Don Camillo und Peppone (Le Petit monde de Don Camillo), 1953: Don Camillos Rückkehr (Le Retour de Don Camillo), 1955: Die große Schlacht des Don Camillo (Don Camillo e l'onorevole Peppone), 1961: Hochwürden Don Camillo (Don Camillo Monsignore), 1965: Genosse Don Camillo (Il compgano Don Camillo), 1971: Don Camillo e i giovani d'oggi [unvollendet]

W. C. Fields

Abb. 36: W. C. Fields in DAVID COPPERFIELD

(1879 – 1946) Sein berühmter Ausspruch »Wer kleine Kinder und junge Hunde hasst, kann nicht ganz schlecht sein« macht deutlich, wes Geistes Kind dieser Komiker war, der in seinen provokanten Filmauftritten das komplette Arsenal aller schlechten menschlichen Eigenschaften in sich vereinigte, stets bereit, so viele Regeln wie möglich zu brechen und jedermann größtmöglichen Ärger zu bereiten. Er war der Prototyp des Spießers, der nach oben buckelt und nach unten tritt: ein stets mürrischer, hinterlistiger, intoleranter, unverschämter und boshafter Widerling, der alles verabscheut, was als Kennzeichen bürgerlicher Wohlanständigkeit gilt – heiles Familienleben, Freundlichkeit, Mildtätigkeit, Weihnachten und sowieso alles, was schön ist. Unter allen Komikern der Filmgeschichte ist der aufschneiderische Trunkenbold und arbeitsscheue Wichtigtuer mit seiner großen Knollennase und seinem geckenhaften Auftreten die grimmigste Erscheinung, was seiner Beliebtheit keinen Abbruch tat. Vielleicht weil man sich im Zerrbild des von der Umwelt gequälten Kleinbürgers wieder erkennen konnte. Unterdrückt von ehelichen Hausdrachen und gegängelt von seiner Umwelt, führt er mit boshafter Hinterlist einen Kleinkrieg gegen alle, die unter ihm stehen. Im Gegensatz zum Aggressionspotenzial der Slapstickära gilt sein Hass und Kampf nicht den Autoritäten des Lebens, sondern allen Schwachen, die unter das soziale Vorurteil des Spießers fallen: Kinder, Ausländer, Blinde, Neger und andere »Wilde«. Freimütig bekennt er: »Ich bin frei von Vorurteilen. Ich hasse alle gleich.« In IT'S THE OLD ARMY GAME (1926) empfiehlt er einem Kind: »Der liebe Onkel gibt dir ein paar Rasierklingen, spiel mal schön damit.« Und in DAS IST GESCHENKT (IT'S A GIFT, 1934) schickt er einen Blinden, der in seinem Geschäft etwas kaputt gemacht hat, voller Heimtücke direkt auf eine belebte Straßenkreuzung, wo er überfahren wird. Voller Misstrauen stolziert er durch seine borniete Bürgerumwelt und sucht überall Streit, um sein pessimistisches und schlechtes Weltbild zu bestätigen.

Die Korpulenz seiner rundlichen Erscheinung steht im verblüffenden Kontrast zur geradezu graziösen Beweglichkeit und Geschicklichkeit, die er als komischer Jongleur im Varietée erlernt hatte und immer wieder einsetzt bei seinen virtuosen Kunststücken mit Spazierstöcken, Billardqueues, Golfschlägern und Regenschirmen. Schon im Alter 19 Jahren hatte er erfolgreiche Bühnenauftritte, tingelte durch Europa, trat in London neben Sarah Bernhardt im Buckingham Palace auf und neben dem jungen →Charles Chaplin und Maurice Chevalier im Pariser »Folies Bergère«. Zurück in Amerika hatte er ein festes Engagement bei den »Ziegfield Follies«. Es folgten erste Stummfilmgrotesken. Erst mit dem Aufkommen des Tonfilms konnte sich Fields als stets schimpfender, fluchender, quengelnder, schwadronierender und salbungsvoll Phrasen dreschender Aufschneider voll entfalten. Sein affektiert-bedächtiger Sprechsingsang verleiht seiner blumigen Ausdrucksweise und seinen wohlklingenden, aber absolut sinnfreien Sprachschöpfungen eine bizarre Theatralik, die den Wortkaskaden des Schaumschlägers erst die richtige Würze verleiht. Nach falscher Bedeutung klingen auch Namensverbalhornungen seiner Kinonamen: Otis Cribblecobis, Mahatma Kane Jeeves, Larson E. Whipsnade oder Elmer Prettywilly.

Fields war dafür berüchtigt, sich nicht an die Drehbuchtexte zu halten und sie seiner Figur anzuverwandeln. In SIX OF A KIND (1934) brachte er den Regisseur →Leo McCarey zur Verzweiflung, indem er aus der geplanten Screwball Comedy eine One-Man-Show à la W.C. Fields machte, was dem Film die komischste Billardszene der Kinogeschichte bescherte. Fields liefert sich einen ebenso ergebnislosen wie verbissenen Kampf mit allen Ingredienzien des Billardspiels, begleitet von einem Schwall besoffener Gedankenblitze und irrsinniger Erzählungen, in denen er über den Genuss des Whiskeys und den Verdruss des Wassertrinkens philosophiert: »Mein Freund starb, weil er zuviel getrunken hat. Er ist innerlich ertrunken« entspringt derselben Geisteshaltung wie der Ausspruch »Ich trinke nie Wasser – Fische ficken darin«, der Fields zugeschrieben wird. Als in GIB KEINEM TROTTEL EINE CHANCE (NEVER GIVE A SUCKER AN EVEN BREAK, 1941) die Kellnerin ihm übelnimmt, dass er über das Essen meckert, murmelt er: »Ich habe doch nur gesagt, dass das alte Pferd, das immer vor dem Laden stand, jetzt nicht mehr da steht.« In DER BANKDETEKTIV (THE BANK DICK, 1940) erkundigt er sich beim Barkeeper, ob er denn gestern Abend hier war und zwanzig Dollar ausgegeben hat, und erwidert auf die Bejahung: »Gottseidank, ich dachte schon, ich hätte sie verloren.« Lauter Sätze, die für den sarkastischen Humor Fields bezeichnend sind.

Als Frauenheld hat er natürlich keine Chance, schon gar nicht bei der dominanten Sex-Ikone →Mae West, die in MEIN KLEINER GOCKEL (MY LITTLE CHICADEE, 1940) ihrem aus Berechnung geheirateten Ehegatten zur Hochzeitsnacht eine Ziege ins Bett legt, was Fields Probleme bereitet, im Dunkel des Schlafzimmers mit der unerwarteten Anatomie zurecht zu kommen. Er gibt sich zufrieden im Erotik-Duell dieser unterschiedlichen Komiker-Größen mit ihrem Abschiedsgruß: »Come Up and See Me Sometime«. Fields und die Frauen! Ein negatives Kapitel, das ihn zu der Überzeugung bringt: »Frauen sind wie Elefanten, aber ich muss sie nicht haben.«

Besonders typisch für seine Figur des unterdrückten Kleinbürgers ist der Fields-Klassiker DAS IST GESCHENKT, worin er als Ladenbesitzer gleichermaßen unter seinen Kunden wie unter seine herrischen Frau und seinen ungezogenen und verzogenen Kindern leidet. Als er nachts auf den Balkon flüchtet, wird seine Sehnsucht nach Ruhe durch eine unaufhaltsam sich steigernde Kettenreaktion kleiner und großer Katastrophen systematisch zerstört. Wie weitere Variationen dieser familiären und geschäftlichen Grundsituation wirken drei Filme, die zu seinen Besten zählen: THE PHARMACIST (1932), THE DENTIST (1933) und THE BARBER SHOP (1933). Fields' Familie besteht in all diesen Filmen aus einem Kabinett ausgesuchter Scheusale und er selbst gerät durch das Nebeneinander von Geschäft und Familie in einen Dauerstress, wo nur noch die Flucht in Alkohol bleibt. »Ich habe auf die Gesundheit so vieler Leute getrunken, dass mein eigene nun ruiniert ist«, bekannte Fields kurz vor seinem Tod, seine eigene Alkohohlproblematik mit dem Humor verarbeitend, der ihm eigen ist.

Die wichtigsten Filme:

1932: Beine sind Gold wert (Million Dollar Legs), 1932: The Pharmacist, 1933: The Dentist, 1933: The Barber Shop, 1933: Hotel International (International House), 1933: Alice in Wonderland, 1934: Das ist geschenkt (It's a Gift), 1934: Die gute alte Zeit (The Old Fashioned Way), 1935: David Copperfield, 1938 The Big Broadcast of 1938 1939: Ehrlich währt am längsten (You Can't Cheat An Honest Man,) 1940: Mein kleiner Gockel (My Little Chickadee), 1940: Der Bankdetektiv (The Bank Dick), 1941: Gib einem Trottel keine Chance (Never Give a Sucker an Even Break)

Louis de Funès

Abb. 37: Louis de Funès

(1914 – 1983) Der französische Schauspieler, Regisseur, Filmproduzent und Komiker variierte in seinen Filmen immer wieder die Rolle des Patriarchen, der an der Dynamik der von ihm in Gang gesetzten Entwicklungen scheitert. Louis de Funès, von seinen Landsleuten liebevoll »Fufu« genannt, hat in 130 Filmen vor der Kamera gestanden. Seine erste winzige Nebenrolle erhielt er 1945, doch erst 1963, nach seinem einhundertsten Film, wurde die Öffentlichkeit auf ihn aufmerksam. Da begann seine Karriere, die ihn in kurzer Zeit zum unangefochtenen Spitzenkomiker des französischen Films machte.

Seiner Bekanntschaft mit Daniel Gélin verdankte er sein erstes Engagement, der Film hieß DER SATAN UND DIE HOCHZEITSREISE / DIE VERSUCHUNG DES BARBIZON (LA TENTATION DE BARBIZON): »Und meine Aufgabe bestand darin, eine Tür auf- und wieder zuzumachen. Aber es war immerhin ein Anfang«. Nach Abschluss des Gymnasiums bestimmten die Eltern den schmächtigen Jungen, der ausgeprägte musische Interessen entwickelte und schon ein recht begabter Pianist war, zu einer Kürschnerlehre. Dort hielt er es nicht einmal ein halbes Jahr aus. Es folgte der Versuch einer Ausbildung als Fotograf, Karosseriebauer, Dekorateur und Buchhalter. Die letzte Tätigkeit, schreibt er selbstironisch, »hat mich endgültig davon überzeugt, dass ich was Anständiges zu lernen hatte«. Der Zweite Weltkrieg verschonte ihn – Louis de Funès wurde für untauglich erklärt. In Paris schreibt er sich bei der zur damaligen Zeit bekanntesten Schauspielschule René Simon ein und verdient sich gleichzeitig seinen Lebensunterhalt als Pianist in einer Tanzbar. Bald werden ihm erste kleine Rollen angeboten, und er debütiert im Theater in einem Stück von Marc-Gilbert Sauvajon.

1956 erhielt er in der Komödie ZWEI MANN, EIN SCHWEIN UND DIE NACHT VON PARIS (LA TRAVERSÉE DE PARIS) an der Seite von Jean Gabin eine wichtige Nebenrolle. Anfang der 1960er-Jahre gelang de Funès in der Komödie *Oscar* zunächst am Theater ein großer Erfolg. In der Rolle des Geschäftsmannes Barnier, der mit furioser Energie seine Familie tyrannisiert, perfektionierte er auch in der Verfilmung aus dem Jahr 1967 den Typ des Cholerikers. Im Jahr 1964 spielte er im Kinofilm DER GENDARM VON SAINT-TROPEZ (LE GENDARME DE ST. TROPEZ) die Hauptrolle des Cruchot und musste sich mit pubertären Töchtern und frechen Nudisten auseinander setzen. Der Film wurde ein großer Erfolg und etablierte den damals 50-jährigen als Star des französischen komischen Films. Bis in die 1980er-Jahre spielte er in fünf weiteren Filmen die populäre Rolle des cholerischen Gesetzeshüters Cruchot: DER GENDARM VOM BROADWAY (LE GENDARME À NEW YORK, 1965), BALDUIN, DER HEIRATSMUFFEL (LE GENDARME SE MARIE, 1968), BALDUIN, DER SCHRECKEN VON SAINT-TROPEZ (LE GENDARME EN BALADE, 1970), LOUIS' UNHEIMLICHE BEGEGNUNG MIT DEN AUSSERIRDISCHEN (LE GENDARME ET LES EXTRA-TERRESTRES, 1979) und LOUIS UND SEINE VERRÜCKTEN POLITESSEN (LE GENDARME ET LES GENDARMETTES, 1982).

Millionen von Kinozuschauern haben über die Abenteuer des Gendarmen von Saint-Tropez gelacht: Das liegt natürlich an seiner perfekten Darstellungskunst, gleichzeitig aber auch im Wiedererkennen von Verhaltensweisen, die jedem schon einmal begegnet sind. Dieser quirlige, unermüdlich echte und vermeintliche Gegner verfolgende, sich immer wieder in seinen eigenen Fußangeln verheddernde, je nach Gegenüber aggressiv oder unterwürfig reagierende Gendarm ist im Grunde ein ausgesprochener Widerling. Komisch sind die vergagten Abenteuer, Missverständnisse und Verwicklungen, denen er pausenlos ausgesetzt ist, komisch sind vor allem seine Reaktionen darauf, sein aufgeregtes, alles nur noch schlimmer machende Durchdreher-Gezappel. Über Grimassen meinte Louis de Funès: »Ich schneide keine Grimassen. Ich übernehme nur den Gesichtsausdruck anderer Leute in bestimmten Situationen. Jeder, auch der Präsident der Republik, sieht manchmal, Sekundenbruchteile lang, so extrem aus. Die Fotografen können das bestätigen.«

Auswahl der besten und bekanntesten Filme::

1945: Der Satan und die Hochzeitsreise (La Tentation de Barbizon), 1947: Zwei in Paris (Antoine et Antoinette), 1950: Manege frei (Au revoir Monsieur Grock), 1950: Der Göttergatte (Prima comunione), 1951: Das Scheusal (La Poison), 1951: Ohne Angabe der Adresse (Sans laisser d'adresse), 1951: Dr. Knock läßt bitten (Knock), 1952: Die sieben Sünden (Les Sept péchés capitaux, 1952: Die ehrbare Dame (La Putain respectueuse,) 1952: Monsieur Taxi 1954: Der Sonntagsangler (Poisson d'avril), 1954: Der Hammel mit den 5 Beinen (Le mouton à cinq pattes), 1955: Frou-Frou, die Pariserin (Frou-Frou), 1955: Papa, Mama, meine Frau und ich (Papa, maman, ma femme et moi), 1956: Zwei Mann, ein Schwein und die Nacht von Paris (La traversée de Paris), 1957: Woll'n Sie nicht mein Mörder sein? (Comme un cheveu sur la soupe), 1958: Wenn Louis eine Reise tut (Taxi, roulotte et corrida), 1958: Fisch oder Fleisch (Ni vu, ni connu), 1959: Toto in Madrid (Totò, Eva e il pennello proibito), 1960: Louis – Die Schnatterschauze (Dans l'eau qui fait des bulles), 1960: Candide oder: der Optimismus im 20. Jahrhundert (Candide ou l'optimisme au XXème siècle), 1961: Fracass, der freche Kavalier (Le Capitaine Fracasse), 1961: Der tolle Amerikaner (La belle Américaine), 1962: Der Teufel und die Zehn Gebote (Le Diable et les Dix Commandements), 1962: Ein Herr aus besten Kreisen (Le gentleman d'Epsom), 1963: Radieschen von unten (Des pissenlits par la racine), 1963: Quietsch... quietsch... wer bohrt denn da nach Öl? (Pouic-Pouic), 1963: Karambolage (Carambolages), 1964: Balduin, der Geldschrankknacker (Faites sauter la banque), 1964: Der Gendarm von Saint Tropez (Le gendarme de Saint-Tropez), 1964: Bei Oscar ist 'ne Schraube locker (Un drôle de caïd), 1964: Fantomas (Fantômas), 1965: Fantomas gegen Interpol (Fantômas se déchaîne), 1965: Die Damen lassen bitten (Les bons vivants), 1965: Scharfe Sachen für Monsieur (Le corniaud), 1965: Der Gendarm vom Broadway (Le gendarme à New York,) 1966: Drei Bruchpiloten in Paris (La grande vadrouille), 1966: Fantomas bedroht die Welt (Fantômas contre Scotland Yard), 1966: Scharfe Kurven für Madame (Le grand restaurant), 1967: Oscar, 1967: Balduin, der Trockenschwimmer (Le petit baigneur), 1967: Balduin, der Ferienschreck (Les grandes vacances) 1968: Balduin – das Nachtgespenst (Le tatoué) 1968: Balduin, der Heiratsmuffel (Le gendarme se marie), 1969: Onkel Paul, die große Pflaume (Hibernatus), 1970: Alles tanzt nach meiner Pfeife (L'homme orchestre), 1970: Balduin, der Schrecken von Saint-Tropez (Le gendarme en balade), 1971: Balduin, der Sonntagsfahrer (Sur un arbre perché), 1971: Die dummen Streiche der Reichen (La folie des grandeurs), 1971: Camouflage – Hasch mich, ich bin der Mörder (Jo), 1973: Die Abenteuer des

Rabbi Jacob (Les aventures de Rabbi Jacob) 1976: Brust oder Keule (L'aile ou la cuisse), 1977: Der Querkopf (La zizanie), 1979: Louis' unheimliche Begegnung mit den Außerirdischen (Le gendarme et les extra-terrestres), 1980: Louis, der Geizkragen (L'avare), 1981: Louis und seine außerirdischen Kohlköpfe (La soupe aux choux), 1982: Louis und seine verrückten Politessen (Le gendarme et les gendarmettes)

Curt Goetz

(1888 – 1960) »Was wir eigentlich gebraucht hätten«, soll laut Curt Goetz sein Vater bei seiner Geburt gesagt haben, »wäre eine Kommode gewesen.« Das ironisch scharfe Humor-Gen hat Curt Goetz wohl von seinem Vater geerbt, der früh verstorben ist. Er wuchs mit seiner Mutter in Halle an der Saale

Abb. 38: *Valérie von Martens und Curt Goetz in* Frauenarzt Dr. Prätorius.

auf und nahm, unterstützt von seinem Stiefvater, Schauspielunterricht. Seit 1911 trat er auf Berliner Bühnen auf, spielte in Stummfilmen mit und schrieb seine ersten Boulevardstücke. Gemeinsam mit seiner Frau Valérie von Martens feierte er in den 1920er und 1930er Jahren Triumphe auf der Bühne mit seinen eigenen Theaterstücken, die er später auch selbst verfilmte. Mit ihrer scheinbaren Naivität und ihrer nicht aus der Ruhe zu bringenden Sanftmut war Valérie die Idealbesetzung als Partnerin des weltgewandten Bonvivants, der aus dem Nichts ein Bonmot oder eine unmoralische Ansicht hervorzaubern konnte. »Je weniger eine Frau weiß, was sie will, desto entschlossener ist sie, ihren Willen durchzusetzen.« Seine Kunst des pointierten Dialogs gründet stets in der Unzulänglichkeit des allzu Menschlichen und in seinem Idealismus, »die Menschen so zu sehen, wie sie sein könnten, wenn sie nicht so wären, wie sie sind«.

Wie kaum ein anderer deutscher Autor beherrschte er die Kunst der vor Esprit und Witz funkelnden Boulevardkomödie. Seine dreifaltige Personalunion von Autor, Darsteller und Regisseur stellt ihn auf eine Ebene mit →Chaplin, Molière und Sacha Guitry, der geistreiche Humor und feine Spott seiner Komödien gemahnt an Oscar Wilde, Noel Coward und Bernhard Shaw. Ein Meister der intelligenten Komödie, der heute vergessen ist, aber in der Verfilmung seiner Komödien weiterlebt. »Man soll die Dinge nehmen, wie sie kommen. Aber man sollte dafür sorgen, dass die Dinge so kommen, wie man sie nehmen möchte.«

Für einige der besten frühen deutschen Tonfilmkomödien schrieb er die Filmdialoge: GLÜCKSKINDER (1936) und SIEBEN OHRFEIGEN (1937). Noch gefiel das Joseph Goebbels, der in seinem Tagebuch notierte: »Dialoge Curt Goetz. Sehr witzig. Etwas zu witzig. Eine Idee überpointiert. Sonst aber gut«. Doch mit seinem ersten Film NAPOLEON IST AN ALLEM SCHULD (1938) erregte Goetz den Ärger der Nazis wegen gesellschaftskritischer satirischer Spitzen gegen den Militarismus, die der Film mit spritzigen Dialogen und treffsicheren Pointen abfeuerte. Curt Goetz erlebt als spleeniger Napoleonforscher sein persönliches Waterloo, als er sich auf einem Historikerkongress eines attraktiven Waisenmädchens annimmt und es als seine voreheliche Tochter ausgibt, um nicht die Eifersucht seiner Gattin »Josephine« zu erregen. »Die Eifersüchtige weiß nichts, ahnt viel und fürchtet alles.«

Als das Künstlerpaar aufgrund der politischen Anfeindungen nach Amerika auswanderte, hat Goebbels den Film gleich ganz verboten. In Hollywood schrieb Goetz Drehbücher für MGM, unter anderen für den Greta Garbo-Film DIE FRAU MIT DEN ZWEI GESICHTERN. Unzufrieden mit der Fließbandarbeit Hollywoods, fing er ganz etwas anderes an. Er kaufte eine Hühnerfarm und züchtete im Land der unbegrenzten Möglichkeiten Hühner, nicht irgendwelche Hühner, sondern besondere, deren Eier zwei gelbe Dotter aufweisen.

Nach dem Krieg kehrte das Künstlerpaar mit einem triumphalen Bühnen-Comeback nach Deutschland zurück. Mit *Dr. Med. Hiob Prätorius* (1932 auf der Bühne erstaufgeführt und 1950 als FRAUENARZT DR. PRÄTORIUS verfilmt) erfüllte Goetz seinen ursprünglichen Berufswunsch, Arzt zu werden, auf literarische Weise und schuf mit der Gestalt des Dr. Prätorius die Idealversion eines humorvollen und der strengen Schulmedizin abholden Arztes, der mit seinen unkonventionellen Methoden den Neid und die Missgunst seiner Kollegen erregt, die einen dunklen Punkt in seiner Vergangenheit aufspüren. Das besondere Interesse von Prätorius gilt der Erforschung der Mikrobe der menschlichen Dummheit, die er für die Ursache von Neid, Hass und Krieg hält. »Allen ist das Denken erlaubt. Vielen bleibt es erspart.«

Mit dem schwankhaften Charakter der Handlung ist DAS HAUS IN MONTEVIDEO (1951) der bekannteste Goetz-Klassiker – laut dem Autor eine Komödie im alten Stil über Moral, Versuchung und Belohnung der Tugend. In die Versuchung geführt wird der sittenstrenge Haustyrann und zwölffache Familienvater Traugott Nägler, als er von seiner wegen eines unehelichen Kindes verstoßenen Schwester ein Bordell in Südamerika erbt. Die delikate Geschichte einer unmoralischen Erbschaft stellt gängige Moralbegriffe auf den Kopf und attackiert als witzige Satire die heuchlerische Moral des etablierten Bürgertums. »Tugend ist etwas zum Behalten, das man eigentlich verlieren möchte.« Die Neuverfilmung mit →Heinz Rühmann (1963) vergröberte die Vorlage und verhält sich im Vergleich zum Original – laut Urteil des *film-dienst* - wie ein Himbeerbonbon zur Praliné.

HOKUSPOKUS wurde dreimal verfilmt – mit Lilian Harvey & Willy Fritsch (1930) und Heinz Rühmann & Liselotte Pulver (1963), doch Curt Goetz war mit dem unnachahmlichen Timbre seiner Stimme noch immer der beste Interpret der eigenen Stücke. Mit hintergründigem Witz führt seine 1953 inszenierte Filmversion der Justizkomödie um eine Frau, die ihren Mann ermordet haben soll, den Zuschauer in die Irre und treibt ein ergötzliches Spiel um Wahrheit und Täuschung. »Eine Frau kann mal sprachlos sein, nie aber wortlos.« Wie kein anderer deutscher Komödiant hat Curt Goetz seinen eigenen Grundsatz verwirklicht: »Man kann auch Ernstes heiter sagen.«

Drehbuch:

1935: Glückskinder, 1937: Sieben Ohrfeigen, 1950: Im Dutzend billiger (Cheaper By The Dozen), 1951: People Will Talk, Buchvorlage »Dr. med. Hiob Prätorius«, 1964: Die Tote von Beverly Hills – Buchvorlage, 1967: Der Lügner und die Nonne – Buchvorlage, 1960: Ingeborg – Buchvorlage, 1963: Das Haus in Montevideo – Buchvorlage, 1965: Dr. med. Hiob Prätorius – Buchvorlage, 1966: Hokuspokus oder: wie lasse ich meinen Mann verschwinden

Darsteller, Drehbuch:

1938: Napoleon ist an allem schuld, 1950: Frauenarzt Dr. Prätorius, 1951: Das Haus in Montevideo, 1953: Hokuspokus

Whoopi Goldberg

(*1949) Mit einer dramatischen Rolle in Steven Spielbergs Rassendrama DIE FARBE LILA (THE COLOR PURPLE, 1985) wurde Whoopi Goldberg bekannt, mit ihrem bizarren Auftritt als schwindlerische Wahrsagerin in GHOST – NACHRICHT VON SAM (1990) wurde sie zum Star. In ihren Filmen kultivierte Whoopi Goldberg ihr Image als schwarzer Wirbelwind, der mit unbekümmertem Wortwitz und quirligem Temperament alle Probleme überwindet: eine starke Frau in Schwarz. In JUMPIN' JACK FLASH (1986) verfängt sie sich als kommunikative Bankangestellte im Räderwerk der Geheimdienste, in DIE DIEBISCHE ELSTER (THE BURGLAR, 1987) gerät sie als Einbrecherin unter Mordverdacht, in WER IST MR. CUTTY? (THE ASSOCIATE, 1996) wird sie mit einer erfundenen Figur zum Börsenstar,

Abb. 39: Whoopi Goldberg

in der TV-Satire Lieblingsfeinde - Eine Seifenoper (Soapdish, 1991) spielt sie eine Drehbuchautorin, die mit ihrem Skript den Serienstar vernichten kann. Whoopie Goldberg schien ihr komödiantisches Talent in durchschnittlichen Filmen zu verschwenden, die allein durch ihre virtuose und mitreißende Darstellung Vergnügen bereiten, bis sie mit Sister Act – Eine himmlische Karriere (1992) ihren großen Coup landete als von Gangstern verfolgte Sängerin, die sich in ein Kloster flüchtet und die Nonnenbelegschaft aufmischt. Der Erfolg des Films zog die Fortsetzung Sister Act – In göttlicher Mission (Sister Act 2: Back In The Habit, 1993) und ein Musical nach, in dem sie bei der Aufführung im Londoner Westend 2010 höchstpersönlich auftrat.

Mit ihrer entwaffnenden Ausstrahlung von Natürlichkeit und Lebensfreude lockert Whoopi Goldberg auch in Filmen von ernsthafter Thematik das Handlungsgeschehen humorvoll auf und rettet rührselige Szenen vor dem Abgleiten in Kitsch und tränenselige Sentimentalität: am schönsten zu beobachten in dem weiblichen Roadmovie Kaffee, Milch und Zucker (Boys On The Side, 1995), in dem drei Frauen grundunterschiedlicher Herkunft und Lebenseinstellung auf der Flucht vor der Polizei in wahrer Freundschaft zu einander finden. So abrupt die Stimmungslage von ausgelassener Komik in Ernst wechselt, so nahtlos verwandeln sich Freudentränen in Tränen der Rührung, ohne dass der Film seine innere Stimmigkeit verliert.

In über 150 Filmen ist Whoopi Goldberg – manchmal nur in kleinen Gastrollen wie in der Neuauflage von »Raumschiff Enterprise« oder in auch in einer ernsten Nebenrolle als Polizeikommissarin in Robert Altmans Hollywood-Satire The Player (1992) – aufgetreten. Schon im Alter von acht Jahren stand sie auf der Bühne, eroberte sich als Stand Up-Komödianten in San Francisco ihr Bühnenpublikum, bekam ihre eigene Fernsehshow »The Spock Show«, bevor Hollywood sie entdeckte.

Die wichtigsten Filme:

1985: Die Farbe Lila (The Color Purple), 1986: Jumpin' Jack Flash, 1987: Die diebische Elster (Burglar), 1989: Homer und Eddie (Homer and Eddie), 1990: Ghost – Nachricht von Sam (Ghost), 1990: Der lange Weg (The Long Walk Home), 1991: Lieblingsfeinde – Eine Seifenoper (Soapdish), 1992: Sister Act – Eine himmlische Karriere (Sister Act), 1992: The Player, 1992: Sarafina!, 1993: Loaded Weapon 1 (National Lampoon's Loaded Weapon 1), 1993: Sister Act 2 – In göttlicher Mission (Sister Act 2: Back in the Habit), 1994: Star Trek: Treffen der Generationen (Star Trek Generations), 1995: Kaffee, Milch und Zucker (Boys On the Side), 1995: Moonlight and Valentino (Moonlight & Valentino), 1996: Eddie, 1996: Wer ist Mr. Cutty? (The Associate), 1999: Durchgeknallt (Girl, Interrupted) 2001: Rat Race – Der nackte Wahnsinn (Rat Race), 2001: Monkeybone, 2002: Star Trek: Nemesis (Star Trek Nemesis), 2011: Kein Mittel gegen Liebe (A Little Bit of Heaven,) 2011: Die Muppets (The Muppets)

Cary Grant

(1904 – 1986) Mit seiner Music-Hall-Erfahrung als geschulter Pantomime und Akrobat hatte Cary Grant beste Voraussetzungen fürs Komikerfach. Doch Hollywood setzte ihn in seinen ersten Filmrollen lediglich als gut aussehenden Smokingträger und Frauenheld ein, bis →Mae West in SIE TAT IHM UNRECHT (SHE DONE HIM WRONG, 1932) sein komisches Talent herausstellte. Als aufrechter Offizier der Heilsarmee ist er den Avancen von Mae West ausgeliefert, die ihn mit doppeldeutigen Dialogen anmacht. Erstmals zeigt Grant seine komische Wandlungsfähigkeit, dessen Gesichtsausdruck von einem Moment zum anderen von ungläubigem Staunen zu frechem Grinsen wechselt, um seine angeschlagene Männlichkeit zu behaupten.

Als sein Erfolgsrezept preist der Charmeur: »Um Erfolg beim anderen Geschlecht zu haben, erzähl ihr, du seist impotent. Sie wird es kaum erwarten können, das Gegenteil zu beweisen.« An der Seite aller weiblichen Staridole seiner Zeit Mae West, Ginger Rogers, Katharine Hepburn, Rosalind Russell, Marilyn Monroe, Deborah Kerr, Jayne Mansfield, Doris Day, Ingrid Bergman, Audrey Hepburn, Grace Kelly und Sophia Loren war er der charmante Mann von Welt, der ein aufreizendes Desinteresse an ihrer erotischen Ausstrahlung zeigte, was diese nur umso mehr reizte, den Traummann mit aufwändigen Eroberungsstrategien zu verführen. Das funktionierte am besten im ausgefeilten Dialogwitz und verrückten Wahnsinn der Screwball Comedies.

DIE SCHRECKLICHE WAHRHEIT (THE AWFUL TRUTH, 1937) konfrontiert Cary Grant mit den Folgen der Eifersucht, die das Glück seiner langjährigen Ehe bedrohen. Doch nach ausführlichen Eifersuchtsduellen rauft sich scheidungswillige Paar wieder zusammen. In LEOPARDEN KÜSST MAN NICHT (BRINGING UP BABY, 1938) wird er von einer flippigen Millionärstochter um den Verstand und seine berufliche Ambition als Altertumsforscher gebracht. Die Welt der Reichen und Schönen ist der elegante Schauplatz der High Society-Komödien DIE SCHWESTER DER BRAUT (HOLIDAY, 1938) und DIE NACHT VOR DER HOCHZEIT (THE PHILADELPHIA STORY, 1940), in denen er in feinste Millionärskreise einbricht, um die widerspenstige Katharine Hepburn zu erobern. Zum Bigamisten wider Willen wird er in MEINE LIEBLINGSFRAU (MY FAVORITE WIFE, 1940), wenn ausgerechnet am Hochzeitstag seine tot geglaubte Frau zurückkehrt. SEIN MÄDCHEN FÜR BESONDERE FÄLLE (HIS GIRL FRIDAY, 1940) ist Rosalind Russell als seine Ex-Frau und Ex-Reporterin, die er als Zeitungsherausgeber mit dem Lockmittel eines Sensationsinterviews wieder zurückzubekommen versucht. Als umschwärmter Frauenheld muss er in SO EINFACH IST DIE LIEBE NICHT (BACHELOR AND THE BOBBY-SOXER, 1947) sich eines jungen Mädchens erwehren, dessen ältere Schwester (Mirna Loy) ihm viel begehrenswerter erscheint. Mirna Loy ist auch seine Partnerin in NUR MEINER FRAU ZULIEBE (MR. BLANDINGS BUILD HIS DREAM HOUSE, 1948). Hier sind es nicht die

Abb. 40: Cary Grant 1973

Frauen, die ihm zu schaffen machen, sondern der Erwerb eines abbruchreifen Hauses. Seine angeschlagene Männlichkeit angesichts dominanter Frauen bringt ICH WAR EINE MÄNNLICHE KRIEGSBRAUT (I WAS A MALE WAR BRIDE, 1948) auf den Punkt, wenn er sich der Liebe wegen mit Pferdehaarperücke und weiblicher Uniform als Frau verkleidet. Und als alberner Kindskopf präsentiert sich der sonst so elegante Gary Grant in LIEBLING, ICH WERDE JÜNGER (MONKEY BUSINESS, 1952), da ihn ein Verjüngungsmittel alle Stationen infantiler Verblödung durchleben lässt. Als er die blutjunge Marilyn Monroe auf eine wilde Autofahrt entführt, rechtfertigt er sich seiner Frau Ginger Rogers gegenüber: »Aber sie ist doch noch ein Kind«, woraufhin sie entgegnet: »Aber nicht die sichtbare Hälfte.« Seinen absolut komischsten Auftritt hatte er in ARSEN UND SPITZENHÄUBCHEN (ARSENIC AND OLD LACE, 1944) als Theaterkritiker, der bis an den Rand des Wahnsinns ausrastet, als er mit den Leichenbergen seiner mörderischen Tanten konfrontiert wird und sich der Mordlust seines massenmörderischen Halbbruders erwehren muss.

Mit jedem seiner Filme verfeinerte Grant die kontrollierte Nonchalance seines Auftretens, die stets im Kontrast steht zum komischen Geschehen. Während er in seinen frühen Filmen sein Salonlöwen-Image des perfekten Traummanns gern durch plötzliche Ausrutscher in die Albernheiten höchst unpassender Verhaltensweisen komisch in Frage stellte, trat er in seinen späteren Filmen mit der souveränen und selbstironischen Attitüde eines Mannes von Welt auf, der alles gesehen hat und den nichts erschüttern kann. So begegnet er uns als eleganter Meisterdieb in Hichtcocks ÜBER DEN DÄCHERN VON NIZZA (TO CATCH A THIEF, 1955) und vier Jahre später beim selben Regisseur auf der Flucht durch halb Amerika in DER UNSICHTBARE DRITTE (NORTH BY NORTHWEST), als diskret seine erotische Unabhängigkeit bewahrender Diplomat in INDISKRET (INDISCREET, 1958), als Witwer in HAUSBOOT (HOUSEBOAT, 1958), den das Kindermädchen Sophia Loren aus seinem Katastrophenleben mit drei unmündigen Kindern rettet, als U-Boot-Kapitän in UNTERNEHMEN PETTICOAT (OPERATION PETTICOAT, 1959), dessen Boot den erotischen Gefahren weiblicher Passagiere ausgesetzt ist, als hochfeudaler Landgraf in Vor Hausfreunden wird gewarnt (The Grass Is Greener, 1960), der seine ehemüde Gattin zurück erobern will, als inkognito reisender Geheimdienstchef, der in Charade (1963) Audrey Hepburn vor Gangstern rettet.

Den Titel seines letzten Films Nicht so schnell, mein Junge (Walk Don't Run, 1966) nahm Grant wörtlich, da er im Alter von 62 Jahren nicht länger den romantischen Liebhaber spielen wollte. Wie der Westernheld John Wayne oder der Krimiheld Humphrey Bogart war Cary Grant eine Ikone des amerikanischen Kinos. Auf die Phrase eines Zeitungsreporters: »Jeder möchte sein wie Cary Grant.« antwortete er nur: »Ich auch!«.

Die Komödien:

1932: Blonde Venus, 1933: Sie tat ihm unrecht (She Done Him Wrong), 1933: Ich bin kein Engel (I'm No Angel), 1933: Alice im Wunderland (Alice in Wonderland), 1936: Sylvia Scarlett, 1936: Große braune Augen (Big Brown Eyes), 1937: Die schreckliche Wahrheit (The Awful Truth), 1937: Topper – Das blonde Gespenst (Topper), 1938: Leoparden küßt man nicht (Bringing up Baby), 1938: Die Schwester der Braut (Holiday), 1940: Sein Mädchen für besondere Fälle (His Girl Friday), 1940: Meine liebste Frau (My Favorite Wife), 1940: Die Nacht vor der Hochzeit (The Philadelphia Story), 1941: Akkorde der Liebe (Penny Serenade) 1942: Es waren einmal Flitterwochen (Once Upon a Honeymoon), 1944: Arsen und Spitzenhäubchen (Arsenic and Old Lace), 1947: So einfach ist die Liebe nicht (Bachelor and the Bobby-Soxer), 1947: Jede Frau braucht einen Engel (The Bishop's Wife), 1948: Nur meiner Frau zuliebe (Mr. Blandings Builds His Dream House), 1949: Ich war eine männliche Kriegsbraut (I Was a Male War Bride), 1952: Vater werden ist nicht schwer (Room for One More), 1952: Liebling, ich werde jünger (Monkey Business), 1953: Du und keine andere (Dream Wife), 1955: Über den Dächern von Nizza (To Catch a Thief), 1957: Die große Liebe meines Lebens (An Affair to Remember, 1958: Indiskret (Indiscreet), 1958: Hausboot (Houseboat), 1959: Der unsichtbare Dritte (North by Northwest), 1959: Unternehmen Petticoat (Operation Petticoat), 1960: Vor Hausfreunden wird gewarnt (The Grass Is Greener), 1962: Ein Hauch von Nerz (That Touch of Mink), 1963: Charade, 1964: Der große Wolf ruft (Father Goose), 1966: Nicht so schnell, mein Junge (Walk Don't Run)

Alec Guinness

Abb. 41: Alec Guinness 1972

(1914 – 2000) »Sein Fluch war es, den Instinkt eines großen Schauspielers zu haben und den Genius eines komödiantischen«, so charakterisierte der englische Schriftsteller John Le Carré seinen Freund Alec Guinness, der im Bewusstsein des jüngeren Publikums weiter lebt als KRIEG DER STERNE-Kapuzenmann, während die Älteren sich an seine Oscar-prämierte Rolle als disziplinverbohrter Offizier in DIE BRÜCKE AM KWAI erinnern. Seine dramatische Darstellungskunst verlieh historischen Figuren der Geschichte sein Profil: Marc Aurel und Prinz Faisal, König Charles I und Papst Innozenz III, Sigmund Freud und Hitler. Als George Smiley war er die ideale Verkörperung von John Le Carrés Hauptfigur seiner Geheimagentenromane in den BBC-Verfilmungen von DAME, KÖNIG, AS, SPION (TINKER TAYLOR SOLDIER SPY, 1979) und AGENT IN EIGENER SACHE (SMILEYS PEOPLE, 1982). Unvergessen sein Mitwirken in den großen Filmepen LAWRENCE VON ARABIEN (1962), DOKTOR SCHIWAGO (1965) und REISE NACH INDIEN (A Passage To India, 1984). Reifte er in seinen späteren Filmrollen zum Charakterdarsteller, so erwarb er sich in seinen frühen Rollen den Ruf eines ebenso exzentrischen wie wandlungsfähigen Komikers.

Als Mitglied des berühmten Old Vic-Theaters, das wie kein anderes durch das Ineinanderfließen von Drama und Komödie den Doppelcharakter des englischen Theaters zelebriert, übernahm er diesen zwischen Ernst und Komik changierenden Typus des Theaters bruchlos für sein Kinorollen. Der den perfekten Bankraub ersinnende Bankangestellte in EINMAL MILLIONÄR SEIN (THE LAVENDER HILL MOB, 1951), der eigenbrötlerische Erfinder in DER MANN IM WEISSEN ANZUG (THE MAN IN THE WHITE SUIT, 1951), der Kleinstadtaufsteiger in DER UNWIDERSTEHLICHE (THE CARD, 1952), der zwiegespaltene Bigamist in DER SCHLÜSSEL ZUM PARADIES (THE CAPTAIN'S PARADISE, 1953), der Detektiv spielende Pfarrer in DIE SELTSAMEN WEGE DES PATER BROWN (PATER BROWN, 1954), der diabolische Gangsterprofessor in LADYKILLERS (1955), der Witwer auf Freiersfüßen in NACH PARIS DER LIEBE WEGEN (TO PARIS WITH LOVE, 1955), der liebesverwirrte Kronprinz in DER SCHWAN (THE SWAN, 1956), der verrückte Maler in DES PUDELS KERN (THE HORSE'S MOUTH, 1958), der aufschneiderische Geheimagent in UNSER MANN IN HAVANNA (OUR MAN IN HAVANNA, 1959) oder der liebestolle Pantoffelheld in HOTEL PARADISO (1966) – es sind immer neue Varianten des symphatischen, kultivierten, kleinen Mannes, dem er mit seiner chamäleonhaften Wandlungsfähigkeit Gestalt verleiht. Er verkörpert sie mit subtilem Gespür für die innere Würde seiner Figuren und ihre stete Bedrohung durch die Gefahren des Lebens, die sie auch in komisch verzweifelte Situationen treiben können. Sein absolutes Meisterstück aber war die Darstellung der achtköpfigen Adelssippe, die in ADEL VERPFLICHTET (KIND HEARTS AND CORONETS, 1949) gemäß ihrem Lebensstil dahin gemeuchelt werden. Guinness stellt in exemplarischer Darstellung skurriler Eigenschaften alle Variationen aristokratischer Dekadenz dar, wie sie perfekter nie zelebriert wurden.

Die Komödien:

1949: Adel verpflichtet (Kind Hearts and Coronets), 1950: Ferien wie noch nie (Last Holiday), 1950: Der Dreckspatz und die Königin (The Mudlark), 1951: Das Glück kam über Nacht / Einmal Millionär sein (The Lavender Hill Mob), 1951: Der Mann im weißen Anzug (The Man in the White Suit), 1952: Der Unwiderstehliche (The Card), 1953: Der Schlüssel zum Paradies (The Captain's Paradise) 1954: Die seltsamen Wege des Pater Brown (Father Brown), 1955: Nach Paris der Liebe wegen (To Paris with Love), 1955: Ladykillers (The Ladykillers), 1956: Der Schwan (The Swan), 1957: Kapitän Seekrank (Barnacle

Bill), 1958: Des Pudels Kern (The Horse's Mouth,) 1959: Der Sündenbock (The Scapegoat), 1959: Unser Mann in Havanna (Our Man in Havana), 1965: Lage hoffnungslos – aber nicht ernst (Situation Hopeless... But Not Serious), 1966: Hotel Paradiso (Hotel Paradiso)

Dieter Hallervorden

Abb. 42: Dieter Hallervorden in HONIG IM KOPF

(*1935) Dieter Hallervorden ist ein Urgestein der Berliner Kabarettszene. Seine 1960 gegründete Kabarettbühne »Die Wühlmäuse« ist eine Institution, in der mittlerweile jeder deutsche Comedien und Kabarettist aufgetreten ist. Hallervorden ist kein Komödiant der feinen Nuance. Er ist mit seiner grimassenschneidenden Körpertechnik eher der Mann fürs Grobe, was wohl der Garant seiner Beliebtheit beim Fernsehpublikum ist. Durch die die TV-Scherzserien »Abramakabra«, »Nonstop Nonsense«, »Das Lästerlexikon«, »Hallervordens Spottschau« und »Verstehen Sie Spaß?« zum TV-Liebling geworden, war er reif für die Filmkarriere und drehte 1981 mit ACH DU LIEBER HARRY den erfolgreichsten deutschen Film des Jahres. Die von ihm entwickelte Didi-Figur des ewigen Pechvogels spielte er in all seinen Filmen in effektvoller Brachialkomik und chaotischen Klamaukszenen durch: ALLES IM EIMER (1980), DER SCHNÜFFLER (1983), DIDI DER DOPPELGÄNGER (1984), DIDI AUF VOLLEN TOUREN (1986), DIDI – DER EXPERTE (1987), BEI MIR LIEGEN SIE RICHTIG (1990). Sein One-Man-Show DIDI UND DIE RACHE DER ENTERBTEN (1985), in er der gleich sieben verschiedene Rollen spielte, konnte das große Vorbild, die subtile Darstellungskunst von →Alec Guinness' achtköpfiger Adelsclique in ADEL VERPFLICHTET, allerdings nicht erreichen.

Bei all seinen Filmen schrieb Hallervorden auch am Drehbuch mit, doch seine Versuche, aktuelle Zeitsatire ins Filmgeschehen einzubeziehen, sind missglückt. Seine satirischen Pfeile gegen Banken, Umweltverschmutzung, Medizin und Parteipolitik gingen im Blödelklamauk unter. Das gilt auch für seinen Versuch, in ALLES LÜGE (1991) das Thema der Wiedervereinigung als Zeitsatire aufzubereiten.

Mit SEIN LETZTES RENNEN (2013) findet Hallervorden erstmals Anerkennung bei Deutschlands gestrengen Filmkritikern. So überschlägt sich die *Süddeutsche Zeitung* vor Begeisterung: »Ein kluger, schöner, zuweilen rührender Film – ein bildgewaltiges Epos über das Alter.« In diesem Film nimmt Hallervorden seine Radau-Komik zurück und überzeugt als Charakterkomiker. Er kann also auch anders. Und dass er seinem Klischee des ewigen Klamottenreißers entkommen will, zeigt auch sein verdienstvolles Engagement als neuer Intendant des traditionsreichen Schloßparktheaters in Berlin-Steglitz, das einst von Boweslag Barlog, Heinz Lietzau und Boy Gobert geleitet wurde und in dem Klaus Kinski, Hildegard Knef und Martin Held aufgetreten sind. Indem er es vom Berliner Senat auf eigenes Risiko übernahm, rettete er es vor der Schließung. Mit kostensparenden Zweipersonenstücken, die es erlauben, Stars zu verpflichten, gelang die Rettung der Bühne.

Die Filme:

1969: Darf ich Sie zur Mutter machen?1969: Die Hochzeitsreise, alternativ: Eine Nervensäge gegen alle, 1972: Was? 1981: Stachel im Fleisch, 1981: Alles im Eimer, 1983: Der Schnüffler, 1984: Didi – Der Doppelgänger (Doppelrolle) 1985: Didi und die Rache der Enterbten (Darsteller – 7 Rollen), 1988: Didi – Der Experte, 1990: Bei mir liegen Sie richtig, 1991: Alles Lüge, 2008: 1½ Ritter – Auf der Suche nach der hinreißenden Herzelinde, 2012: Zettl 2012: Das Kind, 2012: Das Mädchen und der Tod (The Girl and Death). 2013: Sein letztes Rennen, 2014: Honig im Kopf

Darsteller, Drehbuch:

1981: Ach du lieber Harry, 1986: Didi auf vollen Touren, 1987: Laus im Pelz

Die Kunst der Filmkomödie

Tom Hanks

Abb. 43: Tom Hanks

(*1956) Zweimal erhielt Tom Hanks den Oscar: für seine Rolle in der Komödie FORREST GUMP (1994) und für seine Rolle in dem Aids-Drama PHILADELPHIA (1993). Zwei Filme, die das schauspielerische Spektrum von Tom Hanks umreißen: den Komödianten und den dramatischen Schauspieler.

Nach Abschluss seines Schauspielstudiums zog er nach New York, wo er erste Fernsehauftritte in Sitcoms absolvierte. Regisseur Ron Howard verhalf ihm zu seiner ersten Filmhauptrolle in SPLASH – EINE JUNGFRAU AM HAKEN (1984). Als Angler, der sich in eine Nixe verliebt, gibt er erstmals jener Kinofigur Kontur, die sein Leinwandleben nicht nur als Komiker bestimmen sollte: der nette junge Mann von nebenan, der sich leicht vertrottelt durchs Leben wurschtelt und nie seinen Optimismus verliert. So ist er prädestiniert, in die Fußstapfen von James Stewart zu treten als linkischer Liebhaber in romantischen Liebeskomödien wie SCHLAFLOS IN SEATTLE (SLEEPLESS IN SEATTLE, 1993) oder E-MAIL FÜR DICH (YOU'VE GOT MAIL, 1998). In BIG (1988) spielt er einen Mann, der sich im Körper eines Kindes wieder findet und sich dementsprechend verhält. Das Kind im Mann schimmert in all seinen Filmrollen als Hintergrundinfo über seinen wahren Charakter durch, am eindringlichsten verkörpert in FORREST GUMP (1994) mit der Figur des reinen Toren, der unbeirrt auf der Suche nach Glück und Erfolg durch alle Stationen der jüngsten amerikanischen

Geschichte eilt und von Elvis bis Kennedy allen amerikanischen Größen begegnet. Gern wird der adrette Saubermann Tom Hanks mit chaotischen Charakteren konfrontiert, um aus dem Gegensatz komödiantisches Feuer zu entfachen: in SCHLAPPE BULLEN BEISSEN NICHT (DRAGNET, 1987) mit einem Chaos-Cop, in MEINE TEUFLISCHEN NACHBARN (THE 'BURBS, 1989) mit kriminellen Nachbarn, in SCOTT UND HUUTSCH (TURNER & HOOCH, 1989) mit einem sabbernden Hund von zerstörerischer Wildheit. Ein ganzes Haus wird zu seinem Feind in GESCHENKT IST NOCH ZU TEUER (THE MONEY PIT, 1989). Das Traumhaus, das sich Tom Hanks zur Vollendung seines glücklichen Familienlebens gekauft hat, erweist sich zutiefst brüchiges Alptraumhaus.

In der Personalunion von Produzent, Autor, Regisseur und Hauptdarsteller versucht Tom Hanks in LARRY CROWNE (2011) das Genre der Romantic Comedy mit einer Liebesgeschichte in Zeiten der Weltwirtschaftskrise zu aktualisieren. Doch die Botschaft von der Tatkraft und dem (Liebes)glück des Tüchtigen flaut, wie der *Spiegel* schreibt, zur ökologischen Seifenoper ab. Geglückter war sein vorheriges Zusammenspiel mit Julia Roberts in DER KRIEG DES CHARLIE WILSON (CHARLIE WILSON'S WAR, 2007). Die von Mike Nichols inszenierte Politsatire enthüllt die wahre Geschichte, wie die Amis die Taliban mit Waffen versorgten, als es noch gegen die Russen ging. Julia Roberts als ebenso bibelfeste wie lüsterne Millionärin und Tom Hanks als trinkfester Kongressplayboy besiegen die Sowjets im Alleingang. Was da als schillernde Satire auf politische Machtinteressen in Form einer Parabel erzählt wird, verweist auf die Denkfehler einer kurzsichtigen Politik, die Typen wie Charlie Wilson zu Helden einer Politstrategie erklärt, die in Wahrheit aber in ein Debakel führt.

Mit zunehmendem Alter entfernt Tom Hanks sich von der Komik seiner frühen Filmen und stellt sein schauspielerisches Talent in hochdramatischen Filmen unter Beweis: in der Tom Wolfe-Verfilmung FEGEFEUER DER EITELKEITEN (THE BONFIRE OF THE VANITIES, 1990), in der Astronauten-Doku APOLLO 13 (1995), in dem Antikriegsfilm DER SOLDAT JAMES RYAN (SAVING PRIVATE RYAN, 1998), im Gefängnis-Drama THE GREEN MILE (1999), in der Robisonade CASTAWAY – VERSCHOLLEN (2000) und in den Dan Brown-Verfilmungen DER DA VINCI CODE - SAKRILEG (2006) und ILLUMINATI (ANGELS & DEMONS, 2009). Mit dem Produzenten Gary Goetzmann gründete Tom Hanks 1996 die Produktionsfirma »Playtone«, die erfolgreiche Komödien wie MY BIG FAT GREEK WEDDING (2002) und MAMMA MIA (2008) produzierte. Als Vizepräsident der Academy of Motion Picture Arts and Sciences, die alljährlich den Oscar verleiht, ist er nicht ohne Einfluss auf das Filmbusiness.

Die Komödien:

1984: Splash – Eine Jungfrau am Haken (Splash,) 1984: Bachelor Party, 1985: Alles hört auf mein Kommando (Volunteers) 1985: Der Verrückte mit dem Geigenkasten (The Man with One Red Shoe), 1986: Nothing in Common – Sie haben nichts gemein (Nothing In Common,) 1986: Geschenkt ist noch zu teuer (The Money Pit), 1986: Liebe ist ein Spiel auf Zeit (Every Time You Say Goodbye), 1987: Schlappe Bullen beißen nicht (Dragnet), 1988: Big, 1988: Punchline – Der Knalleffekt (Punchline), 1989: Meine teuflischen Nachbarn (The Burbs), 1989: Scott & Huutsch (Turner & Hooch), 1993: Schlaflos in Seattle (Sleepless in Seattle) 1994: Forrest Gump, 1998: e-m@il für Dich (You've Got Mail), 2002: My Big Fat Greek Wedding – Hochzeit auf griechisch, (My Big Fat Greek Wedding), 2002: Catch Me If You Can, 2004: Ladykillers (The Ladykillers), 2004: Terminal (The Terminal), 2004: Der Polarexpress (Polar Express) - Animationsfilm, 2007: Evan Allmächtig (Evan Almighty,) 2007: Der Krieg des Charlie Wilson (Charlie Wilson's War), 2008: Der große Buck Howard (The Great Buck Howard), 2008: Mamma Mia, 2009: My Big Fat Greek Summer (My Life in Ruins), 2011: Extrem laut & unglaublich nah (Extremely Loud & Incredibly Close)

Drehbuch, Darsteller, Regie:

1996: That Thing You Do!, 2011: Larry Crowne

Goldie Hawn

(*1945) Die beliebteste Ulknudel Hollywoods mit ihrem strohblonden Haar erscheint auf den ersten Blick als ideale Verkörperung des Klischees von der dummen Blondine. Als Tochter einer Tanzlehrerin wurde sie Balletttänzerin, trat in der Tanzgruppe des Musicals *Kiss Me Kate* auf, war ab 1967 Ensemblemitglied der Fernsehsitcom »Good Morning World« und wurde bekannt als »dummes Blondchen« in der Sketchreihe »Rowan & Martin's Laugh In« – eine Rolle, wie sie Ingrid Steeger in der deutschen Kultcomedy-Fernsehserie »Klimbin« verkörperte. Diesen Typus wandelte sie ab in ihrem

Abb. 44: Goldie Hawn

ersten Kinofilm DIE KAKTUSBLÜTE (CACTUS FLOWER, 1969) als ausgeflippte Geliebte des lüsternen Zahnarztes →Walter Matthau. Eine burschikose Nebenrolle, die ihr den Oscar einbrachte. Es folgten eine Reihe fast ausnahmslos geglückter Komödien, in der sie ihren Typus Frau charakterlich vertiefte und verfeinerte.

In all ihren Filmen erwies sie sich als ebenso cleveres wie lebenslustiges Energiebündel, das wie ein Wirbelwind durch die Handlung tobt: als Luxusgeliebte des Modefriseurs Warren Beatty in Hal Ashbys Satire auf die Welt der Schönen und Reichen SHAMPOO (1975), als männerausnehmende Spielerin in der Westernparodie WER SCHLUCKT SCHON GERN BLAUE BOHNEN? (THE DUTCHESS AND THE DIRTWATER FOX, 1976), als von Gangstern gejagte Buchhändlerin in der Hitchcock-Parodie EINE GANZ KRUMME TOUR (FOUL PLAY,

1978), als Frau eines Staatsanwalts, die in der Neil Simon-Komödie FAST WIE IN ALTEN ZEITEN (SEEMS LIKE OLD TIMES, 1980) in einen Zwiespalt gerät, als ihr von der Polizei gejagter Ex-Geliebter aufkreuzt, als zickige Millionärin mit Gedächtnisschwund, die in OVERBOARD – EIN GOLDFISCH FÄLLT INS WASSER (1987) ihr vergessenes Luxusleben mit ihrem neuen Leben als Mutter im einem kinderreichen Junggesellenhaushalt tauscht. Ihr Partner in diesem Film Kurt Russell wurde auch ihr Lebenspartner in zweiter Ehe.

1980 übernahm sie im Kassenknüller SCHÜTZE BENJAMIN (PRIVATE BENJAMIN) nicht nur die Hauptrolle, sondern produzierte die Militärklamotte auch selbst. →Steve Martin ist ihr unfreiwilliger Ehepartner in HOUSESITTER – LÜGEN HABEN HÜBSCHE BEINE (1992). Als erotische Hausbesetzerin nimmt sie nach einer kurzen Liebesnacht Haus und Leben des abwesenden Liebhabers in Besitz und gibt sich öffentlich als seine Ehefrau aus. Doch der ahnt nichts von seinem Glück. In absichtsvollen Verwechslungsspielen verstrickt sie ihn so tief in ihr Lügengebäude, bis er sich in die neue Lebensrolle fügt und aus Schein Sein wird. SCHLAFLOS IN NEW YORK (THE OUT-OF-TOWNERS, 1999) vereint die beiden Topkomiker zum spießigen Provinz-Ehepaar, deren New York-Besuch zu einer in jeder Beziehung schrecklich komischen Großstadtodyssee ausartet. Nur selten durfte sie sich als Charakterdarstellerin beweisen, wie 1974 in Steven Spielbergs SUGARLAND EXPRESS als verzweifelte Mutter auf der Suche nach ihrem Kind.

Mit zunehmendem Alter hat Goldie Hawn nichts von ihrem Temperament und ihr Tatkraft verloren. In DER TOD STEHT IHR GUT (DEATH BECOMES HER, 1992) liefert sie sich mit Meryl Streep einen Machtkampf um den gleichen Mann, der ihnen als Schönheitschirurg ewige Jugend garantiert. Die schwarzhumorige Satire auf den Schönheitswahn hetzt zwei unsterbliche Furien aufeinander, die sich zwar nicht töten, aber gegenseitig treffen können in einem schier surrealen Feuerwerk von körperverunstaltenden Effekten. Von schwarzem Humor erfüllt ist auch der Rachefeldzug, den Goldie Hawn mit Diane Keaton und Bette Midler in CLUB DER TEUFELINNEN (THE FIRST WIVES CLUB, 1996) unternimmt gegen ihre betrügerischen Ehemänner.

Es war nur eine Frage der Zeit, bis →Allen auch Goldie Hawn in das All Star-Ensemble seiner Filme einreihen würde. Er tat es in seiner beschwingten Musical-Nostalgie ALLE SAGEN: I LOVE YOU (EVERYONE SAYS I LOVE YOU, 1996) mit ihr als seine Ex-Ehefrau, die ihm bei seiner Suche nach der Frau seines Lebens helfen soll. Mit einer Traumrolle verabschiedet sich Goldie Hawn in GROUPIES FOREVER (THE BANGER SISTERS, 2002) von ihrer Kinokarriere: als nicht altern wollende Ex-Groupie sucht sie die Gefährtin ihren wilden Drogen-, Sex- und Rock'n Roll-Zeit (Susan Sarandon) auf und bringt das biedere Wohlstandsleben der geachteten Anwaltsgattin aus dem Lot mit einem Crashkurs in Sachen Freiheit und Lebensfreude. Susan Vahabzadeh schreibt in der *Süddeutschen Zeitung*: »Goldie Hawn ist verdammt gut in diesem Film, weil sie aus dem tragischen Clown mit den nuttigen Outfits etwas ganz Rührendes macht. Die Rolle, die sie hier spielt, ist ein bisschen gefährlich und gerade deswegen so gut. Das Gesicht des alternden kleinen Mädchens ist ihr eigenes, sie macht dem Film einen Teil ihrer selbst zum Geschenk. Als wollte sie sagen: Ich bin, was ich bin, und ich bedaure nichts.«

Die Komödien:

1969: Die Kaktusblüte (Cactus Flower) 1970: Ein Mädchen in der Suppe (There's A Girl In My Soup) 1972: Schmetterlinge sind frei (Butterflies Are Free) 1975: Shampoo 1976: Wer schluckt schon gern blaue Bohnen? (The Duchess And The Dirtwater Fox) 1978: Eine ganz krumme Tour (Foul Play) 1979: Reise mit Anita (Viaggio con Anita) 1980: Schütze Benjamin (Private Benjamin) 1980: Fast wie in alten Zeiten (Seems Like Old Times) 1982: Zwei dicke Freunde (Best Friends) 1984: Swing Shift – Liebe auf Zeit (Swing Shift) 1984: Protocol – Alles tanzt nach meiner Pfeife (Protocol) 1986: American Wildcats (Wildcats) 1987: Overboard – Ein Goldfisch fällt ins Wasser (Overboard) 1990: Ein Vogel auf dem Drahtseil (Bird On A Wire) 1992: Housesitter – Lügen haben schöne Beine (HouseSitter) 1992: Der Tod steht ihr gut (Death Becomes Her) 1996: Der Club der Teufelinnen (The First Wives Club 1996: Alle sagen: I love you (Everyone Says I Love You) 1999: Schlaflos in New York (The Out-of-Towners) 2001: Stadt, Land, Kuss (Town & Country) 2002: Groupies Forever (The Banger Sisters)

Die Kunst der Filmkomödie

Michael »Bully« Herbig

Abb. 45: Michael »Bully« Herbig (rechts) mit Alexander Fehling in BUDDY

(*1968) »Ich bin mit der Gesamtsituation unzufrieden!« – »Da macht einer Kaffee.« – »Langsam Jacqueline, sonst kotzt du wieder.« Alltägliche Sätze wie diese zu komödiantischen Höhepunkten kombiniert zu haben ist das nicht zu unterschätzende Verdienst von Michael Herbig und seiner Megaerfolgskomödie DER SCHUH DES MANITU (2001). Bevor über zehn Millionen Landsleute seinen zweiten Kinofilm zu einem der erfolgreichsten seit Etablierung des Fernsehers machten, wuchs er bei seiner allein erziehenden Mutter auf, absolvierte seinen Realschulabschluss im Internat Schloss Brannenburg, leistete Wehrdienst und kam vorerst der Filmwelt nie näher als in der Fotografenausbildung und beim Jobben im Kopierwerk. Mit 24 Jahren begann Herbigs Rundfunkkarriere bei Radio Gong, ab 1994 bei Radio Energy, wo er unter dem Pseudonym Bully für eine Morgenshow ins Mikro witzelte. Für die Hörfunk-Comedy-Serie »Die Bayern Cops« wurde er ausgezeichnet, auf Werbespots und TV-Auftritte (beim »Wahren Grand Prix«) folgte 1996 die Gründung seiner HerbX Medienproduktion GmbH. Als Autor, Darsteller, Regisseur und Produzent schuf er die TV-Comedy-Reihe »Bullyparade«, die vor allem mit ihren Western- und Raumschiff-Enterprise-Parodien enorme Popularität erreichte. Mit Erkan & Stefan, den TV-Spaß-Prolls und deutschtürkischen Epigonen des britisch-pakistanischen Comedian Ali G – von Sacha Baron Cohen verkörpert – gelang ihm 2000 ein so erfolgreiches wie amüsantes Kinodebüt. Auf die mangelnde Leinwanderfahrung seiner krassen Hauptdarsteller angesprochen, gab er mit der ihm eigenen bajuwarisch-sanften Ironie zu Protokoll: »Genauso könnte man sagen, es ist risikoreich, einen Regisseur für eine Kino-Produktion zu verpflichten, der bisher nur Sketche inszeniert hat. Konsequenterweise hab' ich mir dann noch einen Kameramann und einen Cutter dazu geholt, die ebenfalls noch keinen Kinofilm gemacht haben!«

Mit über 1,2 Millionen Zuschauern war der Erfolg von ERKAN & STEFAN im gewohnten Bereich für die erste filmische Übersprunghandlung berühmter TV-Stars. Mit seinen »Bullyparade«-Kumpanen Christian Tramitz, Rick Kavanian und nicht zuletzt dank Marie Bäumers schnodderiger Schönheit übersprangen die Karl-May-Urenkel Winnetouch, Abahachi und Ranger 2001 mit DER SCHUH DES MANITU alle bestehenden Zuschauerrekorde der Nachkriegszeit. Nach einigen Synchron-Nebenjobs kam 2004 ein neuer Bullyparaden-Film heraus, die vom TV-Publikum streng demokratisch gewählte Kinofassung der Enterprise-Verballhornung (T)RAUMSCHIFF SURPRISE - PERIODE 1. Nach der Titelrolle in der Gespensterkomödie HUI BUH - DAS SCHLOSSGESPENST (2006), in dem auch seine langjährigen Freunde und Comedy-Kollegen Rick Kavanian und Christoph Maria Herbst mitwirkten, produzierte er seinen ersten Animationsfilm LISSI UND DER WILDE KAISER (2007) – die augenzwinkernde Hommage an die beliebten SISSI-Filme der 1950er-Jahre blieb jedoch an der Kinokasse weit hinter den Erwartungen zurück und wurde auch von der Kritik weniger positiv aufgenommen als Herbigs vorherige Genre-Parodien. 2008 inszenierte er mit WICKIE UND DIE STARKEN MÄNNER die erste Realverfilmung über den kleinen Wikingerjungen aus Flake, ganz ohne die nervigen Blödeleien der anderen Bully-Filme. Viele der Figuren wirken wie aus der 78-teiligen Zeichentrickserie entsprungen und einige Momente erinnern nicht von ungefähr an Piratenfilme wie FLUCH DER KARIBIK oder DIE SCHATZINSEL. Für den Leander Haußmann-Film HOTEL LUX (2011) wechselte Michael Bully Herbig ins Charakterfach, er war Hauptdarsteller und Co-Produzent der dramatischen Komödie. Und in Helmut Dietls misslungener Polit-Satire ZETTL (2012), einer Art freien Kino-Fortsetzung von Dietls erfolgreicher 1980er-Jahre Fernsehserie »Kir Royal«, schlüpfte er in die Rolle des Titelhelden. In der Zauberer-Komödie DER UNGLAUBLICHE BURT WONDERSTONE (The Incredible Burt Wonderstone, 2013) ist er das erste

Mal in einer Hollywood-Produktion zu sehen und mimt einen Tigerdompteur, der seine Raubkatzen nicht im Griff hat. Nach seinen Ausflügen ins Schauspielfach ist er bei der Kinokomödie BUDDY (2013) Produzent, Drehbuchautor, Regisseur und Hauptdarsteller: eine »romantisch-schräge Komödie« über einen unerfahrenen Schutzengel, der das Leben seines Schützlings ordentlich durcheinander bringt.

Darsteller:

2002: Knallharte Jungs, 2006: Hui Buh – Das Schlossgespenst, 2008: Asterix bei den Olympischen Spiele, 2008: Die Geschichte vom Brandner Kaspar, 2011: Hotel Lux, 2012: Zettl, 2013: Der unglaubliche Burt Wonderstone

Regie:

2000: Erkan & Stefan

Drehbuch, Regie, Darsteller:

2001: Der Schuh des Manitu, 2004: (T)Raumschiff Surprise – Periode 1, 2009: Wickie und die starken Männer, 2013: Buddy

Regie, Drehbuch (Animationsfilm):

2007: Lissi und der wilde Kaiser

Terence Hill & Bud Spencer

Terence Hill (*1939), **Bud Spencer** (*1929)

Als lustiges Haudrauf-Gespann wurden Terence Hill und Bud Spencer zu den Top-Action-Stars Anfang der 1970er Jahre. Zuvor hatten sie kleine Nebenrollen-Auftritte, bis der Regisseur E. B. Clucher sie zum komischen Klopper-Duo zusammenbrachte. Terence Hill wuchs als Sohn eines italienisch-deutschen Ehepaares in Dresden auf, bis die Familie nach Italien übersiedelte. Er ging zur Schauspielschule und spielte unter seinem eigentlichen Namen Mario Girotti kleine Rollen in italienischen Monumentalfilmen und deutschen Karl May-Western. Seinen späteren Kinopartner Bud Spencer lernte er unter dessen realen Namen Carlo Pedersoli beim Schwimmsport im gemeinsamen Club Lazio kennen.

Abb. 46: Hill und Spencer in DIE RECHTE UND DIE LINKE HAND DES TEUFELS

Wer Bud Spencer nur als schlagkräftigen Prügelhelden kennt, wird erstaunt sein über die unterschiedlichen Talente und vielfältige Berufserfahrungen dieses Mannes. Wie sein Schwimmkommilitone Mario Girotti übte er den Schwimmsport erfolgreich aus: er gewann die italienischen Schwimmmeisterschaften sieben Jahre in Folge und nahm an den Olympischen Spielen in Helsinki (1952) und Melbourne (1956) teil. Als seine Familie nach Südamerika zog, musste er sein Chemiestudium abbrechen. Sein berufliches Leben gestaltete sich dort sehr abwechslungsreich: Fließbandarbeiter, Bibliothekar, Botschaftssekretär, Vorarbeiter beim Bau der *Panamericana* und bei einer Automobilfabrik in Caracas. Zurück in Italien war er als Komponist für die Plattenfirma RCA tätig, komponierte Lieder für Schlagerstars wie Rita Pavone, tourte mit eigenen Liedern durch die Nachtclubs von

Rom, produzierte Dokumentarfilme für den Sender RAI und spielte kleine Nebenrollen in Quo Vadis, Ben Hur, Hannibal und Das süsse Leben.

Als die beiden erstmals gemeinsam in dem Italowestern Gott vergibt, Django nie (Dio perdone – Io no!, 1967) auftraten, war ein neues Filmteam geboren, das mit dem Namen Terence Hill und Bud Spencer ihr Markenzeichen setzte. Doch erst Vier für ein Ave Maria (I quattro dell'Ave Maria, 1968) setzte komische Akzente im brutalen Schießorgiengenre und wies dem ungleichen Paar den Weg zum Spaßwestern. »Regisseur Colizzi beherrscht die Kunst, den Zuschauer auf etwas ganz Furchtbares vorzubereiten, um ihn dann mit etwas furchtbar Komischem zu erfreuen«. (Joe Hembus: Das Western-Lexikon). Der letzte Teil von Giuseppe Collizis Western-Trilogie mit Spencer/Hill Hügel der blutigen Stiefel (La collina degli stivali, 1969) stellte in einem Western voller Atmosphäre und Komik das Motiv des Zirkus aus dem episodisch-pittoresken Hintergrund in den Mittelpunkt des Geschehens und funktionierte die Bühne zum Agitprop-Theater um, das mit Pantomime und Clownerie den Boden bereitet für den Aufstand gegen den Terror einer Banditenbande. Doch erst in den Filmen Die rechte und die linke Hand des Teufels (Lo chiamavano Trinità, 1970) und Vier Fäuste für ein Halleluja (...continuavano a chiamarlo Trinità, 1972) reiften der smarte Blonde mit den blauen Augen und der bärtige Dicke mit den schnellen Fäusten zum unzertrennlichen Paar Trinità und Bambino, das mit tänzerischer Grazie Faustschläge und Ohrfeigen verteilend die brutalen Schlägereien des Italowesterngenres der Lächerlichkeit preisgibt.

Die blutrünstige Gewalt des Italowestern weicht in ihren Filmen einer komischen Auflösung der Gewalt- und Prügelszenen, die ohne Leichen auskommt. Joe Hembus beschreibt ihr komödiantisches Treiben in seinem Western-Lexikon sehr präzise: »Mit unendlicher Ruhe schafft Autor-Regisseur E. B. Clucher Raum und Zeit für ihre Kunststücke, die sich von der haarsträubenden Handlung loslösen und ein wunderbares Eigenleben führen. Ob man nur ein Menü methodisch zerstört oder ob man die Kunst des blitzschnellen Revolverziehens verfeinert, indem man zwischendrin einen

Wirbelwind von Ohrfeigen verteilt: pausenlos werden Dinge von hohem Schwierigkeitsgrad mit der Geschwindigkeit und der Eleganz vorgeführt, die über die Verblüffung Gelächter provoziert.«

Zur Erfolgsformel gehören auch die flapsigen Sprüche, mit denen sich die beiden frech grinsend über ihre Feinde lustig machen. Vom deutschen Synchron-Autor Rainer Brandt in markige Kernsätze gemeißelt, gingen ihre verbalen Ausrutscher in den Alltagsjargon deutscher Kinogänger ein. Wenngleich der intellektuelle Anspruch dieser Dialoge oft grenzwertig ist, so entbehren sie doch nicht einer gewissen Originalität. »Zu eurem Lucifer könnt ihr sagen, er soll sich zur Hölle scheren.« Auf den Segen des Priesters »Möge der Herr mit euch sein«, antwortet Bud: »Wir wollen keine Begleitung, wir gehen allein.« Nach einer Schlägerei rechtfertigt sich Hill: »Was sollte ich machen? Er hat unsere Mutter eine alte Hure genannt.« Und auf den Einwand Buds »Aber das ist doch die Wahrheit.« erwidert Hill: »Na, so alt ist sie nun auch wieder nicht.«

Man hat Terence Hill und Bud Spencer oft als →Laurel & Hardy im Wilden Westen bezeichnet. Nicht zu Unrecht! Beide haben ausgiebig das Harmonieverhältnis ihrer Partnerschaft durchgeprobt, bei dem der eine dem anderen etwas einbrockt, was sie gemeinsam wieder auslöffeln müssen, und haben so die Lehren der Slapstick-Spaßkultur in komische Taten umgesetzt. Die gemütlichen Raufbolde mit dem guten Herzen prügelten sich nicht nur durchs Westerngenre, sondern auch im weiten Feld des Abenteuerkinos und des modernen Krimis, bis das komische Rezept endgültig ausgereizt war. Im Film DIE TROUBLEMAKER (BOTTE DI NATALE, 1994), den Terence Hill selbst inszeniert hat, standen die beiden zum letzten Mal gemeinsam vor der Kamera.

Die Terence Hill & Bud Spencer Filme:

Gott vergibt... Django nie (Dio perdona...Io no, 1967), Vier für ein Ave Maria (I quattro dell'Ave Maria, 1968), Hügel der blutigen Stiefel (La collina degli stivali, 1969), Die rechte und linke Hand des Teufels (Lo chiamavano Trinità, 1970), Vier Fäuste für ein Halleluja (...continuavano a chiamarlo Trinità, 1972), Zwei Himmelhunde auf dem Weg zur Hölle (Più forte, ragazzi, 1972), Auch

Engel essen Bohnen (Anche gli angeli mangiano fagolo, 1973), Zwei wie Pech und Schwefel (Altrimenti ci carrabbiamo, 1974), Zwei Missionare (Porgi l'altra guancia, 1974), Zwei außer Rand und Band (I Due superdiedi quasi piatti, 1976), Charleston – Zwei Fäuste räumen auf (1977), Zwei sind nicht zu bremsen (Pari e dispari, 1978), Das Krokodil und sein Nilpferd (Io sto con gli ippopotami, 1979), Zwei Asse trumpfen auf (Chi trova un amico, trova un tesoro, 1981), Zwei bärenstarke Typen (Nati con la camicia, 1983), Die Miami Cops (Miami supercops – I poliziotti dell'ottava strada, 1985), Die Troublemaker (Botte di Natale, 1994)

Bob Hope

Abb. 47: Bob Hope und Jane Russell auf einem Publicity-Foto für THE PALEFACE

(1903 – 2003) Er emigrierte mit seinen Eltern im Jahr 1907 von Großbritannien in die USA. Hier wuchs er in Cleveland (Ohio) auf, wo er im Alter von zehn Jahren einen Wettbewerb als →Charlie Chaplin-Imitator gewann und die Fairmond High School besuchte. Nachdem er zunächst seinen Lebensunterhalt als Zeitungsjunge, Barmixer und kurzzeitig auch als Boxer verdient hatte, sammelte er beim Vaudeville und bei Fatty Arbuckles Tourneetheater erste Erfahrungen als Komiker. 1920 erhielt Hope die US-amerikanische Staatsbürgerschaft.

Berühmt wurde er durch mehrere Broadway-Musicals, Auftritte in Fernsehshows, Radiosendungen und in Filmen. Zwischen 1941 und 1991 spielte er als Truppenbetreuer vor US-amerikanischen Soldaten. Als Bob Hope sich 1970 in London in einer Ansprache auch für den moralischen Einsatz an der amerikanischen Vietnamfront bedankt, schmissen Frauenrechtlerinnen mit Mehltüten. Alle, die ihn wegen seines Engagements als Rechten bezeichneten, würgte er ab: »Ich bin kein Rechter, ich bin Volkes Stimme, bin die Mitte Amerikas!« Im Guinness-Buch der Rekorde wird Bob Hope wegen seiner mehr als 1.500 Auszeichnungen als »meistgeehrter Entertainer« aufgeführt. Darunter sind fünf Oscars, die ihm allerdings nicht wegen seiner schauspielerischen Leistungen, sondern alle ehrenhalber verliehen wurden. Auf dem Hollywood Walk of Fame ist er mit gleich drei Sternen vertreten.

»Er war ein Mann mit Gefühlen von Unsicherheit und Furcht, dann aber warf er beides ab und spielte mit Mut seine Lebensrolle«. So stand es in einem Nachruf, den Bob Hope zu seinem 75. Geburtstag selbst in der Presse lanciert hatte - das passte zu seiner Art von Humor. »Ich habe nur zwei Begabungen« sagte er einmal, »Imitieren und Golfspielen.« Mit Imitationen von berühmten Hollywood-Stars amüsierte er sein Publikum. Und beim Golf war er vermutlich der einzige Mensch, der mit allen US-Präsidenten von Eisenhower bis Bush sen. eine Partie gespielt hat.

Ende der 1930er Jahre trat er in Kalifornien zusammen mit Bing Crosby vor das Mikrofon. Die beiden zogen eine Show ab, die nicht nur das Publikum zum Lachen brachte, sondern auch die Aufmerksamkeit der Talentsucher Hollywoods erregte. 1940 drehte Victor Schertzinger – ein Regisseur, dessen Name Programm ist – den ersten Film mit den beiden Komikern: WEG NACH SINGAPUR (ROAD TO SINGAPORE). Neben Bob Hope und Bing Crosby steht auch Dorothy Lamour vor der Kamera. Die drei trieben mit den Dialogen wilde Spiele, nahmen nichts am Set mehr ernst und waren damit so erfolgreich, dass von 1940 bis 1952 eine richtige Road-Film-Serie entstand: 1941 folgte WEG NACH SANSIBAR (ROAD TO ZANZIBAR), 1942 WEG NACH MAROKKO (ROAD TO MOROCCO), 1946 WEG NACH UTOPIA (ROAD TO UTOPIA), 1947 WEG NACH RIO (ROAD TO RIO), 1952 WEG NACH BALI (ROAD TO BALI) und 1962 noch einmal WEG NACH HONGKONG (THE ROAD TO HONGKONG). In den Filmen sprechen Hope und Crosby die Zuschauer direkt an und machen sich über die eigene Produktionsfirma Paramount lustig. Kamele und Schafe können sprechen und immer wieder taucht mal jemand in der Szene auf, dem Bing oder Bob eine Rolle versprochen hat. Im letzten Film der Serie sind Frank

Sinatra, →Peter Sellers, Robert Morley, Dean Martin und →David Niven in kleinen Auftritten zu sehen.

Bob Hopes Paraderolle war die des einfältigen Feiglings, dem es nicht gelang, ein romantischer Held zu werden. Hope überzeugte durch einen trockenen Humor voller versteckter Anspielungen. Ebenso verkörperte er gutmütige, witzige Charaktere, die bei dem Versuch scheitern, die Rolle des jugendlichen Liebhabers zu übernehmen. Höhepunkt seiner Kino-Karriere war die Westernparodie SEIN ENGEL MIT DEN ZWEI PISTOLEN (THE PALEFACE, 1948), in der Jane Russell als seine Partnerin agierte. Zu seinen bekanntesten Filmen zählen BLEICHGESICHT JR. (SON OF PALEFACE, 1952) und EIN SCHUSS UND 50 TOTE (ALIAS JESSE JAMES, 1959). Einen späten Kinoauftritt hatte er 1985 in THE MUPPET MOVIE.

Die wichtigsten Filme:

1938: The Big Broadcast of 1938, 1939: Erbschaft um Mitternacht (The Cat and the Canary), 1940: Der Weg nach Singapur (Road to Singapore), 1941: Der Weg nach Sansibar (Road to Zanzibar), 1942: Der Weg nach Marokko (Road to Morocco), 1944: Das Korsarenschiff (The Princess and the Pirates), 1946: Der Weg nach Utopia (Road to Utopia), 1947: Der Weg nach Rio (Road to Rio), 1948: Sein Engel mit den zwei Pistolen (The Paleface), 1949: Der besiegte Geizhals (Sorrowful Jones), 1951: Spione, Liebe und die Feuerwehr (My Favorite Spy), 1952: Bleichgesicht Junior (Son of Paleface), 1952: Der Weg nach Bali (Road to Bali), 1954: Der Schürzenjäger von Venedig (Casanova's Big Night), 1955: Komödiantenkinder (The Seven Little Foys), 1956: Ich heirate meine Frau (That Certain Feeling), 1956: Der eiserne Unterrock (The Iron Petticoat), 1958: Falsches Geld und echte Kurven (Paris Holiday), 1959: Ein Schuss und 50 Tote (Alias Jesse James), 1961: Junggeselle im Paradies (Bachelor in Paradise), 1962: Der Weg nach Hongkong (The Road to Hongkong), 1965: Schweden – Nur der Liebe wegen (I'll Take Sweden), 1968: Wo bitte gibt's Bier an der Front? (The Private Navy of Sgt. O'Farrell)

Danny Kaye

(1913 – 1987) In den 1950er Jahren war Danny Kaye einer der erfolgreichsten amerikanischen Filmkomiker. Als Sohn jüdischer Einwanderer wuchs er im New Yorker Armenviertel Brooklyn auf und lernte das komische Handwerk mit seinen Auftritten als Spaßmacher und Sänger in den Lokalitäten des sogenannten »Borschtsch-Gürtels«, den Feriensiedlungen der New Yorker Juden in den Catskill Mountains. 1933 schloss er sich dem Tanzpaar Dave Harvey und Kathleen Young an und verdankte seinen ersten großen Erfolg einem Missgeschick: Bei der Premiere verlor er die Balance und das Publikum brach in Gelächter aus.

Abb. 48: Danny Kaye (links) mit Basil Rathbone in DER HOFNARR

Der Umstand persönlichen Missgeschicks wurde nicht nur fester Bestandteil dieser Show, sondern ein grundsätzlichen Kennzeichen all seiner Komik. Ein Mann, der durch seine Ungeschicklichkeit in allen Lebenslagen versagt, aber sich nicht unterkriegen lässt. Hinter der freundlichen Attitüde des sanftmütigen Narren verbirgt sich ein eiserner Überlebenswille, der nie den Mut verliert und als wild zappelndes Stehaufmännchen alle Widrigkeiten und Gefahren widersteht. In seiner Not verfällt er in einen hysterischen Hyperaktivismus, um seine Inaktivität zu überwinden. »Danny Kaye ist immer Zappelphilipp, Hampelmann, Grimassenschneider, Kasper, koboldhaft und quecksilbrig – ein rastloser Veitstanz aus dem Bewusstsein der eigenen Unzulänglichkeit.« (Rainer Heinz über Danny Kaye in *film-dienst* 5/1997).

Mit der *Straw Hat Revue* (1939) und *Lady in the Dark* (1941) erzielte Danny Kaye erste Erfolge am Broadway. Es war seine Frau Sylvia Fine – eine viel beschäftigte Librettistin und Komponistin –, die jenen Song schrieb, der ihm den Titel als »schnellste Klappe Hollywoods« bescherte. In einem Lied mit dem Titel »Tschaikowsky« ratterte er in 38 Sekunden die Namen von 57 russischen Komponisten herunter. Mit seiner zungenbrecherischen Gabe, seinem kalauerndem Witz und seinem übermütigen Clownstalent brachte er das Publikum zum Toben. In der Ritterfilmparodie DER HOFNARR (THE COURT JESTER, 1955) brilliert er mit halsbrecherischen Wortspielen, wenn der Trinkspruch um vergifteten Wein »Der Wein mit der Pille ist im Becher mit dem Fächer, der Pokal mit dem Portal hat den Wein gut und rein.« (im Original: »The pellet with the poison's in the vessel with the pestle; the chalice from the palace has the brew that is true.«) in stets neuen Variationen abgewandelt wird.

Hollywood-Mogul Samuel Goldwyn gab Danny Kaye seine erste Kinochance, obwohl er von seiner Wahl nicht überzeugt war: »Er sieht nicht gut aus, kann nicht spielen und hat keinen Sex-Appeal«. Da war Goldwyn im Irrtum. Danny Kayes Sex-Appeal lag gerade in seinem jungenhaften Charme und seiner kindlichen Unschuld, mit er stets die Rolle des reinen Toren spielte. In seinem Filmdebüt UP IN ARMS (1944) spielt er einen Hypochonder, der zur Army eingezogen und zum richtigen Mann gemacht wird. Er soll sich wandeln, ein Anderer werden. So ist es in all seinen Filmen: ein Doppelspiel mit den Rollen des Lebens – ängstlicher Feigling und selbstsicherer Held, sanftmütiger Duckmäuser und draufgängerischer Abenteurer, unterdrückter Angestellter und erfolgreicher Boss. Stets schlagen zwei Seelen in seiner Brust. Eine konsequente Folge dieser charakterlichen Unterschiedlichkeit ist das immer wieder kehrende Spiel mit Masken und Verkleidungen. Und mit Doppelrollen.

In MEIN ZAUBERHAFTER BRUDER – DER WUNDERMANN (WONDER MAN, 1945) ist er ein Bibliothekar, der vom Geist seines verstorbenen Bruders heimgesucht wird. Als DER HELD DES TAGES (THE KID FROM BROOKLYN, 1946) avanciert Danny Kaye vom scheuen Milchmann zum erfolgreichen Boxer. In DIE TOLLKÜHNE RETTUNG DER GANGSTERBRAUT HONEY SWANDON (A SONG IS BORN, 1948), dem Eigen-Remake der →Howard Hawks-Komödie DER MERKWÜRDIGE RETTUNG DER GANGSTERBRAUT SUGARPUSS (BALL OF FIRE, 1942), übernimmt Danny Kaye die Rolle Gary Coopers als lebensfremder Musikprofessor, der beim Studium der Jazzmusik nicht nur den Swing lieben lernt, sondern auch eine Gangsterbraut. Der Verfilmung der Novelle *Der Revisor* von Nicolai Gogol DAS SÜNDIGE DORF (THE INSPECTOR GENERAL, 1949) verleiht Danny Kaye sein wandelbares Profil als armer Wandersmann, der irrtümlich für einen gefürchteten Rechnungsprüfer gehalten wird. Eine Verwechslungskomödie der glamourösen Art ist AN DER RIVIERA (ON THE RIVIERA, 1951), in der Kaye als Revuekomiker die Rolle eines reichen Industriemagnaten spielt. DIE LACHBOMBE (KNOCK ON WOOD, 1954) bietet Danny Kaye eine Bombenrolle als Bauchredner, dessen Puppen ein unbeherrschbares Doppelleben führen. Als KÖNIG DER SPASSMACHER (MERRY ANDREW, 1958) findet sich er sich als Altertumsforscher und Lehrer einer vornehmen Privatschule in einem Zirkus wieder. Und in UNTERNEHMEN PAPPKAMERAD (ON THE DOUBLE, 1961) ist Danny Kaye ein einfacher US-Soldat, der in die Rolle eines Generals schlüpft.

Dieses doppelbödige Rollenspiel zeichnet auch seine beiden besten Filme aus: DAS DOPPELLEBEN DES HERRN MITTY (THE SECRET LIFE OF WALTER MITTY, 1947) und DER HOFNARR. Sie treiben diese aparte Mischung aus ängstlicher Unsicherheit und leichtsinnigem Mut auf die komische Spitze. Danny Kaye gibt der Figur des kleinen Angestellten Walter Mitty, der sich in seinen Tagträumen als der siegreiche Held der Schauergeschichten sieht, die sein Verlag druckt, eine ununwiderstehliche Präsenz. Stets geistesabwesend in den höheren Sphären seiner Abenteuerwelt weilend, versagt er in allen Lebenssituationen als ungeschickter Tölpel. Erst als seiner Braut in Gefahr gerät, wächst er über sich selbst hinaus. Als Hofnarr wird Danny Kaye für einen heimtückischen Giftmörder gehalten und durch die Hypnose einer Zauberin vom Feigling zum draufgängerischen Degenfechter verwandelt. Als Held wider Willen tobt sich Dany Kaye aus in einer köstlich-komischen Parodie auf das Pathos und den grimmigen Ernst der Ritterfilme.

Neben hemmungslos absurder Komik ist Danny Kaye immer wieder eine gewisse Sentimentalität eigen, die bei HANS CHRISTIAN ANDERSEN UND DIE

Tänzerin / Herz meiner Träume (Hans Christian Andersen, 1952) und in White Christmas (1954) in song-selige Gefühligkeit ausartet.

Danny Kaye war ein musikalischer Komödiant par excellence, was er auch immer wieder in seinen Fensehshows unter Beweis stellte. In der Filmbiographie Fünf Pennies machen Musik (The Five Pennies, 1959) über den Jazzmusiker Red Nichols singt er gemeinsam mit Louis Armstrong. Als UNICEF-Botschafter für Kinder veranstaltete er Wohltätigkeitskonzerte, in denen sein mit der Fliegenklatsche dirigierter »Hummelflug« von Rimsky-Korsakow legendär ist.

Dass er mehr war als nur ein Komiker, zeigte die Verfilmung von Franz Werfels Jakobowsky und der Oberst (Me and The Colonel, 1958). Danny Kaye gelingt das Kunststück, mit zurückgenommener Komik den Ernst und die Tragik eines von Nazis verfolgten Juden darzustellen, der sich auf der Flucht mit einem antisemitischen polnischen Offizier zusammen raufen muss. Trotz seiner scheinbaren Lebensuntauglichkeit erweist er sich mit seiner Listigkeit und seinem Verstand als Retter in aussichtsloser Lage. Mit Der Mann vom Diners Club (The Man From the Diner's Club, 1963) nahm Danny Kaye Abschied vom Kino. Noch einmal spielt er den kleinen Angestellten, der sich zu Taten aufrafft, die ihm keiner zutraut. Als er einem Gangster versehentlich die Scheckkarte zu einem exklusiven Club aushändigt, setzt er alles daran, ihm diese wider abzujagen, was ihm nach turbulenten Geschehnissen auch gelingt.

Was Danny Kaye über Komiker sagt, trifft auf ihn selbst im höchsten Maße zu: »Ein Komiker ist ein Mensch, der nichts, aber auch gar nichts ernst nimmt, außer sich selbst.«

Die Komödien:

1945: Der Wundermann (Wonder Man), 1946: Der Held des Tages (The Kid from Brooklyn), 1947: Das Doppelleben des Herrn Mitty (The Secret Life of Walter Mitty), 1948: Die tollkühne Rettung der Gangsterbraut Honey Swanson (A Song Is Born), 1949: Judy erobert Hollywood (It's a Great Feeling,) 1949: Die sündige Stadt - auch: Der falsche Revisor (Ther Inspector Generale), 1951: An der Riviera (On the Riviera), 1952: Hans Christian Andersen und die Tänzerin

(Hans Christian Andersen), 1954: Die Lachbombe (Knock on Wood), 1954: Weiße Weihnachten (White Christmas), 1955: Der Hofnarr (The Court Jester) 1958: König der Spaßmacher (Merry Andrew), 1958: Jakobowsky und der Oberst (Me and the Colonel), 1959: Die fünf Pennies (The Five Pennies) 1961: General Pfeifendeckel (On the Double), 1963: Der Mann vom Diners Club (The Man From the Diner's Club)

Buster Keaton

(1895 – 1966) Der Mann, der niemals lachte, aber Millionen von Kinobesuchern zum Lachen brachte – mit diesem Slogan behauptet Buster Keaton seinen Platz in der Filmgeschichte. Dieses Markenzeichen seiner Komik steht nicht nur in groteskem Kontrast zu den lächerlichen Situationen, die er zu bewältigen hat. Sie verweisen auch darauf, dass all die Schwierigkeiten, die er zu überwinden hat, eigentlich gar nicht zum Lachen sind.

Als Sohn eines Artistenpaares trat Keaton schon im Kindesalter auf der

Abb. 49: Buster Keaton

Showbühne seiner Eltern auf, die ihm eingedenk seines Talents, gefährliche Stürze ebenso klaglos wie schadlos zu überstehen, den Künstler-Vornamen Buster (Sturz) verpassten. Durch Vermittlung seines Slapstickkollegen Roscoe »Fatty« Arbuckle kam er zum Film, wo er seinen Typus des Komikers mit dem unbeweglichen traurigen Gesicht unter einem flachen Strohhut entwickelte und sein technisches Verständnis für die Regeln des Filmemachens entdeckte. Er wurde Regisseur seiner eigenen Filme.

In seinen Kurzfilmen ONE WEEK (1920), THE HAUNTED HOUSE (1921), THE PLAYHOUSE (1921), COPS (1921), DAYDREAMS (1922) oder THE ELECTRIC HOUSE (1922) zeigt sich der Reiz und die elementare Komik seiner Film in ihrer reinsten Form. In ihrer lakonischen Prägnanz verdichtet sich seine Komik zur bildhaft-symbolischen Darstellung des sysisphoshaften Kampfes des Menschen gegen die Widersprüchlichkeit der modernen Gesellschaft. Die Welt der Technik gerät ihm, der eigentlich Ingenieur werden wollte, zum Lieblingsfeind. Was ihm zunächst fremd erscheint, lernt er in kreativer Technikumgestaltung zu beherrschen: In DER GENERAL (1926) lenkt er eine Lokomotive im heroischen Alleingang durch die Fronten des amerikanischen Bürgerkriegs, in THE NAVIGATOR (1924) steuert er trotz seiner Seeuntüchtigkeit ein großes Schiff allein übers Meer, in STEAMBOAT BILL, JR. (1928) führt er einen schrottreifen Mississippidampfer durch Sturm und andere Gefährdungen, in SHERLOCK, JR. (1924) rast er auf einem führerlosen Motorrad durch eine Menschenmenge, in The ELECTRIC HOUSE sieht er sich den Fehlfunktionen seines vollautomatischen Hauses ausgeliefert, und in ONE WEEK baut er aus Fertigteilen ein Haus, das allen Regeln der Architekturkunst spottet.

Keaton ist das exakte Gegenteil des modernen, gehetzten Menschen. Sein stoisches Akzeptieren des Unvermeidlichen verleiht seinen Darstellungen eine unvergleichlich melancholische Aura. Seine emotionale Zurückhaltung angesichts wildesten Treibens um ihn herum ist der ruhende Pol im Filmgeschehen und wirkt durch das Missverhältnis von Aktion und Reaktion nur umso komischer. Schon in den Kurzfilmen tritt die Grundstruktur all seiner späteren Filme zutage: als einsam verlorenes Individuum blickt er mit unbewegter Miene auf all die Ereignisse, in die er hineingerät, auf alle Hindernisse, die ihm in den Weg gelegt werden, auf alle Gefahren, die auf ihn lauern, um durch Konzentration seiner Willenskraft, akrobatische Brillanz und geschickte Umverwandlung der Dinge einen Ausweg zu finden. Ein Mann der Tat, der mit seinen Aufgaben wächst.

1923 wagte Keaton den ersten Versuch eines abendfüllenden Films. Waren DIE DREI ZEITALTER (THREE AGES) eigentlich drei parallel erzählte Geschichten aus Steinzeit, Antike und Gegenwart über die Unveränderlichkeit der Liebe durch alle Zeiträume hinweg, so verbannt er in VERFLIXTE GASTFREUNDSCHAFT (OUR HOSPITALITY, 1923) all die Absurditäten und Übersteigerungen seiner Kurzfilme zugunsten einer realistisch und glaubhaft erzählten Geschichte von der Feindschaft zweier Famliensippen, die Keaton als verliebter Feind zu überwinden trachtet. In der authentischen Zeitdarstellung und in einer Bildgestaltung von lyrischer Schönheit demonstriert Keaton sein visuelles Talent als Regisseur. In einer Zeit, da filmische Tricks wie Rückprojektion, Blue Screen-Technik und der Zauberkasten digitaler Effekte noch nicht zur Verfügung standen, stellte er in seinem nächsten Film SHERLOCK, JR. (1924) seine innovative filmische Erfindungskraft unter Beweis, um die unterschiedlichen Welten von Film, Traum und Wirklichkeit mit verblüffenden filmischen Mitteln nahtlos ineinander übergehen zu lassen. Keaton träumt sich als Filmvorführer in die abenteuerliche Welt eines heldenhaften Detektivs, der in Bildsequenzen von surrealer Komik abrupt in die Gegenwart zurückgeholt wird. In rasanten Schnittfolgen ändert sich konstant der Handlungshintergrund, dem sich Keaton anpassen muss: von innen nach außen, von der Wüste in Schneelandschaft, von Meeresbrandung in Straßenverkehr. Mit seiner genialen Verbindung von Film und Wirklichkeit gerät SHERLOCK, JR. zum filmischen Essay über das Wesen des Kinos.

In fast all seinen kurzen und langen Filmen ist sein Liebesbemühen um eine unerreichbare Braut die romantische Handlungsfolie, aus der all die komischen Verwicklungen und Gefahren, die atemberaubenden Verfolgungsjagden und lebensgefährlichen Stunts resultieren, die er meist selbst ausführte. In DER NAVIGATOR (1924) findet sich Keaton als lebensuntüchtiger Millionärssohn ganz allein auf einem Riesenschiff mit seiner heimlich Auserwählten wieder, deren Herz er erst erobert, als er seinen Sinn fürs Praktische entdeckt und so die Gefahren der Seefahrt meistert. In DER COWBOY (GO

West, 1925) kommt er mit all der Unerfahrenheit des Großstädters in den Wilden Westen, wo seine Liebe zu einer sanftäugigen Schönheit allerdings einer Kuh namens »Brown Eye« gilt. In Sieben Chancen (Seven Chances, 1925) wird er als heiratswilliger Millionerbe von Heerscharen heiratswütiger Frauen gejagt. In Buster Keaton - Der Killer von Alabama (Battling Butler, 1926) gibt sich Keaton als schmächtiger Millionärssohn aus Liebe als Boxer aus, in Der Musterschüler (College, 1927) versucht Studienstreber Keaton vergeblich mit sportlichem Ehrgeiz seine angebetete Mitstudentin zu erobern. Doch als es gilt, sie vor seinem Nebenbuhler zu retten, macht er sich alle Sportdisziplinen zunutze, in denen er vorher gescheitert war. In Der Kameramann (The Cameraman, 1928) wird er aus Liebe zum Wochenschaureporter, der nach vielen Missgeschicken und Beinahe-Katastrophen beruflichen wie privaten Erfolg erreicht.

War jeder dieser Film schon ein Meisterwerk grotesker Komik, haarsträubender Abenteuer und atemberaubender Verfolgungsjagden, so gilt Der General (1926) als die bedeutendste Komödie von Buster Keaton und der Höhepunkt seines gesamten Schaffens. In der Konstruktion der komischen Sequenzen, dem Realismus der Bildgestaltung, der Subtilität und Grazie seiner Komik und der Charakterisierungskunst seiner Figuren, seiner Melancholie und seinem Humor übertrifft er alle seine Filme. Ein Geniestreich, der zu seiner Entstehungszeit verkannt wurde und den Niedergang des bislang unabhängig arbeitenden Regisseurs einleitete. Er verpflichte sich bei MGM und verlor die Kontrolle über seine Filme. Waren seine ersten Tonfilme Free And Easy (1930) und Parlor, Bedroom And Bath (1931) dank seiner Popularität noch erfolgreich, so wiesen sie doch nur noch Spuren seiner komischen Gabe auf. Nach Auseinandersetzungen mit der Studioleitung und als Folge seines Alkoholismus verlor Keaton seine Anstellung und arbeitete sporadisch weiter als Gagschreiber für Red Skelton, die →Marx Brothers und →Laurel & Hardy. Als trauriges Relikt seiner selbst erschien Keaton in →Billy Wilders Abgesang auf Stummfilmära Boulevard der Dämmerung (Sunset Boulevard, 1950) und in →Chaplins Komiker-Hommage

RAMPENLICHT (LIMELIGHT, 1952). Seinen letzten Kinoauftritt hatte er, bereits schwer an Lungenkrebs erkrankt, in →Richard Lesters Parodie auf die Monumental- und Sandalenfilme TOLL TRIEBEN ES DIE ALTEN RÖMER (A FUNNY THING HAPPENED ON THE WAY TO THE FORUM, 1966).

Als Vorbild seiner Komik hat Buster Keaton die Tradition der englischen Komiker genannt, die immer ernster waren als das Leben selbst. Vielleicht ist dies ein Verweis, warum er die steinharte Maske seines traurigen Gesichts als sein Markenzeichen etablierte.

Stumme Langfilme:

Der Dummmkopf (The Saphead), 1923: Drei Zeitalter (Three Ages), 1923: Verflixte Gastfreundschaft (Our Hospitality), 1924: Sherlock, jr. (Sherlock Jr.), 1924: Der Navigator (The Navigator), 1925: Sieben Chancen (Seven Chances), 1925: Der Cowboy (Go West), 1926: Der Killer von Alabama (Battling Butler), 1926: Der General (The General), 1927: Der Musterschüler (College) 1928: Steamboat Bill, jr. (Steamboat Bill Jr.), 1928: Der Kameramann (The Cameraman), 1929: Trotzheirat (Spite Marriage)

Tonfilme – Auswahl:

1930: Free and Easy, 1931: Parlor, Bedroom & Bath, 1938: Zu heiß zum Anfassen (To Hot to Handle), 1939: Hollywood Cavalcade, 1950: Boulevard der Dämmerung (Sunset Boulevard), 1952: Paradise for Buster, 1952: Rampenlicht (Limelight), 1956: In 80 Tagen um die Welt (Around the World in 80 Days,) 1963: Eine total, total verrückte Welt (It's a Mad Mad Mad Mad World), 1965: Film, 1965: The Railrodder, 1966: Toll trieben es die alten Römer (A Funny Thing Happened on the Way to the Forum)

Die Kunst der Filmkomödie

Laurel & Hardy

Stan Laurel (1890 – 1965), **Oliver Hardy** (1892 – 1957)

Abb. 50: Stan Laurel, Oliver Hardy

Jeder der beiden Komiker hatte schon seine eigene Solokarriere hinter sich, bevor sie der Produzent Hal Roach zum Komikergespann vereinte. Hal Roach war in der Stummfilmära der Konkurrent von Mack Sennett, dessen exzessivem Geschwindigkeitsrausch der Filminszenierung er das Prinzip der Langsamkeit in der Gagentwicklung entgegensetzte. Eine Gagtechnik, die dem Wesen der Laurel & Hardy-Komik ideal entsprach.

Lange sind Laurel & Hardy hierzulande als Dick und Doof-Figuren verlacht und verkannt worden, ehe man die einzigartige Qualität dieser genialen Komikerpaarung entdeckte. Wie zwei unschuldige Kinder platzen die beiden in die Welt der Erwachsenen und spielen die Rollen des Lebens und der Berufswelt in katastrophenendlicher Konsequenz durch. Das tun sie als Ehemänner, als Väter, als Ehebrecher, als Freier, als Autofahrer, als Ausflügler, als Restaurantbesucher, als Bootsfahrer, als Mieter, als Golfspieler, als häusliche Putzteufel und als Jäger der Steinzeit. In all ihren Berufen scheitern sie als Handwerker, als Ladenbesitzer, als Haus- und als Schiffsbauer, als Detektive, als Musiker, als Polizisten, als Matrosen, als Schornsteinfeger, als Klaviertransporteure, als Weihnachtsbaumverkäufer, als Haus- und Hoteldiener, als Köche, als Einbrecher und als Sträflinge, um am Filmende auf dem Schauplatz ihrer Tätigkeit ein Trümmerfeld zu hinterlassen. Dabei wollen sie als brave Bürger nur immer alles richtig machen und scheitern an ihrer Ungeschicklichkeit, der Tücke der Objekte und der Feindseligkeit ihrer Umwelt. Denn in ihren Augen ist jeder ihr Feind: tyrannische Vermieter, wütende Polizisten, aggressive Autofahrer, resistente Käufer, rabiate Frauen – aber ihr Hauptfeind, das sind sie immer wieder selbst. In ihrem verständnislosen Aufeinanderangewiesensein stehen sie sich gegenseitig im Weg, da sie ihre jeweiligen Mankos nicht beseitigen und ihre Talente nicht vereinen können. Ollie hat das, was Stan fehlt: Kraft, Eloquenz, Realitätsbewusstsein. Stan hat, was Ollie fehlt: kindliche Unbekümmertheit und aggressive Spontaneität.

Was sie auch immer tun, stellt sie vor Probleme, deren Lösung durch ihre chaotische Herangehensweise unaufhaltsam ins Desaster und zu rituellen Zweikämpfen führt. Wenn Stan mal wieder alles falsch versteht und Ollies Handlungen nichtsahnend sabotiert, blickt dieser mit leidendem Blick in die Kamera und klagt: »Another fine mess!« (»Da hast du mir mal wieder eine schöne Suppe eingebrockt!«) Auf seine Bestrafungsaktionen reagiert Stan in kindlicher Trotzreaktion, indem er mit ausgestrecktem Zeigefinger in Ollies Auge sticht oder in hemmungslose Weinkrämpfe ausbricht. Dieses regelmäßige Auskosten von Aggression und Verzweiflung entspricht einem Paar, das sich gegenseitig Schicksal ist.

Laurel & Hardy und die Frauen: das ist ein Sonderkapitel. Als Ehemänner werden sie unterdrückt von keifenden Hyänen, denen sie mit kleinen Lügen zu entkommen trachten wie in ihrem abendfüllenden Film DIE WÜSTENSÖHNE (SONS OF THE DESERT, 1933), wo sie eine Erholungsreise auf See angeben, um am Jahrestreffen ihres Männerclubs teilnehmen zu können. Leider ist das Schiff gesunken und im Kreuzverhör ihrer Ehefrauen verstricken sie sich in immer absurdere Ausreden. Die ideale Ehe finden sie nur mit sich selbst, wenn sie in TWICE TWO (1933) in Doppelrollen als Ehepaare in vertrauter Konstellation auftreten: Ollie als Frau von Stan und Stan als Frau von Ollie. In einer anderen Doppelrolle spielen sie sich selbst als Väter und Söhne in BRATS (1930).

Sind Stan und Ollie schwul? In ihrer nur auf sich selbst fixierten Männerkumpanei liegt der Verdacht nahe: in LIBERTY werden sie immer wieder in peinlichen Situationen erwischt, wenn sie versuchen, ihre vertauschten Hosen zu wechseln. In der Schlusssequenz von YOU'RE DARN TOOTIN' (1928) ist eine Männerhorde um Laurel & Hardy mit nichts anderen beschäftigt, als sich gegenseitig die Hosen herunter zu ziehen. In BE BIG! (1931) liegen beide betrunken Kopf an Kopf nebeneinander im Ehebett. In PUTTING PANTS ON PHILIP (1928) versucht Oliver vergeblich herauszufinden, was Stan unter seinem Schottenrock trägt. In OUR WIFE (1932) traut der schielende Ben Turpin die beiden miteinander. »Meine Frau beschwert sich, dass ich mehr an dich denke als an sie«, berichtet Stan in THEIR FIRST MISTAKE (1932) und Oliver antwortet: »Wir wollen das nicht weiter vertiefen.« Doch in ihrer kindlichen Unschuld sind sie über jede sexuelle Identität erhaben. Von einer liebeshungrigen Gräfin in ON THE FRONT PAGE (1936) bedroht, sucht Stan sein Heil in dem Spruch: »Sie vergeuden ihre Zeit. Meine Mutter hat mir nichts erzählt.«

Es ist eher ein Vater und Sohn-Verhältnis, welches das Zusammenleben von Laurel & Hardy bestimmt. Oliver gibt mit jovialer Gestik den Part des überlegenen Mannes, der zur Schadenfreude Stans immer wieder an seiner Großmannssucht scheitert. »Ich bin nicht so dumm, wie Du aussiehst«, sagt Ollie zu Stan. Doch es gibt niemand Dümmeren als der Dumme, der glaubt, er sei klug. All die klugen Ratschläge, die Ollie gibt, führen unaufhaltsam in die nächste Katastrophe. Bevor Ollie sich in Aktion setzt, plustert er sich auf mit einer blumigen Auftaktserklärung und wedelt zur Akzentuierung seiner Bedeutsamkeit mit seiner Krawatte: sein »tie twiddle« genannter Spezialgag. Stan dagegen mit seinem dämlichen Grinsen geht auf in der Rolle des naiven, weltfremden, verständnislosen Kindes, um mit seinem Spezialgag des »Double Take«, des zweimal Hinguckens um einmal zu begreifen, die Kunst der Verzögerung in allen möglichen Gag-Varianten auszuprobieren. Ihre ganz spezielle Weiterentwicklung der komischen Verzögerung ist der »Slowburn«, das langsame Abbrennen der Gags, indem sie passiv und geduldig jeden Angriff über sich ergehen lassen, um dann umso vehementer zurückzuschlagen. So entstehen aus einem harmlosen Anlass in gegenseitiger, sich systematisch steigernder Aggressionslust hemmungslos ausartende Zerstörungsorgien, in perfekter Vollendung zu beobachten in BIG BUSINESS (1929), wo das Duo als Weihnachtsbaumverkäufer mit einem kaufunwilligen Hausbesitzer so sehr in Streit gerät, dass am Ende Haus und Wagen zu Bruch gehen. Oder in TWO TARS (1928), wo die beiden Autofahrer eine endlos lange Autoschlange ins Chaos totaler Verwüstung treiben.

Anders als die meisten ihrer Slapstickkollegen hatten Laurel & Hardy keinerlei Probleme, ihre Komik in den Tonfilm hinüber zu retten. Sie optimierten ihre komische Wirkung mit sparsamen Dialogen, die einer nur ihnen verständlichen Geheimsprache und Ollies komplexen Wortspielen köstlichen Ausdruck verlieh, und mit Geräuschen, die als lautmalerische Verdeutlichung unaussprechlicher Katastrophen dienten.

Laurel & Hardy haben über 100 zwanzigminütige Kurzfilme gedreht. Sie waren die Meister der kurzen Form. Mit Beginn des Tonfilms übertrugen sie die Kunst ihrer Komik auch auf abendfüllende Filme. Rund 30 lange Filme haben sie gedreht. Doch nur in ihren Filmen der 1930er Jahre konnte sich ihr Talent frei entfalten: in DIE TEUFELSBRÜDER (PACK UP YOUR TROUBLES, 1932), in DIE WÜSTENSÖHNE (SONS OF THE DESERT, 1933), in DIE DOPPELGÄNGER (OUR RELATIONS, 1936), in ZWEI RITTEN NACH TEXAS (WAY OUT WEST, 1937) und in DIE KLOTZKÖPFE (BLOCKHEADS, 1938). Nach 1940 überwarfen sie sich mit ihrem Produzenten Hal Roach und wechselten zu MGM. Damit begann ihr künstlerischer Abstieg. Ins starre Inszenierungsschema des großen Studios eingezwängt, konnte sich Stan Laurel, der die eigentlich schöpferische Kraft des Duos als Autor, Gagentwickler und Regisseur im Hintergrund war, nicht mehr in die Gestaltung ihrer Filme einbringen. Was nach 1940 produziert wurde, ist nur noch ein trauriger Abglanz ihrer einmaligen Kunst der Komik.

Die guten Langfilme bis 1940:

1931: Hinter Schloss und Riegel (Pardon Us), 1932: Dick und Doof als Rekruten (Pack Up Yopur Troubles), 1933: Die Teufelsbrüder (The Devils Brothers - Fra Diavolo), 1934: Rache ist süß (Babes In Toyland), 1935: Wir sind vom schottischem Infanterieregiment (Bonnie Scotland), 1936: Das Mädchen aus dem Böhmerwald (The Bohemian Girl), 1936: Die Doppelgänger (Our Relations) 1937: Zwei ritten nach Texas (Way Out West), 1938: Dick und Doof als Salontiroler (Swiss Miss,) 1938: Die Klotzköpfe (Blockheads), 1939: Dick und Doof in der Fremdenregion (The Flying Deuces), 1940: Dick und Doof in Oxford (A Chump At Oxford) 1940: Abenteuer auf hoher See (Saps At Sea)

Jack Lemmon

Abb. 51: Jack Lemmon mit Shirley MacLaine in Das Mädchen Irma la Douce

(1925 – 2001) Er war der ultimative komische Held für ein Zeitalter der Ängstlichkeit, häufig stellte er den dezenten Mittelklasse-Amerikaner dar, der darum kämpft, seine Integrität zu behalten und sich dafür demütigen lässt. Jack Lemmon fühlte sich vor allem zu zeitgenössischen Charakteren hingezogen: »Ich verstehe sie und ihre Frustration«, meinte der Schauspieler einmal.

Nach seinem Harvard-Abschluss und einem kurzen Zwischenspiel in der Navy in den letzten Tagen des Zweiten Weltkriegs zog Lemmon nach New York, um ans Theater zu gehen. Am häufigsten arbeitete er jedoch für das Live-Fernsehen, wo er in den folgenden Jahren in über 400 Stücken mitspielte. 1953 entdeckte ihn ein Talentsucher für Columbia Pictures in einem Stück am Broadway, und Lemmons Hollywood-Karriere begann. Seinen Durchbruch hatte er 1955 in John Fords KEINE ZEIT FÜR HELDENTUM (MISTER ROBERTS) als er mit dem Oscar als bester Nebendarsteller ausgezeichnet wurde. In folgenden Jahren etablierte er sich bald als einer von Amerikas besten komischen Darstellern, wovon insbesondere seine insgesamt sieben Arbeiten mit →Billy Wilder zeugen.

1959 begann ihre erfolgreiche Zusammenarbeit mit dem Komödienklassiker MANCHE MÖGEN'S HEISS (SOME LIKE IT HOT): Zwei Barmusiker auf der

Flucht vor Mafia-Killern finden in Frauenkleidern als Josephine und Daphne Unterschlupf bei einer Damenkapelle. Die unwiderstehlich verrückte Komödie, die mit dem grimmigen St. Valentin Massaker in Chicago beginnt, endet mit einem der berühmtesten Schlussworte der Filmgeschichte: »Nobody is perfect«, antwortet vergnügt der alte Satyr Osgood auf die Eröffnung seiner Herzensdame Daphne alias Jack Lemmon, dass sie in Wirklichkeit ein Mann sei. Weitere ausgezeichnete Darstellungen unter Wilders Regie bot Komödiant Lemmon in Das Appartement (The Apartment, 1960) und Das Mädchen Irma la Douce (Irma la Douce, 1963). In beiden Filmen war Shirley MacLaine seine Partnerin. In Das Apartment ist er ein kleiner Angestellter bei einer New Yorker Versicherung, der gern Karriere machen möchte und darum seinen Vorgesetzten seine Wohnung stundenweise als Liebesnest zur Verfügung stellt. Sein Karrieredenken gerät jedoch in heftigen Konflikt mit seinen Gefühlen, als er sich in die Freundin seines Chefs verliebt, der ebenfalls zu den Benutzern des Appartements gehört. Und als entlassener Pariser Polizist spannt er einem brutalen Zuhälter das reizende Mädchen Irma la Douce aus und führt die neue Geliebte durch listige Doppelgängerei zum Traualtar. Um sie von anderen Freiern abzuhalten, sucht er sie in der Verkleidung eines reichen, impotenten Gönners auf.

In Wilders Der Glückspilz (The Fortune Cookie, 1966) spielte Lemmon zum ersten Mal mit →Walter Matthau zusammen, da wird er von Matthau zu einem Versicherungsbetrug angestiftet und muss im Rollstuhl sitzen. Das Komödien-Traumduo war geboren, immer wieder spielen sie miteinander und gegeneinander das seltsame, etwas verrückte Paar. Sie sollten insgesamt acht Mal gemeinsam vor der Kamera stehen. Die Filmkomödie Ein seltsames Paar (The Odd Couple, 1968) von Gene Saks war einer ihrer bekanntesten gemeinsamen Filmprojekte. Darin sind sie zwei von ihren Frauen verlassene Männer, die gemeinsam in einer Wohnung leben und dadurch in eine Menge witziger Situationen geraten. Unter der Regie von Billy Wilder verkörperte Lemmon in Extrablatt (The Front Page, 1974), dem Remake der →Howard Hawks-Komödie His Girl Friday, den Zeitungsreporter

Hildy Johnson, der sich aus seinem Job zurückziehen möchte. Sein berechnender Chef Walter Matthau will ihn davon abbringen. Er setzt Hildy auf den Fall eines entflohenen Verbrechers an. Diesem Angebot kann der smarte Reporter nicht widerstehen. In Nie wieder New York (The Out-of-Towners, 1970) ist Lemmon als Geschäftsmann aus Ohio mit seiner Frau auf einer Reise, auf der alles schief geht, die beiden sind New York City auf Gedeih und Verderb ausgeliefert; in Das Nervenbündel (The Prisoner Of Second Avenue, 1974) erleidet er einen Nervenzusammenbruch, eine für ihn durch und durch typische Rolle: Auf Stress reagiert er nicht mit Überlegenheit, sondern mit Gezeter, Gejammer und hysterischen Ausbrüchen. In seiner hektischen Körpersprache äußert sich ein Hang zur Selbstzerstörung. Lemmons Biograf Donald Widener meint: »Seiner ganzen Persönlichkeit auf der Leinwand zum Trotz war er einer der traurigsten Menschen, die ich je kennen gelernt habe. Man konnte es in seinen Augen sehen. Das Gesicht konnte lachen, aber die Augen waren traurig. Ich habe nie herausgefunden, warum das so war.«

Der vielseitig talentierte Jack Lemmon brillierte im Laufe der Jahrzehnte auch in etlichen anderen Rollen. Dabei erwies er sich auch als ausgezeichneter dramatischer Darsteller, der in den beiden politischen Thrillern Das China Syndrom (The China Syndrome, 1979) und Vermisst (Missing, 1982) aufrüttelte und berührte. Sein einziger Ausflug ins Regie-Fach war 1971 die Komödie Opa kann's nicht lassen (Kotch), in der sein langjähriger Freund und mehrfacher Partner Walter Matthau den Titelpart übernahm. Auch in seiner letzten Kinokomödie Immer noch ein seltsames Paar (The Odd Couple II) stand er 1998 wieder zusammen mit Walter Matthau vor der Kamera. Danach hatte er nur noch einen Kurzauftritt in Die Legende von Bagger Vance (The Legend Of Bagger Vance) im Jahr 2000: Da verkörperte er, in der Rahmenhandlung des Golfdramas, einen gealterten Caddy, den bei einer bedächtigen Morgenrunde über den Platz eine Herzattacke niederstreckt. Der leidenschaftliche Golfspieler Jack Lemmon starb am 27. Juni 2001 im Alter von 76 Jahren an Krebs.

Darsteller – seine besten Komödien

1955: Keine Zeit für Heldentum (Mister Roberts), 1955: Meine Schwester Ellen (My Sister Eileen), 1956: Ohne Liebe geht es nicht (You Can't Run Away From It), 1958: Meine Braut ist übersinnlich (Bell, Book and Candle), 1959: Manche mögen's heiß (Some Like It Hot), 1959: Mit mir nicht, meine Herren (It Happened to Jane), 1960: Das Appartement (The Apartment), 1962: Noch Zimmer frei (The Notorious Landlady), 1963: Das Mädchen Irma la Douce (Irma la Douce), 1963: Ein Ehebett zur Probe (Under The Yum-Yum Tree), 1964: Leih mir deinen Mann (Good Neighbour Sam), 1965: Wie bringt man seine Frau um? (How to Murder Your Wife), 1965: Das große Rennen rund um die Welt (The Great Race), 1966: Der Glückspilz (The Fortune Cookie), 1968: Ein seltsames Paar (The Odd Couple), 1969: Ein Frosch in Manhattan (The April Fools), 1970: Nie wieder New York (The Out-of-Towners), 1972: Der Krieg zwischen Männern und Frauen (The War Between Men And Women), 1972: Avanti, Avanti, 1973: Save the Tiger; 1974: Extrablatt (The Front Page); 1974: Das Nervenbündel (The Prisoner of Second Avenue); 1976: Liebe und andere Verbrechen (Alex And The Gypsy); 1981: Buddy Buddy; 1985: Macaroni;1986: That's Life! So ist das Leben (That's Life!); 1992: The Player, 1992: Glengarry Glen Ross, 1993: Short Cuts, 1993: Ein verrücktes Paar (Grumpy Old Men), 1995: Die Grasharfe (The Grass Harp), 1995: Der dritte Frühling – Freunde, Feinde, Fisch & Frauen (Grumpier Old Men), 1996: Ein Präsident für alle Fälle (My Fellow Americans), 1997: Tango gefällig? (Out To Sea), 1998: Immer noch ein seltsames Paar (The Odd Couple II)

Regie:

1971: Opa kann's nicht lassen (Kotch)

Jerry Lewis

Abb. 52: Jerry Lewis (ohne Pistole) mit Dean Martin

(*1926) Er ist Tänzer, Sänger, Komiker, Schauspieler, Schriftsteller, Produzent, Unternehmer und Professor – vor allem zählt er zu den Größten im amerikanischen Showbusiness. Bereits mit fünf Jahren stand er zum ersten Mal auf der Bühne, seine Karriere begann als Partner von Dean Martin, in sechzehn Filmen wie MY FRIEND IRMA (1949), DER PRÜGELKNABE (THE STOOGE, 1953), DER TOLLKÜHNE JOCKEY (MONEY FROM HOME, 1953), DER GANGSTERSCHRECK – MAN IST NIEMALS ZU JUNG (YOU'RE NEVER TOO YOUNG, 1955) und WO MÄNNER NOCH MÄNNER SIND (PARDNERS, 1956) spielten die beiden ab 1948 als Komikerpaar die Hauptrollen, bis sich Lewis 1956 selbstständig machte.

Die erfolgreiche Zusammenarbeit des Duos lebte vom Kontrast der beiden Charaktere: Während Dean Martin den Part des souveränen Frauenlieblings übernahm, überzeugte Jerry Lewis als infantiler Tollpatsch. Mit Gestik, Stimme, Verhalten und Verstand eines Kindes tappt er hilflos durch die Erwachsenenwelt, unfähig, selbst erwachsen zu werden, und stets auf der Suche nach einem männlichen Vorbild, dem er ebenso bedingungslos wie erfolglos nacheifert. Als einer ihrer besten Filme gilt MALER UND MÄDCHEN / DER AGENTENSCHRECK (ARTISTS AND MODELS, 1955): Jerry Lewis als wenig erfolgreicher Kinderbuchautor namens Eugene Fullstack und Dean Martin als pfiffiger Cartoonist Rick haben ihre liebe Mühe, das tägliche Brot zu verdienen. Das ändert sich erst, als Rick bei einem Verleger von Gruselgeschichten als Illustrator einen Job findet. Regisseur →Frank Tashlin (1913-1972), ehemals Comic-Zeichner und Miterfinder von Schweinchen Dick und Bugs Bunny, liefert hier eine turbulente Parodie auf die Comic-Strip-Kultur: Hier und in zahlreichen weiteren Tashlin-Momenten wird der Realfilm zum Cartoon. Der Film war der Beginn der sehr erfolgreichen Zusammenarbeit von Frank Tashlin mit Jerry Lewis, die für beide Künstler von großer Bedeutung war. Tashlin drehte auch den letzten Film des Erfolgsduos ALLES UM ANITA (HOLLYWOD OR BUST, 1956), der Hollywood und das Musical-Kino lustvoll karikiert.

Jerry Lewis erwies in dem von ihm selbst inszenierten Film DER VERRÜCKTE PROFESSOR (THE NUTTY PROFESSOR, 1963) der Dualität mit seinem Partner eine parodistische Reminiszenz, indem er eine Doppelrolle spielt: als mit persönlichkeitsverändernden Mitteln experimentierender Professor verwandelt sich der schüchterne Wissenschaftler in einen Partylöwen, der alle Attribute des Sanges- und Frauenhelden an sich hat. Nach Trennung von seinem Partner nach 17 gemeinsamen Filmen versuchte Jerry, sich von seinem idealisierten großen Vorbild zu emanzipieren. Doch mit seiner souveränen Ungeschicklichkeit und seinem tapsigen Übereifer macht er alles kaputt, was ihm in die Finger kommt – ein ewiger Schrecken seiner Chefs, eine Geduldsprobe für alle, die es gut mit ihm meinen. Der von Pantoffelheld-Vater und Herrsch-Mammi verformte Lebensversager ist von einer chronischen Frauenfurcht besessen. Er fühlt sich bedroht von monströsen Matronen, schrecklichen Müttern, frigiden Sexbomben und mannstollen Omas.

Unter der Regie von Frank Tashlin fand seine Komik eine neue Dimension, die er in den von ihm selbst inszenierten Filmen konsequent weiter entwickelte: In der Karikatur der knallbunten und grell-lauten Fassade des »American Way of Life« mit ihrem aufdringlichen Reklamerummel, fragwürdigem Konsumterror und dem alles bestimmenden Erfolgsprinzip attackierte Jerry Lewis die Kennzeichen und Symbole einer inhumanen Welt, deren bejammerswert komisches Opfer er selbst ist. So war Jerry Lewis die perfekte Verkörperung aller möglichen Zivilisationsschäden.

Nachdem er intensiv an der Produktion des Films ASCHENBLÖDEL (CINDERFELLA, 1960) beteiligt war, wagte es Jerry Lewis, selber Regie zu führen bei Hallo Page (The Bellboy, 1960). Als Episodenchronik vom Arbeitsalltag eines überlasteten Hotelpagen, der stumm von einem Missgeschick ins nächste stürzt, gelingt ihm eine aberwitzig komische Hommage an die Slapstickära, von der selbst →Chaplin begeistert war. Trotz des großen Erfolges seiner eigenen Regiearbeiten wie Der Bürotrottel (The Errand Boy, 1961) und Der verrückte Professor produzierte Lewis bis 1964 noch drei weitere Filme mit Tashlin als Regisseur und Drehbuchautor. An der Komödie Zu heiss gebadet – Ich bin noch zu haben (The Ladies Man, 1961) war Lewis als Drehbuchautor, Produzent, Regisseur und Hauptdarsteller beteiligt. Der Film zeigt ihn in einer Doppelrolle, als Herbert H. Heebert und dessen Mutter. Die Mutter-Fixierung der Hauptfigur, typisches Merkmal vieler Lewis-Lichtspiele, erhält durch diese Doppel-Darstellung eine besondere Note.

Zu Zeiten, als Jerry-Lewis-Filme noch mit schöner Regelmäßigkeit neu in die Kinos kamen, hielt die Kritik nicht viel von ihm, und die Filme waren auch für das Publikum lediglich ein nicht allzu ernst zu nehmendes Vergnügen. Das hat sich geändert: Lewis gilt inzwischen als der einzige Filmkomiker, der sich an der Tradition amerikanischer Filmkomik messen lassen kann, und als der Einzige, der diese Tradition fortgesetzt hat. Das Heer seiner Bewunderer ist angewachsen, und die Kritik hat inzwischen vielfältige Anstrengungen unternommen, das Komische der Filme zu untersuchen. Jean-Luc Godard attestierte dem »Total Filmmaker« – so der Titel von Lewis' selbstverfasstem Filmmanifest – im Fachblatt *Cahiers du Cinéma* die Innovationskraft eines Orson Welles oder Hitchcock: »America's Own Fool« ist für ihn der »einzige progressive amerikanische Filmemacher«.

In seiner über 60-jährigen Karriere hat der amerikanische Schauspieler, Regisseur und Produzent Millionen und Abermillionen von Menschen zum Lachen gebracht. Doch die höchste Ehre der Branche, ein Oscar, blieb ihm versagt. Wenn Jerry Lewis zur US-Army stößt, dann gibt's das totale Chaos: Er wird zum Regimentstrottel (The Sad Sack, 1957), hat Krach mit der Kompanie (At War With The Army, 1950) oder bringt trotz der Aufforderung Seemann, pass auf! (Sailor Beware, 1952) die Navy durcheinander. 1970 drehte der Starkomiker und Regisseur einen Slapstick-Streifen gegen den Militarismus: Wo bitte geht's zur Front? (Which Way To the Front?) fragt er da in echt doofer Jerry-Lewis-Manier. Als Brendan Byers III. ist er einer der reichsten Männer der Welt. Aber wie so oft, der Reichtum macht ihn nicht glücklich. Es ist nämlich Krieg. Byers ist ein leidenschaftlicher Patriot, will dabei sein, wenn sein Vaterland verteidigt wird – bloß: Die Army will den mutigen Kämpen gar nicht haben. Byers findet einen Ausweg: Er gründet kurzerhand seine eigene Armee, macht sich auf nach Europa, wo er immerhin Adolf Hitler – mit Wagners musikalischer Unterstützung – in die Luft jagt. Als sein in Europa besonders erfolgreicher Film Wo, bitte, geht's zur Front? von vielen Kritikern mit Charles Chaplins Grossem Diktator verglichen wurde, meinte Jerry Lewis in einem Interview: »Chaplin ist ein Genie, sich mit ihm zu messen, ihn nachahmen zu wollen, wäre verrückt.«

Nach zehnjähriger Filmpause brachte Jerry Lewis Alles in Handarbeit (Hardly Working, 1980) heraus, und man konnte meinen, dass er verrückt wäre, denn in der Eingangssequenz sitzt er wie Charles Chaplin in Rampenlicht (Limelight) in Clownsmaske vor dem Schminktisch und sieht im Spiegel unter der Schminke Alter und Resignation. Doch die chaplinesken Ambitionen sind nur dünn und fast peinlich, wie in vielen alten Filmen setzt Jerry Lewis auf seine bewährt-bekannte Grimassen-Trottel-Komik und liefert Anspielungen auf frühere Filme: Der Zirkusclown (3 Ring Circus, 1954), Dümmer als die Polizei erlaubt (The Delicate Delinquent, 1957) und Geisha-Boy (1958). Jerry Lewis bleibt Jerry Lewis – sein Film wirkte veraltet, denn da hatte sich in den 1970er-Jahren durch →Woody Allen Geschmack und Qualität der Kino-Komik gewandelt. Seine erste dramatische Rolle als unterkühlter TV-Profi spielte er 1981 an der Seite von Robert De Niro in Martin Scorseses King Of Comedy. Weitere prägnante Auftritte hatte er als abgebrühter Cadillac-Händler in Arizona Dream (1992) von →Emir Kusturica und als ehemaliger Entertainer in der Tragikomödie Funny Bones (1995, Regie: Peter Chelsom), in der er sagte: »Es gibt Komiker, die lustig sind. Und es gibt solche, die sich mit Gags abrackern.« Bei Lewis selbst war alle Arbeit vergessen, wenn er in ZU HEISS GEBADET eine Sammlung Schmetterlinge entkommen lässt und wieder in den Schaukasten zurückpfeift. Manche Gags bleiben unvergesslich.

Darsteller:

1949: My Friend Irma; 1950: Irma, das unmögliche Mädchen (My Friend Irma Goes West), 1950: Krach mit der Kompanie (At War with the Army), 1951: That's My Boy, 1952: Seemann, pass auf! (Sailor Beware), 1952: Schrecken der Division (Jumping Jacks), 1953: Der Prügelknabe (The Stooge); 1953: Starr vor Angst (Scared Stiff), 1953: Der Tolpatsch (The Caddy), 1953: Der tollkühne Jockey (Money from Home), 1954: Patient mit Dachschaden (Living It Up), 1954: Der Zirkusclown, auch »Im Zirkus der drei Manegen« (3 Ring Circus), 1955: Man ist niemals zu jung - auch »Der Gangsterschreck« (You're Never Too Young), 1955: Maler und Mädchen – auch »Der Agentenschreck« (Artists and Models), 1956: Wo Männer noch Männer sind (Pardners) 1956: Alles um Anita – auch »Jerry, der Glückspilz« (Hollywood or Bust), 1957: Dümmer als die Polizei erlaubt (The Delicate Delinquent), 1957: Der Regimentstrottel (The Sad Sack,) 1958: Der Geisha Boy – auch »Jerry außer Rand und Band« (The Geisha Boy), 1958: Der Babysitter - Fünf auf einen Streich (Rock-a-Bye Baby), 1959: Keiner verlässt das Schiff (Don't Give Up the Ship), 1960: Jerry, der Astronautenschreck (Visit to a Small Planet), 1960: Aschenblödel (Cinderfella), 1962: Geld spielt keine Rolle (It's Only Money), 1963: Der Ladenhüter (Who's Minding the Store?), 1964: Der Tölpel vom Dienst (The Disorderly Orderly 1965: Boeing-Boeing, 1966: Das Mondkalb (Way... Way Out), 1967: Der Spinner (Don't Raise the Bridge, Lower the River) 1969: Jerry, der Herzpatient (Hook, Line & Sinker), 1980: Alles in Handarbeit (Hardly Working), 1982: Slapstick (Of Another Kind), 1982: The King of Comedy, 1984: Jerry, der Privatdetektiv (Par où t'es rentré? On t'a pas vu sortir), 1984: Jerry, der total beknackte Cop (Retenez Moi... Ou Je Fais Un Malheur), 1989: Cookie, 1993: Arizona Dream, 1995: Funny Bones – Tödliche Scherze (Funny Bones)

Darsteller, Drehbuch, Regie:

1960: Hallo, Page! (The Bellboy), 1961: Zu heiß gebadet / Ich bin noch zu haben (The Ladies Man), 1961: Der Bürotrottel (The Errand Boy), 1963: Der verrückte Professor (The Nutty Professor,) 1964: Die Heulboje (The Patsy), 1965: Das Familienjuwel (The Family Jewels), 1966: Drei auf einer Couch (Three on a Couch), 1967: Ein Froschmann an der Angel (The Big Mouth), 1970: Wo bitte geht's zur Front? (Which Way to the Front?), 1983: Immer auf die Kleinen (Smargasbord)

Max Linder

(1883 – 1925) Max Linder war der erste große Kinostar der Filmkomödie zu einer Zeit, da →Chaplin, →Keaton oder →Laurel & Hardy noch unentdeckt waren. Seinen ersten Film drehte er 1908, seinen letzten 1925. In seiner Darstellung erschien er als die höchstpersönliche Verkörperung der französischen Belle Epoque, die den schönen Schein, das leichte Leben im Luxus und den schrankenlosen Genuss statt harter Arbeit feierte. Mit Chapeau Claque, Gehrock, gestreifter Hose, Stehkragen, modischem Schnurrbart und Gehstock trat er in tadelloser Eleganz auf, um bei seinen Eroberungsversuchen hübscher, wohlerzogener Damen der feinen Gesellschaft stets in komische Situationen zu geraten.

Abb. 53: Max Linder

Die Erlebnisse des erotischen Flaneurs durchstreiften die Grundsituationen der großbürgerlichen Lebenswelt: Rituale der Brautwerbung, fingierte Geldheiraten, Erbschaftsschwindeleien, eifersüchtige Ehefrauen, monströse Schwiegermütter, schlitzohrige Domestiken, Geld- und Familiennöte und die Gebote unterdrückter Sexualität, die sich in Anfällen wilder Raserei Luft machten. Und mittendrin der feine Parvenü Max, der sich elegant und charmant zum Happy End mogelte.

Max Linder, ab 1910 selbst Autor, Regisseur und Produzent seiner Filme, zeichnete diese Welt der Reichen und Schönen mit maliziöser Ironie und überführte ihre Konventionen ins Komische. So nahm er in LE DUEL DE

Max (1913) das Ehrenritual des Duells auf satirische Korn, indem er sich der Reihe nach mit Generälen, Botschaftern und Polizeikommissaren anlegt und jeweils ein Duell vereinbart. Die ausgetauschten Karten gibt er jeweils seinen Duellgegnern weiter, so dass sich am Ende halb Paris zum Duell trifft. Was Linder abhebt vom simplen Abfilmen komischer Situationen, ist sein stetes Spielen mit den Möglichkeiten des Films, indem er immer wieder das Bild als Mittel der Täuschung benutzt, um durch die Enthüllung wahrer Identitäten komische Effekte zu erzielen, sei es dass in Soyez ma femme (1925) der Schattenriss eines Damenkopfes sich als Blumenkopf erweist oder dass eine gespielte Filmszene wie in Les débuts de Max au cinema (1910) in eine reale Handlung übergeht und die Fiktion zur Wirklichkeit wird.

Es war die Eleganz und die Präzision seines Stils, die das Publikum betörte. Er verzichtete auf übertriebene Mimik und entwickelte die Komik stets aus der Bewegung heraus. Der Filmkomponist Dimitri Tiomkin (12 Uhr Mittags), der Linder in seinen frühen Variéte-Jahren auf der Bühne musikalisch begleitet hatte, rühmt sein Improvisationstalent: »Nie spielte er die Szene zweimal auf die gleiche Weise«. Wie viele Komiker seiner Zeit war Linder ausgebildeter Artist und führte seine Stunts meist selbst aus wie seinen Tanz in luftiger Höhe auf Telefondrähten. Er nutzte jede Gelegenheit, neue Sportarten und modische Gewohnheiten in seine Filme einzubauen. So sind seine Filme auch ein Spiegel ihrer Zeit, aktuelle Zeitströmungen abbildend.

Seinen Einfluss auf die Entwicklung der Filmkomödie hat gerade Chaplin anerkannt, der ihn als sein Vorbild betrachtete und ihm einmal die Widmung schrieb: »Dem einen und einzigen Max, dem Professor von seinem Schüler«. Es ist eine Ironie der Filmgeschichte, dass 1916 Max Linder vom amerikanischen Essanay-Studio als Chaplins Nachfolger angeheuert wurde, als dieser das Studio verließ. Doch während Chaplin Linders Dandy-Figur als eine Art »Max im Elend« weiter entwickelt und den realen Zeitverhältnissen angepasst hatte, blieb Lindner seiner Playboy-Figur der Belle Epoque verhaftet und war nun nicht mehr zeitgemäß. Er musste scheitern und stand fortan im Schatten Chaplins, mit dem er lebenslang befreundet war.

Der Beginn des Ersten Weltkrieges 1914 läutete das Ende der Belle Epoque ein, deren lebendes Denkmal Max Linder war. Seine gesundheitlichen Beeinträchtigungen durch Nervengas, mit dem er während seines Kriegseinsatzes in Berührung gekommen war, erschwerten zunehmend seine Filmarbeit. 1919 drehte er in Paris LE PETIT CAFÉ, bevor mit zwei Filmen noch einmal ein US-Comeback versuchte: SEVEN YEARS BAD LUCK (1921), den er selbst als seinen besten Film bezeichnete und der wegen der von den →Marx Brothers in DUCK SOUP kopierten Spiegelszene in die Filmgeschichte eingegangen ist. Und die »Drei Musketiere«-Parodie THE THREE-MUST-GET THERES (1922), in der die drei Musketiere mit der modernen Technik zu kämpfen hatten – Auto, Schreibmaschine, Telefon. Den pompösen Look des historischen Abenteuerkinos unterlief Linder mit gezielt eingesetzten Anachronismen der Neuzeit. So machte er sich über den naiven und draufgängerischen Charme von Douglas Fairbanks lustig, wobei er ausgiebige Proben seines akrobatischen Könnens abgibt. Sein letzter Film ROI DU CIRQUE, 1925 in Wien gedreht, erinnert mit seiner Handlung – aus Liebe zu einer schönen Frau schließt sich Max einem Zirkus an – stark an Chaplins späteren Film THE CIRCUS (1928). Angesichts seines sich rapid verschlechternden Gesundheitszustands beging Linder, der zeitlebens depressiv veranlagt war, im Alter von 42 Jahren gemeinsam mit seiner Frau Selbstmord, die er 1923 als 17jährige geheiratet hatte.

Von seinen rund 500 Filmen sind noch 105 erhalten. Max Linders in einem Heim aufgewachsener Tochter Maud, die erst sehr spät erfuhr, dass der Komiker ihr Vater war, schuf 1983 den Dokumentarfilm DER MANN MIT DEM SEIDENEN HUT (L'HOMME AU CHAPEAU DE SOIE, 1983), mit dem sie den 100. Geburtstag ihres Vaters feierte.

Filmauswahl:

1905: The Legend of Punching, 1907: The Skater's Debut, 1909: A Young Lady Killer, 1910: Max Linder's Film Debut, 1911: Max and His Mother-in-Law, 1911: Max Takes Tonics, 1912: Max and His Dog, 1913: Max's Hat, 1913: Le Duel de Max, 1913: Max Virtuose, 1914: Max Does Not Speak English, 1914: Max and the Jealous Husband, 1916: Max and the Clutching Hand, 1917: Max Comes Across, 1917: Max Wants a Divorce, 1917: Max and his Taxi, 1919: The Little Cafe, 1921: Seven Years Bad Luck, 1921: Be My Wife, 1922: The Three Must-Get-Theres, 1924: Au Secours!, 1925: The King of the Circus, 1925: Soyez ma femme

Theo Lingen

Abb. 54: Theo Lingen mit Renate Roland in BETRAGEN UNGENÜGEND!

(1903 – 1978) Der »Komiker aus Versehen« (Lingen über Lingen) zählte zu den vielseitigsten und beliebtesten deutschen Künstlern – keiner konnte so schön näseln. Neben seiner darstellerischen Tätigkeit als Charakterdarsteller oder Komödiant machte sich Lingen auch als Lustspielautor und Regisseur einen Namen. Zu seinen Regiefilmen zählen u. a. die schwungvollen Komödien HAUPTSACHE, GLÜCKLICH! (1941), FRAU LUNA (1941), LIEBESKOMÖDIE (1942), GLÜCK MUSS MAN HABEN (1944) und HIN UND HER (1948). Oft glänzte er als devoter Kammerdiener oder als penibler, überforderter Lehrer. Abstehende Ohren, Mittelscheitel und näselnde Stimme waren in rund 200 Filmen sein Markenzeichen. Er hätte, wie sein Vater, Jurist werden sollen. Nach dem Abitur begann er allerdings ohne schauspielerische Ausbildung mit Bühnenauftritten.

In den 1930er-Jahren kam Theo Lingen zum Film, ab 1933 absolvierte er ausschließlich komische Rollen. Er spezialisierte sich auf Diener, Fabrikanten, Würdenträger, Impresarios, die in aussichtslosen Lagen die Etikette zu bewahren trachten. Beim skurrilen Detektiv Superbus in dem Film DER DOPPELGÄNGER (1934) orientierte er sich stark am Stil der Stummfilmgroteske, insbesondere an seinem erklärten Vorbild →Max Linder. Als Lingen im gleichen Jahr in ICH KENN' DICH NICHT UND LIEBE DICH seine erste Diener-Rolle verkörperte, übernahm er die äußere Frack-und-Claque-Eleganz des französischen Stars. In 24 Filmen stand er zusammen mit →Hans Moser vor der Kamera: »Die Diener, die er spielt, laufen auf Draht, Marionetten der Höflichkeit und des guten Tones. Er ist der Überkellner, der Überverkäufer, der Überdiener. (...) Ein Bürokrat der komischen Dinge.« (*Film-Kurier*, 1937) Da seine Ehefrau, die Sängerin Marianne Zoff, geschiedene Brecht, im Terminus der Nazis als sogenannte Halbjüdin galt, war seine Karriere nach 1933 gefährdet. Adolf Hitler empfand ihn aus der Nähe betrachtet als hässlich, strich ihn aber nie von seiner »Führer-Schutzliste«. Joseph Goebbels setzte ihn auf die Liste jener »Mischehen«, die von der Abholung zu verschonen seien. In einem Fragebogen der »Reichsschrifttumskammer« gab Lingen unter anderem an, zwei Kinder zu haben; beide »unterhaltsberechtigt«, davon eines aus erster Ehe der Ehefrau. Lingens Auskunft war zwar korrekt, dennoch unvollständig: Dass Bertolt Brecht der Vater des ersten Kindes war, das gab Lingen selbstverständlich nicht an. Dank seiner Popularität durfte er aber weiterhin auftreten. Als Anführer einer Widerstandsgruppe setzte er in Strobl, einem kleinen Dörfchen im Salzkammergut (wo er mit seiner Familie damals lebte), den strammen SS-Bürgermeister Hans Girbel unter Hausarrest. Lingen und weitere Partisanen radelten 1945 mit einer weißen Fahne den amerikanischen Truppen entgegen. 1946 wurde Theo Lingen österreichischer Staatsbürger.

Bis in die 1970er-Jahre war er auf Bühne und Leinwand präsent, arbeitete aber auch fürs Fernsehen. In »Lachen Sie mit Stan und Olli« stellt er beispielsweise →»Dick und Doof«-Filme vor. Unvergessen sein »Traurich, traurich, traurich«: Als Schuldirektor Taft kämpfte er in den bundesdeutschen Paukerfilmen mit und gegen die Streiche der LÜMMEL VON DER ERSTEN

Bank. Theo Lingen galt in der Presse als äußerst schwierig, weil zugeknöpft. Wichtig war ihm nur seine Familie. »Während sich mein Vater Fremden gegenüber sehr abgekapselt und verschlossen gibt, ja manchmal unfreundlich wirkt, ist er zuhause ein rührender Familienvater. Er liebt die Einsamkeit und hasst jeglichen Rummel«, charakterisierte ihn seine Tochter Ursula.

Darsteller - Filmauswahl:

1933: Walzerkrieg, 1933: Keine Angst vor der Liebe, 1933: Kleiner Mann – was nun?, 1934: Ein Walzer für dich 1934: Der Doppelgänger, 1934: Die Finanzen des Großherzogs, 1934: Gern hab' ich die Frau'n geküsst, 1934: Ich kenn' Dich nicht und liebe Dich, 1934: Ich heirate meine Frau, 1935: Der Himmel auf Erden, 1935: Ich liebe alle Frauen, 1935: Das Einmaleins der Liebe, 1935: Petersburger Nächte, 1935: Im weißen Rössl, 1936: Der Kurier des Zaren, 1936: Ungeküßt soll man nicht schlafen gehn, 1937: Zauber der Bohème, 1937: Der Mann, von dem man spricht, 1938: Tanz auf dem Vulkan, 1940: Rosen in Tirol, 1940: Sieben Jahre Pech, 1942: Wiener Blut, 1950: Jetzt schlägt's 13, 1950: Der Theodor im Fußballtor, 1952: Heidi, 1955: Wenn die Alpenrosen blüh'n, 1956: Meine Tante – deine Tante, 1956: Opernball, 1957: Almenrausch und Edelweiß, 1957: Drei Mann auf einem Pferd, 1957: Die Beine von Dolores, 1958: Ein Lied geht um die Welt, 1958: Was ihr wollt, 1958: Im Prater blüh'n wieder die Bäume, 1959: Die Nacht vor der Premiere, 1960: Pension Schöller, 1963: Der Musterknabe, 1964: Tonio Kröger 1965: Die fromme Helene, 1967: Die Heiden von Kummerow und ihre lustigen Streiche, 1968: Die Lümmel von der ersten Bank – Zur Hölle mit den Paukern, 1970: Wer zuletzt lacht, lacht am besten, 1970: Die Feuerzangenbowle 1971: Tante Trude aus Buxtehude, 1971: Die tollen Tanten schlagen zu, 1972: Immer Ärger mit Hochwürden, 1975: Der Geheimnisträger; 1978: Zwei himmlische Töchter

Darsteller, Regie:

1939: Marguerite: 3, 1940: Herz modern möbliert, 1941: Hauptsache glücklich, 1941: Was geschah in dieser Nacht? 1941: Frau Luna, 1942: Liebeskomödie, 1943: Tolle Nacht, 1944/1949: Philine, 1947: Wiener Melodien, 1955: Wie werde ich Filmstar?, 1955: Die Wirtin zur Goldenen Krone

Drehbuch, Darsteller, Regie:

1944: Es fing so harmlos an, 1943: Das Lied der Nachtigall, 1944: Operettenklänge / Glück muß man haben, 1945: Liebesheirat, 1951: Durch Dick und Dünn 1947: Hin und her

Harold Lloyd

(1893 – 1971) Mit seinen Kletterkunststücken gilt Harald Lloyd als Meister der Thrill-Comedy, obwohl es nur sechs Filme waren, in denen er an Wolkenkratzern herumturnte: HIGH AND DIZZY (1920), NEVER WEAKEN (1921), SAFETY LAST (1923), HOT WATER (1924), FOR HEAVEN'S SAKE (1926) und SPEEDY (1928). Als Symbole des Aufstiegs und des Erfolgs dienten ihm Hochhäuser im wortwörtlichen Sinn. In SAFETY LAST (1923) muss er zu Karrierezwecken einen Wolkenkratzer erklimmen. Wie das Hochhaus in diesem Film als Erfolgssymbol gilt, so ging es ihm in all seinen Filmen um gesellschaftlichen Aufstieg, um Karriere und Erfolg. Ungetrübt vom tragischen Glanz der großen Kinoclowns →Charlie Chaplin und →Buster Keaton war Harald Lloyd ein strahlender Sonnyboy des Lachens, der energiegeladen, wild entschlossen und von keinem Zweifel befallen dem großen Traum vom Erfolg nachlief. Diese fröhlich behämmerte Karikatur eines amerikanischen Mr. Jedermann überflügelte an Popularität all seine Komikerkollegen – als Symbolfigur des optimistischen Lebensgefühls der 1920er Jahre, als komische Allegorie der Chance, die jeder hat, und des Erfolgs, den jeder haben möchte.

Abb. 55: Harold Lloyd hängt an der Fassade in SAFETY LAST

Seine Karriere entsprach auch in der Wirklichkeit dem amerikanischen Traum vom Aufstieg des Tellerwäschers zum Millionär. Er war Erdnussverkäufer, Milchkannenfahrer, Zeitungsausträger, Kulissenschieber und Statist, bevor Hal Roach sein komisches Talent entdeckte und ihn zum Star aufbaute. In seinen Filmen ist Harald Llyod das exakte Gegenteil seiner rebellischen Slapstickkollegen Charles Chaplin und Buster Keaton. Er ist der angepasste Karrierebürger, der alle Gefahren und Niederlagen hinnimmt als notwendige Stationen auf dem Weg zum Erfolg im Leben, im Beruf und bei den Frauen. Es sind immer wieder die Erfolgssymbole des American Way of Life, die sein Können herausfordern: Er turnt in schwindelerregender Höhe an Wolkenkratzer herum, hoch über dem Abgrund hängt er an Uhren, die als zeitbestimmende Faktoren den Lebensalltag regulieren, und er setzt sich im Football-Spiel durch, das an der Universität die Erfolgsaussichten bestimmt. Mit seinem hoch entwickelten Sinn für die Möglichkeiten des Grotesken im normalen Alltag bringt er mit seinem Übereifer seine Figur in ebenso gefährliche wie groteske Situationen, aus denen er sich mit akrobatischer Geschicklichkeit heraus rettet. Alles oder Nichts ist seine Devise. Wenn er in STRASSENJAGD MIT SPEEDY (SPEEDY, 1928) oder AUSGERECHNET WOLKENKRATZER (SAFETY LAST, 1923) am Zeiger einer Uhr hängt, dann gerinnt das uramerikanische Motto »Time is Money« zum symbolhaften Bild des Kampfes zwischen Erfolg und tödlichem Absturz.

Es gelang Harald Llyod, das dramaturgische Erfolgsrezept seiner Filme, diese geniale Mischung aus Nervenkitzel und Komödie, auch in die Tonfilmära hinüber zu retten. Sein bester Tonfilm ist FILMVERRÜCKT (MOVIE CRAZY, 1932), der wie eine Reminiszenz an seine eigene Karriere wirkt. Aufgrund eines Missverständnisses wird ein naiver Mann aus der Provinz zu Probeaufnahmen nach Hollywood eingeladen und bringt mit seiner Tollpatschigkeit das ganze Studio an den Rand des Chaos, bis sein Talent als Komiker entdeckt wird. Seine Kinokarriere beschließt Harald Lloyd mit einem Film, der alle Werte seiner Erfolgsfilme auf den Kopf stellt. In VERRÜCKTER MITTWOCH (MAD WEDNESDAY, 1947) spielt er einen Archivar, der sich erfolglos in ein Mädchen verliebt und von seiner Firma entlassen wird. Als er erkennt, dass er mit all seiner Erfolgsmoral gescheitert ist, tut er all das, was ihm bislang karrierehinderlich erschien: er trinkt, wettet, spielt, macht krumme Geschäfte, bedroht seinen Bankier und hat endlich Erfolg.

Die Wolkenkratzer-Filme.

1920: High And Dizzy, 1921: Never Weaken, 1923: Safety Last, 1924: Hot Water, 1926: For Heaven's Sake 1928: Speedy

Die stummen Langfilme:

1921: A Sailor-Made Man (Matrose wider Willen), 1922: Grandma's Boy (Großmutters Liebling), 1922: Dr. Jack 1923: Safety Last! (Ausgerechnet Wolkenkratzer!), 1923: Why Worry? (Lieber krank als sorgenfrei), 1924: Girl Shy (Mädchenscheu), 1924: Hot Water (Das Wasser kocht), 1925: The Freshman (Der Sportstudent), 1926: For Heaven's Sake (Um Himmels willen), 1927: The Kid Brother (Der kleine Bruder / Harold, der Pechvogel,) 1928: Speedy, (Straßenjagd mit Speedy)

Die Tonfilme:

1929: Welcome Danger (Der Drachentöter / Achtung, Harold), 1930: Feet First (Der Traumtänzer), 1932: Movie Crazy (Filmverrückt), 1934: The Cat's Paw (Harold Lloyd, der Strohmann), 1936: The Milky Way (Kalte Milch und heiße Fäuste / Ausgerechnet Weltmeister), 1938: Professor Beware (Der gejagte Professor), 1947: The Sin of Harold Diddlebock / Mad Wednesday (Verrückter Mittwoch)

Loriot

(1923 – 2011) »Früher war mehr Lametta« oder »Ein Leben ohne Mops ist möglich, aber sinnlos« und »Es saugt und bläst der Heinzelmann, wo Mutti sonst nur blasen kann« sind nur Teile aus dem umfangreichen Werk, für das er zutiefst verehrt wird. Er schuf den vielleicht populärsten Rentner und Lottomillionär der Fernsehgeschichte: Erwin Lindemann, der mit dem Papst und seiner Tochter auf Island eine Herrenboutique aufmachen wollte. Auch den knollennasigen Müller-Lüdenscheid in der Badewanne verdankt das Publikum dem »Grandseigneur des deutschen Humors«, wie Viktor (Vicco) von Bülow alias Loriot genannt wurde. Mit seiner feinsinni-

Abb. 56: Loriot 2011

gen Komik und Traurigkeit in verkorksten Situationen beeinflusst Vicco von Bülow mit seinem Humor wie kein anderer den Alltag und das kulturelle Leben in Deutschland. Ab 1967 wurde Loriot auf seinem Gründerzeitsofa zu einem Markenzeichen intelligenter Fernseh-Unterhaltung für ein Millionenpublikum. Mit seiner kongenialen Partnerin Evelyn Hamann (1942 – 2007) spielte er rund 40 Sketche ein, die bis heute zum »Allgemeingut« gehören. Im Gegensatz zu seinen Figuren – ob liebesstammelnd mit Nudel im Mundwinkel oder streitend um den Kosakenzipfel – waren dem Sohn eines preußischen Berufsoffiziers gute Umgangsformen wichtig: »Ohne ein Minimum an Stil gerät man sich schnell in die Haare. Gutes Benehmen ist eine Schutzmaßnahme, um sich nicht dauernd gegenseitig auf den Schlips zu treten.« Bereits 2006 hatte er seinen endgültigen Rückzug aus dem Fernsehen verkündet: Es sei zu schnell für seine Komik geworden.

Loriot hatte als Oberleutnant im Panzergrenadierregiment den Russlandfeldzug mitgemacht und wurde mit dem Eisernen Kreuz zweiter und erster Klasse ausgezeichnet; er sprach kaum über diese Zeit. Es sei schwer, so sagte er einmal, sich selbst zu verzeihen, derart gut funktioniert zu haben. »Die berufliche Frage ist bei mir eigentlich nie ganz gelöst worden.« Ursprünglich wollte der in Brandenburg geborene Spross einer alten deutschen Adelsfamilie ein »großer Maler« werden, aber dazu gehöre so viel, da habe er sich lieber auf die Kunst der humoristischen Darstellung beschränkt. Produktiv wie kaum ein anderer zeigte Loriot sein Können als Zeichner, Texter, Schauspieler, Autor, Bühnenbildner, Dirigent, Fernseh-, Kino- und Opernregisseur. Angefangen hat Vicco von Bülow seine Karriere nach Notabitur und Kriegsdienst als Gebrauchsgrafiker (1947 – 49 Kunstakademie Hamburg), bevor er von 1950 an in Zeitschriften wie *Quick* und *Stern* Karikaturen veröffentlichte. Dabei nutzte er das Pseudonym Loriot – die französische Bezeichnung für das Wappentier der Bülows, den Pirol.

1931 sah er im zarten Alter von acht Jahren die Kästner-Verfilmung von EMIL UND DIE DETEKTIVE und meinte später dazu, als er mit dem Ernst-Lubitsch-Preis ausgezeichnet wurde: »Ich beschloss, mein Leben dem Film zu widmen. Und schon 56 Jahre später war es so weit. Dennoch stimmt es mich nachdenklich, dass →Lubitsch in 55 Jahren 65 Filme gedreht hat und ich in 65 Jahren nur einen.« Sein Kinodebüt hieß ÖDIPUSSI (1988): Paul Winkelmann alias Loriot will sich nach 56 Jahren zum ersten Mal von seiner 78-jährigen Mutter emanzipieren. Seine ebenso ungelenken wie schüchternen, aber doch hartnäckigen Annäherungsversuche an eine ebenfalls nicht mehr ganz junge und allein stehende Diplompsychologin (Evelyn Hamann) verursachen die ersten schweren Turbulenzen zwischen Mutter und Sohn seit 56 Jahren: »Sag' nicht immer Pussi zu mir!« Nach diesem großen Kinoerfolg realisierte er mit PAPPA ANTE PORTAS (1991) seinen zweiten, nicht minder erfolgreichen Spielfilm: Heinrich Lohse, Leiter der Einkaufsabteilung der deutschen Röhren AG, hat für seine Firma einen beeindruckenden Mengenrabatt ausgehandelt und Büromaterial für die nächsten 40 Jahre eingekauft, woraufhin ihn sein Chef flugs in den vorzeitigen Ruhestand versetzt. Und so steht Lohse plötzlich vor der heimischen Haustür und stellt seine Kompetenz und Erfahrung in den Dienst der Familie. Über die bissige Persiflage auf Rentner und Vorruheständler meinte Loriot: »Das Herstellen von Komik ist harte Arbeit, eine Schufterei. Ein Film wie PAPPA ANTE PORTAS' funktioniert nur, wenn alle Kleinigkeiten stimmen. Die Kollegen von tragischen Fach haben es da einfacher: Jemand ertrinkt, die Hauptfigur wird erschossen, ein Kind entgeht in letzter Sekunde dem Erfrierungstod – da kommt es nicht drauf an, ob man hinten noch drei Sekunden Nachdenkpause lässt. Eine Pointe aber hängt entscheidend vom Timing ab.«

Ob seine Sketche im Fernsehen oder seine beiden Kinofilme, immer blieb er ganz nah an der Wirklichkeit und doch einen halben Schritt daneben: »Es gibt nichts Komisches, was positiv ist ... Ich zeige ja allzu menschliche Dinge, die wirklich jedem passieren und einen großen Wiedererkennungswert haben. Darüber hinaus muss man wachbleiben, nichts als selbstverständlich hinnehmen und sich über alles wundern.« Unvergessen sein prominenter Horrorfilm-Darsteller Vic Dorn im Draculalook, den die Interviewerin im Fernsehstudio fälschlicherweise für eine »unverwechselbare

Maske« hält (»Was für eine Maske?«). Auf die Frage, warum er bisher keine Angebote aus Hollywood erhalten habe, meint Vic Dorn: »Ich weiß nicht, vielleicht bin ich denen einfach zu deutsch.« Sein berühmt-berüchtigter Perfektionismus beschränkte sich nicht nur auf die eigene Arbeit als Autor und Regisseur, auch seine Darstellung in den Medien hat Loriot geschickt selbst inszeniert. Nach seinem Tod titelte das Nachrichtenmagazin *Der Spiegel*: »Loriot - Eine Verneigung«, das hätte ihm gefallen: »Bitte sagen Sie jetzt nichts.«

Klassische Sketche und Zeichentrickfilme:

Auf der Rennbahn / Bello (Der sprechende Hund) / Bettenkauf / Fernsehabend / Flugessen / Das Frühstücksei / Herren im Bad / Die Jodelschule / Kosakenzipfel / Der Lottogewinner / Mutters Klavier / Die Nudel / Die Steinlaus / Weihnachten bei Hoppenstedts / Zimmerverwüstung / Comedian Harmonists

Kurzauftritte in Filme:

Haie und kleine Fische (1957), Die Brücke (1959,) Das Wunder des Malachias (1961), Der längste Tag, (1962), Otto, der Außerfriesische (1989)

Darsteller, Drehbuch, Regie:

Ödipussi (1988), Pappa ante Portas (1991)

Nino Manfredi

(1921 – 2004) In den sechziger Jahren des vergangenen Jahrhunderts war Nino Manfredi durch seine Auftritte in einer großen Anzahl von Komödien einer der beliebtesten Schauspieler des italienischen Kinos. Nach seinem Jurastudium ging er zur Schauspielschule, trat in Mailänder »Piccolo Theatre« auf, war im Rundfunk tätig und bekam erste kleine Filmrollen wie in EIN SONNTAG IN ROM (LA DOMENICA DELLA BUONA GENTI, 1953), wo er mit der damals noch unbekannten Sophia Loren auftrat, in Wolfgang Staudtes Antikriegs-Satire Kanonenserenade (1958) oder in →Vittorio De Sicas Satire auf religiösen Massenwahn angesichts eines drohenden Weltuntergangs Das jüngste Gericht findet nicht statt (Il giudizio universale, 1961).

Seine erste Hauptrolle in Vergewaltigt in Ketten (A cavallo de la tigre, 1961) interpretierte Nino Manfredi als tragikomische Studie eines ewigen Verlierers, der von allen nur ausgenutzt wird. Unschuldig im Gefängnis gelandet, wagt er mit seinem Zellennachbarn Mario Adorf den Ausbruch, um seinen Freund letztendlich zu verraten. Der sich auf den chinesischen Spruch »Wer auf dem Tiger reitet, kann nicht herunter« berufende italienische Originaltitel deutet die ausweglose Grundsituation des Helden in einer Hintergründigkeit an, die dem reißerischen deutschen Filmtitel abgeht. Manfredi wird immer wieder diese Figur des von ewigem Pech verfolgten Losers verkörpern, dessen dramatische Erlebnisse mit den Widerständen des Alltags grotesk und lächerlich erscheinen, die aber in seiner differenzierter Charakterkomik stets einen Hauch von Tragik durchschimmern lassen.

Abb. 57: Nino Manfredi in Café Express (1980)

In Anni Ruggenti (1962) wird er als kleiner Angestellter mit einem mächtigen Drahtzieher des faschistischen Regimes verwechselt, in Der Henker (El Verduga, 1963) wehrt er sich verzweifelt gegen die mittelalterliche Familientradition, neben seiner Funktion als Bestatter auch das Amt des Henkers zu übernehmen, in Ich habe sie gut gekannt (Io la conoscevo bene, 1965) bringt er als erfolgloser Fotograf karrierehungrige Mädchen in zweitklassigen Veranstaltungen unter, in Girolimino, das Ungeheuer von Rom (1972) wird er als Sündenbock an Stelle eines gesuchten Kindermörders verurteilt, in Wir waren so verliebt (C'eravamo tanto amati, 1974) verliert er als ehemaliger Widerstandskampfkämpfer alle seine politischen Illusionen, in Die Hässlichen, die Schmutzigen und die Gemeinen (Brutti, sporchi e cattivi,

1976) muss er sich als Familienpatriarch gegen die Attentatsversuche seiner Sippschaft wehren, in BROT UND SCHOKOLADE (PANE ET CIOCCOLATA, 1973) versucht er als italienischer Kellner in der Schweiz vergeblich, sich gegen Behörden und Vorurteile zur Wehr zu setzen – eine Rolle, für die auf den Berliner Filmfestspielen 1973 mit dem Silbernen Bären als bester Darsteller ausgezeichnet wurde. All diese Figuren wirken in all ihrer Lächerlichkeit durch Manfredis feine Charakterisierungskunst doch zutiefst menschlich.

Mit zwei Filmen versuchte sich Nino Manfredi sich auch als Regisseur. Während sein Regiedebüt DER SCHIELENDE HEILIGE (PER RAZIA RICEVUTA, 1971) auf den Filmfestspielen von Cannes mit dem Preis für das beste Erstlingswerk ausgezeichnet wurde, war seinem zweiten Film DIE NACKTE FRAU (NUDO DI DONNA, 1981) kein Erfolg beschieden.

Filmauswahl seiner besten Filme:

1953: Ein Sonntag in Rom (La domenica della buona gente), 1955: Die Verliebten (Gli innamorati), 1956: Das fröhliche Urlaubshotel (Tempo di villeggiatura); 1958: Der Windhund von Venedig (Venezia, la luna e tu), 1958: Don Vesuvio und das Haus der Strolche (Il bacio del sole Don Vesuvio), 1958: Kanonenserenade (Pezzo, capopezzo e capitano), 1959: Diebe sind auch Menschen (Audace colpo dei soliti ignot), 1960: Die Leiche ist im falschen Koffer (Crimen), 1961: Das Jüngste Gericht findet nicht statt (Il guidizio universale), 1961: Vergewaltigt in Ketten (A cavallo della tigre), 1962: Anni ruggenti, 1962: Das Mädchen aus Parma (La parmigiana), 1963: Ehen zu dritt (Alta infedeltà), 1963: Der Henker (El verdugo), 1965: Die Puppen (Le bambole), 1965: Ich habe sie gut gekannt (Io la Conoscevo bene), 1965: Made in Italy, 1966: Unser Boß ist eine Dame (Operazione San Gennaro) 1966: Seitensprung auf italienisch (Adulterio all'italiana), 1968: Riusciranno i nostri eroi a ritrovare l'amico misteriosamente scomparso in Africa?, 1972: Girolimoni – das Ungeheuer von Rom (Girolimoni – Il monstro di Roma), 1973: Brot und Schokolade (Pane e cioccolata), 1974: Wir waren so verliebt (C'eravamo tanto amati), 1976: Die Schmutzigen, die Häßlichen und die Gemeinen (Brutti, sporchi e cattivi), 1977: In nome del Papa, 1990: Alberto und die Tradition (Alberto Express), 1991: Mima - Regie: Philomène Esposito, 1995: Der fliegende Holländer (De vliegende Hollander), 2000: La carbonara

Darsteller, Regie:

1971: Die schielende Heilige (Per grazia ricevuta), 1981: Die nackte Frau (Nudo di donna/Nude femme)

Steve Martin

(*1945) Steve Martin ist als Komiker, Musiker, Autor und Schauspieler ein Multitalent. Seine Karriere begann mit ersten Auftritten in den Clubs von Los Angeles, zu denen er selbst die Texte schrieb und nebenbei seine Talente als Jongleur, Zauberer und Banjospieler mit einbrachte. Als Gag-Schreiber fasste er Fuß im Fernsehen und wurde 1976 Moderator der legendären →»Saturday Night Live«-Show. Der Erfolg seiner eigenen TV-Serie »The Jerk« führte zu seinem ersten Film REICHTUM IST KEINE SCHANDE (THE JERK, 1979), dessen Komik auf dem Wesen eines reinen, tumben Toren beruht, der zu naiv ist für die Schlechtigkeit der Welt.

Abb. 58: Steve Martin

Steve Martin paart in dieser Figur Trottelkomik mit dem Hauch des Absurden, denn der Pechvogel kommt gegen alle Widrigkeiten des Lebens zu Erfolg und Reichtum, den er auf ebenso absurde Weise wieder verliert. Es ist diese Komik des Absurden, die in konsequenter Folgerichtigkeit einer verqueren Logik gehorchend, die Normalität des Alltags in Frage stellt. In den weiteren Filmen, die Steve Martin mit seinem Regisseur →Carl Reiner drehte, artikuliert sich dieser Wahnsinn mit Methode noch deutlicher. In DER MANN MIT ZWEI GEHIRNEN (THE MAN WITH TWO BRAINS, 1983) ist er ein verrückter Chirurg, der sich in ein Gehirn verliebt und es in den Körper einer Frau verpflanzen will. In SOLO FÜR ZWEI (1984) ist er ein Anwalt mit zwei verschiedenen Seelen in seiner Brust, die um die Herrschaft ringen.

Der Durchbruch zum Erfolg kam 1982 mit Tote tragen keines Karos (Dead Men Don't Wear Plaid), der als Kultfilm über die Mythen der »Schwarzen Serie« in die Filmgeschichte einging. Als Detektivfigur auf den Spuren Humphrey Bogarts begibt sich Steve Martin auf Spurensuche nach geheimnisvollen Dokumenten, wobei er all den legendären Stars jener Jahre begegnet, die mittels genialer Schnitttechnik in den Filmverlauf eingefügt sind: Humphrey Bogart, Alan Ladd, Lauren Bacall, →Cary Grant, Barbara Stanwyck, Charles Laughton, Burt Lancaster, Ava Gardner, James Cagney, Kirk Douglas, Ingrid Bergman, Lana Turner und all den anderen Superstars der 1940er Jahre.

Steve Martin, der die Kunst des perfekten Klamauks beherrscht wie kaum ein anderer, wertet alle Albernheit auf mit hintersinnigem Wortwitz und parodistischen Anspielungen. Dass er Philosophie und Theaterwissenschaft studiert hat, ist den Drehbüchern, an denen er mitgeschrieben hat, anzumerken. In Bowfingers grosse Nummmer (Bowfinger, 1999) versucht er als Filmproduzent ohne Geld einen Superstar – →Eddie Murphy, der sich selber parodiert – heimlich gefilmt in seine Filmproduktion einzuspannen. »Eine Ikone der Filmindustrie wird in der gelebten Unwirklichkeit ihrer Starexistenz von der erdachten Realität eines Drehbuchschreibers eingeholt. Da öffnen sich philosophische Dimensionen. Aber bevor es allzu sehr in die Tiefe geht, wird schnell zur nächsten Klamaukszene umgeschnitten.« Was *Der Spiegel* über Bowfinger schreibt, lässt sich auf die meisten Steve Martin-Filme übertragen. Der besondere Reiz und das absolut Neue an seiner Komik ist es, wie sich in seiner Darstellung Blödsinn und Tiefsinn, Klamauk und Parodie zu einer ungewohnten Dimension des Kinohumors verbinden. Doch stets triumphiert der Gag über den intellektuellen Anspruch.

In seinen späteren Filmen legt Steve Martin die extemporierten Albernheiten und das wilde Grimassieren seiner früheren Auftritte zurück zugunsten differenzierter Charakterkomik. Doch wann immer ihm das Drehbuch

Gelegenheit gibt, fügt er eine seiner aberwitzigen Solonummern ins Geschehen ein. Zieht er in DER KLEINE LADEN VOLLER SCHRECKEN (LITTLE SHOP OF HORRORS, 1986), der Musicalversion des Roger Corman-Klassikers KLEINER LADEN VOLLER SCHRECKEN (1960), in der Rolle eines sadistischen Zahnarztes noch alle Register klamaukhafter Komik, so agiert er in ROXANNE (1987) sehr zurückgenommen als verliebter Feuerwehrmann, der wegen seiner zu langen Nase sich keine Liebeschancen zutraut und frei nach *Cyrano de Bergerac* für seinen Rivalen die schönsten Liebesbriefe schreibt. Als penibler und erfolgsverwöhnter Werbemanager muss er sich in EIN TICKET FÜR ZWEI (PLANES, TRAINS AND AUTOMOBILES, 1987) mit einem lästigen und chaotischen Vertreter auf eine abenteuerliche Odyssee begeben, um pünktlich zum Thanksgving zuhause zu sein. Mit Michael Caine liefert er sich in ZWEI HINREISSEND VERDORBENE SCHURKEN (DIRTY ROTTEN SCOUNDRELS, 1988) einen Zweikampf um den inoffiziellen Titel des erfolgreichsten Heiratschwindlers: Profi gegen Amateur, Aristokratenmaske gegen Proletencharme. Es entbrennt ein pointengesättigtes Duell voll listiger Täuschungen und böser Überraschungen. MY BLUE HEAVEN (1990) versetzt Steve Martin als Ex-Mafioso im Zeugenschutzprogramm in eine amerikanische Kleinstadt, die er mit seinem unkonventionellen Verhalten aufmischt. Ganz großkotziges Großstadtgroßmaul zieht er alle Register seines Könnens und degradiert seine Mitspieler zu Stichwortgebern für seine Solonummern hemmungsloser Groteskkomik.

Ernsthafter ist sein Auftritt in GRAND CANYON (1991), wo er als Produzent Gewalt verherrlichender Filme geläutert wird, nachdem er selbst Opfer eines Überfalls wird. Was →Allen mit MANHATTAN für New York leistet, gelingt Steve Martin mit L.A. STORY (1991) als Drehbuchautor und Hauptdarsteller für Los Angeles: ein filmische Liebeserklärung an eine Stadt voller Verrückter und Exzentriker. In HOUSESITTER – LÜGEN HABEN HÜBSCHE BEINE (HOUSE SITTER, 1992) wird er das Opfer einer notorischen Schwindlerin, die ihn sein Haus und in sein Leben eindringt. Die hübschen Beine gehören Goldie Hawn, mit der er sieben Jahre später in SCHLAFLOS IN NEW YORK (THE

Out-Of-Towners) auf einen New York-Trip geht, der für das Spießerpaar aus der Provinz zum Chaostrip wird. In Wenn Liebe so einfach wäre (It's Complicated, 2009) wetteifert er mit dem geschiedenen Ehemann Alec Baldwin um dessen Ex-Frau Meryl Streep.

Großen Erfolg beim Publikum erzielte Steve Martin mit Remakes klassischer Hollywoodkomödien. In Vater der Braut (Father Of the Bride, 1991) übernimmt er die Rolle Spencer Tracys als Vater, der seine Tochter verheiratet, in Im Dutzend billiger (Cheaper By the Dozen, 2003) die Rolle als Familienoberhaupt einer zwölfköpfigen Kinderschar, in Der rosarote Panther (The Pink Panther, 2006) die Rolle des Trottelinspektors Clouseau, die →Peter Sellers zur Kultfigur veredelt hatte. Doch Steve Martin fehlt die Seriösität, mit der Peter Sellers seine Gags adelte. Ganz gegen sein Spaßmacherimage besetzte ihn Theaterautor und Independent-Regisseur David Mamet in Die unsichtbare Falle (The Spanish Prisoner, 1997) als zwielichtigen Geschäftsmann. Doch das ist nur eine der vielen Täuschungen, mit denen dies präzis durchkalkulierte Katz- und Mausspiel um einen Coup raffinierter Wirtschaftskriminalität durchgespielt wird. In einer Welt aus Manipulation, Lug und Betrug, in der keiner das ist, was er zu sein vorgibt, ist es nur konsequent, die Rolle des zwielichtigen Betrügers mit einem Komiker zu besetzen, eine der ganz wenig ernsten Rollen im Kinoleben Steve Martins.

Neben seinen vielen Filmauftritten ist Steve Martin auch als Musiker und Autor erfolgreich. Sein Theaterstück *Picasso at the Lapin Agile* wurde 1993 in Chicago uraufgeführt und wird derzeit verfilmt. Ende der 1990er Jahre schrieb er den Roman *Shopgirl* und die Kurzgeschichtensammlung *Pure Drivel*. Als Musiker wurde für sein Bluegrass-Album »The Crow / New Songs for the Five-String Banjo« mit dem Grammy 2101 ausgezeichnet.

Die Filme:

1979: Reichtum ist keine Schande (The Jerk), 1981: Tanz in den Wolken (Pennies from Heaven), 1982: Tote tragen keine Karos (Dead Men Don't Wear Plaid), 1983: Der Mann mit zwei Gehirnen (The Man with Two Brains), 1984: Solo für 2 (All of Me), 1984: Ein Single kommt selten allein (The Lonely Guy), 1986: Der kleine Horrorladen (Little Shop of Horrors), 1986: Drei Amigos! (Three

Amigos), 1987: Ein Ticket für Zwei (Planes, Trains & Automobiles) 1988: Zwei hinreißend verdorbene Schurken (Dirty Rotten Scoundrels), 1989: Eine Wahnsinnsfamilie (Parenthood) 1990: Das Schlitzohr von der Mafia (My Blue Heaven), 1991: Grand Canyon – Im Herzen der Stadt (Grand Canyon) 1991: Vater der Braut (Father of the Bride), 1992: Housesitter – Lügen haben schöne Beine (House Sitter); 1992: Der Schein-Heilige (Leap of Faith), 1993: ... und das Leben geht weiter (And the Band Played On), 1994: Lifesavers – Die Lebensretter (Mixed Nuts), 1995: Ein Geschenk des Himmels – Vater der Braut 2 (Father of the Bride Part II), 1997: Die unsichtbare Falle (The Spanish Prisoner), 1999: Schlaflos in New York (The Out-of-Towners), 2001: Novocaine – Zahn um Zahn (Novocaine), 2003: Haus über Kopf (Bringing Down the House), 2003: Im Dutzend billiger (Cheaper by the Dozen), 2005: Im Dutzend billiger 2 – Zwei Väter drehen durch (Cheaper by the Dozen), 2006: Der rosarote Panther (The Pink Panther), 2008: Baby Mama, 2009: Der rosarote Panther 2 (The Pink Panther deux), 2009: Wenn Liebe so einfach wäre (It's Complicated), 2011: Ein Jahr vogelfrei! (The Big Year)

Darsteller, Drehbuch:

1987: Roxanne, 1991: L.A. Story, 1999: Bowfingers große Nummer (Bowfinger)

Die Marx Brothers

Groucho Marx (1890 – 1977), Chico Marx (1887 – 1961), Harpo Marx (1888 – 1964)

Fans der Marx Brothers sind eine eingeschworene Gemeinde, denn ihr Humor verbindet: Da kann man sich immer wieder aufs Neue über den einen oder anderen Spruch erfreuen und vor allem erbitterte Diskussionen darüber führen, welcher der Brüder denn nun der wichtigste oder witzigste war. Das

Abb. 59: Harpo, Zeppo, Chico und Groucho Marx

Geheimnis ihrer Erfolge und vor allem das Geheimnis ihres Humors hat etwas mit Ensemble-Geist zu tun: Sie waren so komisch, weil jeder eine festgelegte Rolle zu spielen hatte.

Groucho Marx ist die unverschämte Karikatur eines windigen Geschäftemachers mit angemalten Schnurrbart, protzigen Zigarren und buschigen Augenbrauen. Lüsterne Blicke nach allen Seiten abfeuernd, schleicht er mit rollenden Augen, vornüber gebeugtem Gang und wichtigtuerischer Großmäuligkeit umher, ständig auf der Suche nach neuen Opfern, um sein jeweiliges Gegenüber im Redeschwall Wort verdrehender Tiraden und beleidigender Attacken in Grund und Boden zu reden. In blitzschnellen und haarsträubenden Wortspielen verkehrt er das Gesagte ins Gegenteil und führt so die Sprache als Verständigungsmittel ad absurdum.

Chico Marx ist der clevere Immigrant, der mit seinem schrecklichen Italo-Amerikanisch grundsätzlich alles missversteht, ausgenommen wenn es darum geht, jemanden aufs Kreuz zu legen. Im Kauderwelschton seiner verqueren Logik stellt er alles in Frage und hämmert am Klavier die Gassenhauer seiner Zeit herunter, mit dem Zeigefinger die Noten wie Pointen abschießend.

Harpo ist der stumme Clown, der aussieht wie ein unschuldiges Kind und mit aggressiver Freude über seine Umwelt herfällt. Er stiehlt wie ein Rabe und lächelt wie ein Heiliger. Als liebestoller Faun hechelt er den Frauen nach, ohne mit ihnen was anfangen zu können. Von schier zwangsneurotischem Drang getrieben schneidet er alle Zipfel menschlicher Bekleidung ab und zupft mit verklärtem Gesicht sentimentale Weisen auf der Harfe. Verständlich macht er sich durch ein Lärminstrumentarium von Autohupe und Kinderflöte. Wie er die Welt nur dinglich begreift, führt er in den unendlichen Weiten seines Mantels ein ganzes Universum von Gebrauchsgegenständen mit: heißen Kaffe und brennende Lötkolben, Sägen und Feuerlöscher; alles, was gerade gebraucht wird.

Zusammen ergaben sie eine unwiderstehliche Mischung aus respektloser Angriffslust, absurdem Humor und fröhlicher Anarchie. Grundlage ihrer

Komik war die gnadenlose Demontage von Institutionen und Autoritäten – so schufen die Brüder in ihren besten Werken Momente purer Anarchie. Drei Musical-Erfolge bringen sie als Bühnenkomiker nach oben: »I'll Say, She Is« (1924), »The Cocoanuts« (1925) und »Animal Crackers« (1928). Mit der Verfilmung der beiden letzten, überaus erfolgreichen Stücke 1929 und 1930 durch die Paramount beginnt die Kinokarriere des Teams. Sie sind fortan die Anarchisten der Filmkomödie. Paramount produziert auch die nächsten Marx-Brothers-Filme: DIE MARX BROTHERS AUF SEE (MONKEY BUSINESS, 1931), BLÜHENDER BLÖDSINN (HORSE FEATHERS, 1932) und DIE MARX BROTHERS IM KRIEG (DUCK SOUP, 1933) – in diesen Filmen spielt auch der vierte Bruder Zeppo (1901 – 1979) mit, allerdings als »straight man« ohne komische Funktion.

Während sich die Handlung der Filme bei →Buster Keaton und →Charles Chaplin häufig in einer viktorianischen, also nicht mehr ganz zeitgemäßen Umwelt abspielt, spiegelt sich bei den Marx Brothers genau die Umgebung wider, wie sie zurzeit der Entstehung ihrer Filme bestand. Sie bewegten sich auf dem Boden der feinen Gesellschaft – in Hotels, Prachtvillen, in der Oper und im Sanatorium, auf dem College und im Kaufhaus, auf der Rennbahn und auf einem Luxusdampfer – und hatten nur eins Sinn: diese Welt ins Chaos zu stürzen. Wo alle andere Komiker sich gegen die Tücken der Welt zur Wehr setzten, gingen sie zum Angriff über. Ihr subversiver Humor verhöhnte jede Autorität und verletzte jedes Tabu. Sie waren die APO von Hollywood, als es noch gar keine APO gab. Mit ihrer autoritätsfeindlichen Komik waren sie zu ihrer Lebzeit im Hitler-Deutschland genauso unerwünscht wie ihr Namensbruder Karl. Ihre um Jahrzehnte verspätete Kino-Entdeckung passte perfekt in das Lebensgefühl der 68er-Generation, die ihre Filme wie eine Humorbefreiung feierte und sie zu Hits in den Studenten- und Programmkinos werden ließ.

Irving Thalberg wird es zugeschrieben, dass er die Marx Brothers nach ihrem Wechsel von Paramount zu MGM dazu gebracht hat, sich von ihrem Vaudeville-Stil zu lösen, indem er ihren Filmen eine richtige Story verordnete, die eine Folie für ihre Späße bildeten. Doch das trifft nicht allein auf die Brothers zu, auch andere Komiker vollzogen Mitte der 1930er Jahre die Wandlung von der Nummernrevue zu Plots mit romantischen Liebespaaren, hinter denen dann die komischen Auftritte zurückstecken mussten. Während sich aber andere Komiker dadurch unterordnen mussten, war dies bei den Marx Brothers anders: Sie hatten weiterhin ihre oppositionelle Haltung, sie blieben Gegner der anständigen Gesellschaft – und so gehörten sie auch zu den Wegbereitern der Screwball Comedies, die Ende der 1930er Jahre mit respektlosem Humor und exzentrischen Charakteren aufwarten konnten.

Die Filme:

1929: The Cocoanuts, 1930: Animal Crackers, 1931: Die Marx Brothers auf See (Monkey Business), 1932: Blühender Blödsinn (Horse Feathers), 1933: Die Marx Brothers im Krieg (Duck Soup), 1935: Skandal in der Oper (A Night at the Opera), 1937: Die Marx Brothers: Ein Tag beim Rennen (A Day At The Races), 1938: Room Service 1939: Die Marx Brothers im Zirkus (At The Circus), 1940: Die Marx Brothers im Wilden Westen (Go West), 1941: Die Marx Brothers im Kaufhaus (The Big Store), 1946: Eine Nacht in Casablanca (A Night In Casablanca), 1949: Love Happy, 1957: The Story Of Mankind

Groucho Marx solo:

1947: Copacabana, 1950: Mr. Music 1951: Double Dynamite, 1952: A Girl In Every Port, 1957: Sirene in blond (Will success Spoil Rock Hunter?), 1968: Skidoo

Walter Matthau

(1920 – 2000) Walter Matthau begann seine Filmlaufbahn als finsterer Bösewicht, in Filmen wie DER MANN AUS KENTUCKY, EINSAM SIND DIE TAPFEREN, DIE 27.ETAGE oder CHARADE, bevor er ins komische Fach wechselte. Die Chance gab ihm →Billy Wilder in DER GLÜCKSPILZ (THE FORTUNE COOKIE, 1966). Darin spielt er zwar auch einen miesen Typen, er stattet aber die Figur des gerissenen Rechtsanwalts, der seinen durch einen Sportunfall verletzten Schwager zu einem Versicherungsbetrug anleitet, mit solch sarkastischer Bosheit und rhetorischem Witz aus, dass es ein Hochgenuss ist, ihm zuzusehen und zuzuhören, wie er sich aus jeder Situation herausredet. Seine Performance in Wilders hintergründiger Komödie über Geldgier und Skrupellosigkeit verhalf im zum Darsteller-Oscar und markierte den Startbeginn des Komödianten-Traumpaares Matthau / Lemmon, das sich in bewährter »alte-Streithähne-Manier« durch acht Filme hindurch zusammenrauft zu einem Freundschaftspaar, das nicht unterschiedlicher sein könnte: Walter Matthau, der schmuddelige Brummbär, und →Jack Lemmon, das akkurate Sensibelchen. Gegensätze ziehen sich eben an. Ihr nächstes Zusammentreffen war die Verfilmung des Theaterstücks von Neil Simon EIN SELTSAMES PAAR (THE ODD COUPLE, 1968). Walter Matthau führt mit seinem WG-Genossen Jack Lemmon einen pointengesättigten Zickenkrieg, in dem letztendlich Lemmons Sauberkeitswahn über Matthaus verschlamptes Lotterleben siegt. Auch noch als »alte Säcke« stellten die beiden Komiker in drei Fortsetzungen ihre ungebrochene Spiellaune unter Beweis und brachten ihre altersbedingten Macken ins Filmgeschehen zur Pointenpotenzierung ein: in EIN VERRÜCKTES PAAR – ALT VERKRACHT UND FRISCH VERLIEBT (GRUMPY OLD MEN, 1993), DER DRITTE FRÜHLING – FREUNDE, FEINDE, FISCH UND FRAUEN (GRUMPIER OLD MEN, 1995) und IMMER NOCH EIN SELTSAMES PAAR (Grumpy Old Men II, 1998). In TANGO GEFÄLLIG? (OUT TO SEA, 1997) gehen die beiden an Bord eines Kreuzfahrtschiffes, um als Eintänzer die weiblichen Passagiere bei Laune zu halten. Leider hat Matthau, im Gegensatz zu Lemmon, keine Ahnung vom Tanzen. In all seinen Filmen baute sich Matthau als Prototyp des »hässlichen« Amerikaners auf. Mit treuherzigem Blick, schmierigem Grinsen, übergroßer Schnüfflernase und einem maßlos breiten wie großsprecherischem Mundwerk latscht er mit Plattfuß und Watschelgang von einer faulen Trickserei

Abb. 60: Walter Matthau

zur anderen – als freche Verhöhnung von amerikanischer Biederkeit, Fairness und Sittsamkeit.

Unter der Regie seines Freundes Jack Lemmon spielt Matthau in OPA KANN'S NICHT LASSEN (KOTCH, 1971) einen alten Rentner, der noch einmal auf seine letzte Reise quer durch die USA geht, bevor er ins Altersheim abgeschoben wird. Die melancholische Alterskomödie besticht vor allem durch die Darstellungskunst Matthaus als altes, kauziges, zerknittertes Urgestein, das sich seine Unabhängigkeit erkämpft. Die Paar-Komik funktioniert auch ohne Lemmon in der Verfilmung von Neil Simons Broadwayerfolg DIE SUNNY BOYS (SUNSHINE BOYS, 1975). Sein Partner ist Komikerlegende George Burns, der für diese Rolle einen Oscar erhielt. Zwei ihr Leben lang verfeindete Showstars treffen zusammen für einen gemeinsamen Bühnenauftritt, der zu einer von zynischem Witz geleiteten Generalabrechnung mit der Vergangenheit wird.

Billy Wilder brachte das Paar Matthau/Lemon noch zweimal zusammen: als zerstrittenes Reporterpaar in EXTRABLATT (FRONT PAGE, 1974) und im US-Remake BUDDY BUDDY (1981) der französischen Komödie DIE FILZLAUS, in der Matthau die Lino Ventura-Rolle des Berufskillers übernimmt, der vom pausenlos Selbstmord probierenden Lemmon beim Ausüben seiner Berufstätigkeit permanent gestört wird. Noch einmal spielt Matthau einen Möchtegernmörder, dessen amateurhafte Versuche, sein frisch angetrautes Eheweib in KEINER KILLT SO SCHLECHT WIE ICH (A NEW LEAF, 1970) so schnell wie möglich zu beseitigen, um an ihr Geld zu kommen, scheitern. Die schwarzhumorige Komödie, die das feindschaftliche Verhältnis der Geschlechter und die privilegierte Rolle des Mannes satirisch beleuchtet, wurde für den Golden Globe als beste Komödie nominiert.

Mit seinem verlebten Knautschfaltengesicht, seinem treuherzigen Schlafzimmerblick und lausbübischen Schwerenötercharme turtelte Matthau durch leichtgewichtige Liebeskomödien, die den Geschlechterkrieg in bester Screwball Tradition fortführten. In DIE KAKTUSBLÜTE (CACTUS FLOWER, 1969) kann er sich nicht entscheiden zwischen seiner chaotischen Junggeliebten Goldie Hawn und seiner altjüngferlichen Sprechstundenhilfe Ingrid Bergman. Als älterer Chirurg, der sich nach dem Tod seiner Frau sexuell austoben will, wird er in HAUSBESUCHE (HOUSE CALLS, 1978) von einer Ex-Patientin eines Besseren belehrt. In der Musical-Verfilmung HELLO DOLLY (1969) wird der miesepetrige Junggeselle Matthau als renitenter, aber wehrloser Eheaspirant von der quirligen Barbra Straisand in Grund und Boden geredet und gesungen.

Ein Besetzungsclou der besonderen Art ist die Personifikation des Nobelpreisträgers Albert Einstein durch Walther Matthau in I.Q. – LIEBE IST RELATIV (I.Q., 1994), der uns Zuschauer glauben lässt, Albert Einstein habe immer so ausgesehen wie Walter Matthau. Mit Genugtuung registrieren wir normal sterblichen Filmbetrachter, dass dem weisen Wissenschaftsgenie die Lösung der profanen Liebesprobleme seiner Nichte schwieriger erscheint als die Komplexität der Relativitätstheorie. Von hohem Anspruch getragen ist der Regieversuch Matthaus, Truman Capotes Roman DIE GRASHARFE (THE GRASS HARP, 1995) ins Filmische zu übertragen. Doch die poetische Leichtigkeit der Romanvorlage gleitet ab in schwülstigen Bilderkitsch und sentimentale Bedeutungsschwere.

Sein letzter Film wirkt in nachhinein wie eine Vorahnung des eigenen Todes. So stirbt er in AUFGELEGT! (HANGING UP, 2000) einen vergnüglichen Leinwandtod, nachdem er seine drei Töchter mit seiner Lebenslust wie seiner Demenz gehörig auf Trab gebracht hat. Matthau spielt diese Rolle mit einer Intensität, in der immer das Wissen mitschwingt, dass es endgültig zu Ende geht. Matthau stirbt drei Monate vor seinem 80. Geburtstag an einem Herzinfarkt. Seine in einem Interview erörterte Befürchtung, er werde noch in den Armen Jack Lemmons sterben, fand nach seinem Tod eine schöne Annäherung. Jack Lemmon, der knapp ein Jahr später starb, wurde direkt neben Matthau auf dem Pierce Brothers Westwood Memorial Park in Los Angeles begraben. Im Tode vereint – eine einzigartige Komikerära findet so einen wunderbar endgültigen Abschluss.

Die Komödien:

1966: Der Glückspilz (The Fortune Cookie), 1968: Ein seltsames Paar (The Odd Couple), 1968: Candy, 1969: Die Kaktusblüte (Cactus Flower), 1970: Keiner killt so schlecht wie ich (A New Leaf), 1970: Hotelgeflüster (Plaza Suite), 1971: Opa kann's nicht lassen (Kotch), 1972: Peter und Tillie (Pete 'n' Tillie), 1974: Extrablatt (The Front Page), 1975: Die Sunny Boys (The Sunshine Boys), 1976: Die Bären sind los (The Bad News Bears), 1978: Hausbesuche (House Calls), 1978: Der Champion (Casey's Shadow), 1978: Das verrückte California-Hotel (California Suite), 1980: Ein reizender Fratz (Little Miss Marker), 1980: Agentenpoker (Hopscotch), 1981: Buddy Buddy, 1982: Eigentlich wollte ich zum Film (I Ought to Be in Pictures), 1983: Die Überlebenskünstler (The Survivors), 1986: Piraten (Pirates), 1988: Ein himmlischer Teufel (Il piccolo diavolo), 1988: Der Couch-Trip (The Couch Trip), 1993: Ein verrücktes Paar (Grumpy Old Men), 1993: Dennis (Dennis the Menace), 1994: I.Q. – Liebe ist relativ (I.Q.), 1995: Die Grasharfe (The Grass Harp), 1995: Der dritte Frühling – Freunde, Feinde, Fisch & Frauen (Grumpier Old Men), 1996: Ich bin nicht Rappaport (I'm Not Rappaport), 1997: Tango gefällig? (Out to Sea) 1998: Immer noch ein seltsames Paar (The Odd Couple II), 2000: Aufgelegt! (Hanging Up)

Bette Middler

Abb. 61: Bette Middler mit Woody Allen in EIN GANZ NORMALER HOCHZEITSTAG

(*1945) Bette Middler hatte sich schon als Sängerin im Showgeschäft einen Namen auf Enfant Terrible gemacht, als sie in THE ROSE (1979) mit ihrem ersten großen Filmauftritt in der Lebensbiographie der Blues-Sängerin Janis Joplin Furore machte – eine Rolle, für die sie mit dem Golden Globe ausgezeichnet wurde. Ein Jahr später wurde auch ihre Bühnenshow DIVINE MADNESS als Konzertfilm verfilmt. Ihre Erfolgsstory als Entertainerin im Musikgeschäft der 1970er Jahre war von Drogenexzessen, Alkoholsucht und einem Nervenzusammenbruch begleitet, was ihrer einfühlsamen Interpretation der Janis Joplin-Rolle gewiss zugute kam. Über ihr damaliges Leben erzählt sie heute: »Männliche Rocker dürfen ständig betrunken, zügellos und maßlos sein. Frauen dürfen nicht betrunken und maßlos sein, weil sie früher oder später daran sterben. Uns fehlt die Konstitution. Wir sind zerbrechlicher und schwächer – rein physisch. Wir müssen besser auf uns aufpassen. Und Exzesse sieht man uns sofort an. Wer will denn so desolat aussehen? Ich habe meine Lektion sehr früh gelernt: Du gehst zu weit, und das hat Konsequenzen. Ich habe immer davon geträumt, von diesem Beruf leben zu können. Und diese Träume wollte ich nicht aufgeben, um zu saufen und Drogen zu nehmen. Ich liebe Rock 'n' Roll, aber der Lifestyle gefällt mir nicht.«

In ihren Kinofilmen stellte sie ihr tolles komödiantisches Talent unter Beweis als furienhafter Weibsteufel, der ihre These »Lieber aufregend hässlich als nichtssagend schön« in temperamentvolle und schrille Komik umsetzt: in ZOFF IN BEVERLY HILLS (DOWN AND OUT IN BEVERLY HILLS, 1986) als neureich-neurotische Ehefrau, in DIE UNGLAUBLICHE ENTFÜHRUNG DER VERRÜCKTEN MRS. STONE (RUTHLESS PEOPLE, 1986) als renitentes Entführungsopfer, in NICHTS ALS ÄRGER MIT DEM TYP (OUTRAGEUS FORTUNE, 1987) als exaltierte Schauspiel-Rivalin um den gleichen Liebhaber, in ZWEI MAL ZWEI (BIG BUSINESS, 1988) als verwechseltes Zwillingspaar, in EIN GANZ NORMALER HOCHZEITSTAG (SCENES FROM A MALL, 1991) als von →Woody Allen betrogene Ehefrau, in CLUB DER TEUFELINNEN (THE FIRST WIVES CLUB, 1996) als weiblicher Rachenengel an männlicher Untreue, in DER FALL MONA (DROWNING MONA, 2000) als extreme Weibsteufelin, die alle so nervt, dass jeder Grund zu ihrer Ermordung hat. Parallel zum Filmgeschäft, das sie als Erholung vom schwierigen Showbusiness betrachtet, nahm sie weiterhin Schallplatten auf und erweiterte ihr musikalisches Repertoire in Richtung Musical, Jazz, Chanson und Disco.

Die Filme:

1966: Hawaii, 1969: Goodbye, Columbus, 1979: The Rose, 1980: Divine Madness (Konzertfilm), 1982: Verhext (Jinxed!), 1986: Zoff in Beverly Hills (Down and Out in Beverly Hills), 1986: Die unglaubliche Entführung der verrückten Mrs. Stone (Ruthless People), 1987: Nichts als Ärger mit dem Typ (Outrageous Fortune), 1988: Zwei mal Zwei (Big Business), 1988: Freundinnen (Beaches), 1990: Stella, 1991: Ein ganz normaler Hochzeitstag (Scenes from a Mall 1991:

For the Boys – Tage des Ruhms, Tage der Liebe (For the Boys), 1993: Hocus Pocus – Drei zauberhafte Hexen (Hocus Pocus), 1995: Schnappt Shorty (Get Shorty), 1996: Der Club der Teufelinnen (The First Wives Club), 1997: Noch einmal mit Gefühl (That Old Feeling), 2000: Der Fall Mona (Drowning Mona), 2000: Was Frauen wollen (What Women Want), 2000: Ist sie nicht großartig? (Isn't She Great), 2004: Die Frauen von Stepford (The Stepford Wives), 2007: Then She Found Me, 2008: The Women, 2012: Die Bestimmer (Parental Guidance)

Monty Python

John Cleese (*1939), **Terry Gilliam** (*1940), **Graham Chapman** (1941 – 1989), **Terry Jones** (*1942), **Eric Idle** (*1943), **Michael Palin** (*1943)

Abb. 62: Montiy Python sind (v.l.): Terry Jones, Graham Chapman, John Cleese, Eric Idle, Terry Gilliam und Michael Palin

Niemand verkörperte den antiautoritären Zeitgeist der 1970er Jahre besser als die englische Komikergruppe Monty Python. Obwohl es stets ihr Bestreben war, den allermöglichst größten Unsinn zu verzapfen, waren die Monty Pythons hoch gebildet, kamen sie doch von den Eliteuniversitäten Oxford und Cambridge, bis auf →Terry Gilliam, der aus Amerika zu ihnen stieß und anfangs nur bizarre Trickfilme als Intermezzo zwischen ihre Sketche schob. Ihr Blödsinn war höherer Blödsinn, der mit respektlosen Albernheiten, geschmacklosen Scherzen, schrillen Szenen, schwarzem Humor und anarchischem Witz die heiligen Kühe bürgerlicher Wertvorstellungen und alle Tabus der britischen Gesellschaft schlachtete. Ziel ihrer subversiven komischen Attacken sind Autoritäten und Respektpersonen aller Art, ob die Queen oder die Militärkaste,

Polizisten und Aufsichtsratvorsitze, Tierladenbesitzer und Eheberater, Bergsteiger und Tierbändiger, Gentlemen, die einen Wettbewerb für den Obertrottel der feinen Gesellschaft austragen, und brutale Witwen, die eine ganze Stadt terrorisieren. Die absurde Welt der Monty Pythons ist eine Welt komischer Katastrophen und lächerlicher Alltagsmenschen.

Geschrieben und inszeniert haben die Monty Pythons ihre Texte selber. Wie das funktionierte, hat John Cleese so beschrieben: »Wir waren nie große Theoretiker, unsere Richtung entdeckten wir quasi, indem wir uns hinsetzten und schauten, was nach einer Arbeitssitzung auf unseren Zetteln stand. Die zweite Phase bestand darin, dass wir uns alle in einem Raum zusammensetzten und nicht nur drei Minuten witziges Material schrieben, sondern die fertigen Dreiminüter sinnvoll aneinander reihten. Es war ein Gefühl enormer Befreiung, ein Energieschub, als man die einengenden Mauern durchbrach und plötzlich entdeckte, welche Möglichkeiten sich ringsherum boten.«

Für die BBC drehten sie von 1969 bis 1974 insgesamt 45 Folgen ihrer alle TV-Maßstäbe brechenden Serie »Monty Python's Flying Circus«, die nach der ersten Schockwirkung schnell Kult wurde. Unter dem Motto »And Now For Something Completely Different« schnitten sie eine Auswahl der irrsinnigsten Szenen, Trickfilme und Sketche zu ihrem ersten Kinofilm zusammen: DIE WUNDERBARE WELT DER SCHWERKRAFT. Bei ihrem ersten richtigen Kinofilm DIE RITTER DER KOKOSNUSS (MONTY PYTHON AND THE HOLY GRAIL, 1975) führten Terry Jones und Terry Gilliam gemeinsam Regie, wobei nicht immer klar war, wer das Sagen hatte, was den leicht chaotischen Handlungsverlauf erklären mag. Das war aber auch egal angesichts eines Bombardements irrwitziger Gags, mit denen das Genre der Ritter- und Kostümfilme parodiert wurde. Terry Jones inszenierte dann allein, aber natürlich mit dem kompletten Python-Team als Drehbuchautoren DAS LEBEN DES BRIAN (LIFE OF BRIAN, 1979), der als der beste und erfolgreichste Monty Python-Film gilt. Erstmals ordneten sich ihre Sketche einer stringenten Handlung unter, die in Abwandlung der Bibelgeschichte vorführt, wie ein junger

Mann mit Jesus verwechselt und von seiner Anhängerschar zum Märtyrer gemacht wird. Ans Kreuz genagelt singt er fröhlich mit »Always Look on the Bright Side of Life« sein Abschiedslied, das auch außerhalb des Kinokontexts zum Hit wird. Obszöne Respektlosigkeit warfen christliche und orthodoxe Kreise dieser von himmelschreiender Komik erfüllten Parodie auf Bibelschinken und die Auswüchse von religiösem Fanatismus vor und sorgten in USA, England und Norwegen für Aufführungsproteste. Ebenfalls von Terry Jones inszeniert wurde der Episodenfilm DER SINN DES LEBENS (THE MEANING OF LIFE, 1983), der als satirische Nummerrevue allen Lebensstationen von der Wiege bis zur Bahre auf der Suche nach dem Sinn des Lebens nachgeht und sie in den Kapiteln Geburt, Religion, sexuelle Aufklärung, Krieg, Organspende, Essen und Tod mit typischer Monty Python-Komik abhandelt.

Nach diesem Film trennte sich die Gruppe, traf sich in vereinzelt in Filmen wieder wie in JABBERWOCKY, TIME BANDITS, MAGERE ZEITEN, BRAZIL, ERIC DER WIKINGER oder EIN FISCH NAMENS WANDA. Karriere machte vor allem John Cleese in zahlreichen »normalen« Filmauftritten, von denen seine Rolle als überkorrekter Schuldirektor, der in CLOCKWISE - RECHT SO, MR. STIMPSON (1986) vom rechten Weg abkommt, eine seiner besten und vielschichtigsten Darstellungen ist. Für diese Rolle wurde er mit dem Evening Standard British Filmaward ausgezeichnet. Seine Fernsehserie »Fawlty Towers«, in der er als überforderter Hotelmanager auftritt, wurde Kult.

Die Filme:

1971: And Now For Something Completely Different (Monty Pythons wunderbare Welt der Schwerkraft), 1975: Monty Python and the Holy Grail (Die Ritter der Kokosnuß), 1979: Life of Brian (Das Leben des Brian), 1982: Live at the Hollywood Bowl (Monty Python Live at the Hollywood Bowl), 1983: The Meaning of Life (Monty Python's - Der Sinn des Lebens)

Dudley Moore

(1935 – 2002) Dudley Moore begann seine Karriere als Jazzmusiker und Komponist. Er hatte sein eigenes Trio (The Dudley Moore Trio) und spielte mit im Johnny Dankworth Jazz Orchestra. Als Komiker betätigte er sich in der Satiregruppe Beyond the Fringe und in der Fernsehserie »Not Only, But Also«. Erste Filmauftritte hatte er in der schwarzhumorigen Groteske LETZTE GRÜSSE VON ONKEL JOE (THE WRONG BOX, 1966), in →Stanley Donens moderner *Faust*-Variante MEPHISTO '68 (BEDAZZLED, 1967), in der spleenigen Autorennenparodie MONTE CARLO RALLEY (MONTE CARLO OR BUST, 1969), in →Richard Lesters Endzeit-Satire DANACH (THE BEDSITTING ROOM, 1969), in der Gaunerkomödie EINE GANZ KRUMME TOUR (FOUL PLAY, 1978) und in Paul Morisseys Conan Doyle-Verfilmung DER HUND VON BASKERVILLE (THE HOUND OF THE BASKERVILLES, 1978).

Abb. 63: Dudley Moore (rechts) mit John Gielgud in ARTHUR

Sein Durchbruch kam 1979 mit ZEHN – DIE TRAUMFRAU (TEN) als von der Midlife Crisis geplagter Komponist, der von Bo Derek in Verführung geführt wird. Die amüsante Suche nach der Traumfrau gerät für ihn, der mit seiner kleinwüchsigen Statur kaum zum Sexprotz taugt, zur Suche nach sich selbst. Bo Derek wurde durch diesen Film zum Sexsymbol der 1980er Jahre und das zu Verführungszwecken eingesetzte Maurice Ravel-Stück »Bolero« zum Klassik-Hit. Als stets besoffener Millionärerbe stolpert Dudley Moore mit ARTHUR – KEIN KIND VON TRAURIGKEIT (ARTHUR, 1981) zu seinem nächsten

Kinohit. Von seinem Vater zu einer standes- und erziehungsgemäßen Hochzeit mit einer Anti-Alkoholikerin gezwungen, lässt er sich lieber mit einer alkoholfreudigen Kellnerin ein. Dudley Moore kultiviert erneut den Part des Lausbubs im Manne und strahlt unbändige Lebensfreude aus. Liza Minelli wurde für ihre Darstellung als Kellnerin und Möchtegern-Schauspielerin für dem Golden Globe nominiert, Dudley Moore erhielt ihn als Hauptdarsteller. Bezog diese filmische Hymne auf einen glücklichen Trinker ihren Witz gerade daraus, dass dieser keinerlei Ambitionen hegt, auf seine Umwelt angemessen normal und nüchtern zu reagieren, so verlor die Figur des »Happy Drinker« in der Filmfortsetzung ARTHUR 2 – ON THE ROCKS (1988) ihren Witz in ihrem Bemühen, das Alkoholproblem zu lösen. Die Komödie wird automatisch zur Tragödie.

Noch einmal erhielt Dudley Moore den Golden Globe für seine Darstellung in MICKI + MAUDE (1984) als TV-Moderator, der seine Liebe zu seiner Frau und zu seiner Geliebten so gerecht aufteilt, dass beide gleichzeitig schwanger werden. Um niemand zu verletzen wird er zum Bigamisten. →Blake Edwards, der schon Dudley Moores ersten Kinohit TEN inszeniert hatte, gelang im leichten Spiel mit Geschlechter- und Verwechslungsrollen eine Bigamie-Satire, der die New York Times »feydeaueske Qualitäten« bescheinigte. Ein Jahr vor seinem Tod wurde Dudley Moore mit dem Commander des Order of the British Empire ausgezeichnet.

Die Filme:

1966: Letzte Grüße von Onkel Joe (The Wrong Box), 1967: Bedazzled, 1968: Trau keinem über 30 (30 is a Dangerous Age, Cynthia), 1969: Monte Carlo Rallye (Monte Carlo or Bust), 1969: Danach (The Bed-Sitting Room), 1972: Alice im Wunderland (Alice's Adventures in Wonderland), 1978: Eine ganz krumme Tour (Foul Play), 1978: Der Hund von Baskerville (The Hound of the Baskervilles), 1979: Zehn – Die Traumfrau (10), 1980: Oh, Moses! (Wholly Moses!), 1981: Arthur – Kein Kind von Traurigkeit (Arthur), 1982: Six Weeks, 1983: Jason, die Flasche (Romantic Comedy), 1983: Lovesick - Der liebeskranke Psychiater (Lovesick), 1984: Bitte nicht heut' nacht (Unfaithfully Yours) 1984: Angriff ist die beste Verteidigung (Best Defense), 1984: Micky + Maude, 1985: Santa Claus, 1987: Wie der Vater, so der Sohn (Like Father Like Son), 1988: Arthur 2 – On the Rocks, 1990: Nichts ist irrer als die Wahrheit (Crazy People), 1992: Irren ist mörderisch (Blame it on the Bellboy)

Hans Moser

(1880 – 1964) Er war das nuschelnde Wiener Original, und durch seinen unverwechselbaren Sprechduktus mit missmutigem Granteln, galligem Maulen, atemlosem, sich verhaspelndem Meckern gegen Gott, die Welt und die Ordnung könnte sein Name der etymologische Ursprung des Verbes »mosern« sein. Seine Domäne

Abb. 64: Hans Moser in
EINMAL DER LIEBE HERRGOTT SEIN

waren Dienstmänner, Kellner, Hausmeister – die kleinen Leute, die Zukurzgekommenen und Geschundenen. Sie sind eigensinnig, kauzig und engstirnig, dabei aber warmherzig, ja sentimental: romantische Seelen, die sich durchs Leben nörgeln. Moser kannte das, was er spielte. Lange genug hat er sich als einer der ihren durchs Leben geschlagen.

Er war schon jenseits der 40, als endlich der Erfolg kam. Er begann seine Karriere als Theaterschauspieler, unter anderem bei Max Reinhardt, der ihn in den 1920er Jahren für ein großes Publikum entdeckt und dauerhaft engagiert hat – in Salzburg, Berlin und im Wiener Theater in der Josefstadt. Sein Filmdebüt gab Moser bereits 1922, der Durchbruch auf der Leinwand gelang ihm aber erst 1933 in dem Willi-Forst-Film LEISE FLEHEN MEINE LIEDER. Im Verlauf seiner Karriere hat er in mehr als 150 Filmen mitgespielt. Max Reinhardt bezeichnete ihn als »Wahr-Spieler«, Schauspielpartner Paul Hörbiger nannte ihn »ein Genie« und Fritz Muliar konstatierte: »Der Moser ist bis heute gültig!« Hans Moser ist ein einzigartiger Menschendarsteller, er war festgelegt auf den komischen Typen, selbst schätzte er allerdings mehr Rollen voller Tragik und echtem Tiefgang wie DAS GÄSSCHEN ZUM PARADIES (1936) und HERRN JOSEFS LETZTE LIEBE (1959).

Auf dem Gipfel seiner Popularität während des Zweiten Weltkrieges versuchte Hans Moser seine jüdische Frau Blanca zu schützen, indem er einen Brief an Adolf Hitler schrieb, doch der Brief zeigte keine Wirkung: Blanca musste 1939 nach Budapest flüchten und war viele Jahre von ihrem Mann getrennt. Moser überwies seiner Frau regelmäßig einen Teil seiner Gagen und fuhr so oft wie möglich nach Budapest, um sie zu treffen. Infolge der ihn »belastenden« Ehe verweigerten ihm die Nazis die für Dreharbeiten unbedingt nötige Mitgliedsnummer in der Reichsfilmkammer, doch sie brauchten den Komiker Moser, der zu den Lieblingsschauspielern des Führers zählte. Deshalb bekam Moser – wie auch seine mit Jüdinnen verheirateten Kollegen →Heinz Rühmann, →Theo Lingen und Leo Slezak – vom Propagandaminister Goebbels eine »Sondergenehmigung«, um weiter arbeiten zu können. Zahlreiche Versuche, ihn zur Scheidung von seiner Frau zu bewegen, lehnte Moser dezidiert ab, nach dem Krieg lebten sie wieder zusammen. Aus Erzählungen Paul Hörbigers ist bekannt, dass Hans Moser mit der Widerstandsbewegung sympathisierte, deren Mitglied Hörbiger selbst gegen Kriegsende gewesen ist: »Der Hans hatte nicht den Mut, sich uns anzuschließen, da er wegen seiner Frau ohnehin überaus gefährdet war«, vertraute Paul Hörbiger dem Autor Georg Markus an.

Zusammen mit Heinz Rühmann (Dreizehn Stühle, 1938), Theo Lingen (Opernball, 1939) und Peter Alexander (Die Fledermaus, 1962) hat Hans Moser das Publikum in Scharen in die Kinos gelockt. Besonders in Erinnerung geblieben sind die Komödien, die er gemeinsam mit Paul Hörbiger gedreht hat: Wir bitten zum Tanz (1941), Schrammeln (1944), Der Hofrat Geiger (1947), Hallo Dienstmann (1952) und Ober zahlen (1957). Der zweifache Oscar-Preisträger Christoph Waltz hat in mehreren Interviews beteuert, dass er von Hans Mosers Schauspielkunst fasziniert sei und dieser für ihn die Wahrhaftigkeit und Ernsthaftigkeit des Schauspielers an sich verkörpere: »Der Moser war immer die Hauptrolle.«

Komödienauswahl:

1930: Geld auf der Straße, 1930: Liebling der Götter, 1931: Man braucht kein Geld, 1931: Eine Nacht im Grandhotel, 1933: Leise flehen meine Lieder, 1934: Maskerade, 1935: Der Himmel auf Erden, 1935: Familie Schimek, 1935: ... nur ein Komödiant, 1936: Burgtheater, 1936: Ungeküsst soll man nicht schlafen geh'n, 1936: Konfetti, 1937: Der Mann, von dem man spricht, 1937: Mein Sohn, der Herr Minister, 1937: Die Fledermaus, 1938: Dreizehn Stühle, 1938: Es leuchten die Sterne, 1939: Das Ekel, 1939: Opernball, 1939: Menschen vom Varieté, 1939: Anton der Letzte, 1940: Wiener G'schichten, 1940: Sieben Jahre Pech, 1940: Der Herr im Haus, 1940: Rosen in Tirol, 1941: Wir bitten zum Tanz, 1942: Wiener Blut, 1942: Sieben Jahre Glück, 1943: Maske in Blau 1943: Karneval der Liebe, 1943: Abenteuer im Grandhotel, 1944: Schrammeln, 1947: Der Hofrat Geiger, 1948: Der Herr Kanzleirat, 1949: Wiener Mädeln, 1950: Der Theodor im Fußballtor, 1950: Jetzt schlägt's 13, 1950: Küssen ist keine Sünd, 1952: Hallo Dienstmann, 1953: Der Onkel aus Amerika, 1953: Einmal keine Sorgen haben, 1954: Kaisermanöver, 1955: Ja, so ist das mit der Liebe, 1955: Die Deutschmeister, 1955: Ja, ja, die Liebe in Tirol, 1955: Die Drei von der Tankstelle, 1955: Der Kongreß tanzt, 1956: Symphonie in Gold, 1956: Lumpazivagabundus, 1956: Meine Tante – deine Tante, 1956: Kaiserball, 1956: Solange noch die Rosen blühn 1957: Familie Schimek, 1957: Ober, zahlen!, 1957: Vier Mädels aus der Wachau, 1957: Die Zwillinge vom Zillertal, 1957: Die Lindenwirtin vom Donaustrand, 1957: Ober zahlen, 1958: Hallo Taxi, 1958: Gräfin Mariza 1958: Der Sündenbock von Spatzenhausen, 1958: Liebelei, 1959: Die schöne Lügnerin, 1961: Geschichten aus dem Wiener Wald, 1961: Mariandl, 1961: Der Bauer als Millionär, 1962: Drei Liebesbriefe aus Tirol, 1962: Der verkaufte Großvater, 1962: Leutnant Gustl, 1962: Die Fledermaus, 1963: Liliom

Eddie Murphy

(*1961) Der Titel seines dritten Films ANGRIFF IST DIE BESTE VERTEIDIGUNG (BEST DEFENCE, 1984) ist die Grunddevise seiner Komik, die auf einem in jeder Situation rotzfrechen Auftreten beruht und einer atemlosen Schnellsprechtechnik, die im gnadenlosen Tempo einer Maschinengewehrsalve alle Kontrahenten niederwalzt. So setzte er sich in seinem ersten Film NUR 48 STUNDEN (48 HRS., 1982) als Partner von Nick Nolte in Szene. Das nervende Plappermaul und der wortkarge Polizist, die in den Slums auf Verbrecherjagd gehen, waren auf Anhieb ein Erfolgsgespann. Die schrille Rolle des sprücheklopfenden Großmauls im Polizeidienst wiederholte er in

Abb. 65: Eddy Murphy

UND WIEDER 48 STUNDEN (ANOTHER 48 HRS., 1990) und in BEVERLY HILLS – ICH LÖS' DEN FALL AUF JEDEN FALL (1984). Die auf Eddie Murphy perfekt zugeschnittenen Filme lieferten eine glänzende Folie für die Mischung aus Spannung, Action und Humor, die in den Folgefilmen BEVERLYHILLS COP I und II zunehmend eine Tendenz zu überzogenem Klamauk und zynischen Untertönen aufwiesen.

Auch in der durchaus sozialkritischen Rollentauschkomödie DIE GLÜCKSRITTER (TRADING PLACES, 1983), in der er als Penner den Platz des reichen Brokers Dan Aykroyd einnimmt, reißt Murphy sein freches Großmaul auf, um in der Welt des Reichtums seinen Platz zu behaupten. Zahmer gibt er sich in DER PRINZ AUS ZAMUNDA (COMING TO AMERICA, 1988), wo er mit der Würde eines afrikanischen Prinzen in New York auf Brautschau geht und eine Probe leiseren Komödiantentums zum Besten gibt. In BOWFINGERS GROSSER NUMMER (BOWFINGER, 1999) dagegen wirkt sein exaltiertes Spiel in der Rolle eines egomanischen, leicht paranoiden Actionstars höchst typengerecht, den ein abgebrannter Filmregisseur (→Steve Martin) mit versteckter Kamera als unfreiwilligen Filmhelden missbraucht. Das Verwirrspiel zwischen Realität und Fiktion spart nicht mit schräg-satirischen Seitenhieben auf Hollywood und den Filmwahn.

Zwischen seinen Filmen kehrte Eddie Murphy immer wieder auf die Show- und Theaterbühne, wo er einst – Sohn eines Polizisten in Brooklyn – als Stand Up-Comédian angefangen hatte. Mit HARLEM NIGHTS (1989) versuchte er sich auch als Regisseur. Doch die Geschichte eines schwarzen Nachtclubbesitzers in den dreißiger Jahren war zu steril und klischeehaft erzählt, was die *Chicago Sun-Times* zu dem Hinweis veranlasste, Eddie Murphy benötigte einen besseren Drehbuchautor und Regisseur als sich selbst. Das Drehbuch erhielt denn auch den »Schimpf und Schande«-Preis der Goldenen Himbeere. Nach einigen Misserfolgen an der Kinokasse versuchte Eddie Murphy mit den Remakes DER VERRÜCKTE PROFESSOR (THE NUTTY PROFESSOR, 1996) und DOKTOR DOLITTLE(1998) an die Popularität seiner früheren Filme anzuknüpfen. Doch ein anderer schwarzer Komiker hatte ihm mittlerweile die Show gestohlen: →Will Smith.

Die Filme:

1982: Nur 48 Stunden (48 Hrs.), 1983: Die Glücksritter (Trading Places), 1984: Angriff ist die beste Verteidigung (Best Defense), 1984: Beverly Hills Cop – Ich lös' den Fall auf jeden Fall (Beverly Hills Cop), 1986: Auf der Suche nach dem goldenen Kind (The Golden Child), 1987: Beverly Hills Cop II, 1988: Der Prinz aus Zamunda (Coming to America), 1990: Und wieder 48 Stunden (Another 48 Hrs.), 1992: Boomerang, 1992: Ein ehrenwerter Gentleman (The Distinguished Gentleman), 1994: Beverly Hills Cop III, 1995: Vampire in Brooklyn, 1996: Der verrückte Professor (The Nutty Professor), 1998: Dr. Dolittle (Doctor Dolittle), 1998: Der Guru (Holy Man), 1999: Lebenslänglich (Life), 1999: Bowfingers große Nummer (Bowfinger), 2000: Familie Klumps und der verrückte Professor (Nutty Professor II: The Klumps), 2001: Dr. Dolittle 2, 2002: Showtime, 2002: Pluto Nash – Im Kampf gegen die Mondmafia (The Adventures of Pluto Nash), 2002: I Spy, 2003: Der Kindergarten Daddy (Daddy Day Care), 2003: Die Geistervilla (The Haunted Mansion), 2006: Dreamgirls, 2007: Norbit, 2008: Mensch, Dave! (Meet Dave), 2011: Aushilfsgangster (Tower Heist), 2012: Noch Tausend Worte (A Thousand Words)

Regie, Drehbuch, Darsteller:

1989: Harlem Nights

Bill Murray

(*1950) In einem seiner ersten Filme CADDYSHACK – WAHNSINN OHNE HANDICAP (1980) konnte Bill Murray eigene Erfahrungen miteinbringen, denn in seiner Jugend hatte er seine Ausbildung als Golfjunge finanziert. Nach abgebrochenem Medizinstudium schloss er sich einer Chicagoer Satiretruppe an und gehörte bald zum festen Autoren- und Darstellerteam der →»Saturday Night Live«-Fernsehshow. Seine Filmkarriere verdankt er dem

Abb. 66: Bill Murray

Regisseur Ivan Reitman, der ihm in BABYSPECK UND FLEISCHKLÖSSCHEN (MEATBALLS, 1979) seine erste Hauptrolle anvertraute. Mit der Militärfarce ICH GLAUB', MICH KNUTSCHT EIN ELCH (STRIPES, 1981) und dem Trickspektakel GHOSTBUSTERS – DIE GEISTERJÄGER (1984) verhalf Reitman seiner Karriere zum endgültigen Durchbruch. Nach dem Tod von John Belushi füllte Murray die Lücke im Filmtrio der Geister jagenden Parapsychologen und wurde mit seiner Figur des selbstbewussten, sarkastischen und phlegmatischen Zynikers, der durch nichts aus der Ruhe zu bringen und um keinen lakonischen Kommentar verlegen ist, zum Komikstar. Mit spöttischem Grinsen perfektionierte er dieses Rollenbild in seinen folgenden Filmen: als masochistischer Zahnarztpatient in dem Musical DER KLEINE HORRORLADEN (LITTLE SHOP OF HORRORS, 1986), als Geizhals, der zum Menschenfreund wird, in der Verfilmung von Charles Dickens Weihnachtsgeschichte DIE GEISTER, DIE ICH RIEF (SCROOGED, 1988), als persönlichkeitsgestörter Neurotiker, der seinen Psychiater in den Wahnsinn treibt in WAS IST MIT BOB? (WHAT ABOUT BOB, 1991) und in der mit ihm als Gangsterboss und mit Robert De Niro als Polizist kühn gegen den Strich besetzten Krimiromanze SEIN NAME IST MAD DOG (MAD DOG MAD GLORY, 1993). Seinen größten Erfolg aber feiert er als Reporter, der in UND TÄGLICH GRÜSST DAS MURMELTIER (GROUNDHOG DAY, 1993) in einer Zeitschleife gefangen ist und aus der Erkenntnis heraus, alles im Voraus zu wissen, beginnt, aus seinen Fehlern zu lernen und sich vom Berufszyniker zu einem toleranten Menschen wandelt.

Seit RUSHMORE (1998) zählt Bill Murray zum festen Personalstamm in →Wes Andersons skurrilem Filmuniversum, in DIE ROYAL TENENBAUMS (2001) als gehörnter Ehemann, als bizarrer Meeresbiologe in DIE TIEFSEETAUCHER (THE LIFE AQUATIC WITH STEVE ZISSOU, 2004), in DARJEELING LIMITED (2007) als zwiespältige Vaterfigur, in MOONRISE KINGDOM (2012) als Vater einer jugendlichen Ausreißerin und in THE GRAND BUDAPEST HOTEL (2014) in einer kleinen Rolle als großer Boss eines internationalen Hotelportier-Geheimbundes. Vom Komiker ist Bill Murray zum Charakterdarsteller gereift.

Als Minimalist der Schauspieltechnik genügt ihm die Mimik kleiner Gesten und Blicke, um feinste Gemütsveränderungen aufzuzeigen. In Sophia Coppolas melancholischer Tokio-Romanze LOST IN TRANSLATION (2003) begegnet er als alternder, von der Midlife Crisis heimgesuchter Schauspieler einer gelangweilten jungen Frau, die gleich ihm in orientierungsloser Jet Leg-Lethargie gefangen ist. Die feinfühlige Studie existenzieller Einsamkeit entfaltet durch ihre subtile Inszenierung und das verhaltene Spiel der Darsteller ihre eigene Magie. In Jim Jarmuschs lakonischer Tragikomödie über verpasste Lebenschancen BROKEN FLOWERS (2005) begibt sich Bill Murray auf eine Reise in die Vergangenheit und sucht seine ehemaligen Liebschaften auf, um seinen ihm unbekannten Sohn aufzuspüren. Einmal hat sich Bill Murray auch als Regisseur versucht. Doch das US-Remake des Jean-Paul Belmondo-Films DER BOSS erwies sich entgegen seinem Titel EIN VERRÜCKT GENIALER COUP (QUICK CHANGE, 1990) nicht als genialer Coup.

Auswahl der besten Komödien:

1979: Babyspeck und Fleischklößchen (Meatballs), 1980: Blast – Wo die Büffel röhren (Where the Buffalo Roam), 1980: Caddyshack – Wahnsinn ohne Handicap, 1981: Ich glaub, mich knutscht ein Elch (Stripes), 1982: Tootsie, 1984: Ghostbusters – Die Geisterjäger, 1986: Der kleine Horrorladen (Little Shop of Horrors), 1988: Die Geister, die ich rief (Scrooged), 1989: Ghostbusters II, 1990: Ein verrückt genialer Coup (Quick Change), 1991: Was ist mit Bob? (What About Bob?), 1993: Und täglich grüßt das Murmeltier (Groundhog Day), 1993: Sein Name ist Mad Dog (Mad Dog and Glory), 1994: Ed Wood, 1997: Agent Null Null Nix (The Man Who Knew Too Little), 1998: Rushmore, 2000: 3 Engel für Charlie (Charlie's Angels), 2001: Osmosis Jones, 2001: Die Royal Tenenbaums (The Royal Tenenbaums), 2003: Lost in Translation, 2003: Coffee and Cigarettes 2004: Die Tiefseetaucher (The Life Aquatic with Steve Zissou), 2005: Broken Flowers, 2007: Darjeeling Limited, 2008: Get Smart, 2012: Moonrise Kingdom, 2012: Hyde Park am Hudson, 2014: Grand Budapest Hotel (The Grand Budapest Hotel), 2014: St. Vincent

Die Kunst der Filmkomödie

Maurizio Nichetti

Abb. 67: Maurizio Nichetti in RATATAPLAN

(*1948) Zu Beginn der 1980er Jahre war Maurizio Nichetti als Autor, Regisseur und Darsteller die Komiker-Entdeckung des italienischen Kinos, gefeiert als italienischer →Woody Allen, obwohl er mit seiner stummen Komik eher an →Buster Keaton erinnert, mit dem er auch den melancholischen Blick teilt auf ein Geschehen, das ihm befremdlich erscheint. Von seiner Statur her klein und schmächtig, mit schütterem Haar, buschigen Augenbrauen, randloser Brille und wallendem Walrossschnauzbart ist er der Prototyp des weltfremden Wissenschaftlers, der realitätsblind durch das Leben stolpert. In seinem ersten Film RATATAPLAN (1979) ist er ein glückloser Ingenieur auf Jobsuche und Tagträumer, der als Alter Ego von sich einen Roboter baut, der ihm die »Drecksarbeit« des täglichen Daseins abnimmt, damit er unbehindert weiter träumen kann. Wie →Jacques Tati kommt Nichetti mit wenig Worten aus und nutzt die Tonspur vornehmlich für die akustische Vertiefung seiner Gags. Angelegt wie ein Stummfilm wirft Nichettis exzentrisches Filmdebüt einen schrullig-schrägen Blick auf die moderne Welt, das mit einer Fülle von skurrilen Einfällen und Ideen ganz vom Bild her lebt. Auf den Filmfestspielen in Venedig wurde die einfallsreiche Verbindung von ausgelassener Slapstick-Komik und gesellschaftskritischer Satire als die Filmentdeckung des Festivals gefeiert.

Der leidenschaftliche Mailänder Nichetti absolvierte sein Architekturdiplom am Polytechnischen Institut und studierte Pantomime am Piccolo Theater. Die wortlose Darstellungskunst prägt die Komik seiner Filme und seiner Figuren. Sein Filmschaffen ist eng mit dem Meister des italienischen Zeichentrickfilms verbunden: Bruno Bozzetto. Für dessen berühmte Serien-figur »Signor Rossi« schrieb Nichetti einige der Drehbücher. Gemeinsam schufen sie Italiens Antwort auf Disneys FANTASIA. In einer Mischung aus Realfilm und Zeichentrick setzt ALLEGRO NON TROPPO (1976) Musik von Debussy, Dvorak, Sibelius, Vivaldi, Strawinsky und Ravel in betörende Zeichenbilder von hohem ästhetischen Reiz und taktgenauer Bildkomik um. FANTASIA ohne Kitsch! Das Experimentieren mit einer innovativen Mischung aus Real- und Zeichentrickfilm nutzte Nichetti in VON LUFT UND LIEBE (VOLERE VOLARE, 1990) für die unterschiedlichen Metamorphosen eines schüchternen Zeichentrickfilmtoningenieurs, der sich in eine Zeichentrickfigur verwandelt, um seine erotische Träume auszuleben. In einem heiteren Spiel von Vorstellung und Wirklichkeit siegt der Wunsch über die Realität, die Utopie über das Leben.

Der Ingenieur, der sich in RATATAPLAN als sein Ebenbild einen Roboter baut und zwanzig Jahre später in HONOLULU BABY (2000) die Männerfantasie auslebt vom Dasein auf einer nur von Frauen bewohnten Karibikinsel, der Animationskünstler, der sich in LUFT UND LIEBE zur Trickfigur wandelt, der Junge, der in HO FATTO SPLASH (1980) nach zwanzig Tiefschlaf in einer ihm fremden Welt erwacht, der vierzigjährige Stefano, der in STEFANO QUANTESTORIE (1993) nach dem »Was wäre wenn«-Prinzip all seine Lebensmöglichkeiten durchspielt, was wenn er Soldat, Pilot oder Musiker geworden wäre, was wenn er Clare, Angela oder Constance geheiratet hätte – in all den Kunststücken des Filmzauberkünstlers Nichetti siegt die Kraft der Fantasie und der Imagination über die Realität.

Der kritische Blick auf die filmische Wirklichkeit zeichnet vor allem Nichettis Hauptwerk aus: DIE SEIFENDIEBE (Ladri di Saponette, 1988). Der vielschichtige Film spielt auf vier verschiedenen Ebenen: Da ist eine ganz normale italienische Familie, die sich einen Film im Fernsehen ansieht. Da ist der Film selbst, im neorealistischen Filmstil schwarzweiß gedreht. Da ist die knallbunte Welt der Werbefilme, die den Film alle zehn Minuten unterbricht. Und da ist Maurizio Nichetti als Filmregisseur, der im Fernsehstudio auf sein Interview wartet und voller Schrecken erleben muss, wie sich Film-

und Werbewelt unaufhaltsam gegenseitig vermischen. Die Helden des Films finden sich plötzlich in der Werbewelt wieder und die Figuren der Werbespots platzen in das Filmgeschehen. Filmkunst und Werbewelt gehen nahtlos ineinander über. Der Regisseur selbst taucht vergeblich in das Filmgeschehen ein. Längst haben seine Filmfiguren ihr Eigenleben entwickelt und sind den Verlockungen der Werbeindustrie erlegen.

Selten wurden die Sendestrukturen des Fernsehens und ihre Auswirkungen auf die Gesellschaft so spielerisch wie vergnüglich dargestellt. Die 1990 mit dem Golden Globe als beste Komödie ausgezeichnete Filmsatire auf Fernsehen und Werbung unterscheidet sich von anderen Filmen dieser Thematik durch die Unbekümmertheit, mit der Nichetti die Kultur der Filmgeschichte plündert und mit der kulturlosen Werbewelt vermischt. Es ist diese Hintergründigkeit seiner Komik, die Maurizio Nichetti über den reinen Spaßmacher und Kinoclown hinaus erhebt.

Darsteller:

1976: Allegro non troppo, 1983: Duell der Besten (I Paladini. Storia d'armi e d'amori)

Regie, Drehbuch, Darsteller

1979: Ratataplan – Ein Versager schlägt zurück (Ratataplan), 1980: Ho fatto splash, 1988: Die Seifendiebe (Ladri di saponette), 1990: Von Luft und Liebe (Volere volare), 1993: Stefano Quantestori e, 1997: Luna e l'altra, 2000: Honolulu Baby

Drehbuch:

1994: Held der zwei Welten (L'eroe di due mondi)

Drehbuch, Regie:

1995: Free Snowball – Rettet den weißen Wal (Palla di neve)

Leslie Nielsen

(1926 – 2010) Lieutenant Frank Drebin – das war die Rolle seines Lebens, erst spielte er sie in der sechsteiligen TV-Serie »Die nackte Pistole« (»Police Squad!«, 1982), danach in der Komödienreihe DIE NACKTE KANONE (THE NAKED GUN: FROM THE FILES OF POLICE SQUAD!, 1988). Obwohl in der Serie die gleichen Charaktere wie in den Filmen auftreten, wirken nur Leslie Nielsen und Ed Williams in beiden mit. Es folgten DIE NACKTE KANONE 2½ (THE NAKED GUN 2½: THE SMELL OF FEAR, 1991) und DIE NACKTE KANONE 33⅓ (NAKED GUN 33⅓: THE FINAL INSULT, 1994), in denen der Schauspieler als durchgeknallter Chaos-Cop die Lachmuskeln strapazierte. Mit Dialogen für die Ewigkeit. Frank Drebin: »Das ist im Rotlichtbezirk. Ich frage mich, was Savage in dieser Gegend zu suchen hat«. Ed (sein Chef): »Sex, Frank?« Frank: »Nein, im Moment lieber nicht, Ed. Wir haben zu viel Arbeit.« Oder Franks Begrüßung mit dem Gangsterboss, der ihm eine Zigarre anbietet. Gangster: »Kubaner?« Frank: »Nein, Halbire. Mein Vater stammt aus Wales.« Oder wenn Jane (Priscilla Presley) und Frank in einem Restaurant sitzen und Jane zum Pianisten sagt: »Spiel unser Lied, Sam«. Der schmettert daraufhin: »Ding Dong, die Hexe ist tot.«

Abb. 68: Leslie Nielsen in DIE NACKTE KANONE 33 ⅓

Als Sohn eines kanadischen Bergpolizisten kam Leslie Nielsen in Regina, Saskatchewan, zur Welt. Er besuchte in Edmonton, Alberta, die High-School und diente anschließend bei der kanadischen Luftwaffe. Seine Karriere im Entertainment startete er als Discjockey und Ansager einer Radiostation aus Calgary. In Toronto nahm er Schauspielunterricht bei Lorne Greenes Academy of Radio Arts, wo er ein Stipendium für das Neighborhood Playhouse von New York City abgriff. In New York vervollständigte er bei Sanford Meisner seine Schauspielausbildung und nahm Tanzunterricht bei Martha Graham. Er trat in mehreren Aufführungen des renommierten Actors Studio auf und war 1950 in »Studio One« neben Charlton Heston erstmals im amerikanischen Fernsehen zu sehen. 1956 erhielt er sein erstes Filmangebot. Unter der Regie von Michael Curtiz spielte er in der Paramount-Produktion KÖNIG DER VAGABUNDEN (THE VAGABOND KING), und mit seiner ersten größeren Kinorolle in ALARM IM WELTALL (FORBIDDEN PLANET, 1956) kam seine Karriere in Fahrt. Er unterzeichnete einen längerfristigen Vertrag bei der MGM und erschien in Filmen wie MENSCHENRAUB (RANSOM!, 1956), DAS SCHWACHE GESCHLECHT (THE OPPOSITE SEX, 1956), IN COLORADO IST DER TEUFEL LOS (THE SHEEPMAN, 1958) und DREI FREMDENLEGIONÄRE (BEAU GESTE, 1966). Nielsen hatte Gastauftritte in Fernsehserien wie »Bonanza«, »Columbo«, »Die Straßen von San Francisco« und »Golden Girls«, insgesamt wirkte er in mehr als 100 Kinofilmen mit. Doch erst jenseits der 50 sollte ihm als Lieutenant Frank Drebin der große internationale Durchbruch gelingen.

Die NACKTE KANONE-Filme gehen auf das Konto des Filmemacher-Trios →Jim Abrahams, Jerry und David Zucker oder kurz »ZAZ«, denen unter anderem mit TOP SECRET! (1984) und DIE UNGLAUBLICHE REISE IN EINEM VERRÜCKTEN FLUGZEUG (AIRPLANE!, 1980) noch ähnliche Slapstick-Kracher gelangen. In AIRPLANE! hatte auch Leslie Nielsen als Dr. Rumack eine Rolle. Seither war der gebürtige Kanadier auf das Klamauk-Fach abonniert. Auf die NACKTE KANONE folgten zahlreiche Komödien mit dem Star – von AGENT 00 - MIT DER LIZENZ ZUM TOTLACHEN (SPY HARD, 1996) über MR. MAGOO (1997), LESLIE NIELSEN IST SEHR VERDÄCHTIG (WRONGFULLY ACCUSED, 1998), DIE VERRÜCKTE KANONE (FAMILY PLAN, 1998) und 2002 - DURCHGEKNALLT IM ALL (2001: A SPACE TRAVESTY, 2000) bis hin zu Auftritten in den Teilen drei und vier der SCARY MOVIE-Reihe. Doch keiner der Filme erreichte einen ähnlichen Kultstatus wie DIE NACKTE KANONE.

Leslie Nielsen wusste natürlich, dass alle anderen Drebin für einen ziemlich bescheuerten Knallkopf halten. Gleichwohl hielt sich der skurrile Polizei-Offizier nach Nielsens Ansicht für Gottes Gabe an die Menschheit: »Drebin nimmt alles, was er tut, sehr ernst. Die Arbeit bei der Polizei ist ja schließlich auch eine ernste Angelegenheit. Und sie ist seine Berufung. Drebin geht mit Kopf und Kragen in seinem Job auf. Na gut, meinetwegen ein bisschen mehr mit dem Kragen. Es steckt ein bisschen was von Hamlet in ihm, wie ich überhaupt meine, dass jeder von uns so eine Art Hamlet ist. Ich meine das nicht im melancholischen Sinn. Ich will auch nicht als Monarchist missverstanden werden. Aber ich denke, wir sollten alle etwas mehr das Dänische in uns pflegen - vor allem früh am Morgen.«

Seine letzte Kinorolle spielte Leslie Nielsen 2009 in der Horrorfilm-Parodie STAN HELSING. Am 28. November 2010 starb er im Alter von 84 Jahren an den Folgen einer Lungenentzündung in Florida. Von seinen großen Vorbildern →Laurel & Hardy übernahm Leslie Nielsen die tollpatschige Naivität und vor allem deren Zerstörungswut. Als Lebensleistung kann er beanspruchen, bei einem Bankett auf die Queen gesprungen und dann hart auf dem Boden gelandet zu sein, was zu kompromittierenden Fotos führte, jedenfalls 1988 in DIE NACKTE KANONE. 1993 veröffentlichte er seine Autobiografie THE NAKED TRUTH, auch hier blieb er seiner Rolle treu und erzählte sein Leben in etlichen Fake-Kapiteln und schrägen Fotomontagen: So drehte er angeblich mit Fred Fellini LA BESSA ME MUCHO, hatte Affären mit Liz Taylor (bei WER HAT ANGST VOR VIRGINIA WOOLF?), Grace Kelly und Brigitte Bardot, gewann locker zwei Oscars, gehörte zum bekannten »Rat Pack« und landete wegen Witzsucht in einer Entzugsklinik.

Die Komödien:

1980: Die unglaubliche Reise in einem verrückten Flugzeug (Airplane!), 1982: Die nackte Pistole (Police Squad!), 1983: Trottel im Weltall (The Creature Wasn't Nice), 1987: Nuts... Durchgedreht (Nuts), 1988: Die nackte Kanone (Naked Gun), 1990: Von allen Geistern besessen! (Repossessed), 1991: Die nackte Kanone 2½ (Naked Gun 2½ - The Smell of Fear), 1991: Mein Weihnachtswunsch (All I Want for Christmas), 1994: Die nackte Kanone 33⅓ (Naked Gun 33⅓ - The Final Insult), 1995: Dracula - Tot aber glücklich (Dracula - Dead and Loving It), 1997: Mr. Magoo, 1998: Leslie Nielsen ist sehr verdächtig (Wrongfully Accused), 2000: Hallo, ich bin der Weihnachtsmann! (Santa Who?), 2001: Camouflage, 2009: Stan Helsing

David Niven

Abb. 69: David Niven 1973

(1910 – 1983) Als Sohn eines englischen Generals und einer adeligen Landlady war David Niven die aristokratische Aura in die Wiege gelegt. Militärisch ausgebildet quittierte er seinen Dienst als Offizier, wanderte nach Kanada aus und schlug sich durchs Leben mit Jobs als Zigarettenverkäufer, Wäschereibote, Holzfäller und Barkeeper. In Amerika kam er über Lebensstationen in New York und San Francisco nach Los Angeles, wo ihn sein Talent als Kunstreiter zu kleinen Nebenrollen in Wildwestfilmen verhalf. Er war in insgesamt 27 Filme kurz zu sehen, ohne dass er ein Wort sprach. Erst in seinen späteren Filmerfolgen wurde das Wort zu seiner Domäne.

Mit seiner aristokratischen Attitüde, seiner vornehmen Erscheinung, seinen feinen Manieren, seiner akkuraten Ausdrucksweise ist David Niven der Prototyp des englischen Gentleman – eine Rolle, auf die er immer wieder fest gelegt war ob als Diplomat, Graf, Gentlemangauner, Offizier oder Heiratsschwindler: Hauptsache ein Mitglied der höheren Gesellschaft. War er schon in militärischen Parts sehr dekorativ wie in DER VERRAT DES SURAT KHAN (THE CHARGE OF THE LIGHT BRIGADE, 1936), MAJOR CARRINGTON (1953) oder als Offizier in DAS SUPERHIRN (LE CERVEAU, 1969), so machte er eine besonders prächtige Figur im historischen Gewand der Mantel- und Degenfilme wie DER GEFANGENE VON ZENDA (THE PRISONER OF ZENDA, 1937), DAS

Dunkelrote Siegel (The Elusive Pimpernel, 1950) oder Des Königs Dieb (The King's Thief, 1955).

Seine Spezialität waren elegant-forsche Rollen als Frauenverführer der feinen Schule: der Liebeskonkurrent von Gary Cooper in →Lubitschs Blaubarts achte Frau (Bluebeard's Eighth Wife, 1938), der nachbarliche Charmeur in Otto Premingers Wolken sind überall (The Moon Is Blue, 1953), der Retter der Provinzschönheit Shirley McLane vor männlichen Großstadtgefahren in Immer die verflixten Frauen (Ask Any Girl, 1959), der unschuldig des Ehebruchs verdächtigte Doris Day-Gatte in Meisterschaft im Seitensprung (Please Don't Eat the Daisies, 1960), der von →Peter Sellers vergeblich gejagte Meisterdieb in Der rosarote Panther (The Pink Panther, 1963).

David Niven war die ideale Verkörperung des exzentrischen Millionärs Phileas Fogg, der sich wegen einer Wette zur Reise um die Welt (Around The World In 80 Days, 1959) aufmacht. Mit gleicher aristokratischer Würde trat er auch in Die kleine Hütte (The Little Hut, 1957) auf, wo er – auf einer einsamen Insel gestrandet – auch in der Wildnis die Spielregeln des zivilisierten Lebens peinlich genau aufrecht erhält, oder in Mein Mann Gottfried (My Man Godfrey, 1957), wo er sich vom Tramp zum perfekten Diener entwickelt. Und natürlich war David Niven auch die Idealbesetzung des Detektiv-Snobs der Thin Man-Reihe, der im Detektivreigen des Parodievergnügens Eine Leiche zum Dessert (Murder By Death, 1976) nicht fehlen durfte. Seine beste und anspruchsvollste Rolle war die exzellente Charakterstudie eines falschen, sexuell verklemmten Majors in Getrennt von Tisch und Bett (Separate Tables, 1958), für die er mit dem Oscar ausgezeichnet wurde.

David Niven spielte den strengen Diener wie den gewitzten Spitzbuben, den tadellosen Gentleman wie den redlichen Soldaten, den charmanten Liebhaber wie den aristokratischen Würdenträger mit gleicher Intensität. Dabei war es weniger seine Verwandlungskunst, die fasziniert, sondern seine Bravour als Meister des Dialogs. Feinsinnig spitzt er die Zunge, gepflegt setzt er auf elegante Konservation; bei aller Dialogturbulenz ist sein Humor eher einer der stillen Art.

Die wichtigsten Filme:

1938: Blaubarts achte Frau (Bluebeard's Eighth Wife), 1946: Irrtum im Jenseits (A Matter of Life and Death), 1947: Jede Frau braucht einen Engel (The Bishop's Wife), 1950: Das dunkelrote Siegel (The Elusive Pimpernel), 1953: Wolken sind überall (The Moon Is Blue), 1955: Des Königs Dieb (The King's Thief), 1956: In 80 Tagen rund um die Welt (Around the World in 80 Days), 1956: Die falsche Eva (The Birds and the Bees), 1957: Bonjour Tristesse, 1957: Die kleine Hütte (The Little Hut), 1957: Mein Mann Gottfried (My Man Godfrey), 1958: Getrennt von Tisch und Bett (Separate Tables), 1959: Immer die verflixten Frauen (Ask Any Girl), 1960: Meisterschaft im Seitensprung (Please Don't Eat the Daisies), 1961: Der Weg nach Hongkong (Road to Hongkong), 1961: Liebenswerte Gegner (I due nemici), 1963: Der rosarote Panther (The Pink Panther), 1964: Zwei erfolgreiche Verführer (Bedtime Story), 1965: Dolche in der Kasbah (Where the Spies Are), 1965: Lady L, 1967: Alles was verboten ist (The Impossible Years), 1967: Die Pille war an allem schuld (Prudence and the Pill), 1967: Casino Royale, 1969: Das Superhirn (Le Cerveau), 1971: König, Dame, Bube, 1974: Das Gespenst von Canterville (The Canterville Ghost), 1976: Eine Leiche zum Dessert (Murder by Death), 1978: Tod auf dem Nil (Death on the Nile), 1982: Der rosarote Panther wird gejagt (Trail of the Pink Panther), 1982: Ein Opa kommt selten allein (Better Late Than Never), 1983: Der Fluch des rosaroten Panthers (Curse of the Pink Panther)

Die Olsen-Bande

Ove Sprogøe (1919 – 2004), **Poul Bundgaard** (1922 – 1998), **Morten Grunwald** (*1934)

Kommunikationsforscher mögen erklären, warum diese dänische Filmserie um ein erfolgloses Gaunertrio ausgerechnet in der ehemaligen DDR so beliebt war, dass sie eine Art Kultstatus genoss, während sie in Westdeutschland kaum wahrgenommen wurde. Ein festes Team fünf kreativer Künstler legte das Fundament für den anhaltenden Erfolg der 14 Olsenbande-Filme, die im Zeitraum von 1968 bis 1998 entstanden. Der Drehbuchautor Henning Bahs ersann die Grundkonstellation dreier Kleinganoven, die unermüdlich versuchen, einen großen Coup zu landen, ansonsten die gleichen Alltagsprobleme haben wie alle normalen Bürger. Regie führte Erik Balling, der mit seinem Perfektionsdrang den Olsen-Filmen ihren besonderen Schliff verlieh.

Ove Sprogøe, Poul Bundgaard und

Abb. 70: Die Olsens (v. l.): Morten Grunwald, Ove Sprogøe, Poul Bundgaard

Morten Grunwald stellten das Personal des kriminellen Terzetts dar. Ove Sprogøe spielt den Anführer der Bande. Von starkem Reputationsdrang geleitet tritt er großspurig als Gentlemangangster mit Melone, Nadelstreifenanzug und Zigarre auf, um nach jedem seiner zahlreichen Gefängnisaufenthalte (insgesamt 25) seine Bande dank seiner wortverdrehenden Überzeugungskunst zu einem neuen todsicheren Coup zu überreden. Morten Grunwald ist der Fahrer der Truppe, der nicht nur Autos, sondern auch Lokomotiven, Kräne und Panzer für seine kriminellen Fahrübungen nutzt. Mit seiner unmodischen Kleidung zu kurzer Hosen, gelber Socken und Schlapphut ist er das perfekte Gegenteil des pikfeinen Anführers. Poul Bundgaard ist der einzige in diesem Losertrio mit Familienanhang. Seine Hauptaufgabe besteht darin, alle Gegenstände zu besorgen, die für ihre Unternehmungen gebraucht werden. Daher ist eine große Hebammentasche neben Fliege und Schiebermütze stetes Wahrzeichen seiner Erscheinung. Durch seine Ängstlichkeit und Naschsucht gefährdet er immer wieder die Ausführung ihrer Coups. Seine Frau Yvonne, dargestellt von Kirsten Walther, spielt sich im Verlauf der Filme immer mehr in den Mittelpunkt. Mit ihrem Streben nach Reichtum unterstützt sie das kriminelle Treiben, reizt aber mit ihrer Naivität den Boss immer wieder zur Weißglut. Ihr Sohn Børge wird dank seiner Gewitztheit und schnellen Auffassungsgabe ein unverzichtbares Mitglied der Bande. Von Konfirmation über Lehre, Hochzeit und Geburt eines Sohnes durchläuft er alle Lebensstationen in krimineller Begleitung. Da die Olsenbande auf Gewalt verzichtet und ihre Pläne auf ungewöhnlichen Methoden und sekundengenau geplanten Ablenkungsmanövern basieren, ist ihr kriminelles Treiben ein absolut jugendfreies Vergnügen. Außerdem werden sie, selbst wenn einmal ein Coup gelingt, zum moralinsauren Schluss erwischt, was dem nächsten Film den zum Running Gag gewordenen Auftaktspruch des Anführers ermöglicht: »Ich hab' da einen Plan.«

Ihre 14 Filme:

Die Olsenbande (Olsen-banden, 1968), Die Olsenbande in der Klemme (Olsen-Banden på spanden, 1968), Die Olsenbande fährt nach Jütland (Olsen-Banden i Jylland, 1971), Die Olsenbande und ihr großer Coup (Olsen-Bandens store kup, 1972), Die Olsenbande läuft Amok (Olsen-Banden går amok, 1973), Der (voraussichtlich) letzte Streich der Olsenbande (Olsen-Bandens sidste bedrifte, 1974), Die Olsenbande stellt die Weichen (Olsen-Banden på sporet, 1975), Die Olsenbande sieht rot (Olsen-Banden ser rødt, 1976), Die Olsenbande schlägt wieder zu (Olsen-Banden deruda, 1977), Die Olsenbande steigt aufs Dach (Olsen-Banden går i krig, 1978), Die Olsenbande ergibt sich nie (Olsen-Banden overgiver sig aldrig, 1979), Die Olsenbande fliegt über die Planke (Olsen-Bandens flugt over plankeværket, 1981), Die Olsenbande fliegt über alle Berge (Olsen-Banden over alle bjerge, 1981), Der (wirklich) allerletzte Streich der Olsenbande (Olsen-Bandens sidste stik, 1998)

Pat und Patachon

Carl Schenstrøm (1881 – 1942), Harald Madsen (1890 – 1949)

Carl Schenstrøm als Pat und Harald Madsen als Patachon werden gern als erstes Komiker-Duo des Films bezeichnet, doch vor ihnen gab es schon die amerikanischen Filmkomiker Lloyd V. Hamilton und Bud Duncan, aus denen Hollywood »Ham and Bud« formte, allerdings blieben deren Versuche recht erfolglos. So wurden der lange »Pat« und der kurze »Patachon« zum ersten erfolgreichen Paar in der filmischen Groteskkomik. Ihr Siegeszug begann 1921, als sie für ihren ersten gemeinsamen Film in Dänemark vor der Kamera standen. →Laurel & Hardy / Dick und Doof, mit denen sie (zu Unrecht) häufig verglichen werden, kamen erst fünf Jahre später. Und es genügte ihr bloßes Erscheinen auf der Leinwand, um über das nur allzu offensichtliche Missverhältnis ihrer Statur zu lachen. Die Differenz zwischen der Dicke des einen und der Dünne des anderen ist ihre eigentliche Bildpointe, die Heiterkeit erweckt, weil sich jeder diesem ungleichen Paar überlegen fühlt. Diese Überlegenheit wird nur noch durch die Einfalt der beiden erhöht, denen das Schicksal immer just im letzten Augenblick die Tür zum Glück vor der Nase zuschlägt. Sie verkörpern nicht nur optisch Gegensätze, sondern stehen sich auch als Melancholiker und Lebemann gegenüber. Wie bei vielen anderen Komikerpaaren leben ihre Filme von der abwechselnden, latenten Aggression gegen den anderen und der Abhängigkeit voneinander. Wichtiger noch ist in ihrem Fall die oppositionelle Haltung gegenüber ihrer Umwelt. Meist genießen sie als Außenseiter eine Freiheit jenseits der Bürgerlichkeit. Dabei verhalten sie sich beinahe kindlich und begegnen gesellschaftlich Benachteiligten mit Freundlichkeit und Hilfsbereitschaft. So stecken hinter ihrem improvisierten und spontanen Spiel immer auch humane Ideale. Neben waghalsigen Verfolgungsjagden sorgen Liebesplots für einen Schuss Romantik. Im Gegensatz zu Laurel & Hardy, die in Anzug und Melone auftraten, war das Outfit der beiden Dänen Landstreichern gleich, die in zerrissenen und ein paar Nummern zu kleinen Kleidern herumliefen oder ein altes Stück Seil als Gurt benutzten. Die beiden feierten in ganz Europa riesige Erfolge und wurden in unzähligen Ländern berühmt – in Deutschland und Österreich als »Pat & Patachon«, in Dänemark als »Fy og Bi« (abgeleitet von Fyrtaarnet = Leuchtturm und Bivognen = Beiwagen), in den Niederlanden als »Watt en 1/2 Watt«, in Frankreich

Abb. 71: Carl Schenstöm und Harald Madsen als Pat und Patachon

als »Doublepatte et Patachon«, in Großbritannien als »Long & Short«, in Ungarn als »Zoro & Huru«, in den USA als »Ole & Axel«, in Italien als »X & Y« bzw. »Pan & Patan«, in Finnland als »Majakka & Perävauna« und in Schweden als »Telegrafstopen och Tilhengern«. Nur in den USA haben sie sich nie richtig durchsetzen können.

Als Schöpfer des legendären Duos gilt der Regisseur Lau Lauritzen (1878-1938). Carl Schenstrøm kam 1910 zu der Nordisk Films Companie, dort lernte er Lauritzen kennen, mit dem er 1920 zu Palladium wechselte. 1921 traf er bei Palladium auf den Schauspieler Harald Madsen, und zusammen bildeten sie das legendäre Duo »Pat & Patachon«. Bis 1937 traten sie regelmäßig in Filmen auf, bei denen Lau Lauritzen meist die Regie führte.

Während »Laurel und Hardy«-Filme zum festen Repertoire von TV bis DVD gehören, sind die Filme von Pat und Patachon immer mehr in Vergessenheit geraten. Nur als komische Raritäten oder in zweifelhaften »Neubearbeitungen« sind sie noch zu sehen: So nutzte das ZDF ihre Filme als Rohmaterial für fünfzig 25-minütige Episoden, die von Hanns Dieter Hüsch vertont wurden. Die ungeheure Popularität, die sie in den 1920er- und 1930er-Jahren genossen, erscheint heute fast unvorstellbar. Bis 1940 entstanden 46 »Pat & Patachon«-Filme, darunter sechsunddreißig Stummfilme und zehn Tonfilme. Fast alle Stummfilme entstanden in Dänemark, von den Tonfilmen wurden nur zwei in ihrer Heimat produziert, sechs wurden in Deutschland oder Österreich gedreht und je einer in Schweden und in England. Dabei gab es natürlich ein Sprachproblem. 1930 drehten sie in Deutschland TAUSEND WORTE DEUTSCH, in dem sie noch dänisch sprechen. Später meisterten sie den Sprachwechsel: LUMPENKAVALIERE (Deutschland/Österreich, 1932), ZIRKUS SARAN (oder: KNOX UND DIE LUSTIGEN VAGABUNDEN, 1935), PAT UND PATACHON ALS MÄDCHENRÄUBER (1935), BLINDE PASSAGIERE (1936) sowie PAT UND PATACHON IM PARADIES (1937). Ihre letzten großen Filme drehten sie in Nazi-Deutschland. Nur ein Mal kehrten Schenstrøm und Madsen zu einem dänischen Film zurück. Das war nach Ausbruch des Zweiten Weltkrieges, als sie

1940 – kurz vor der deutschen Besetzung Dänemarks – in I Gode Gamle Dage (Aus guten alten Zeiten) in einem Film mitspielten, dessen beziehungsreicher Titel schon einen Abschied ankündigte. Vier Monate nach der deutschen Okkupation erlebte der Film seine Uraufführung in Kopenhagen. Es sollte der letzte gemeinsame Film von Pat und Patachon sein.

Pat und Patachon-Tonfilme:

1932: Umruhiges Theaterblut (Han, Hun og Hamlet), 1932: Pat und Patachon – Mit Pauken und Trompeten, 1935: Pat und Patachon als Modekönig, 1936: Pat und Patachon als blinde Passagiere, 1937: Pat und Patachon im Paradies 1940: Pat und Patachon: Aus guten altenZeiten, 1940: Zwei schöne Fürstenkinder (I de gode Gamle Dage), 1950: Pat und Patachon – Artistenfreundschaf,t 1953: Pat und Patachon schlagen sich durch, 1923 – 1930: Pat und Patachon auf Abenteuer (Kompilationsfilm: Best of Pat und Patachon)

Raimu

(1883 – 1946) Wie kein anderer verkörperte Raimu die archetypische Figur des Südfranzosen, seinen polternden Humor, sein cholerisches Temperament, seine Urgewalt der Freude und der Trauer, aufbrausend im Zorn und besänftigend in seiner Güte – eine lebenspraller Falstaff aus Südfrankreich. Mit 15 Jahren trat er – geboren unter dem Namen Jules Auguste César Muraire – schon in Konzertcafés auf, bis ihm in Paris der Auftritt auf der Bühne gelang, wo er an der Comédie Francaise Triumphe feierte in den Stücken von Molière und

Abb. 72: Raimu

Marcel Pagnol. Die einfühlsame Verkörperung des Marseiller Familienvaters in der Verfilmung von Marcel Pagnols Bühnentrilogie MARIUS (1931), FANNY (1932) und CÉSAR (1936) etablierten ihn zum Star und zum beliebtesten Schauspieler im Frankreich der 1930er Jahre. Seine schönste und vielschichtigste Rolle spielte er in Pagnols DIE FRAU DES BÄCKERS (LA FEMME DU BOULANGER, 1938) als von seiner Frau verlassener Bäcker, der aus Kummer in den Backstreik tritt, woraufhin das ganze Dorf Himmel und Hölle in Bewegung versetzt, um die »Untreue« zur Rückkehr zu bewegen. Raimu durchleidet mit dramatischer Intensität und tragikomischer Maßlosigkeit alle Höhen und Tiefen im Gefühlsleben des betrogenen Ehemannes. Wenn er in einem nicht enden wollenden Monolog über die Kunst des Brotbackens, die Untreue seiner Ehefrau, über Gott und die Welt volltrunken philosophiert, dann enthüllt sich die Volksseele in ungekünstelter Wahrhaftigkeit.

In 34 Filmen hat Raimu mitgespielt, meist in eindringlichen Nebenrollen, die er mit der Präsenz seiner Persönlichkeit und seiner Stimmkraft des südfranzösischen Dialekts erfüllte. Es waren die großen Regisseure aus der Blütezeit des französischen Kinos, die ihn einsetzten in Klassikern der Filmkunst: Marc Allégret (L'ARLÉSIENNE, 1942), Sacha Guitry (DIE PERLEN DER KRONE / LES PERLES DE LA COURONNE, 1937), Julien Duvivier (SPIEL DER ERINNERUNG / UN CARNET DE BAL, 1937), Henri Decoin (DAS UNHEIMLICHE HAUS / LES INCONNUS DANS LA MAISON, 1942), →René Clair (SCHWEIGEN IST GOLD – LE SILENCE EST D'OR, 1946).

Auswahl der besten Filme:

1931: Marius, 1932: Fanny, 1934: Tartarin de Tarascon, 1936: César, 1937: Der seltsame Herr Victor (L'étrange M. Victor), 1937: Die Perlen der Krone (Les perles de la couronne), 1937: Spiel der Erinnerung (Un carnet de bal), 1937: Der Dickschädel (Gribouille), 1938: Die Frau des Bäckers (La femme du boulanger), 1941: Das unheimliche Haus (Les inconnus dans la maison), 1942: Das Geheimnis der blauen Limousine (Monsieur La Souris), 1942: L'Arlésienne, 1943: Oberst Chabert (Le colonel Chabert), 1946: Der ewige Gatte (L'homme au chapeau rond), 1946: Schweigen ist Gold (Le silence est d'or)

Pierre Richard

(*1934) Nach der Schauspielschule begann Pierre Richard seine Laufbahn mit kleinen Auftritten im Kabarett und in der Pariser Oper, bevor in →Yves Roberts Loblied auf die Faulheit ALEXANDER, DER LEBENSKÜNSTLER (ALEXANDRE LE BIENHEUREUX, 1967) sein komödiantisches Talent entdeckt wurde. Der Titel des von ihm selbst geschriebenen und inszenierten Films DER ZERSTREUTE (LE DISTRAIT, 1970) beschreibt exakt die Figur, die zum Erfolgsmodell seiner Komik wurde. Als Angestellter einer Werbeagentur sorgt er durch seine tollpatschige Zerstreutheit immer wieder für Verwicklungen und Katastrophen. Mit der Paraderolle eines harmlosen Geigers, der in DER GROSSE BLONDE MIT DEM SCHWARZEN SCHUH (LE GRAND BLOND AVEC UNE CHAUSSURE NOIRE, 1972) für einen Geheimagenten gehalten und in gefährliche Abenteuer verwickelt wird, die er mit der traumwandlerischen Unschuld eines Tagträumers übersteht, ohne dass er sie überhaupt wahrnimmt, wurde er zum Star. Der Agentenparodie folgt 1974 eine Fortsetzung DER GROSSE BLONDE KEHRT ZURÜCK (LE RETOUR DU GRAND BLONDE).

Abb. 73: Pierre Richard (links) mit Gérard Depardieu in DIE FLÜCHTIGEN

Die Rolle des schlaksigen Tollpatschs mit den zwei linken Händen, der in seiner Schusseligkeit ungewollt stets Verwirrung stiftet, scheint Pierre Richard auf den Leib geschrieben, und er spielte sie erfolgreich weiter an der Seite von Gérard Depardieu in EIN TOLLPATSCH KOMMT SELTEN ALLEIN / DER HORNOCHSE UND SEIN ZUGPFERD (LA CHÈVRE, 1981), ZWEI IRRE SPASSVÖGEL (LES COMPÈRES, 1983) und ZWEI IRRE TYPEN AUF DER FLUCHT (LES FUGITIFS, 1986). Alle drei Filme wurden von dem französischen Komödienspezialisten →Francis

Veber inszeniert, dessen erstem Film DAS SPIELZEUG (LE JOUET, 1976) Pierre Richard zum Erfolg verholfen hatte in der Rolle eines Arbeitslosen, der von einem verwöhnten Millionärssöhnchen als Spielzeug gehalten wird. Als wolle er alle psychologischen Tiefen seiner Figur ausloten, probt er in einem seiner besten Filme DIE SCHIFFBRÜCHIGEN DER SCHILDKRÖTENINSEL (LES NAUFRAGÉS DE L'ÎLE DE LA TORTUE, 1974) als Reisebüromanager alle Varianten des unschuldigen, weltfremden Naivlings durch, der einen Abenteuerurlaub auf einer einsamen Karibikinsel organisiert, aber an den urbanen Bedürfnissen der Urlauber scheitert.

Mit zunehmendem Alter versuchte Richard, sich von seinem Kinoimage des Tollpatschs zu trennen und ernstere Rollen anzunehmen wie in den Filmen der georgischen Filmemacherin Nana Djordjadze: 1001 REZEPTE EINES VERLIEBTEN KOCHS (LE MILLE ET UNE RECETTES D'UN CUISINER AMOUREUX, 1996) wurde als bester nichtenglischsprachiger Film für den Oscar nominiert, 27 MISSING KISSES (2000) wurde auf dem Filmfestival Brüssel als bester europäischer Film ausgezeichnet. Sein Versuch, in Eigenregie mit ICH WEISS VON NICHTS UND SAGE ALLES (JE SAIS RIEN MAIS JE DIRAIT TOUT, 1973) im Gewand einer schwarzen Satire auf den Militarismus einen neuen Rollentypus zu kreieren, blieb erfolglos.

Die Komödien:

1967: Alexander, der Lebenskünstler (Alexandre le bienheureux), 1972: Der große Blonde mit dem schwarzen Schuh (Le Grand blond avec une chaussure noire), 1973: Der Blonde mit dem blauen Auge (Juliette et Juliette), 1974: Die Schiffbrüchigen der Schildkröteninsel (Les Naufragés de l'île de la tortue), 1974: Der große Blonde kehrt zurück (Le Retour du grand blond), 1974: Der lange Blonde mit den roten Haaren (La Moutarde me monte au nez), 1974: Eine Wolke zwischen den Zähnen (Un nuage entre les dents), 1976: Ein Tolpatsch auf Abwegen (On aura tout vu), 1976: Das Spielzeug (Le Jouet), 1980: Der Regenschirmmörder (Le Coup du parapluie), 1981: Der Hornochse und sein Zugpferd (Le Chèvre), 1983: Zwei irre Spaßvögel (Les Compères), 1984: Der Zwilling (Le Jumeau), 1986: Die Flüchtigen (Les Fugitifs), 1987: Der große Blonde auf Freiersfüßen (A gauche en sortant de l'ascenseur), 1996: 1001 Rezepte eines verliebten Kochs (Le Mille et une recettes d'un cuisiner amoureux), 2000: 27 Missing Kisses, 2000: Drogenszenen (Scénario sur la drogue), 2003: Les clefs de bagnole, 2008: Paris, Paris – Monsieur Pigoil auf dem Weg zum Glück (Faubourg 36), 2009: A Happy Man (Le Bonheur de

Pierre), 2011: Und wenn wir alle zusammenziehen? (Et si on vivait tous ensemble?)

Darsteller, Buch, Regie:

1970: Der Zerstreute (Le Distrait), 1971: Alfred, die Knallerbse (Les Malheurs d'Alfred), 1973: Ich weiß von nichts und sage alles (Je sais rien mais je dirais tout), 1978: ...und jetzt das Ganze nochmal von vorn... (Je suis timide mais je me soigne), 1979: Zwei Kamele auf einem Pferd (C'est pas moi, c'est lui), 1990: On peut toujours rêver, 1998: Droit dans le mur

Darsteller, Drehbuch:

1975: Der Tolpatsch mit dem sechsten Sinn (La Course à l'échalote), 1993: La Cavale des fous

Heinz Rühmann

(1902 – 1994) Eine der treffendsten Betitelungen des beliebtesten deutschen Filmstars fand Michael Verhoeven, er nannte ihn »Rührmann«. Denn das konnte der in Essen als Gastwirtssohn geborene Heinz Rühmann wirklich wie kein Zweiter: Sein Publikum in Rührung versetzen, selbst in Komödien. »Bei jedem meiner Filme habe ich darauf geachtet«, hat er gesagt,

Abb. 74: Heinz Rühmann

»dass es zumindest eine Szene gibt, die das Innerste der Menschen so bewegt, dass sie noch nach Wochen und Jahren sich dran erinnern können, wie zum Beispiel das Gespräch mit dem todkranken Mädchen im HAUPTMANN VON KÖPENICK.«

Heinz Rühmann, der 1926 in einem stummen Melodram seine Kinokarriere gestartet hatte, wurde mit einem der ersten Tonfilme der deutschen

Kinogeschichte – mit DIE DREI VON DER TANKSTELLE – 1930 über Nacht zum Publikumsliebling und ist dies bis zum Ende seines Lebens und darüber hinaus geblieben. Er war einer der ganz großen Sympathieträger des deutschen Films: Niemand hat so wie er den kleinen, gewitzten Mann, den schwachen und doch mutigen Rebellen verkörpert. Für Gert Fröbe gab es keinen komischeren Liebhaber, und für →Loriot ist er »eine der ganz großen Figuren, die weit über das Maß des einfachen Schauspielerischen zum Begriff geworden sind. Uns verbindet die Darstellung bürgerlicher Schwächen.«

Große Kinoerfolge feierte er in der NS-Zeit: Ob als MUSTERGATTE oder FEUERZANGENBOWLE schlürfend, ob in KLEIDER MACHEN LEUTE oder als QUAX, DER BRUCHPILOT. Kurzfilme wie ALLE MACHEN MIT belegen seine Nähe zu Hitler bei Sammlungen für die Winterhilfe, andere Aufnahmen zeigen ihn Seite an Seite mit Joseph Goebbels, mit dem er die Zukunft seiner jüdischen Ehefrau Maria Bernheim nach der Scheidung aushandelte – und zu dessen 43. Geburtstag der »begnadete« Künstler ihn mit einem »lustigen Geburtstagsfilm« überraschte, den »Heinz Rühmann mit den Kindern gedreht hat, zum Lachen und zum Weinen, so schön« (Goebbels-Tagebuch vom 30. Oktober 1940). Heinz Rühmann genoss im NS-Staat von Anfang an höchste Wertschätzung und war häufig Gast bei Göring und Goebbels (der ihn einen »netten, witzigen und charmanten Jungen« nannte). Rühmanns Äußerung, er habe nie im Sinne der Nazis gearbeitet, lässt sich mehrfach widerlegen: Mit Auftritten in Propagandafilmen wie WUNSCHKONZERT und FRONTTHEATER und mit der (oft unterschlagenen) Fortsetzung von Quax, die nach dem Krieg von den Alliierten verboten worden war und später als QUAX IN AFRIKA in den Kinos lief. Heinz Rühmann, auch im Privatleben begeisterter Flieger, spielte in QUAX, DER BRUCHPILOT den Flugschüler Otto Groschenbügel, aus dem zum Schluss doch ein ganz brauchbarer Pilot (und Fluglehrer) wird. Der Film war einer der größten gemeinsamen Erfolge von →Kurt Hoffmann (1910 – 2001) und seinem Star Heinz Rühmann. Im ersten Film war Quax eigentlich ein recht umgänglicher Mensch ist, doch in der Fortsetzung unter der Regie von Helmut Weiss behandelt der Macho seine Flugschüler, die er auf »deutsche Tugenden« einschwört, wie ein Diktator, der mehr als deutlich an Adolf Hitler erinnert; ein Ausflug nach Afrika bietet Gelegenheit für rassistisch-kolonialistische Scherze. Die größten Gräuel sind dem Flugdespoten jedoch weibliche Anwärter auf den Pilotenberuf. Frauen gehören seiner Meinung nach in die Küche, so erfüllt er mit seinen Ansichten Nazi-Gedankengut par excellence.

Während der Entnazifizierung 1945 wurde Rühmann zwar als nicht belastet eingestuft, aber seine Karriere war vorläufig zu Ende. Erst Mitte der 1950er-Jahre gelang ihm ein grandioses Comeback als DER HAUPTMANN VON KÖPENICK (1956) – eine Rolle, in der er mit seiner gebrochen-heiseren Stimme der Geschichte eines verstoßenen und gescheiterten Lebensversagers, der nur aus Notwehr gegen eine ihn erdrückende Obrigkeit zum Hauptmann und Hochstapler wird, eine von ihm bis dahin ungewohnte Tragik verlieh. Auch in der Dürrenmatt-Verfilmung ES GESCHAH AM HELLLICHTEN TAG (1958) überzeugte er in der ernsthaften Darstellung eines Polizeikommissars, der einen Kindermörder jagt. In den folgenden Jahren konnte Rühmann durch zahlreiche Unterhaltungsfilme wie WENN DER VATER MIT DEM SOHNE (1955) und VATER SEIN DAGEGEN SEHR (1957) wieder an seine humoristischen Erfolge anknüpfen. Auch in Hollywood war Rühmann als Schauspieler erfolgreich. In DAS NARRENSCHIFF spielte er 1965 den Juden Löwenthal. Über die Nazi-Zeit äußerte sich Rühmann, der nie NSDAP-Mitglied war, nur sehr wortkarg: Wenn er in Wirtschaftswunder-Zeiten von einer »Katastrophe« sprach, dann war damit die Pleite seiner nach dem Krieg gegründeten Filmfirma Comedia gemeint. Mit den Gagen der 1950er Jahre zahlte er sämtliche Schulden aus dieser Zeit ab. Nicht nur hier überdecken sich Biografie und Rollen: Rühmann ist immer einer, der sich nicht unterkriegen lässt. Über Rühmanns virtuose Leinwand-Biederkeit in der Rolle des kleinen Mannes (sowohl in 165 Zentimetern wie im übertragenen Sinne) notiert sein Biograf Torsten Körner: »Es gab Kinderküsse, Wangenküsse, Stirnküsse, Handküsse, Gute-Nachtküsse, Ich-verzeih-dir-Küsse, Bitte-nichtmehr-weinen-Küsse, Willkommens- und Abschiedsküsse, Angestelltenküsse und Beamtenküsse, aber niemals leidenschaftliche Liebesküsse.«

Beim Fliegen suchte Rühmann die Einsamkeit, doch privat brauchte er immer jemanden um sich. Halt fand er bei seinen drei Ehefrauen Maria Bernheim, Hertha Feiler und Hertha Droemer und seiner Geliebten Leny Marenbach. Weitere Kinoerfolge waren unter anderem die Verwechslungskomödie CHARLEYS TANTE (1956), die Jaroslav Hašek-Verfilmung DER BRAVE SOLDAT SCHWEJK (1960) und die satirische Komödie GRIECHE SUCHT GRIECHIN (1966) nach einer Vorlage von Dürrenmatt. Nach der Gesellschaftssatire DIE ENTE KLINGELT UM HALB ACHT (1968) und der behäbigen Traumschiff-Kinokomödie DER KAPITÄN (1971) verabschiedete sich Rühmann vom Kino, fürs Fernsehen spielte er Harold Pinters »Hausmeister«, den alten jüdischen »Pfandleiher«, den Willy Lohmann in Arthur Millers »Tod eines Handlungsreisenden« und an der Seite von →Peter Ustinov in »Kein Abend wie jeder andere« (1976). Ein letztes Mal holte ihn 1993 Wim Wenders für seine Kinoproduktion IN WEITER FERNE SO NAH vor die Kamera. Bei Wenders, der Rühmann einmal als »das lebende Denkmal des kleinen Mannes im deutschen Film« bezeichnet hat, spielt die lebende Legende einen melancholischen, greisen Chauffeur, der von jahrzehntealten Erinnerungen geplagt wird – eine Hommage an den Star und zugleich ein Abschied. Im Gedächtnis des Publikums aber wird er in alle Ewigkeit der übermütige Schüler Pfeiffer mit 3 »F« sein, der in der FEUERZANGENBOWLE (1944) als Erwachsener die Schule nachholt – eine Schule, wie sie humoristisch verklärter nie dargestellt wurde.

Filmauswahl seiner besten Filme:

1930: Die Drei von der Tankstelle, 1931: Der Mann, der seinen Mörder sucht, 1931: Bomben auf Monte Carlo, 1931: Meine Frau, die Hochstaplerin, 1931: Der brave Sünder, 1933: Lachende Erben, 1934: Die Finanzen des Großherzogs, 1934: So ein Flegel, 1935: Der Himmel auf Erden, 1936: Allotria. 1936: Lumpacivagabundus, 1936: Ungeküsst soll man nicht schlafen gehen, 1936: Wenn wir alle Engel wären, 1937: Der Mann, von dem man spricht, 1937: Der Mann, der Sherlock Holmes war, 1937: Der Mustergatte, 1938: Fünf Millionen suchen einen Erben, 1938: 13 Stühle, 1938: Nanu, Sie kennen Korff noch nicht?,

1939: Der Florentiner Hut, 1939: Paradies der Junggesellen, 1939: Hurra! Ich bin Papa!, 1940: Kleider machen Leute, 1941: Quax, der Bruchpilot, 1943: Ich vertraue Dir meine Frau an, 1944: Die Feuerzangenbowle, 1948: Der Herr vom andern Stern, 1952: Wir werden das Kind schon schaukeln 1953: Keine Angst vor großen Tieren, 1953: Briefträger Müller, 1954: Auf der Reeperbahn nachts um halb eins, 1955: Zwischenlandung in Paris (Escale à Orly), 1955: Wenn der Vater mit dem Sohne, 1956: Charleys Tante, 1956: Der Hauptmann von Köpenick, 1956: Das Sonntagskind, 1957: Vater sein dagegen sehr, 1958: Der Mann, der nicht nein sagen konnte, 1958: Der Pauker, 1958: Der eiserne Gustav, 1959: Ein Mann geht durch die Wand, 1960: Der Jugendrichter, 1960: Mein Schulfreund, 1960: Der brave Soldat Schwejk, 1960: Pater Brown – Das schwarze Schaf 1961: Der Lügner, 1962: Max, der Taschendieb, 1962: Pater Brown – Er kann's nicht lassen, 1963: Das Haus in Montevideo, 1965: Dr. med. Hiob Prätorius, 1966: Hokuspokus oder: Wie lasse ich meinen Mann verschwinden...? 1966: Geld oder Leben (La bourse et la vie), 1966: Grieche sucht Griechin, 1968: Die Ente klingelt um halb acht, 1993: In weiter Ferne, so nah!

Adam Sandler

(*1966) Wie so viele amerikanische Komiker vor ihm begann Adam Sandler seine Karriere im Fernsehen, in der →»Saturday Night Live«-Show. Nach ein paar kleinen Filmnebenrollen bekam er in BILL MADISON – EIN CHAOT ZUM VERLIEBEN (1995) seine erste Hauptrollenchance und nutzte sie für die Figur eines erwachsenen Millionärssohns, der auf Geheiß seines Vaters alle Klassen 1 bis 12 der Schule nachholen soll. Ähnliches tat schon →Heinz Rühmann in der FEUERZANGENBOWLE, doch man hüte sich vor Niveauvergleichen, will man dem Sandler-Film gerecht werden, dessen Handlung sich in dem Halbsatz »Ein Trottel auf der Schulbank« zusammenfassen lässt. Damit hatte Sandler schon die Rolle seines Kino-Lebens gefunden: ein Mann, der nicht erwachsen werden will.

Abb. 75: Adam Sandler

Mit HAPPY GILMORE (1996) und EINE HOCHZEIT ZUM VERLIEBEN (THE WEDDING SINGER, 1998) stieg er endgültig zum Komikstar des jugendlichen Popkornpublikums auf. Die Filmkritiker mochten ihn weniger und verdammten die meisten seiner Filme als derbe, extrem zotige Klamaukkomödien, deren Komik auf der extremen Überspitzung stereotyper Vorstellungen vom amerikanischen Lebensalltag beruht. Adam Sandler habe nichts anderes zu tun als chronisch nervtötend zu agieren, dämliche Grimassen zu ziehen, Gegner und Niveau in den Boden zu rammen und abscheuliche Kleidung zu tragen. Wer sich von BALLERMANN 6 geistig überfordert fühle, säße bei Adam Sandler richtig im Kino.

Doch das junge Multiplex-Publikum nimmt seinen Komikstar ganz anders wahr und amüsiert sich herzhaft über die pubertären Späße jenseits des guten Geschmacks und über deftige Situationskomik. Seine frühen Rollen in HAPPY GILMORE (1996) als Eishockeyspieler, der nicht Eislaufen kann, und in EINE HOCHZEIT ZUM VERLIEBEN (1998) als Hochzeitssänger, dem die Braut wegläuft, zeigen schon die Standardrolle Adam Sandlers als liebenswerter Trottel und bedauernswerter Versager, dem nichts zu gelingen scheint und der dennoch Glück und Erfolg gewinnt. Seit WATERBOY – DER TYP MIT DEM WASSERSCHADEN (WATERBOY, 1998) mischt er als Co-Autor und Produzent bei seinen Filmen mit, was diese aber nicht unbedingt besser macht. Niveau gewannen sie erst in der Inszenierung von Regisseuren wie Paul Thomas Anderson und James L. Brooks. In der mit dem Regiepreis der Filmfestspiele Cannes preisgekrönten Romantic Comedy PUNCH DRUNK LOVE (2002) spielt er einen vom Beruf und Familie genervten Jungunternehmer, der seinen Frust in zerstörerischen Aktionen entlädt; in der Multikulti-Komödie SPANGLISH (2004) einen gestressten Chefkoch, der sich in seine neue mexikanische Haushälterin verliebt. Adam Sandler ohne Klamauk – geht doch! Einen ganz anderen Sandler zeigt DIE LIEBE IN MIR (REIGN OVER ME, 2007) als Witwer, der mit dem Verlust seiner Familie in der Tragödie des 11. Septembers nicht fertig wird und sich in bizarren Verdrängungsritualen vor der Außenwelt verschließt. Aber das ist nicht der Sandler, den das Publikum sehen wollte.

Auch in Leg dich nicht mit Zohan an (You Don't Mess With the Zohan, 2008) wandelt Adam Sandler seinen Typus. Konzipiert als seine Antwort auf den Erfolg der Kinofigur Borat, diesen kasachischen Exzentriker des schlechten Geschmacks und der politischer Unkorrektheit, mimt er einen israelischen Super-Agenten, der sich in New York unerkannt zur Ruhe setzen will, um seinen Traumberuf Friseur zu verwirklichen. Als Haare schneidender Anti-Terrorkämpfer, der seine Kundinnen auch mit Sex bedient, verstößt er mit seinen Gewohnheiten als Kampfmaschine gegen alle zivilisierten Regeln wie gesellschaftlichen Etiketten und treibt mit absolut nicht ernstnehmender Konsequenz die Sandler-Infantilität in die pure Anarchie. Doch alle Ansätze zur bissigen Politsatire versenkt der Brachialhumor des dauergeilen Blödians in ein Meer derber Sexualscherze und platter Witze.

Wenngleich fast alle seine neueren Filmen wie Chuck und Larry – Wie Feuer und Flamme (2007), Kindsköpfe (Grown Ups, 2010), Jack und Jill (2011) oder Der Chaos-Dad (That's My Boy, 2012) mit vernichtenden Kritiken abgeurteilt und in schöner Regelmäßigkeit mit Goldenen Himbeeren für die schlechtesten Filme aller Zeiten ausgezeichnet wurden, bleibt seine Popularität ungebrochen. Von 2006 bis 2012 rangiert er in der Gallups-Umfrage »People's Choice« unangefochten auf Platz 1 als beliebtester amerikanischer Komödiant.

Filmauswahl:

1993: Die Coneheads (Coneheads), 1994: Lifesavers – Die Lebensretter (Mixed Nuts), 1995: Billy Madison – Ein Chaot zum Verlieben (Billy Madison), 1996: Happy Gilmore, 1998: Eine Hochzeit zum Verlieben (The Wedding Singer), 1998: Waterboy – Der Typ mit dem Wasserschaden (The Waterboy), 2000: Little Nicky –Stan Junior (Little Nicki), 2002: Punch-Drunk Love, 2002: Mr. Deeds, 2002: Hot Chick – Verrückte Hühner (The Hot Chick) 2003: Die Wutprobe (Anger Management), 2004: 50 erste Dates (50 First Dates), 2004: Spanglish, 2007: Die Liebe in mir (Reign Over Me), 2007: Chuck und Larry – Wie Feuer und Flamme (I Now Pronounce You Chuck & Larry) 2008: Leg dich nicht mit Zohan an (You Don't Mess with the Zohan), 2008: Bedtime Stories,

2009: Wie das Leben so spielt (Funny People), 2010: Kindsköpfe (Grown Ups), 2011: Jack und Jill (Jack and Jill), 2013: Kindsköpfe 2 (Grown Ups 2)

Helge Schneider

Abb. 76: Helge Schneider live

(*1955) Helge Schneider ist ein Komiker, oder genauer formuliert, Entertainer, der den Dilettantismus zur Kunst erhoben hat. Auf den ersten Blick erscheinen seine Auftritte im Film wie auf der Bühne als extreme Beispiele schauspielerischen Untalents und infantilen Schwachsinns, die das Publikum, den guten Geschmack und alle Konventionen attackieren, indem sie sich konsequent der Erfüllung gewohnter Erwartungshaltung entziehen und ihren Witz gerade aus dem Misslingen von Komik erzielen. Seine Spezialkomik des extremen Unsinns vagabundiert hemmungslos kalauernd zwischen Hoch- und Unkultur, Tief- und Schwachsinn, Alltag und Albernheiten und zieht ihren Witz aus dem Kontrast zwischen Anspruch und Banalem. Mit seiner schrägen Komik bewegt sich Helge Schneider in einem Paralleluniversum, das auf einer hauchdünnen Linie zwischen absurdem Existentialismus und amateurhaften Schmierentheater balanciert.

Unter seinem Beinamen »die singende Herrentorte« verbindet das musikalische Multitalent – er spielt neben Klavier auch Schlagzeug, Trompete, Orgel, Saxophon, Gitarre, Geige, Cello, Vibraphon und Schlagzeug – in seinen Bühneauftritten Klamauk, Parodie und Jazz zum kuriosen Publikumsvergnügen. Die Titel seiner Musikaufnahmen, Hörspiele, Romane und Tourneetitel geben beredten Ausdruck seiner absonderlichen Sprachfantasie: »Katzeklo«, »Fitze Fitze Fatze«, *Eiersalat – Eine Frau geht seinen Weg*, »Akopalüpse Nau«, »Plautze voll!«, *Arschfahl klebte der Mond am Fenster*.

Wie seine Bühnenauftritte sind auch seine Filme improvisiert, entfernen sich mit jedem Drehtag vom ursprünglichen Drehbuch und setzen im augenzwinkernden Spiel mit den Genreregeln des Western- oder des Krimigenres seiner Ruhrpottheimat ein naives Denkmal. Nachdem er bereits in den 1980er Jahren in Filmen des Experimentalfilmers Werners Nekes (JOHNNY FLASH, 1986) und des Bürgerschrecks Christoph Schlingensief (MENU TOTAL, 1987, MUTTERS MASKE, 1988) aufgetreten war, begann er als Autor, Hauptdarsteller, Musiker und Co-Regisseur seine Filmkarriere. Seine ersten beiden Filme erweckten die Figur des Kommissar Schneider zum Leinwandleben, die er selbst in seinen Romanen entwickelt hatte. TEXAS – DOC SNYDER HÄLT DIE WELT IN ATEM (1993) ist auf dem Freilichtgelände der Karl May-Festspiele im Sauerland gedreht und parodiert in einem Flickenteppich von absurd-schrägen Szenen das Westerngenre. 00 SCHNEIDER – JAGD AUF NIHIL BAXTER (1994) persifliert in einer bunten Szenenfolge kurioser Szenen und hirnrissiger Nonsensdialoge das Kriminalfilmgenre.

Nach dem Misserfolg von PRAXIS DR. HASENBEIN (1997) drehte er 2004 seinen persönlichsten und besten Film. JAZZCLUB – DER FRÜHE VOGEL FÄNGT DEN WURM schildert in autobiografisch wirkender Form das triste Leben eines Pianisten, der von der großen Karriere träumt. Der Klamauk seiner früheren Filme ist einer melancholischen Grundstimmung gewichen, die der Jazzsound des Films zum Mitswingen bringt. Mit 00 SCHNEIDER – IM WENDEKREIS DER EIDECHSE (2013) hat sich Helge Schneider erneut der Persiflage des Kriminalfilms zugewandt, um alle Unterhaltungskonventionen des Genres ad absurdum zu führen. Den Überraschungsclou, Hitler in →Dani Levys Satire MEIN FÜHRER – DIE WIRKLICH WAHRSTE WAHRHEIT ÜBER ADOLF HITLER (2007) ausgerechnet mit ihm zu besetzen, sieht Helge Schneider im nachhinein kritisch.

Buch, Darsteller, (Co-)Regie:

1987: Stangenfieber (Kurzfilm), 1993: Texas – Doc Snyder hält die Welt in Atem, 1994: 00 Schneider – Jagd auf Nihil Baxter, 1997: Praxis Dr. Hasenbein,

2004: Jazzclub – Der frühe Vogel fängt den Wurm, 2013: 00 Schneider – Im Wendekreis der Eidechse

(Kurz-)Auftritte in:

1986: Johnny Flash, 1986: Menu Total oder Hymen 2 – Die Schlacht der Vernunft, 1988: Drei D, 1988: Mutters Maske (Christoph Schlingensiefs Remake des Films Opfergang von Veit Harlan), 1991: Manta – Der Film, 1993: Ebbies Bluff, 1996: Die 120 Tage von Bottrop (Musik), 2004: 7 Zwerge – Männer allein im Wald, 2004: Traumschiff Surprise, 2006: 7 Zwerge – Der Wald ist nicht genug, 2007: Mein Führer – Die wirklich wahrste Wahrheit über Adolf Hitler, 2008: Chaostage – We Are Punks!, 2009: Die PARTEI, 2013: Ohne Gnade

Peter Sellers

(1925 – 1980) Für ewige Kinozeiten ist der Komiker Peter Sellers mit der Filmfigur des Trottel-Inspektors Clouseau verbunden, die er in fünf Fortsetzungen spielte:

DER ROSAROTE PANTHER (THE PINK PANTHER, 1963)

EIN SCHUSS IM DUNKELN (A SHOT IN THE DARK, 1964)

DER ROSAROTE PANTHER KEHRT ZURÜCK (THE RETURN OF THE PINK PANTHER, 1975)

INSPEKTOR CLOUSEAU – DER BESTE MANN BEI INTERPOL (THE PINK PANTHER STRIKES AGAIN, 1976)

INSPEKTOR CLOUSEAU – DER IRRE FLIC MIT DEM HEISSEN BLICK (REVENGE OF THE PINK PANTHER, 1978)

DER ROSAROTE PANTHER WIRD GEJAGT (TRIAL OF THE PINK PANTHER, 1982)

Im ersten ROSAROTEN PANTHER nur eine Nebenfigur, stahl Peter Sellers in der Rolle des Polizeidetektivs, der im steten Bemühen alles richtig zu machen an seiner zur Perfektion entwickelten Ungeschicklichkeit scheitert, dem Gentlemandieb →David Niven die komische Show. Was er auch immer in die Hand nimmt, es entgleitet ihm und löst ein Desaster aus. Eine Katastrophe bedingt die nächste. Mit der Präzision eines Uhrwerks steuert Slapstickspezialist →Blake Edwards seinen ebenso eifrigen wie ungeschickten Inspektor durch ein Katastrophenszenario komischer und absurder Situationen. Nie an seiner kriminalistischen Genialität zweifelnd, übersteht er stets das heillose Wirrwar, das er anrichtet, mit der Attitüde des über jede Situation erhabenen Meisterdetektivs, der durch sein stetes Konservieren von Würde und Haltung auch die peinlichsten Situationen überspielt. In seiner Blindheit der Realität gegenüber deutet er grundsätzlich alles falsch und nimmt keine der Gefahren war, die ihm drohen. Durch bizarre Zufälle entgeht er allen Attentatsversuchen und löst alle seine Fälle.

Abb. 77: Peter Sellers 1973

Im zweiten Clouseau-Film EIN SCHUSS IM DUNKELN wurden zwei Nebenfiguren eingeführt, die ihn in den folgenden Filmen in Running Gag-Situationen begleiten: Herbert Lom als sein Vorgesetzter Inspektor Dreyfus, der durch Clouseaus Treiben an den Rand des Nervenzusammenbruchs gerät, und Burt Kwouk als sein Diener und Kampftrainingspartner Cato, der ihn in den unpassendsten Situationen zu überfallen hat. Nach dem Tod von Peter Sellers gab es verschiedene Versuche mit Roger Moore, →Roberto Benigni und →Steve Martin, die Figur des Inspektors Clouseau wieder zum filmischen Leben zu erwecken. Doch die Originalität der Kultfigur, die im einmaligen Zusammenspiel des Regisseurs Blake Edwards mit Peter Sellers begründet ist, konnte nicht wieder erreicht werden.

Peter Sellers hat seine Karriere als Varietékünstler, Radio- und Fernsehkomiker begonnen, der sich vor allem als Stimmen- und Tierimitator einem Namen machte. Nach vielen kleinen Nebenrollen wurde er als Filmkomiker bekannt durch seine Rolle als begriffsstutziges Mitglied des Gangsterquintetts in der schwarzhumorigen Komödie LADYKILLERS (1955), das es nicht fertig bringt, eine nette, alte Dame umzubringen. In der Politsatire DIE MAUS, DIE BRÜLLTE (THE MOUSE THAT ROARED (1959) demonstriert er sein Schauspiel- und Verkleidungstalent gleich in drei verschiedenen Rollen: als Großherzogin, Minister und Soldat eines Fantasiestaats. Die ROSAROTE PANTHER-Serie bot ihm reichlich Gelegenheit, seiner Vorliebe für Maskeraden und Perücken zu frönen. Und auch in Stanley Kubricks Weltuntergangssatire DR. SELTSAM ODER: WIE ICH LERNTE, DIE BOMBE ZU LIEBEN (DR. STRANGELOVE OR: HOW I LEARNED TO STOP WORRYING AND LOVE THE BOMB, 1963) konnte er in drei höchst unterschiedlichen Rollen brillieren: als überforderter Präsident, als wahnsinniger Atomwissenschaftler mit Nazi-Vergangenheit und als britischer Austauschoffizier.

Als Komiker der britischen Traditionen, seriös und überdreht zugleich zu sein, spielte er sowohl komische Gangster wie in DIE GRÜNE MINNA (TWO WAY STRETCH, 1960) und in GENTLEMEN-KILLERS (THE WRONG ARM OF THE LAW, 1963) wie Gentlemen, die auf Mord sinnen wie in DIE NACKTE WAHRHEIT (THE NAKED TRUTH, 1957) und in MR. MILLER IST KEIN KILLER (THE BATTLE OF THE SEXES, 1959). So extemporiert er sich in WAS GIBT'S NEUES, PUSSY? (WHAT'S NEW, PUSSYCAT?, 1965) als total verrückter Psychiater aufplustert, so zurückhaltend spielt er die Figur eines indischen Kleindarstellers in DER PARTYSCHRECK (THE PARTY, 1968), der in einer Kettenreaktion totaler Ungeschicklichkeit eine Hollywoodparty ins totale Chaos stürzt. In der zeitgemäßen komischen Satire auf die Hippie-Ära LASS MICH KÜSSEN DEINEN SCHMETTERLING (I LOVE YOU, ALICE B. TOKLAS! / KISS MY BUTTERFLY, 1968) flüchtet Peter Sellers vor Hochzeit und Spießerleben ins freie Leben der Blumenkinder und gewinnt durch bewusstseinserweiterndem Haschgenuss neue Lebensperspektiven. Beim Zusammentreffen der Komiker und Detektive in Neil Simons ultimativer Parodie auf das Genre des Kriminalromans EINE LEICHE ZUM DESSERT (MURDER BY DEATH, 1976), wo in Gestalt von Peter Falk, Alec Guiness, Robert Moore, Elsa Lanchester und James Coco die größten lebenden Detektive zur Klärung eines Mordfalles zusammentreffen, stiftet Peter Sellers als orientalischer Inspektor Wang durch seine mangelhaften Sprachkenntnisse und Wortverdrehungen permanent Verwirrung.

Wie ein weiser Abgesang auf sein Komikerleben wirkt sein vorletzter Film WILLKOMMEN MR. CHANCE (BEING THERE, 1979), den die *Neue Züricher Zeitung* als Grundstein für einen Neubeginn jenseits greller Komik bezeichnete. Als weltfremder Gärtner, der nie sein Anwesen verlassen hat und das Weltgeschehen nur vom Fernsehen her kennt, steigt er zum Präsidentenberater auf, da seine simple, von keinerlei Realkontakten geprägte und nur auf TV-Konsum beruhende Weltsicht als tiefe Weisheit interpretiert wird. Sellers erhielt für diese Rolle seine zweite Oscar-Nominierung. Seine erste bekam er für den Kurzfilm THE RUNNING JUMPING & STANDING STILL FILM, den er 1959 gemeinsam mit dem Beatles-Regisseur →Richard Lester gedreht hatte. In seinem letzten Film DAS BOSHAFTE SPIEL DES DR. FU MAN CHU (THE FIENDISH PLOT OF DR. FU MANCHU, 1980) versuchte sich Sellers auch als Regisseur, jedoch ohne Erfolg. Am 24. Juli des gleichen Jahres starb er an einem Herzinfarkt. Als liebenswürdiger Nachruf auf die legendäre Kultfigur Inspektor Clouseau wurde mit dem Film DER ROSAROTE PANTHER WIRD GEJAGT (TRAIL OF THE PINK PANTHER) zwei Jahre nach seinem Tod aus einer Art Resteverwertung bereits gedrehter Szenen, die in eine Rahmenhandlung eingebettet wurden, der allerletzte richtige rosarote Panther-Film zusammenmontiert.

Filmauswahl seiner besten Komödien:

1955: Ladykillers (The Ladykillers), 1957: Die nackte Wahrheit (The Naked Truth), 1958: Der kleine Däumling (Tom Thumb), 1959: Die Maus, die brüllte (The Mouse That Roared), 1959: Junger Mann aus gutem Haus (I'm All Right, Jack), 1959: Mr. Miller ist kein Killer (The Battle of the Sexes), 1960: Die grüne Minna (Two Way Stretch), 1960: Die Millionärin (The Millionairess), 1961: Walzer der Toreros (Waltz of the Toreadors), 1962: Lieben kann man nur zu zweit (Only Two Can Play), 1963: Gentlemen Killers (The Wrong Arm Of The Law), 1963: Der rosarote Panther (The Pink Panther), 1964: Dr. Seltsam oder: Wie ich lernte, die Bombe zu lieben (Dr. Strangelove or: How I Learned to Stop Worrying and Love the Bomb), 1964: Ein Schuß im Dunkeln (A Shot in the Dark), 1964: Henrys Liebesleben (The World of Henry Orient), 1965: Was gibt's

Neues, Pussy? (What's New, Pussycat), 1965: Jagt den Fuchs! (After The Fox/Caccia alia Volpe), 1967: Casino Royale (Casino Royale), 1968: Der Partyschreck (The Party), 1968: Lass mich küssen deinen Schmetterling (I Love You, Alice B. Toklas!), 1969: Magic Christian (The Magic Christian), 1970: Ein Mädchen in der Suppe (There's a Girl in My Soup), 1974: Weiche Betten, harte Schlachten (Soft Beds, Hard Battles), 1975: Der rosarote Panther kehrt zurück (The Return of the Pink Panther), 1976: Eine Leiche zum Dessert (Murder by Death), 1976: Inspektor Clouseau, der »beste« Mann bei Interpol (The Pink Panther Strikes Again), 1978: Inspector Clouseau – Der irre Flic mit dem heißen Blick (Revenge of the Pink Panther), 1979: Willkommen Mr. Chance (Being There), 1982: Der rosarote Panther wird gejagt (Trail of the Pink Panther)

Regie:

1959: The Running Jumping & Standing Still Film (Kurzfilm, Co-Regie mit Richard Lester), 1961: Mr. Topaze, 1980: Das boshafte Spiel des Dr. Fu Man Chu (The Fiendish Plot of Dr. Fu Manchu)

Vittorio De Sica

Abb. 78: Vittorio de Sica

(1901 – 1974) Im Bewusstsein der Cineasten gilt Vittorio De Sica als einer der bedeutendsten Vertreter des italienischen Realismus, dessen sozialkritische Meisterwerke SCHUHPUTZER (SCIUSCIÀ, 1946), FAHRRADDIEBE (LADRI DI BICICLETTE, 1948), DAS WUNDER VON MAILAND (MIRACOLO A MILANO, 1951), UMBERTO D (1952), DAS DACH (IL TETTO, 1956) und UND DENNOCH LEBEN SIE (LA CIOCIARA, 1960) in die Filmgeschichte eingegangen sind. Dem Publikum ist er eher bekannt als blendend aussehener Liebhaber, der mit seinen feinen Manieren, seinem aristokratischen

Auftreten und seinem liebenswürdigen Lächeln die Frauenherzen betört. Mit seinem komödiantischen Talent als Schauspieler eroberte er das Publikum, mit seinem dramatischen Talent als Regisseur die Kritiker.

De Sica absolvierte eine Lehre als Buchhalter, bevor er zur Schauspielerei wechselte. Als Filmschauspieler hatte er 1932 seinen ersten Erfolg in einem Film von Mario Camerini GLI WOMINI CHE MASCALZONE. Zum großen Star avancierte er aber erst mehr als zwanzig Jahre später in der Dorfkomödie LIEBE, BROT UND FANTASIE (AMORE, PANE E FANTASIA, 1953), die in der lebensechten Darstellung ländlichen Lebens Realität mit heiterer Lebenslust verbindet. Als angegrauter Carabinieri begibt sich De Sica auf Freiersfüße, um das schönste und ärmste Dorfmädchen zu erobern, wobei er im komödiantischen Überschwang seiner Darstellung des eitlen Gockels eine komplette Enzyklopädie italienischer Körpersprache abliefert. Die Rolle der Dorfschönen machte Gina Lollobrigida zum Weltstar. Mit gleichem Team wiederholt LIEBE, BROT UND EIFERSUCHT (AMORE, PANE E GELOSIA, 1954) das Komödienerfolgsrezept, während der dritte Teil LIEBE, BROT UND 1000 KÜSSE (AMORE, PANE E..., 1955) mit Sophia Loren als »Lollo«-Ersatz den Reiz und Flair des Originals nicht mehr erreichte. De Sica ist in LIEBE UND GESCHWÄTZ (AMORE E CHIACCHIERE, 1957) auch der ideale Interpret eines Bürgermeisters in der italienischen Provinz, der in seiner redseligen Brillanz als Stadtvater seine eigenen väterlichen Pflichten vergisst. Das Image des eitlen Gockels sabotiert er gründlich in Wolfgang Staudtes Satire auf Hurrapatriotismus und Uniformgläubigkeit KANONENSERENADE (1958). Als Kapitän eines italienischen Küstendampfers demonstriert er alle Phasen militärischen Größenwahns, wenn sein kleines Boot im Zweiten Weltkrieg mit einer Kanone ausgestattet wird und er ebenso heldenhaft wie zwecklos auf U-Boot-Jagd geht.

In seiner Bravourrolle des »Romantic Lovers" feierte De Sica in jenen Jahren große Kinoerfolge mit Filmen, deren Titel schon bezeichnend sind: EINE FRAU FÜR SCHWACHE STUNDEN (LA BELLA MUGNAIA, 1955), BIGAMIE IST KEIN VERGNÜGEN (IL BIGAMO) oder RENDEZVOUZ IN ROM (SOUVENIR D'ITALIE, 1957). Als Pleite-Graf, der es nicht für nötig erachtet zu arbeiten und lieber sein Kartenglück im Casino versucht, gibt er mit Marlene Dietrich in Die Monte Carlo Story (Monte Carlo, 1957) ein illustres Spielerpaar ab. An der Seite von Sophia Loren setzt er in der Bernhard Shaw-Verfilmung Die Millionärin (The Millionairess, 1960) und in der »Ein Amerikaner in Neapel«-Komödie Es begann in Neapel (It Started In Naples, 1960) die komischen Akzente.

Neapel – immer wieder wird in seinen Filmen das Flair und die Vitalität seiner Heimatstadt gefeiert wie in Schade, dass Du eine Kanaille bist (Peccato che sia una canaglia, 1954), einer Gaunerkomödie über die Kunst des perfekten Diebstahls mit De Sica als Lehrmeister. »Zwischen De Sica, Mastroianni und mir sprang sofort der Funke über«, erinnert sich Sophia Loren, »Wir fühlten sofort die verschwörerische Verbundenheit aller Neapolitaner füreinander. Wir hatten den gleichen Sinn für Humor, den gleichen Lebensrhythmus, die gleiche Lebensphilosophie, der gleiche Zynismus lauerte hinter unseren Dialogzeilen.« Das von ihm inszenierte Gold von Neapel (L'oro di napoli, 1954) ist De Sicas persönliche filmische Hymne auf seine Heimatstadt in einem Episodenfilm, der ein Stimmungsbild vom Leben in der direkten Nachkriegszeit vermittelt. Mit Gold ist die Hoffnung und der Überlebenswille der Neapolitaner gemeint. Den folkloristischen Bildern als einer Stadt der Musik, der pausenlosen Volksfeste und prachtvoller Architektur setzt er Szenen der Verzweiflung, Hilflosigkeit und Verlogenheit entgegen. »Eines der Geheimnisse Neapels«, sagt De Sica, »liegt in einer über die Jahrhunderte unveränderlichen Art, welche die Menschen, ihre Gewohnheiten und ihre Philosophie ausmacht.«

Nachdem er als Regisseur den sozialkritischen Ernst seiner neorealistischen Werke aufgegeben hatte, feierte er auch beim breiten Publikum große Erfolge mit Komödien um das Stargespann Sophia Loren und Marcello Mastroianni. Der Episodenfilm Gestern, heute und morgen (Ieri, oggi e domani, 1963) wurde mit dem Oscar für den besten fremdsprachigen Film ausgezeichnet, Hochzeit auf italienisch (Matrimonio all'italiana, 1964) erhielt mit dem Golden Globe die gleiche Auszeichnung und mit dem italienischen Filmpreis David di Donatello vierfache Anerkennung: beste italienische Produktion, beste Regie und beste Hauptdarsteller. Für GESTERN, HEUTE UND MORGEN erhielt er seinen zweiten Oscar, dem für sein Spätwerk DER GARTEN DER FINZI CONTINI (IL GIARDINO DEI FINZI-CONTINI, 1970) ein dritter Oscar nachfolgte.

Darsteller – Auswahl seiner besten Filme:

1936: Der Mann, der nicht nein sagen kann (Ma non è una cosa seria), 1946: Zum Teufel mit dem Reichtum (Abbasso la ricchezza!), 1949: Wer Geld hat, hat mehr vom Leben (Il mondo vuole cosi), 1952: Guten Tag, Herr Elefant (Buongiorno, elefante!), 1952: Andere Zeiten (Altri tempi), 1953: Madame de ..., 1953: Brot, Liebe und Fantasie (Pane, amore e fantasia), 1954: Tempi nostri, 1954: Hundert Jahre Liebe (Cento anni d'amor), 1954: Liebe, Brot und Eifersucht (Pane, amore e gelosia), 1954: Schade, daß du eine Kanaille bist (Peccato che sia una canaglia), 1955: Im Zeichen der Venus (Il segno di Venere), 1955: Wohnung mit allem Komfort (Gli ultimi cinque minuti), 1955: Eine Frau für schwache Stunden (La bella mugnaia), 1955: Vier Herzen in Rom (Racconti romani), 1955: Liebe, Brot und 1000 Küsse (Pane, amore e......), 1956: Bigamie ist kein Vergnügen (Il bigamo), 1956: Das fröhliche Urlaubshotel (Tempo di villeggiatura), 1956: Väter und Söhne (Padri e figli), 1957: Rendezvous in Rom (Souvenir d'Italie), 1957: Die Monte Carlo Story (Monte Carlo), 1957: Casino de Paris, 1957: Luftschlösser (Il conte Max), 1957: Der Arzt und der Hexenmeister (Il medico e lo stregone,) 1957: Ferien auf der Sonneninsel (Vacanze a Ischia), 1957: Mein Allerwertester (Totò, Vittorio e la dottoressa), 1958: Liebe und Geschwätz (Amore e chiacchiere), 1958: Kanonenserenade (Pezzo, capopezzo e capitano), 1959: Mein schöner Ehemann (Il nemico di mia moglie), 1959: Theaterträume (Il mondo dei miracoli) 1959: Der falsche General (Il generale della Rovere) 1959: Ferdinand - König von Neapel (Ferdinando I. re di Napoli), 1960: Der Schutzmann (Il vigile) 1960: Austerlitz - Glanz einer Kaiserkrone (Austerlitz), 1960: Es begann in Neapel (It Started in Naples), 1960: Die Millionärin (The Millionairess) 1961: Unser Bursche, der Herr Professor (Gli attendenti), 1965: Die amourösen Abenteuer der Moll Flanders (The Amorous Adventures of Moll Flanders,) 1969: So reisen und so lieben wir (If It's Tuesday, This Must Be Belgium), 1969: Zwölf plus eins (Una su 13)

Will Smith

Abb. 79: Will Smith

(*1968) Dank seiner Popularität als Rapper erhielt Will Smith 1990 die Hauptrolle in der Fernsehserie »Der Prinz von Bel Air«. Gleich in seinem ersten Film DAS LEBEN – EIN SECHSERPACK (SIX DEGREES OF SEPERATION, 1993) offenbarte er sein komödiantisches Talent in einer Rolle als Schwindler und Hochstapler, der sich in die New Yorker Schickeria einschleicht. Im Copthriller BAD BOYS – HARTE JUNGS (1995) empfahl er sich als kommender Top-Actionheld. Mit flapsigen Sprüchen und überlegener Selbstironie gab er in INDEPENDENCE DAY (1996) den Superhelden, der als todesmutiger Flugpilot Amerika vor der Invasion Außerirdischer rettet. Es war die Rolle, die ihn zum Star machte. Bot schon sein relaxtes Heldentum einen amüsanten Gegenpol zum Effektfeuerwerk des Special Effect-Regisseurs Roland Emmerichs, so erhöhte sein Zusammenspiel mit dem extra coolen Tommy Lee Jones den komischen Reiz der Science Fiction-Satire MEN IN BLACK (1997). Die Jagd der beiden schwarz gekleideten Superhelden auf bizarre Besucher aus dem Weltall bot Vorlage für drei weitere Fortsetzungen, in denen die irrwitzigsten Fantasieausgeburten in digitaler Tricktechnik filmische Gestalt annahmen. Dagegen scheiterte der nächste Film des MEN IN BLACK-Regisseurs Barry Sonnenfeld WILD WILD WEST (1999) mit seiner parodistischen Absicht, mit allen Genres des amerikanischen Kinos wie mit Gummibällen zu jonglieren, an der Überladenheit seiner Effekte, die sich gegenseitig totschlugen.

Will Smith hat schon lange sein Komikervorbild →Eddie Murphy übertrumpft. Er tritt genauso nassforsch, schnoddrig und gewitzt an, aber er treibt es mit frechem Charme einen Hauch dezenter und nervt so weniger.

Das prädestiniert ihn auch zu ernsthafter angelegten Actionfilm-Auftritten wie in DER STAATSFEIND NR. 1 (ENEMY OF THE STATE, 1998), I ROBOT (2004) oder I AM A LEGEND (2007), in denen er den Spaßmacher ausblendet. So überzeugte Smith in der Verkörperung der Boxer-Legende ALI (2001) ebenso wie in DIE LEGENDE VON BAGGER VANCE (2000) als mystischer Caddy, der einem frustrierten Profigolfer wieder den rechten Schwung zurückbringt. Mit HITCH – DER DATE DOKTOR (2005) hat sich Smith endgültig von seinem Vorbild Eddie Murphy emanzipiert. Als diskreter Single-Berater für taktische Eroberungsfeldzüge hat er alle Eddiemurphyrismen aus seinem Spiel verbannt und ist so elegant, charmant und gewitzt, wie es sonst nur George Clooney ist.

HANCOCK (2008) schließlich betreibt eine filmische Demontage des Heldenbildes und präsentiert Smith als verlotterten Superhelden, der wieder neu aufpoliert werden muss, um als Vorbild zu taugen. Das anfangs originelle Zerrbild eines Antihelden weicht zum Ende einer der üblichen Fantasystories. In SIEBEN LEBEN (SEVEN POUNDS, 2008) macht Will Smith endgültig ernst. Er ist auch Co-Produzent des ambitionierten Sozialdramas über einen durch seinen Autounfall traumatisierten Mannes, bei dem sieben Menschen ums Leben kamen. Er bricht auf zu einer Reise, die sein Leben und das von sieben anderen Menschen ändern wird. Mit seiner 1997 gegründeten Produktionsfirma *Overbrook Entertainement* produziert Smith Musik-, TV-Sendungen und auch einige seiner eigenen Filme.

Die Komödien:

1993: Made in America, 1993: Das Leben – Ein Sechserpack (Six Degrees of Separation), 1995: Bad Boys – Harte Jungs (Bad Boys), 1997: Men in Black, 1999: Wild Wild West, 2000: Die Legende von Bagger Vance (The Legend of Bagger Vance), 2002: Men in Black II, 2004: Jersey Girl, 2005: Hitch – Der Date Doktor (Hitch), 2008: Hancock, 2008: Sieben Leben (Seven Pounds), 2012: Men in Black 3

Ben Stiller

Abb. 80: Ben Stiller 2014

(*1965) Ben Stiller ist die etwas intellektuellere Komiker-Variante von →Adam Sandler. Wie dieser ist Ben Stiller der sympathische Verlierertyp, der anfangs nichts auf die Reihe kriegt und von einer Katastrophe in die nächste rutscht. Diese Rolle spielte er erstmals in FLIRTING WITH THE DESASTER – EIN UNHEIL KOMMT SELTEN ALLEIN (1996) und er baute sie in seinen folgenden Filmen systematisch aus. Als Typ, der ständig neben sich steht, pendelt Stiller mit der Aneinanderreihung aberwitziger Fauxpas stets zwischen deftig überdrehtem Klamauk und treffender Satire. Irgendwann hört man auf, sich zu fragen, wie so viel Pech und Schwachsinn einem einzigen Menschen passieren können. In den besten Momenten riskieren diese Szenen einen Blick in die höllischen Tiefen der maßlosen Peinlichkeit menschlichen Daseins.

In den Filmen, die er selber inszeniert, kann er seinem Hang zur Satire in modischen Zeitgeistkomödien freien Lauf lassen. REALITY BITES – VOLL DAS LEBEN (1994) versucht sich an einer komödiantischen Fibel über die Probleme und das Lebensgefühl Generation X der 1990er Jahre. CABLE GUY – DIE NERVENSÄGE (1996) zeigt in Gestalt eines von →Jim Carrey gespielten psychopathischen TV-Maniacs das groteske Zerrbild eines TV-Konsumenten, der zwischen Schein und Wirklichkeit nicht mehr unterscheiden kann und sein ganzes Verhalten nach dem Muster von Filmen und Fernsehserien richtet. ZOOLANDER (2001) persifliert die schrille New Yorker Modeszene und füllt die glitzernde Scheinwelt mit den Promiauftritten von Donald Trump, Christian Slater, Tommy Hilfinger, Heidi Klum, Natalie Portman, Paris Hilton, Claudia Schiffer, Winona Ryder, David Bowie, Karl Lagerfeld und vielen anderen. Die satirische Brachial-Attacke auf Hollywood und das Kriegsfilmgenre TROPIC THUNDER (2008) versetzt das Darstellerensemble in eine wirkliche Kriegssituation: Eine hemmungslos überdrehte Farce auf das Filmgeschäft als Bombardement aus makabren Anarcho-Humor am Rande des guten Geschmacks und politischen Unkorrektheiten. Sein Remake eines legendären →Danny Kaye-Films DAS ERSTAUNLICHE LEBEN DES WALTER MITTY (THE SECRET LIFE OF WALTER MITTY, 2013) demonstriert die Metamorphosen eines Tagträumers, der sich in seiner Fantasie zum Abenteuerhelden wandelt.

Als Sohn des Komikerpaares Jerry Stiller und Anna Meara kam Ben Stiller frühzeitig mit dem Komikgeschäft in Verbindung. Schon als Zehnjähriger trat er in einer Fernsehserie auf. Seit 1980 war er regelmäßig in der →»Saturday Night Live«-Show zu sehen. 1990 bekam er eine eigene Fernsehshow, die mit dem Emmy Award ausgezeichnet wurde. Seine große Kinochance kam mit VERRÜCKT NACH MARY (THERE'S SOMETHING ABOUT MARY, 1998). Der Film der Farrelly-Brüder (DUMM UND DÜMMER) setzte in Sachen geschmackloser Scherze neue Maßstäbe, doch was da in einem Gagfeuerwerk mit mordenden Trampern, Hausfrauen auf Speed, eingeklemmten Genitalien und Sperma statt Haargel abgebrannt wurde, war mit so viel Übermut, Charme und Spielfreude präsentiert, dass die Waage zwischen grobschlächtigem Slapstickhumor und feinstimmiger Situationskomik stets gewahrt blieb – ganz im Gegensatz zu den zahlreichen filmischen Nachahmern, die der Erfolg des Films zeitigte. Fernab des derben Klamauks, die ansonsten das Wesen seiner Komik ausmachen, zeigte Ben Stiller in →Wes Andersons Lebensbiographie gescheiterter Wunderkinder DIE ROYAL TENENBAUMS (2001) die tragische Seite des ewigen Verlierers als übervorsichtiger Vater, der den Tod seiner Frau nicht verwinden kann und aus Angst vor dem Tod am Leben vorbei lebt. Der im gleichen Jahr wie

VERRÜCKT NACH MARY gedrehte Film FRIENDS AND NEIGHBORS hatte schon die andere Seite Ben Stillers enthüllt. Er ist einer der libidogesteuerten und liebesgestörten Großstadtneurotiker in Neil LaButes sarkastischer Bestandsaufnahme männlicher Sexualneurosen, die das verkorkste Liebesleben dreier befreundeter Paare auseinandernimmt. Als »→Allen für Arme« bezeichnete die *Süddeutsche Zeitung* Ben Stillers Darstellung eines orientierungslosen Mannes in GREENBERG (2010), der sich mit ausgiebigem Nichtstun seiner Midlife-Krise widmet.

In seinem großen Kinohit MEINE BRAUT, IHR VATER UND ICH (MEET THE PARENTS, 2000) misslingen Ben Stiller alle Versuche, die Sympathie seines zukünftigen Schwiegervaters (Robert de Niro als ultrakonservativer Ex-CIA-Agent) zu erlangen in einem Fiasko peinlich-grotesker Situationen, die den Zuschauer mitfühlen und mitleiden lassen. Der Erfolg des Films zog zwei Fortsetzungen nach sich, die sich mit Gregs Leiden als Ehemann und Familienvater beschäftigten: MEINE FRAU, IHRE SCHWIEGERELTERN UND ICH (MEET THE FOCKERS, 2004) und MEINE, FRAU, UNSERE KINDER UND ICH (LITTLE FOCKERS, 2010) – zwei amüsante Sequels, die auf das bewährte Filmpersonal und ihre Gegensätze vertrauten. Wer einen Museumsbesuch stets mit dem Gefühl der Langeweile verbindet, der wird in Stillers letztem großen Kinoerfolg NACHTS IM MUSEUM (NIGHT AT THE MUSEUM, 2006) eines Besseren belehrt. Als Nachtwächter muss Ben Stiller erleben, wie die Tiere, Gestalten und Monster des Naturmuseums zu gespenstigem Leben erwachen und fantastische Tricktechnik das nachtstille Gebäude in ein Tollhaus verwandelt. Zur Sensationsfreude des Publikums hat Ben Stiller jede Menge Probleme, sich gegen das Effektfeuerwerk digitaler Tricktechnik zu behaupten, so dass 2009 und 2014 filmische Fortsetzungen folgten.

Auswahl seiner besten Komödien:

1996: Wenn Lucy springt (If Lucy Fell), 1996: Flirting with Disaster, 1996: Happy Gilmore, 1998: Verrückt nach Mary (There's Something About Mary), 1998: Your Friends & Neighbors, 1999: The Suburbans – The Beat Goes On! (The Suburbans), 1999: Mystery Men, 2000: Glauben ist alles! (Keeping the Faith), 2000: Meine Braut, ihr Vater und ich (Meet the Parents), 2001: Die Royal

Tenenbaums (The Royal Tenenbaums), 2001: Friends and Neighbours 2004: Starsky & Hutch, 2004: Meine Frau, ihre Schwiegereltern und ich (Meet the Fockers) 2006: Nachts im Museum (Night at the Museum), 2006: Der Date Profi (School for Scoundrels), 2007: Nach 7 Tagen – Ausgeflittert (The Heartbreak Kid), 2009: Nachts im Museum 2 (Night at the Museum: Battle of the Smithsonian) 2010: Greenberg, 2010: Meine Frau, unsere Kinder und ich (Little Fockers), 2014 Nachts im Museum - Das geheimnisvolle Grabmal (Night at the Museum: Secret of the Tomb)

Darsteller, Regisseur:

1994: Reality Bites – Voll das Leben (Reality Bites), 1996: Cable Guy – Die Nervensäge (Cable Guy), 1999: Heat Vision and Jack, 2001: Zoolander, 2006: Danny Roane: First Time Director, 2008: Tropic Thunder, 2013: Das erstaunliche Leben des Walter Mitty (The Secret Life of Walter Mitty)

Jacques Tati

(1907 – 1982) Wer kennt ihn nicht, den groß gewachsenen und träumerischen Monsieur Hulot in den zu kurzen Hochwasserhosen, der stets mit Regenmantel, Pfeife und Ringelsocken unterwegs ist. Er ist kein Grimassenschneider, keiner, der sich bemüht, ständig lustig zu ein, seine Komik ist leise und still: Hulot ist das Opfer des Alltäglichen. Er eckt an, weil er nicht maßstabgerecht in seine Umwelt passt, er gerät ständig mit dem ganz Alltäglichen aneinander, weil seine Maße nicht ganz stimmen, seine Bewegungen asynchron laufen. Ganz ungewollt hinterlässt er Chaos, er entlarvt zwar

Abb. 81: Jacques Tati in »seiner« Rolle des Monsieur Hulot (DIE FERIEN DES MONSIEUR HULOT)

die Menschen und ihre Eigenheiten, aber niemals veralbert er sie wie →Chaplin, und auch jede Form von Schadenfreude war ihm fremd.

Diese unvergessliche und ganz eigenwillige Figur wurde vom französischen Komiker Jacques Tati erfunden. Sein Werk umfasst insgesamt nur fünf lange Kinofilme, eine TV-Produktion und eine Handvoll Kurzfilme, und doch prägte er die (französische) Filmkomödie wie kein anderer seiner Zeit. Sein filmisches Alter Ego Monsieur Hulot entwickelte er aus der Eigenart, seine Mitmenschen im Alltag zu beobachten und zu parodieren. Hulot ist ein pantomimischer Charakter, der durch scheinbares Ungeschick subtile Komik entstehen lässt. Oft wurde er mit Charlie Chaplin und →Buster Keaton verglichen, seine berühmten Stolperbeine wurden als eine direkte Hommage an Keaton gedeutet. Jacques Tati selbst beschreibt die Genese seines Komikertalents als eine Kunst, die aus zwei Sprachen besteht, der des Auges und der des Körpers. Seine einzige Schule war die Pantomime, seine überragende Methode die der Improvisation und seine einzige Sorge der direkte Kontakt mit dem Publikum.

Zum Dreigestirn der frühen (Stumm-)Filmkomiker gehören neben Chaplin und Keaton auch noch →Harold Lloyd – sie haben das Genre der Komödie in den Anfangsjahren des Films mit Leben füllt. Sie brachten in den ersten zwei Jahrzehnten des 20. Jahrhunderts ihre Hauptwerke hervor, denen Filmkomiker auch hundert Jahre später noch nachzueifern versuchen. Sie erfanden Figuren, die den amerikanischen Verhältnissen entsprachen, aber Jaques Tati ist es gelungen, einen eigenen Komödinantentypus der modernen westlichen Welt der 1950er und 1960er Jahre hervorzubringen. Hulot ist wie Chaplins Tramp, Keatons Stoneface und Lloyds Optimist ein Clown. Doch dabei reproduzierte Hulot nicht nur gängige Muster von Komik, sondern er stellte einen neuen Typus Menschen dar, der in den modernen Zeiten hilflos umherstrudelt und bei allem seine kauzige Individualität behält. Buster Keaton meinte, Tati knüpfe dort an, wo er und andere wie Chaplin oder Langdon vierzig Jahre zuvor stehen geblieben seien.

Der eigenwillige Regisseur und seine noch eigenwilligeren Filme waren immer am Puls der Zeit und behandelten den Kampf des Menschen gegen die Maschine, den Kampf der alten gegen die neue Welt und des Misserfolges gegen den Erfolg. Monsieur Hulot verzweifelt immer wieder an den Tücken, die das Leben in der modernen Großstadt und im absurd technisierten Haushalt mit sich bringt: Küchen, die alleine arbeiten, aber den Menschen überfordern und seine Bedürfnisse ignorieren, Verkehrsmassen, die in absolutem Chaos enden, gigantische Hochhäuser und steril-gläserne Bürocontainer, die die Bewohner und Arbeiter in der Anonymität verschwinden lassen bzw. sie der permanenten Beobachtung ausliefern – so beschreibt Tati das Leben in seinen Filmen und macht dadurch seinem Publikum die Probleme der Modernisierung bewusst.

PLAYTIME von 1967 ist mit Abstand sein außergewöhnlichster Film: Monsieur Hulot und amerikanische Touristen kämpfen in hochmodernen Pariser Kulissen mit der Tücke des Objekts. Für Hulot ist diese technisch überformte Welt ein Mysterium. Doch Tati war seiner Zeit zu weit voraus: Mit seiner episodenhaften Erzählstruktur ohne durchgehende Handlung, aber voller skurriler Einfälle, und seinen unerschöpflichen visuellen Überraschungen einer riesigen Stadtkulisse, die damals futuristisch anmuten musste, fand er keine Gnade beim breiten Publikum, und der Film spielte die immensen Kosten nicht wieder ein. Ende der 1960er Jahre, in der der spätindustrielle Fortschrittsoptimismus seinen Höhepunkt erreicht hatte, mochte kaum jemand einem Mann folgen, der all das Erreichte gründlich und grundsätzlich infrage stellte. 1974 war seine Produktionsfirma in Konkurs gegangen und er hatte das gesamte Privatvermögen und die Nutzungsrechte an seinen Filmen verloren, nie mehr sollte er einen Spielfilm drehen.

PLAYTIME hat einen geradezu märchenhaften Ausklang, wenn sich nach Tagesanbruch alle auf den Heimweg begeben und sich ein Kreisverkehr in ein Jahrmarktskarussell verwandelt, plötzlich kann der Zuschauer nur noch staunen wie der kleine Junge in TATIS SCHÜTZENFEST (JOUR DE FÊTE, 1949). Wenn die Straße zum Festplatz avanciert, ist das vielleicht ein wenig infantil, auf jeden Fall aber romantisierend und vor allem zutiefst menschlich. TATIS SCHÜTZENFEST entstand knapp zwanzig Jahre vor PLAYTIME: Ein kleines Dorf im Herzen Frankreichs, irgendeines, doch einzigartig als Ort der Fantasie und der Gefühle; der Marktplatz, das Bistro, die Kirche, bescheidene Häuser, ein paar gepflasterte Straßen. Vor dieser Kulisse schildert Tati die Geschichte des langbeinigen und liebenswürdigen Landbriefträgers François; in seinem ersten Spielfilm war Tati noch kein Monsieur Hulot, bzw. war er es »nur« in Ansätzen. Seinen internationalen Durchbruch erzielte er mit der Satire DIE FERIEN DES MONSIEUR HULOT (LES VACANCES DE MONSIEUR HULOT, 1953), die das Freizeitgebaren erholungssuchender Großstädter einer komischen Betrachtung unterzieht. Ein Film ohne Handlung, ohne Dialoge, ohne Geschichte, der seine Komik in den köstlichen Momentaufnahmen aus dem Ruder laufender Urlaubsrituale und Ferienerlebnisse fixiert, wo auch immer Hulot auftaucht. Er ist der Störfaktor im geregelten Urlaubsalltag, der mit der Arglosigkeit des Gutmeinenden und Falschverstehenden den Ablauf der Dinge durcheinander bringt.

Nur wenige Jahre später knüpfte er an den Erfolg seines liebenswerten Kauzes an und ließ ihn in MEIN ONKEL (MON ONCLE, 1958) als eine Art modernen Ritter von der traurigen Gestalt gegen die Windmühlenflügel der überzivilisierten Welt kämpfen. MEIN ONKEL ist der Film des Übergangs von der Provinz in die Stadt, von der verträumten Beschaulichkeit in die Moderne, von der Ruhe in die Hektik, von der Vergangenheit in die Gegenwart: In das hochmoderne, vollautomatisierte Elternhaus Gérards bringt sein arbeitsloser Onkel Hulot, der in einem verschachtelten Altbau wohnt, das Chaos hinein. Hulot öffnet seinem Neffen die kleinbürgerliche Welt der Vorstädte, die mit ihren pittoresken Figuren und improvisierten Lebensformen einen Kontrapunkt zur Sterilität der modernen Technik bietet. Dem Kult ums Auto und dem Wahnsinn des modernen Straßenverkehrs gewinnt TRAFIC - TATI IM STOSSVERKEHR (1971) köstlich satirische Pointen ab. Vergeblich versucht Tati ein von ihm entworfenes und mit allen Schikanen ausgestattetes Campingauto rechtzeitig zur Automesse in Amsterdam zu bringen.

Er scheitert im alltäglichen Verkehrschaos, das in einer ballettartig inszenierten Massenkarambolage gipfelt.

Wenn Tati seine Pfeife ausklopft (eine typische Hulot-Aktion), egal, in welcher Klangumgebung er sich gerade befindet, dieses Geräusch bleibt immer wahrnehmbar, wie eben der gezielte Einsatz von Toneffekten in all seinen Filmen das Fehlen von Dialogen pointiert ersetzt. Der Ton wird so zu einem Element, das den Film nicht nur untermalt, sondern rhythmisiert und komische Akzente setzt, wie unverständliche Wortfetzen, wie die maschinellen Blop-Geräusche in MEIN ONKEL, wie das Ping-Pong-Geräusch der pendelnden Eingangstür in den FERIEN DES MONSIEUR HULOT oder das Knattern der Fehlzünden seines Autos, das wie ein Fanfare sein Kommen ankündigt. Auch die Farbe nutzte Tati als Ausdrucksmittel seiner filmischen Konzeption: die warmen Töne dörflicher Idylle strahlen gegen das triste Grau der Hochhäuser, in der Schlusssequenz von TATIS SCHÜTZENFEST akzentuieren Farbtupfer die Schwarzweiß-Bilder des Films als bunter Ausdruck von Lebensfreude. →Jean-Pierre Jeunet, der Regisseur des Films DIE FABELHAFTE WELT DER AMÉLIE (LE FABULEUX DESTIN D'AMÉLIE POULAIN, 2001), ließ sich von Tatis Farben und der Ausstattung inspirieren.

Die Kurzfilme:

1932: Oscar, champion de tennis, 1934: On demande une brute, 1935: Fröhlicher Sonntag (Gai dimanche), 1936: Achte auf deine Linke (Soigne ton gauche), 1938: Retour à la terre, 1945: 1947: Schule der Briefträger (L'ecole des facteurs), 1967: Abendschule (Cours du soir), 1974: Parade

Die Langfilme – Buch, Darsteller, Regie:

1949: Tatis Schützenfest (Jour de fête), 1953: Die Ferien des Monsieur Hulot (Les vacances de Monsieur Hulot), 1958: Mein Onkel (Mon oncle), 1967: Tatis herrliche Zeiten (Playtime), 1971: Tati im Stoßverkehr (Trafic)

Darsteller in:

1945: Sylvia und das Gespenst (Sylvie et le fantôme), 1946: Teufel im Leib (Le diable au corps), 1968: Geraubte Küsse (Baisers volés)

Ugo Tognazzi

Abb. 82: Ugo Tognazzi in EIN KÄFIG VOLLER NARREN

(1922 – 1990) Erstmals in Deutschland bekannt wurde Ugo Tognazzi mit dem Film DAS GROSSE FRESSEN (LE GRANDE BOUFFE, 1973), in dem er sich gemeinsam mit Marcello Mastroianni, Michel Piccoli und Philippe Noiret in einer Orgie hemmungslosen Genusses dem Essen, dem Sex und dem Tod hingab. In seiner Heimat Italien war er da schon ein populärer Komiker, der in insgesamt 130 Filmen auftrat. Sein schauspielerisches Talent entdeckte er während seiner Militärzeit im Fronttheater. Nach dem Krieg zog er nach Mailand, wo er im Theater auftrat und eine eigene Gesellschaft gründete, die Musicals und Revuen aufführte. Mit der Fernsehserie »Uno, due, tre« wurde er zum TV-Star.

In den Komödien, in denen er meist auftrat, war er der Typ des arrivierten, jovialen Kleinbürgers, der in grotesker Überzeichnung seines Charakters Probleme zu bewältigen hatte, die meist erotischer Natur waren. Die Titel erzählen da schon die ganze Geschichte: LOCKENDE UNSCHULD (LA VOGLIA MATTA, 1962), ICH HAB SIE GUT GEKANNT (IO LA CONOSCEVO BENE, 1965), UNMORALISCH LEBT MAN BESSER (L'IMMORALE, 1967), SCHWESTERN TEILEN ALLES (VENEGA A PRENDERE IL CAFFE CON NOI, 1970), QUADRATUR DER LIEBE (CUORI SOLITARI, 1970), DER KATER LÄSST DAS MAUSEN NICHT (IL GATTO, 1977) oder SUNDAY LOVERS (1980).

Aufsehen vor allen in katholischen Kreisen erregte die Satire DIE BIENENKÖNIGIN (UNA STORIA MODERNA – L'APE REGINA, 1963), in der Tognazzis Rolle als Ehemann auf seine Gebräuchlichkeit als Nachwuchserzeuger reduziert war ähnlich dem männlichen Drohn im Bienenreich. Zu Recht stellte der katholisch orientierte *film-dienst* fest: »Für Italien ein Skandalon, für katholisches Empfinden schlechthin eine Herausforderung, für den Liberalismus ein komisches Ergötzen.« Der Film wurde wegen Obszönität verboten, gekürzt und mit einem warnenden Vortitel versehen, bevor er wieder ins Kino kam. Durch seine nuancierte Darstellung brach Tognazzi immer wieder das Klischee seiner Filmrollen auf und setzte schauspielerische Glanzlichter: als faschistischer Soldat, der in ZWEI IN EINEM STIEFEL (IL FEDERALE, 1961) als Wachmann eines regimefeindlichen Professors sich der Torheit faschistischer Lebenshaltung bewusst wird; als Anarchist, der Bomben legt in HALT MAL DIE BOMBE, LIEBLING (QUE GIOIA VIVERE, 1960), als sizilianischer Bauer, der in EINE FRAGE DER EHRE (UNA QUESTIONE D'ONORE, 1966) dem Gesetz der Blutrache zu entkommen trachtet, als pflichtbewusster Richter, der sich in ABEND OHNE ALIBI (IN NOME DEL POPOLO ITALIENAO, 1971) mit einem einflussreichen Industriellen anlegt, als erfolgreicher Filmproduzent in DIE TERRASSE (LA TERRAZZA, 1980), der im intellektuellen Künstlermilieu unter seinem niedrigen Bildungsstand leidet, als Unternehmer, der die Entführung seines Sohns zum Gewinn ummünzt in DIE TRAGÖDIE EINES LÄCHERLICHEN MANNES (LA TRAGEDIA DI UN UOMO RIDICOLO, 1981). Für diese Rolle wurde Tognazzi auf den Filmfestspielen in Cannes mit der Goldenen Palme als bester Darsteller ausgezeichnet. Seinen größten Erfolg erzielte er in EIN KÄFIG VOLLER NARREN (LA CAGE AUX FOLLES, 1978) als schwuler Nachtclubbesitzer, der seinem Sohn zuliebe den Brauteltern eine gutbürgerlichen Fassade vorzutäuschen versucht, was durch die Drag Queen-Eigenheiten seines Lebensgefährten sabotiert wird. Seine Reputation als Koch und Gourmet ist ganz im reinen mit dem Rollenbild seiner Filme, wenn er feststellt: »Männer essen mit den Augen – vor allem, wenn die Kellnerin hübsch ist.«

Seine besten Komödien:

1953: Liebe in der Stadt (L'amore in città), 1958: Totò nella luna, 1959: Tolpatsch macht Karriere (Policarpo, ufficiale di scrittura), 1960: Halt mal die Bombe, Liebling (Que gioia vivere), 1961: Zwei in einem Stiefel (Il federale),

1962: Lockende Unschuld (La voglia matta), 1963: Die Bienenkönigin (Una storia moderna – l'ape regina), 1963: I mostri 1965: Ich habe sie gut gekannt (Io la conoscevo bene), 1966: Eine Frage der Ehre (Una questione d'onore), 1967: Unmoralisch lebt man besser (L'immorale), 1968: Barbarella (Barbarella), 1969: Der Schweinestall (Il porcile), 1970: Schwestern teilen alles (Venga a prendere il caffe con noi), 1970: Quadratur der Liebe (Cuori solitari), 1971: Abend ohne Alibi (In nome del popolo italiano), 1971: Die Audienz (L'udienza), 1972: Der Meister und Margarita (Majstor i Margarita), 1973: Berühre nicht die weiße Frau (Touche pas à la femme blanche), 1973: Das große Fressen (La Grande bouffe), 1975: Ente auf Orange (L' anatra all'arancia), 1975: Ein irres Klassentreffen (Amici miei), 1977: Das rote Zimmer (La stanza del vescovo), 1977: Der Kater läßt das Mausen nicht (Il gatto), 1978: Ein Sack voll Flöhe (Primo amore), 1978: Stau (L'ingorgo – una storia impossibile), 1978: Ein Käfig voller Narren (La Cage aux folles), 1980: Die Terrasse (La terrazza), 1980: Noch ein Käfig voller Narren (La cage aux folles II'), 1980: Sunday Lovers, 1981: Die Tragödie eines lächerlichen Mannes (La tragedia di un uomo ridicolo), 1984: Der dicke König Dagobert (Le Bon Roi Dagobert), 1985: Ein Käfig voller Narren – Jetzt wird geheiratet (La Cage aux folles III)

Darsteller, Regie:

1961: Die Nächste bitte! (Il mantenuto)

Totò

Abb. 83: Totó in HÄNDE WEG!

(1898 – 1967) So klein und mickrig er von seiner Statur her auch war, so er war doch einer der ganz großen Volksschauspieler Italiens. Seine Komik ist tief in der Mentalität des neapolitanischen Volkscharakters und seiner Bühnenherkunft der »Commedia dell'arte« verwurzelt. Die Typen, die er spielt, sind die kleinen Leute, die Armen, die Gescheiterten, die Kleinganoven, die ewigen Verlierer am Rand der Wohlstandsgesellschaft, denen er mit dem ihm eigenen Gestikrepertoire pantomimischer Bravourstücke und expressiver Gebärdensprache, seiner ruckartigen Mimik und der Kunst des Augenrollens komödiantisches Leben einhaucht und ihnen so das mitfühlende Empfinden zur Zuschauer sichert. In den maskenhaften Zügen seines leicht schief gelegten Gesichts paaren sich das Groteske und die Traurigkeit, das Alter und die Dekadenz. Stets schwang bei aller vordergründigen Komik ein Hauch von Sozialkritik mit, der die Widersprüche der italienischen Gesellschaft mit scharf pointiertem Humor widerspiegelte. In all seinen Filmen ist Totò der kleine Mann, der sich hilflos verliert in den Zwängen des Lebens, aus denen es keinen Ausweg gibt. Mit der Impertinenz des Unbelehrbaren, der Zermürbungstaktik des Hartnäckigen, der Wortverdrehungskunst des Sprachzerstörers, der Banalitäten ins Monströse aufbläst, rettet er sich aus dem alltäglichen Überlebenskampf.

In 114 Filmen hat Totò mitgespielt, nur wenige gelangten in deutsche Kinos wie TOTO UND DIE FRAUEN (TOTÒ E LE DONNE, 1952). Zu sehr war seine Komik dem italienischen Lokalkolorit verhaftet und somit nicht ins Ausland exportierbar. Wie er es von der Bühne der neapolitanischen Volkskomödie her gewohnt war, hielt er sich nicht sklavisch an den Drehbuchtext und improvisierte hemmungslos drauflos, machte den Drehbuchtext dem Typus untertan, den er spielte, und traf so exakt den richtigen Ton.

Von der Vielzahl seiner Filme bleiben vier Filme im Gedächtnis, die er mit den Meisterregisseuren Christian-Jaque, →Vittorio De Sica, Pier Paolo Pasolini und →Mario Monicelli drehte. In DAS GOLD VON NEAPEL (L'ORO DI NAPOLI, 1954) wird Totò von einem gewalttätigen Untermieter dranglasiert, bis er sich gegen ihn zu wehren versucht. Als Taschendieb, der sich mit dem ihn verfolgenden Polizisten anfreundet, menschelt er listig in RÄUBER UND GENDARM (GUARDIE E LADRI, 1951). In Pasolinis zwischen Märchen, Fabel, marxistischer Allegorie und christlichem Lehrstück höchst vergnüglich pendelnder Kinomeditation GROSSE VÖGEL, KLEINE VÖGEL (UCCELLACCI E UCCELLINI, 1966) spielt Totò einen Wandermönch, der mit den Vögeln spricht. GESETZ IST GESETZ (LA LEGGE E LA LEGGE, 1958) vereint den italienischen Volkskomiker mit dem französischen Volkskomiker →Fernandel zu einem listigen Kampfgespann wider den Irrsinn der Grenzziehung zwischen Frankreich und Italien im Gebiet der Seealpen, die mitten durch die Häuser verläuft und Fernandel zum Bigamisten und Deserteur macht.

Was →Chaplin für Amerika bedeutet und Fernandel für Frankreich, das ist Totò für Italien: der Clown als Rebell gegen die Widrigkeiten des Alltags.

Filmauswahl:

1937: Hände weg! (Fermo con le mani!), 1951: Räuber und Gendarm (Guardie e ladri), 1952: Totò und die Frauen (Totò e le donne), 1954: Die verkaufte Unschuld (Miseria e nobiltà), 1954: Das Gold von Neapel (L'oro di Napoli), 1955: Vier Herzen in Rom (Racconti romani), 1956: Totò, Peppino und das leichte Mädchen (Totò, Peppino e... la malafemmina), 1958: Gesetz ist Gesetz (La legge è legge), 1961: Totò, Peppino und das süße Leben, (Totò, Peppino e la dolce vita), 1964: What Ever Happened to Baby Totò? (Che fine ha fatto Totò baby?), 1966: Unser Boß ist eine Dame (Operazione San Gennaro), 1966: Große Vögel, kleine Vögel (Uccellacci e uccellini)

Peter Ustinov

Abb. 84: Peter Ustinov 1986

(1921 – 2004) Als Komödiant, Schauspieler, Autor und Regisseur war Peter Ustinov ein Allround-Entertainer, ein an Leibes- und Pointenumfang unaufhörlich zunehmendes Universalgenie, das sein Können auf den unterschiedlichsten künstlerischen Gebieten stets humorvoll, aber nie niveaulos entwickelte. Als Weltbürger par excellence sprach er neben Englisch fließend deutsch, französisch, russisch, spanisch, türkisch, italienisch und griechisch. Über seine Herkunft erzählt Ustinov: »Ich wurde in St. Petersburg gezeugt, in London erzogen und in Schwäbisch-Gmünd getauft.« Ustinov erhielt seine Schauspielausbildung im London Theatre Studio und schrieb sein erstes Theaterstück *House of Regrets*, das 1942 erstmals aufgeführt wurde. Seine Kriegserfahrungen als englischer Soldat im Zweiten Weltkrieg prägen seine humanistische und pazifistische Gesinnung, die sich in seinem Engagement für die Völkerverständigung als Sonderbotschafter der UNICEF niederschlug. Wer weiß, ob er sich selbst meinte mit dem Spruch: »Ein Philosoph ist ein Mann, der in Ermangelung einer Frau die ganze Welt umarmt«. Wahrscheinlich nicht, denn schließlich war er dreimal verheiratet.

Nach dem Kriegsende konnte sich seine künstlerische Vielseitigkeit als Autor, Schauspieler und Regisseur voll entfalten. Für den Film SCHOOL OF SECRETS (1946) war er als Autor, Regisseur und Produzent voll verantwortlich. Aufsehen erregte er als Kaiser Nero in QUO VADIS (1951) – eine Rolle, die er beinahe nicht erhalten hätte, da der Produzent ihn für zu jung hielt, woraufhin er zurück schrieb, würde man noch lange warten, würde er zu alt für diese Rolle sein, da Nero selbst nur 31 Jahre alt wurde. Ein Argument, das überzeugte. Woran sich jeder Kinobesucher erinnert in diesem Kolossalschinken ist Ustinovs Performance eines selbstherrlichen, größenwahnsinnigen und geisteskranken Tyrannen, stets am Rand des Komischen vorbei schliddernd und doch nie seine Dämonie und Gefährlichkeit vergessen lassend. In dieser Rolle wird schon die exzentrische Begabung des Vollblutmimen deutlich, dessen Manierismus leicht ins Kindische kippt und dessen Pathos ins Komische driftet.

In zwei weiteren Kostümfilmen machte er eine gute Figur: als naiver Thronfolger Georg IV, Prince of Wales, in BEAU BRUMMELL – REBELL UND VERFÜHRER (1954) und als verschlagener Sklavenhändler in Stanley Kubricks SPARTACUS (1960). Für diese Rolle erhielt er den Oscar als bester Nebendarsteller, ebenso für seinen Auftritt in einer Diebeskomödie über einen genialen Diamantenraub: TOPKAPI (1964). Als Dieb stiehlt er auch seinen in diesen Rollen erprobten Schauspielkollegen Humphrey Bogart und Aldo Ray die Schau in Wir sind keine Engel (We're No Angels, 1955); ein liebenswerter Weihnachtsfilm, in dem drei ausgebrochene Sträflinge einem jungen Liebespaar eine schöne Bescherung bereiten gemäß dem Titel des zugrunde liegenden Theaterstücks. Auch wenn er nur irgendwo im Hintergrund herumsteht, man schaut nur auf ihn, beobachtet, welche kleinen komische Faxen er gerade macht mit seinem listigen Gesichtsausdruck, bei dem die Augen immer mehr wissen als der Mund gerade sagt. Es ist wohl dieser leise, niemals polternde Humor, den die Menschen an Peter Ustinov so sehr lieben und der auch seine Auftritte in Filmen ernsterer Natur kennzeichnet.

In der Fantasy-Komödie Der Hund, der Herr Bozzi hiess (Un angelo è sceso a Brooklyn, 1957) wird er in einen Hund verwandelt, erlebt aus der Hundeperspektive die Welt als grausamen Ort des Überlebenskampfes und wird so von seiner Hartherzigkeit bekehrt. Kann man sich Peter Ustinov als Computerexperte und Hacker der ersten Stunde vorstellen? Eben dies ist er Das Millionending (Hot Millions, 1968) – einer amüsanten Persiflage auf die Betrugsmöglichkeiten, welche die elektronische Technokratie dem Begabten bietet. Das gewitzte Drehbuch, an dem Ustinov mitschrieb, wurde für den Oscar nominiert.

Es ist nicht Albert Finney, der in Mord im Orientexpress (1974), und nicht Tony Randal, der in Die Morde des Herrn ABC (1965) Agatha Christies Meisterdetektiv Hercule Poiret spielt, sondern Peter Ustinov, der durch seine mit feiner Ironie dosierte Darstellung für ewige Zeiten als ideale Verkörperung der dandyhaften Detektivfigur im Bewusstsein des Publikums verbleibt, geprägt durch die Filme Tod auf dem Nil (Death on the Nile, 1978), Das Böse unter der Sonne (Evil Under the Sun, 1982), Mord à la Carte (Thirteen at Dinner, 1985) und Rendezvous mit einer Leiche (Appointment With Death, 1988).

Als Regisseur trat Ustinov in Erscheinung mit der Verfilmung seines eigenen Theaterstücks Romanoff und Julia (1961), die dem Ost-West-Konflikt eine ironische Variante abgewann, mit der Filmversion einer Abenteuergeschichte von Herman Melville DIE VERDAMMTEN DER MEERE (BILLY BUDD, 1961), mit der Sophia Loren-Komödie LADY L (1965) und mit dem Elisabeth Taylor / Richard Burton-Starspektakel HAMMERSMITH IST RAUS (HAMMERSMITH IS OUT, 1972), das sich als systemkritische Satire auf die unbesiegbare Macht des Bösen in Person eines irren Mörders versucht. Gegen Ende seiner Laufbahn trat Ustinov weiterhin als Schauspieler auf, war beliebter Showgast jeder Talkshow und anderer TV-Auftritte, pflegte in seinen Schriften, Theaterstücken und Erzählungen humorvoll die Zeitsatire. Glückliche Berliner durfte ihn 1987 auf der Bühne erleben in seinem eigenen Theaterstück *Beethovens Zehnte*. Im LUTHER-Film (2003) als Friedrich der Weise hatte er mit seinem letzten Kinoauftritt eine würdige Abschiedsrolle. Ustinov starb im Alter von 82 Jahren an Herzversagen.

Unzählig sind die Ehrendoktorwürden, Preise und Auszeichnungen, die er im Lauf seines Lebens erhalten hat: die Oscars, den Tony Award, den Bambi, die Goldene Kamera, den Silbernen Berlinale-Bären, das deutsche Bundesverdienstkreuz und natürlich britische Sir-Würden. Was er selbst als Resümee des Lebens erkannte, hat in seinem vielfältigen Lebenswerk Spuren hinterlassen: »Sinn des Lebens: etwas, was keiner genau weiß. Jedenfalls hat es keinen Sinn, der reichste Mann der Welt auf dem Friedhof zu sein.«

Die wichtigsten Filme:

1951: Der wunderbare Flimmerkasten (The Magic Box), 1951: Quo vadis?, 1954: Sinuhe der Ägypter (The Egyptian) 1955: Lola Montez, 1955: Wir sind keine Engel (We're No Angels), 1955: Beau Brummel – Rebell und Verführer (Beau Brummel), 1956: Der Narr und die Tänzerin (I Girovaghi), 1957: Der Hund, der »Herr Bozzi« hieß (Un angelo è sceso a Brooklyn), 1960: Spartacus, 1961: Romanoff und Julia (Romanoff and Juliet), 1964: Topkapi, 1965: Lady L., 1967: Käpt'n Blackbeards Spuk-Kaschemme (Blackbeard's Ghost), 1967: Die Stunde der Komödianten (The Comedians), 1968: Das Millionending (Hot Millions), 1972: Hammersmith is out (Hammersmith is Out), 1977: Drei Fremdenlegionäre (The Last Remake of Beau Geste), 1977: Das malvenfarbene Taxi (Un Taxi Mauve), 1978: Tod auf dem Nil (Death on the Nile), 1982: Das Böse unter der Sonne (Evil Under the Sun), 1988: Rendezvous mit einer Leiche (Appointment with Death), 2003: Luther

Regie:

1946: School for Secrets, 1948: Vice Versa, 1949: Private Angelo, 1961: Romanoff und Julia (Romanoff and Juliet) 1961: Die Verdammten der Meere (Billy Budd), 1965: Lady L., 1972: Hammersmith is out, 1984: Memed, mein Falke (Memed My Hawk)

Karl Valentin

Abb. 85: Karl Valentin

(1882 – 1948) Sogar im hohen Norden Deutschlands jenseits des Weißwurstäquators wurde er verstanden, das Münchner Original Karl Valentin: seine besondere Art des Humors, seine vertrackte Querdenkerei, die jegliche Vernunft und Logik außer Kraft setzt, seine Sabotageakte der deutschen Sprache, die alles in Frage stellen, was selbstverständlich ist. Mit der Definition »Metaphysik ist es, wenn man in einem nachtdunklen Raum eine schwarze Katze findet, die gar nicht da ist« hebelt er jedes Grundverständnis wissenschaftlicher Gegebenheiten aus.

Valentin besuchte nach einer Schreinerlehre eine Münchner Varietéschule und begann seine Bühnenlaufbahn als musikalischer Clown, der mit seinen Sketchen und Couplets in Wirtshäusern und auf Volkstheaterbühnen auftrat. Seit 1911 ist Liesl Karlstadt seine lebenslange Partnerin. Schon in der Stummfilmzeit gab es filmische Versuche, seine Komik einzufangen: DIE LUSTIGEN VAGABUNDEN (1912), DER NEUE SCHREIBTISCH (1913), KARL VALENTINS HOCHZEIT (1913). Wegen seiner surrealistischen Qualitäten nimmt der von ihm und Bert Brecht inszenierte Kurzfilm MYSTERIEN EINES FRISIERSALONS

(1922) einen bedeutenden Platz in der Filmgeschichte ein. Die Mysterien des Frisiersalons als Ort der Schönheitspflege erweisen sich als mörderisch. Bert Brecht hat Valentins komische Wirkung folgendermaßen analysiert: »Dieser Mann ist selbst ein Witz. Er ist von einer ganz trockenen Komik, die unaufhörlich von einem innerlichen Gelächter geschüttelt wird, das nichts Gutartiges hat... Hier wird gezeigt die Unzulänglichkeit der Dinge, einschließlich uns selbst. Wenn dieser Mensch den Einfältigen die Zusammenhänge zwischen Gelassenheit, Dummheit und Lebensgenuss leibhaftig vor Augen führt, lachen die Gäule und merken es tief innen.«

Valentins erster abendfüllender Film DER SONDERLING (1929) platzte in das Aufkommen des Tonfilms und war ein Flop. Heute lachen die Leute darüber, aber damals haben sie vielleicht gemerkt, wie tieftraurig der Film ist: wenn Valentin von der Brücke ins leere Bett der Isar blickt, was seinen Selbstmord unmöglich macht. Oder wenn er einen Stuhl besteigt, der auf einem Tisch unter dem Gasleuchter steht, um sich mit Gas umzubringen, aber kein Gas kommt, weil er die Rechnung nicht bezahlen konnte – das ist im wahrsten Sinn des Wortes zum Heulen. Erst der Tonfilm konnte der besonderen Originalität und dem Sprachwitz des Wortzerklauberers gerecht werden. Doch das Kino jener Zeit wusste mit dem Komiker bei all seiner Popularität nichts besseres anzufangen, als ihn in Nebenrollen zu verheizen, die mit ihrem renitenten Humor wie Fremdkörper in einer auf Gefälligkeit bedachten Komödienseligkeit wirken, so in KIRSCHEN IN NACHBARS GARTEN (1935) und DONNER, BLITZ UND SONNENSCHEIN (1936). Einzige Ausnahme ist der Max Ophüls-Film DIE VERKAUFTE BRAUT (1932), in dem der Regisseur Valentin jegliche Freiheit ließ und so sein Humor weit über seine Rolle hinaus den Charakter des Films bestimmte. So sind es meist seine zwanzigminütigen Kurzfilme, die seine Komik in kunstloser Abfilmung seiner Bühnenauftritte für die Nachwelt erhalten haben. »Es gibt in unserer Welt zwei Weiterleben nach dem Tod: eines im Jenseits und eines im Kino«, stellte Valentin fest.

Diese ewigen Zweikämpfe zwischen Vernunft und Irrsinn, ausgetragen von aufeinander eingespielten Team Valentin / Karlstadt, nehmen Alltagsszenen aufs Korn: im Schallplattenladen, in der Bäckerei, im Fotoatelier, nach der Firmung, bei den Vorbereitungen eines Theaterbesuchs, auf einer Orchesterprobe, beim musikalischen Auftritten eines Geigers, eines Zitherspielers oder einer Sängerin. Das Paar Valentin & Karlstadt ist der seltene Fall einer gleichgewichtigen Partnerschaft. Liesl Karlstadt ist, in welcher Rolle auch immer, ob als Ehefrau, Dirigent oder Verkäuferin, nicht nur Stichwortgeber für Valentins Scherze. Sie ist eine ebenbürtige Partnerin, ohne die er gar nicht zu denken ist. Nur mit ihrem Widerpart funktioniert seine Komik. An ihrer Stimme des gesunden Menschenverstandes reibt sich sein steter Aufstand gegen die Konventionen des Alltags, die das normale menschliche Zusammenleben regeln. Er verwickelt seine Partnerin in endlos ausufernde Erörterungen über die Trivialitäten des Lebens und macht die Bedeutung des Zufalls an hanebüchenden Beobachtungen fest. Indem er alles wortwörtlich nimmt und nach dem Motto »Der langen Rede kurzer Sinn« solange zerredet, bis alles verworren erscheint, was bislang klar war, bringt er alle Selbstverständlichkeiten der bürgerlichen Ordnung ins Wanken und setzt eine Kette von Missverständnissen in Gang, die nur im Chaos enden kann. Es sind Kleinigkeiten, die das Geschehen auslösen und mit denen er seine Partnerin zur Verzweiflung treibt: die Suche nach Kragenknöpfen, die nervende Insistieren nach einer ganz bestimmten Schallplatte, das Eigenleben eines Notenständers, das Beharren auf unwichtigen Details, wie sein Verlangen nach einem Gebäck in Buchstabenform, das ihm der Bäcker nach dem Endergebnis dreitägiger Arbeit auch liefert, nur damit er dieses sofort aufisst. Je größer der Aufwand, desto kleiner das Ergebnis.

Der Pessimismus und die Tragik seiner Komik wurden durch den ständigen Kampf mit alltäglichen Dingen wie der Auseinandersetzung mit Behörden und Mitmenschen genährt, die er auch selbst erlebte. Valentin ist mit einem grenzenlosen Misstrauen gegen alles und jeden gesegnet.

Der Anfang von Heines berühmten Loreley-Gedicht, das Valentin in ein eigenes Spottlied umgedichtet hat, »Ich weiß nicht, was soll es bedeuten«, ist seine Lebensmaxime. Er ist gegen alles. In DONNER, BLITZ UND SONNENSCHEIN nervt er den Gemeinderat mit konstanten Einsprüchen. Als man ihm entgegenhält, er wisse ja gar nicht, worum es geht, antwortet er: »Dann protestiere ich eben aus Prinzip!« So einer ist keiner der Vorzeigekomiker im Dritten Reich. Sein Kurzfilm über ein bettelarmes Ehepaar DIE ERBSCHAFT (1936) wird wegen Elendstendenzen verboten. Nach der Machtübernahme der Nazis sagt Valentin nur: »Ich sag' gar nichts. Das wird man doch noch sagen dürfen«, und als er in einer seiner Vorstellungen den Arm schon halb zum Hitlergruß erhoben hat, druckst er herum: »Ich kann mir doch den Namen nicht merken.« Nach dem Krieg gelingt es Valentin nicht mehr, als Komiker Fuß zu fassen. Der verarmte Münchner Volkskomiker stirbt 1948 an Unterernährung und Krankheit.

Auswahl seiner kurzen Filme:

Hochzeit (1913), Vagabunden (1913), Schreibtisch (1913),[M36] Im Photoatelier (1932), Orchesterprobe (1933), Der Zithervirtuose (1934), Es knallt (1934), Der verhexte Scheinwerfer (1934), Im Schallplattenlade (1934), Der Theaterbesuch (1934), So ein Theater! (1934), Der Firmling (1934), Musik zu zweien (1936), Die Erbschaft (1936), Straßenmusik (1936), Ein verhängnisvolles Geigensolo (1936), Die karierte Weste (1936), Beim Rechtsanwalt (1936), Kalte Füße/Beim Nervenarzt (1936), Der Bittsteller (1936), Ewig Dein (1937), Der Antennendraht (1938), In der Apotheke (1941)

Die Langfilme:

Der Sonderling (1929), Die verkaufte Braut (1932), Kirschen in Nachbars Garten (1935), Donner, Blitz und Sonnenschein (1936)

Drehbuch gemeinsam mit Bert Brecht:

Mysterien eines Frisiersalons (1922)

Otto Waalkes

Abb. 86: Otto Waalkes in OTTO – DER FILM

(*1948) Otto gilt laut einer Fernsehumfrage nach →Loriot und →Heinz Erhardt als Deutschlands beliebtester Komiker. So war es nur eine Frage der Zeit, bis es zu seinem ersten Kinofilm kam. OTTO – DER FILM (1985) rangiert mit über 14 Millionen Kinobesuchern (8,8 Mio. in der Bundesrepublik Deutschland, 5,7 Mio. in der DDR) noch vor dem SCHUH DES MANITU als erfolgreichster deutscher Kinofilm. Ihm sollten weiter sieben Ottofilme folgen, meist mit ihm als zugkräftiger Name im Filmtitel, später mit den Titeln SIEBEN ZWERGE und OTTO'S ELEVEN andere zeitgemäße Komiker miteinbeziehend.

Ursprünglich wollte Otto Waalkes Lehrer werden, studierte Kunstpädagogik und Maltechnik. Schon als 16-jähriger war er mit einer eigenen Band aufgetreten und durch Ostfriesland getourt. Zur Finanzierung seines Studiums tingelte er durch Hamburger Folklorelokale. Eine Zeit, in der er in der Villa Kunterbunt mit Udo Lindenberg und Marius Müller-Westernhagen zusammenlebte. Es war ein Missgeschick, das seinen musikalischen Auftritten den letzten Kick verlieh. Als er vor lauter Nervosität sein Mikrofon verlor und merkte, dass seine gestammelte Entschuldigung besser ankam als seine Musik, baute er die Momente des Missgeschicks in seine Auftritte ein und entwickelte so seine Bühnenshow, hektisch über die Bühne hüpfend, bekannte Lieder und Märchen parodierend, hemmungslos albern blödelnd und berühmte Namen verballhornend. Keinen Travestiescherz scheuend, schlüpft er in fremde Rollen ob als Frau kostümiert oder als sabbernder Säugling in Windeln und Spitzenhäubchen.

»Aller Unfug ist schwer«, bekennt Otto, aber den verschwenderischen Reichtum seiner Kalauer serviert er mit soviel Unbeschwertheit, dass man, wenn auch unter Niveau, lachen muss, wenn in er lautmalerischen Versspielen seinen Unsinn verzapft: »Stammt der Mensch vom Affen ab? Macht die Frau beim Schaffen schlapp? Wie lang ist ein Giraffengrab? Schafft der Papst die Pfaffen ab? Was tun, wenn ich 'nen Schlaffen hab'? Das sind die wirklichen großen Fragen. Wer wird uns die Antwort sagen?« So kalauerte er sich sich zur festen Institution des deutschen Humorwesens empor, bekam 1973 seinen ersten Fernsehauftritt »Die Otto-Show«, der weitere Sendungen mit Rekordeinschaltquoten folgten, gab über seine eigene Firma *Rüssel Räckords* Schallplatten seiner Bühneshows heraus und zeichnete mit dem *Ottifanten* eine Comicstrip-Figur, die es zur eigenen Zeichentrickserie brachte.

Die Komik seiner Filme basiert auf seinen Wortspielen und Sprachkalauern, aufgepeppt mit dem Groteskhumor der Situationskomik, unterfüttert mit dem Witz legendärer *Pardon*-Autoren wie Pit Knorr, Robert Gernhardt und Bernd Eilert – letzterer etwa als Drehbuchtexter bis heute. Otto reißt genau die Art von Witzen, für die er vom Fernsehpublikum geliebt wird. Seine Kunstfigur »Otto« schlüpft in die Rolle kleiner verdruckster Angestellter, unerwiderter Liebender, all der ewig Vorletzten in der Warteschlange des Lebens. Doch an diesen Figuren interessiert ihn nicht die Tragik, sondern der Klamauk. Der Versuch, die Komik seiner Bühnenfigur in eine Art Handlung zu packen, balanciert stets am Rand des Scheiterns, da es statt einer Story nur ein Gagfeuerwerk mehr oder weniger zündender Pointen gibt. Von Film zu Film ist festzustellen, dass von dem einst so originellen und spritzigen Humor des jungen Otto nicht mehr viel übrig geblieben ist und dass er sein einstiges Gespür für Zeitgeist und Populärkultur gepaart mit perfektem Gagtiming verloren hat. In SIEBEN ZWERGE – MÄNNER ALLEIN IM WALD (2004) und SIEBEN ZWERGE – DER WALD IST NICHT GENUG (2005) versammelt sich neben Otto die aktuelle Comicgarde deutschen Fernsehhumors mit Mirko Nontschew, Ralf Schmitz, →Helge Schneider, Atze Schröder,

Hans-Werner Olm, Rüdiger Hoffmann, Tom Gerhardt und Harald Schmidt zur Vollversammlung im Versuch, die Märchen »Schneewittchen« und »Rumpelstilzchen« zu verarschen, um mit diesem vulgären Verb den Parodieversuch auf dem Sprachniveau der Beteiligten zu beschreiben. Ein Genuss dagegen ist es, wenn Otto als Synchronsprecher in den ICE AGE-Filmen der Figur des Faultiers Sid seinen spezifischen Sprachstempel aufdrückt.

Die Otto-Filme:

Otto – Der Film (1985), Otto – Der neue Film (1987), Otto – Der Außerfriesische (1989), Otto – Der Liebesfilm (1992), Otto – Der Katastrofenfilm (2000), Kommando Störtebecker (2001- Animationsfilm), 7 Zwerge – Männer allein im Wald (2004), 7 Zwerge – Der Wald ist nicht genug, (2005), Otto's Eleven (2010), Der 7bte Zwerg (2014, Animationsfilm)

Mae West

(1893 – 1980) Mit ihrer prallen Figur entsprach Mae West nicht dem Schlankheitsideal der umschwärmten Hollywood-Schönheiten ihrer Zeit.

Abb. 87: Mae West

Dennoch war sie der Sexstar der 1930er Jahre, berühmt für ihre frechen Sprüche, ihren hohen Männerverschleiß (im Film) und ihre provozierende erotische Ausstrahlung. Dazu benötigte sie keine nackte Haut, sondern ihr Flair war begründet in der vor Erotik prickelnden Aura ihrer wollüstigen Erscheinung, ihren üppigen Kurven, ihren anzüglichen Sprüchen, ihrer lüsternen Stimme, ihrem scharfzüngigen Wortwitz, ihrem lasziven Gang, ihrem

Schlafzimmerblick, dem kein Mann widerstehen konnte. »Ich bin das Mädchen, das seinen guten Ruf verloren und nie vermisst hat.«

Schon als Kinderstar begann sie eine Karriere mit Auftritten als »Baby Vamp« im Varieté. Sie schrieb eigene Theaterstücke, die sie mit sich selbst in der Hauptrolle inszenierte, was sie auch im Film beibehielt. Ihre Filmregisseure waren lediglich Erfüllungsgehilfen ihrer Regieanweisungen. Ihr erstes Theaterstück mit dem eindeutigen Titel *Sex* machte sie auf Anhieb berühmt und brachte ihr eine zehntägige Gefängnisstrafe wegen Obszönität und Gefährdung der Moral ein. Ihr nächstes Theaterstück *Drag* brachte sie vorsichtshalber nicht auf dem Broadway heraus: Ein Schwulendrama in einer Zeit, da man das Wort Homosexualität noch gar nicht auszusprechen wagte.

Sie war schon fast 40 – also ein Alter, in dem andere Hollywoodschönheiten schon aufs Altengleis abgeschoben werden – als sie erstmals im Film auftrat in NIGHT AFTER NIGHT (1932). In ihrem zweiten Film SIE TAT IHM UNRECHT (SHE DONE HIM WRONG, 1933), der nach ihrem eigenen Theaterstück *Diamond Lil* entstand, umgarnt sie →Cary Grant, der sich als Heilsarmeeoffizier mehr um ihre Seele kümmert als um ihren Körper. »Vielleicht habe ich ja gar keine Seele.« Diamantengeschmückt umgibt sie sich mit dem Glamour einer pompösen Darstellung als Gesamtkunstwerk – eine Ikone weiblicher Selbstbefreiung aus dem strengen Sittenkorsett puritanischer Moral. Der englische Kritiker Alexander Walker enthüllt das Geheimnis ihrer komischen Wirkung: »Bei ihr erhob der Sex sein komisches Haupt – manchmal an den unmöglichsten Stellen. In verschiedenen Filmen wird ein goldenes Bett von ausgesuchter Maßlosigkeit eingeführt, geschmückt mit babylonischen Details... Und darauf ist Madame hingebreitet in einem Kleid, das selbst die Standfestigkeit eines Heiligen Antonius erschüttern würde. Da ist nur eine Kleinigkeit fehl am Platz. Eine winzige Kleinigkeit, aber wohlüberlegt wirft sie das ganze üppige Tableau über den Haufen.« Es sind diese Kleinigkeiten, die in ironischer Brechung ihr Seximage als sich über alle Schamgrenzen hinwegsetzende Verführerin parodieren.

Cary Grant war auch ihr Wunschpartner in Ich bin kein Engel (I'm No Angel, 1933). Die Rolle einer umschwärmten Kneipensängerin hatte sie sich selbst auf den prallen Leib geschrieben mit ihrer Lebensmaxime: »Nicht die Männer in meinem Leben zählen, sondern das Leben in meinen Männern.« Mit Die Schöne der neunziger Jahre (Belle of the Nineties, 1934) beendeten die Zensurpraktiken der »Legion of Decency« die Ära der Freizügigkeit, in der Mae West sich austoben und bis an die Grenzen sexueller Selbstbefreiung gehen konnte. In Going To Town (1935) und Klondike Annie (1936) musste sie sich selbst zum Guten bekehren und konnte keine Sprüche mehr loslassen wie »Ist das eine Pistole in deiner Tasche oder freust du dich, mich zu sehen?« oder »Wenn ich zwischen zwei Sünden entscheiden muss, begehe ich immer die, die ich noch nicht kenne.«

In Auf in den Westen (Go West, Young Man, 1936) strandet Mae West mit ihrem kaputten Luxusauto in der amerikanischen Provinz, wo sie Westernstar Randolph Scott verführt, aber auch verzichten kann: »Elf, Sie sind elf, meine Herren. Das ist einer zu viel für eine Nacht. Einer muss gehen!« In Mein kleiner Gockel (My Little Chickadee, 1940) bekommt Mae West mit →W. C. Fields einen ebenbürtigen Partner. Beide Stars reizen ihr Kinoimage als Sexbombe und miesepetriger Frauenhasser bis zur Selbstparodie aus. In grotesker Zuspitzung männlicher und weiblicher Klischeevorstellungen verweigert Mae West ihrem neuen Ehemann W.C.Fields die Freuden der Ehe, bis er sich als Mann bewährt hat. Dass ihm dies als Barmann, Spieler und Sheriff misslingt, liegt in der Persönlichkeit Fields begründet.

30 Jahre später kehrt Mae West in Myra Breckinridge (1970) noch einmal mit einer amüsanten Selbstparodie auf die Leinwand zurück, und in dem grausam missglückten Musical Sextette (1977) war die mittlerweile 84-jährige Mae West der einzige Lichtblick. »Wenn ich gut bin, bin ich sehr gut. Aber wenn ich schlecht bin, bin ich besser.«

Die Filme:

1932: Night After Night, 1933: Sie tat ihm unrecht (She Done Him Wrong), 1933: Ich bin kein Engel (I'm No Angel), 1934: Belle of the Nineties, 1935: Goin' to Town, 1936: Klondike Annie, 1936: Auf in den Westen (Go West Young Man), 1937: Every Day's a Holiday, 1940: Mein kleiner Gockel (My Little Chickadee), 1943: The Heat's On 1970: Myra Breckinridge, 1978: Sextette

Gene Wilder

(*1933) Wenn Gene Wilder in der Verfilmung von ALICE IM WUNDERLAND (1999) als Schildkröte erscheint, so ist dies auch eine Deutung des Filmcharakters, den er immer wieder spielt: ein eigentlich friedfertiger, von den Ereignissen des Alltags überforderter

Abb. 88: Gene Wilder als Willy Wonka in CHARLIE UND DIE SCHOKOLADENFABRIK

Durchschnittsmensch, der sich mit einem inneren Panzer gegen Herausforderungen wehrt, denen er eigentlich nicht gewachsen ist. Die Rolle spielte er schon in seinem allerersten Filmauftritt BONNIE & CLYDE (1967) als entführter Leichenbestatter. Seinen Durchbruch als Komiker feierte er in →Mel Brooks' total durchgeknallter Nazisatire FRÜHLING FÜR HITLER (THE PRODUCERS, 1968) als neurotischer Buchhalter, der mit einem chronisch erfolglosen Broadwayproduzenten einen betrügerischen Clou mit einer Pleiteshow plant.

Mit seinen blauen Kulleraugen und der krausen Mähne war Gene Wilder nie für Heldenrollen prädestiniert. Der blonde Lockenkopf mit der breiten Nase und dem stets zwischen Witz und Trauer, Aufregung und Genervtheit, Hektik und Melancholie pendelnden Blick und den fahrigen Gesten machte das Beste aus seinem Typ und wurde in den 1970ern und zeitweise in den 1980er Jahren zum beliebten Komiker. Zu Wilders Glanznummern zählte sein düsterer Willy-Wonka-Auftritt 1971 in CHARLIE UND DIE

Schokoladenfabrik (Willy Wonka & The Chocolate Factory). Unsterblich wurde er durch →Allens Satire Was Sie schon immer über Sex wissen wollten (Everything You Always Wanted to Know About Sex, 1972), in der er in der Episode »Was ist Sodomie?« einen Arzt spielt, der sich in das Schaf Daisy verliebt und dieses besonders attraktiv mit Strapsen ausstaffiert.

Er arbeitete als Schauspieler und Autor mit Mel Brooks in den Filmen Der wilde, wilde Westen / Is' was, Sheriff? (Blazzing Saddles, 1974) und Frankenstein Junior (Young Frankenstein, 1974) zusammen. Mit Sherlock Holmes cleverer Bruder (The Adventure Of Sherlock Holmes' Smarter Brother, 1975) profilierte sich Wilder erstmals als Autor, Hauptdarsteller und Regisseur in einer Person. Da Sherlock Holmes in England zu den Heiligen der Nation gehört, suchte sich Gene Wilder für seine rücksichtslose Krimi-Persiflage den eifersüchtigen Bruder Sigerson Holmes aus, der sich seit 35 Jahren einredet, im Schatten seines erfolgreichen Bruders zu stehen: »wie ein Käse unter der Glocke«. Seine zweite Regiearbeit war Der grösste Liebhaber der Welt (The Worlds Greatest Lover, 1977): Ein Bäcker aus Milwaukee soll dem Stummfilm-Idol Rudolph Valentino Konkurrenz machen. Sein größter Erfolg als Regisseur und Hauptdarsteller ist das Remake des französischen Films Ein Elefant irrt sich gewaltig (Un éléphant ça trompe énormément) aus dem Jahr 1976. In Die Frau in Rot (Woman in Red, 1984) stolpert er als biederer Geschäftsmann in eine Affäre mit einem atemberaubenden Model. Zum erhofften Sex kommt es zwar nie, alle Nachteile eines Seitensprungs – Kosten, Ehekrach, Peinlichkeit – hat er aber trotzdem. Hier spielte er neben seiner Frau, der Kabarettistin Gilda Radner, wie auch 1986 in Hochzeitsnacht im Geisterschloss (Haunted Honeymoon). Gildas früher Tod im Alter von 43 Jahren 1989 führte zu einer starken psychischen Krise des Schauspielers und Regisseurs.

Gene Wilders eigentlicher Name Jerome Silverman deutet schon auf seine jüdische Herkunft hin, der er in Ein Rabbi im Wilden Westen (Frisco Kid, 1979) seine komische Reverenz erweist als tollpatschiger Jung-Rabbi. Wer nur ein wenig Gespür für jüdischen Witz und jiddische Traditionen hat, wird hier humorvoll und geistreich zugleich unterhalten. Mit TRANS-AMERIKA-EXPRESS (SILVERSTREAK, 1976) beginnt die Zusammenarbeit mit Richard Pryor, mit dem er in drei weiteren Filmen ZWEI WAHNSINNIG STARKE TYPEN (SIR CRAZY, 1980), DIE GLÜCKSJÄGER (SEE NO EVIL, HEAR NO EVIL, 1989) und DAS ANDERE ICH (ANOTHER YOU, 1991) ein schwarz-weißes Komikerduo bildet. In seiner Standardrolle als argloser Durchschnittsbürger begibt er sich im transamerikanischen Express auf eine Bahnfahrt, die für ihn zur lebensgefährlichen Horrorfahrt ausartet und als turbulente Komödie alle Elemente des Kriminal-, des Spionage- und des Katastrophenfilms parodistisch vereint. Der schüchterne, ungelenke Jude und der umtriebige, agile Schwarze ergänzen sich als perfektes Komikergespann.

Wilders Komik ist von zwei Vorbildern beeinflusst: Mel Brooks und →Charlie Chaplin. Von Brooks hat er das burleske Element gelernt, von Chaplin den Sinn für Choreographie und Gefühl. In seinem Herzen ist er ein sehr romantischer Clown, der Bizarres auf eine reale Weise dem Publikum nahe bringen will: »Möglich, dass die Tatsache, dass ich jüdisch bin, meine Komik geprägt hat, aber das kann man besser von außen beurteilen, ich kann mir darüber nicht so genau Rechenschaft geben. Es ist schwer, nicht immer den gleichen Typus oder Charakter zu verkörpern. Woody ist immer Woody, →Jerry immer Jerry, wenn ich aber einen anderen Charakter verkörpern will, dann muss ich von Film zu Film eine eigene Personality finden. Ich suche immer nach einem Charakter, über den die Leute lachen können. Aber dadurch ist jeder Film für mich eine Herausforderung.«

Die wichtigsten Filme:

1967: Bonnie und Clyde (Bonnie and Clyde), 1968: Frühling für Hitler (The Producers), 1970: Der Traumtänzer (Quackser Fortune Has A Cousin In The Bronx), 1970: Die Französische Revolution fand nicht statt (Start the Revolution Without Me), 1971: Charlie und die Schokoladenfabrik (Willy Wonka & the Chocolate Factory), 1972: Was Sie schon immer über Sex wissen wollten (Everything You Always Wanted to Know About Sex), 1974: Der wilde wilde Westen - auch: »Is' was, Sheriff?« (Blazing Saddles), 1974: Der kleine Prinz (The Little Prince), 1974: Frankenstein Junior (Young Frankenstein), 1979: Ein Rabbi im Wilden Westen (The Frisco Kid), 1980: Sunday Lovers, 1980: Zwei wahnsinnig starke Typen (Stir Crazy), 1999: Alice im Wunderland (Alice in Wonderland), 2002: Will & Grace

Darsteller, Drehbuch, Regie:

Sherlock Holmes cleverer Bruder (The Adventure of Sherlock Holmes' Smarter Brother), 1976: Trans-Amerika-Express (Silver Streak), 1977: Der größte Liebhaber der Welt (The Worlds Greatest Lover), 1984: Die Frau in Rot (Woman in Red)

Robin Williams

Abb. 89: Robin Williams

(1951 – 2014) Als außerirdischer »Mork vom Ork« wurde Robin Williams erstmals dem Fernsehpublikum bekannt. Sein erster Kinoauftritt in Robert Altmans Realverfilmung der Spinat fressenden Comicfigur POPEYE (1980) war ein Flop. Doch mit seinen nächsten Filmen startete er durch: GARP UND WIE ER DIE WELT SAH (THE WORLD ACCORDING TO GARP, 1982), MOSKAU IN NEW YORK (MOSCOW ON THE HUDSON, 1984) und GOOD MORNING, VIETNAM (1987). In der Verfilmung des Romans von John Irving zeigte er sein einzigartiges Talent, die tragischen Momente des menschlichen Lebens hinter der Fröhlichkeit des Komikers durchscheinen zu lassen. Alle Versuche des Schriftstellers Garp, seinen ausgeprägten Familiensinn mit den Verrücktheiten und Schrecknissen seiner Umwelt in Einklang zu bringen, scheitern in einer Reihe lächerlicher wie tragischer Geschehnisse. Als Moskau-Flüchtling in Amerika begibt er sich auf Sinnsuche nach Freiheit und Selbstbestimmung in einem Land, das ihm fremd ist. Als respektlos frecher Discjockey eines Soldatensenders wird er in Saigon mit der Grausamkeit des Krieges konfrontiert und verliert den sonnigen Humor, mit dem er seine Hörer begeisterte. Drei Filme, die beide Gesichter des Komikers zeigten: auf der einen Seite der übermütige Kinoclown, der mit ausgelassener Spielfreude und hemmungslos herumalbernden Temperament durch das Filmgeschehen tobt, auf der anderen Seite das zurückgenommen ernste Spiel des Charakterkomikers, der seine Kinofiguren menschliche Tiefe verleiht.

Diese Dimension tragikomischer Darstellungskunst vertiefte er in seinen nächsten Filmen: als idealistischer Lehrer, der den Schülern eines strengen Eliteinternats individuelles Denken nahe bringt, was einer Revolte gegen das Schulwesen gleichkommt – DER CLUB DER TOTEN DICHTER (DEAD POETS SOCIETY, 1989), als vom Leben gebeutelter Autoverkäufer, der sich zum Helden wider Willen und Geiselretter aufschwingt – CADILLAC MAN (1990), als vom Tod seiner Frau paralysierter Penner – KÖNIG DER FISCHER (THE FISHER KING, 1991), als frustrierter Psychologe, der einem dem Leben entfremdeten Mathematikgenie Lebensfreude vermitteln soll – GOOD WILL HUNTING (1997).

Robin Williams wechselte in seinen Filmrollen immer wieder zwischen dem komischen und dem ernsten Fach hin und her, wobei er in beiden Dispositionen gleichermaßen überzeugend agierte: als verkleidete Putzhilfe in MRS. DOUBTFIRE (1993) wie als schwuler Nachtclubbesitzer in PARADIES FÜR SCHRILLE VÖGEL (THE BIRDCAGE, 1996), dem US-Remake des französischen Kinohits KÄFIG VOLLER NARREN. In so unterschiedlichen Rollen wie dem engagierten Nervenarzt in ZEIT DES ERWACHENS (AWAKINGS, 1990), dem durch seine Lügen Hoffnung vermittelnden KZ-Häftling in JAKOB DER LÜGNER (JAKOB THE LIAR, 1999), dem psychopathischen Mädchenmörder in INSOMNIA – SCHLAFLOSIGKEIT (2002), dem sexuell gestörten Spanner in ONE HOUR PHOTO (2002) gelangen ihm diffizil gestaltete Charakterporträts. Nur für die Rolle des Peter Pan in HOOK (1991) war er deutlich zu alt.

Am Ende gewann die düstere Seite des Komikers Oberhand: Williams, der lange unter schweren Depressionen gelitten hatte, nahm sich im Alter von 63 Jahren das Leben.

Die Komödien:

1980: Popeye – Der Seemann mit dem harten Schlag, 1982: Garp und wie er die Welt sah (The World According to Garp), 1984: Moskau in New York (Moscow on the Hudson), 1986: Rocket Man – Der Beste aller Zeiten (The Best of Times), 1986: Club Paradise, 1987: Good Morning, Vietnam, 1988: Die Abenteuer des Baron Münchhausen (The Adventures of Baron Munchausen), 1989: Der Club der toten Dichter (Dead Poets Society), 1990: Cadillac Man, 1991: König der Fischer (The Fisher King), 1991: Hook, 1992: Toys – Tödliches Spielzeug, 1993: Mrs. Doubtfire – Das stachelige Kindermädchen, 1995: To Wong Foo (To Wong Foo, Thanks for Everything! Julie Newmar), 1995: Jumanji, 1996: The Birdcage – Ein Paradies für schrille Vögel, 1997: Harry außer sich (Deconstructing Harry), 1997: Good Will Hunting, 2006: Nachts im Museum (Night at the Museum), 2013: Der Butler (The Butler)

TEIL 3

DIE BESTEN KOMÖDIENREGISSEURE

von Franz Stadler und Manfred Hobsch

Es ist ein gewagtes Unterfangen, aus der Vielzahl von Komödienregisseuren die wirklich Bedeutenden heraus zu filtern. Während einerseits das Urteil der Filmgeschichte eine verlässliche Wertung gibt, fällen letztendlich das persönliche Humorempfinden und der subjektive Kunstverstand des Einzelnen die Entscheidung. Die wirklich guten Komödienregisseure heben sich ab vom Gros der Regiehandwerker, die lediglich alt bewährte Gags aneinanderreihen, hämisch die Schadenfreude-Reflexe des Publikums kitzeln, einfallslos das Komikpotenzial ihrer Stars ausplündern, hemmungslos den Morast genitaler Zoten durchwaten, um niedrigste menschliche Instinkte anzusprechen und das Amüsierniveau in den Untiefen grenzdebilen Humors zu verankern. Wir haben 63 Regisseure als Meister des Kinohumors geadelt, die mit ihrem unverwechselbaren Stil, mit Witz, Originalität, Einfallsreichtum, Fantasie und ihrer einzigartigen Inszenierungskunst ihr ureigenes Humoruniversum geschaffen haben, das mit jedem ihrer Filme das Genre der Komödie individuell geprägt und über alle Alters- und Sprachgrenzen hinaus Generationen von Besuchern ins Kino gelockt haben. Mögen uns auch einzelne Klassiker der Filmkomödie auf den ersten Blick heute veraltet erscheinen, gefangen im Duktus ihrer Entstehungszeit, so haben sie bei aktueller Neubetrachtung nichts von ihrem Reiz verloren. Gute Filme altern nicht.

Pedro Almodóvar

Abb. 90: Pedro Almodóvar 2008

(*1949) Mit seinen turbulent-absurden Komödien, denen immer auch ein melodramatischer Zug anhaftet, etablierte sich Pedro Almodóvar im Verlauf der 1980er Jahre als feste Größe in der spanischen Filmlandschaft: Er machte Antonio Banderas, Carmen Maura und Victoria Abril zu Stars. Almodóvar begann mit schrägen, schrillen und provozierenden Szenefilmen aus der Madrider Subkultur und schuf schließlich ein eigenständiges Universum aus einer stilbewussten Film-Mischung aus Melodram, Screwball Comedy, Tragödie und Groteske.

In seinen Filmen präsentiert sich die spanische Gesellschaft der Post-Franco-Phase in grotesker Überzeichnung als wahre Freak-Show. Bruchlose bürgerliche Normalität sucht man hier vergebens, sie existiert allenfalls als Fassade, hinter der Neurosen und Obsessionen lauern. Kaum eine Figur kommt vor, die nicht zumindest transsexuell, drogensüchtig, inzestuös verstrickt oder alles zugleich wäre. Verzwickt und vertrackt sind auch die Plots seiner schrill-bunten Werke, bei denen er vor keinerlei Kitsch zurückschreckt. Scheinbar Unvereinbares wird innerhalb verschiedener Handlungsstränge angehäuft, die sich mehr und mehr miteinander verweben. Am Ende hängt irgendwie alles mit allem zusammen und ein wahrhaftes LABYRINTH DER LEIDENSCHAFTEN (LABERINTO DE PASIONES) zeichnet sich ab. So lässt Almodóvar in dem gleichnamigen Film aus dem Jahr 1982 die Schicksale höchst gegensätzlicher Charaktere sich überkreuzen: Sexilia, genannt

Sexy, die frigide Tochter eines berühmten und selbst therapiebedürftigen Sexualtherapeuten; ein von ihrem Vater sexuell missbrauchtes, weil ständig mit der toten Mutter verwechseltes Mauerblümchen, das sich schließlich zu Sexilias Doppelgängerin umoperieren lässt und mit dem Sexualtherapeuten ein pseudo-inzestuöses Verhältnis eingeht; Reza, der homosexuelle, später sehr heterosexuelle und zudem exilierte Thronfolger des fiktiven Orientstaates Tiran.

Pedro Almodóvar wächst von Frauen umgeben auf, dies hat wohl seine spätere Filmarbeit beeinflusst. Der junge Almodóvar, der von den Salesianern und den Franziskanern unterrichtet wird, kann der katholischen Erziehung nichts abgewinnen und beginnt immer öfter ins Kino zu entfliehen, erst spät konnte er sich zu seiner Homosexualität bekennen. Mit 17 Jahren beschließt er, nach Madrid zu gehen, um dort Berufe in der Filmbranche zu erlernen. Aber unter Franco wurde die offizielle Filmschule geschlossen. Almodóvar muss sich mit Gelegenheitsjobs durchschlagen, bevor er eine Stelle bei der Telefónica erhält und dort zwölf Jahre lang bleibt. Er hat genug Zeit, um nebenbei Kurzfilme zu realisieren und Drehbücher zu schreiben. Ins KLOSTER ZUM HEILIGEN WAHNSINN (ENTRE TINIEBLAS, 1983) flüchtet eine drogensüchtige Nachtklub-Sängerin und staunt nicht schlecht: Die Oberin dort nimmt ebenfalls Rauschgift, und auch die übrigen Schwestern frönen merkwürdigen Leidenschaften. Hollywood griff die Geschichte auf und variierte sie mit SISTER ACT recht verharmlosend. Eine wahrhaft vom Schicksal gebeutelte Hausfrau und Mutter in WOMIT HAB' ICH DAS VERDIENT? (QUE HE HECHO YO PARA MERECER ESTO?, 1984) verscherbelt ihren Jüngsten aufgrund finanzieller Not an einen pädophilen Zahnarzt, und mit FRAUEN AM RANDE DES NERVENZUSAMMENBRUCHS (MUJERES AL BORDE DE UN ATAQUE DE NERVIOS) fand Almodóvar 1988 große internationale Beachtung. Nach der bissigen Eheparodie FESSLE MICH! (ATAME!, 1990) und die an Absurdität kaum zu überbietende Mediensatire KIKA (1993), in der Almodóvar das heikle Kunststück gelingt, eine mindestens zehn Minuten dauernde Vergewaltigungsszene als brüllend komische Slapstick-Nummer erscheinen zu lassen, drehte Almodóvar mit

VOLVER - ZURÜCKKEHREN (VOLVER, 2006) wieder eine autobiografisch geprägte Komödie mit tiefgründigem Witz, bei der der Titel auch als Almodóvars Rückkehr zu Werken wie WOMIT HAB ICH DAS VERDIENT? zu verstehen ist. Mit der sexuellen Komödie FLIEGENDE LIEBENDE (LOS AMANTES PASAJEROS, 2013) über schwule Flugbegleiter, sexuell orientierungslose Flug-Kapitäne und exquisite Business Class-Passagiere inszenierte Almodóvar eine exzentrische Persiflage, bei der er sich selbst zitierte und aus dem finanzkrisengeschüttelten Spanien hinauf in die Wolken flüchtete.

Die Komödien:

1980: Pepi, Luci, Bom und der Rest der Bande (Pepi, Luci, Bom y otras chicas del montón), 1982: Labyrinth der Leidenschaften (Laberinto de pasiones), 1983: Das Kloster zum heiligen Wahnsinn (Entre tinieblas), 1984: Womit hab' ich das verdient? (Qué he hecho yo para merecer esto?), 1985: Matador, 1987: Das Gesetz der Begierde (La ley del deseo), 1988: Frauen am Rande des Nervenzusammenbruchs (Mujeres al borde de un ataque de nervios), 1990: Fessle mich! (Átame!), 1991: High Heels (Tacones lejanos1), 1993: Kika, 1995: Mein blühendes Geheimnis (La flor de mi secreto), 1997: Live Flesh – Mit Haut und Haar (Carne trémula), 1999: Alles über meine Mutter (Todo sobre mi madre), 2002: Sprich mit ihr (Hable con ella), 2004: La mala educación – Schlechte Erziehung (La mala educación), 2006: Volver – Zurückkehren (Volver), 2009: Zerrissene Umarmungen (Los abrazos rotos), 2011: Die Haut, in der ich wohne (La piel que habito), 2013: Fliegende Liebende (Los amantes pasajeros)

Wes Anderson

(*1969) Das Filmschaffen von Wes Anderson ist eng mit der Karriere seines Lieblings-Schauspielers Owen Wilson verbunden, den er während seines Philosophiestudiums auf der Universität kennen lernte und mit dem er gemeinsam die Drehbücher für seine drei ersten Filme verfasst hat: DURCHGEKNALLT (BOTTLE ROCKET, 1996), RUSHMORE (1998) und THE ROYAL TENENBAUMS (2001).

Schon in DURCHGEKNALLT kommt die Neigung von Wes Anderson für skurrile Figuren und absurde Situationen zum Ausdruck, das den ganz speziellen Reiz des Wes Anderson-Stils ausmacht: Drei Möchtegern-Kriminelle scheitern an der Unprofessionalität ihrer Unternehmungen. RUSHMORE ist eine High School-Komödie der etwas anderen Art, bei der es nicht um pubertäre Schülerstreiche geht, sondern um die Lebensperspektive eines schrägen Vogels, der als klassenschlechtester Schüler und aktivster Cluborganisator mit aberwitzigen Aktionen die Liebe seiner Klassenlehrerin erreichen will. Für seine Familiensaga DIE ROYAL

Abb. 91: Wes Anderson auf der Berlinale 2005

TENENBAUMS stand Wes Anderson eine illustre Allstar-Besetzung zur Verfügung: Gene Hackman, Anjelica Huston, Gwyneth Paltrow, →Ben Stiller, →Bill Murray, Danny Glover und natürlich Owen Wilson. Krebskrank und pleite kehrt der alte Mr. Tenenbaum in den Kreis seiner Familie zurück, die er einst verlassen hatte, und wühlt alte Konflikte auf, die Wes Andersons hochartifizielle Inszenierung als tragikomischen Abgesang auf vertane Lebenschancen und als Panoptikum einer kuriosen Familie gescheiterter Wunderkinder darstellt.

Mit DIE TIEFSEETAUCHER (THE LIFE AQUATIC WITH STEVE ZISSOU, 2004) taucht Wes Anderson tief hinunter in die Abgründe seines kauzigen Humor-Universums, um der Expedition eines exzentrischen Meeresforschers den passenden Rahmen zu geben mit einer surrealen Unterwasserwelt und thematischen Anklängen an den Mythos von Moby Dick wie an den legendären Unterwasserfilmer Jacques-Yves Costeau, dessen rote Mütze den Kopf des Tiefseetauchers ziert. In THE DARJEELING LIMITED (2007) schickt Wes Anderson seine Stars Owen Wilson, Adrien Brody und Jason Schwartzman auf einen Selbstfindungstrip nach Indien, wo die drei verfeindeten Brüder durch spirituelle Gemeinschaftserfahrung wieder zusammenfinden. Nach der mit prominenten Sprechern aufwartenden animierten Grotesk-Adaption von Roald Dahls DER FANTASTISCHE MR. FOX (FANTASTIC MR. FOX, 2009) – neben dem andersonschen Standard-Ensemble auch George Clooney und Meryl Streep – punktet auch MOONRISE KINGDOM (2012) mit großer Starbesetzung: Bruce Willis, Edward Norton, Harvey Keitel, Frances McDormand, Bill Murray, Tilda Swinton und Jason Schwartzman vereinen sich für eine bizarre Suche nach einem jugendlichen Liebespaar, das in die Wildnis geflohen ist. In seiner Hommage auf das Hotelfilm-Genre entzündet Anderson in GRAND BUDAPEST HOTEL (2014) mit Ralph Fiennes, Adrien Brody, Willem Dafoe, Jeff Goldblum, Harvey Keitel, Jude Law, Edward Norton, Léa Seydoux, Tilda Swinton, Jason Schwartzmann und Bill Murray ein Feuerwerk an Stars in schrägen Rollen, das in seiner bonbonfarbenen Ästhetik und seinem visuellen Einfallsreichtum als Eröffnungsfilm das Publikum der Berliner Filmfestspiele begeisterte.

Hollywoods verspieltester Regisseur entzückt seine Fans mit seinem ganz eigenen Filmuniversum von bizarrer Künstlichkeit fernab aller Realität, das sich durch eine Überfülle liebevoll arrangierter Szene-Details auszeichnet, an denen man sich kaum satt sehen kann. Sein Inszenierungsstil ist ebenso unverkennbar wie unkonventionell: bis ins kleinste Detail durchkomponierte Bilder und ein bizarrer Sinn für Situationskomik vor dem Hintergrund tragischer Grundsituationen.

Die Komödien:

1996: Durchgeknallt (Bottle Rocket), 1998: Rushmore, 2001: Die Royal Tenenbaums (The Royal Tenenbaums), 2004: Die Tiefseetaucher (The Life Aquatic with Steve Zissou), 2007: Hotel Chevalier (Kurzfilm), 2007: Darjeeling Limited (The Darjeeling Limited), 2009: Puppenanimationsfilm: Der fantastische Mr. Fox (Fantastic Mr. Fox), 2012: Moonrise Kingdom, 2014: The Grand Budapest Hotel

Alessandro Blasetti

(1900 – 1987) Mit seinen realistischen Alltagskomödien nahm Alessandro Blasetti, der als Filmkritiker seine Leidenschaft fürs Kino entdeckt hatte, einige Aspekte des italienischen Neorealismus vorweg. DIE LÜGE EINER SOMMERNACHT – auch VIER SCHRITTE IN DIE WOLKEN – (QUATTRO PASSI FRA NE NUVOLE, 1942) ist eine von poetischem

Abb. 92: Alessandro Blasetti (Mitte) in Luchino Viscontis BELLISSIMA (1951)

Realismus getragene Mischung aus verhaltener Romanze und heiterer Alltagsbetrachtung dörflichen Lebens – ein Handlungsreisender hilft einer schwangeren jungen Frau, die von ihrem Liebhaber verlassen wurde, indem er sich als der Vater des Kindes ausgibt. Die Frische und Spontaneität der Inszenierung führte Blasetti zur Vollendung in DER GÖTTERGATTE (PRIMA COMMUNIONE, 1950): Die Suche nach einem verschollenen Kommunionskleid stürzt eine italienische Großfamilie in tausend kleine Abenteuer und komische Aufregungen. Mit seiner Mischung aus optischem Kabarett und realistischer Momentaufnahme, die stets kontrastiert, was die Menschen denken und was sie tun, malt der Film nicht nur das Geschehen pittoresk ab, sondern durchschaut auch die Nichtigkeit und Lächerlichkeit allen menschlichen Streitens wie durch ein Röntgenauge.

In SCHADE, DASS DU EINE KANAILLE BIST (PECCATO CHE SIA UNA CANAGLIA, 1954) vereinigte Blasetti die zukünftigen Mega-Stars des italienischen Kinos Sophia Loren und Marcello Mastroianni zu einem streitbaren Liebespaar, das die moralische Distanz zwischen dem ehrbaren Taxifahrer und der schönen Taschendiebin mitsamt ihrem kriminellen Familienclan mit temperamentvoller Komik abbaut. Als »Kanaille« wurde die Loren mit ihren verführerischen schwingenden Hüften und ihrem niemals still stehenden Mundwerk zum Sexsymbol der 1960er Jahre. In ihrem zweiten gemeinsamen Film WIE HERRLICH, EINE FRAU ZU SEIN (LA FORTUNA DI ESSERE DONNA, 1956) hilft der junge Fotograf Marcello Mastroianni der Dorfschönheit Sophia Loren, ihren Traum von der Karriere als Filmstar zu verwirklichen. Blasetti garnierte seine leichtfüßige Komödie über Schein und Sein der Traumfabrik mit bissigen Seitenhieben auf die Mode- und Filmbranche. LIEBE UND GESCHWÄTZ (AMORE E CHIACCHIERE, 1957) schenkte →Vittorio De Sica eine Paraderolle als eloquenter Provinzbürgermeister, der im karriereförderlichen Morast der Politik seine moralischen Überzeugungen zu verlieren droht. In ironischer Milieu- und Charakterzeichnung erwies sich Blasetti erneut als Meister der italienischen Volkskomödie.

Komödien-Klassiker: :

1942: Lüge einer Sommernacht (4 passi fra le nuvole), 1950: Der Göttergatte (Prima comunione), 1951: Andere Zeiten (Altri tempi) 1953: Tempi nostri (Tempi nostri), 1954: Schade, dass du eine Kanaille bist (Peccato che sia una canaglia), 1956: Wie herrlich, eine Frau zu sein (La fortuna di essere donna), 1957: Liebe und Geschwätz (Amore e chiacchiere), 1962: Die vier Wahrheiten (Les quatre verités)

Philippe de Broca

Abb. 93: Philippe de Broca (links) mit Jean-Paul Belmondo am Set von LE MAGNIFIQUE

(1933 – 2004) Schon während der Schulzeit begeistert sich Philippe de Broca für die Fotografie, was ihm dadurch erleichtert wird, dass sein Vater ein großes Fotolabor besitzt. Er schrieb sich an der Pariser Fachschule für Fotografie ein. Mit dem Diplom der Fachschule schloss er sich, 19 Jahre alt, einer von Automobil-Firmen organisierten Afrika-Expedition an, um dabei Filme aufzunehmen. Nach Frankreich zurückgekehrt, musste er seinen Militärdienst leisten: Im Filmdienst der Armee ging er nach Algerien, wo er aktuelle Filmreportagen drehte.

Seine Filmkarriere begann er als Regieassistent bei Claude-Chabrol-Filmen (DIE ENTTÄUSCHTEN / LE BEAU SERGE, SCHREI, WENN DU KANNST / LES COUSINS und SCHRITTE OHNE SPUR / A DOUBLE TOUR) und bei SIE KÜSSTEN UND SIE SCHLUGEN IHN / LES QUATRE CENT COUPS von François Truffaut. Als Chabrol seine eigene Produktionsfirma gründete, ermöglichte dies de Broca 1960 seinen ersten Film zu drehen: LIEBESSPIELE (LES JEUX DE L'AMOUR), zu dem er, zusammen mit Geneviève Cluny, auch das Drehbuch geschrieben hatte. Eine munter-heitere Geschichte von der Liebe junger Leute aus Paris, ohne Schwere und mit viel Charme, die als locker-leichte Variante der damals sehr populären Nouvelle Vague beeindruckte und bei der Berlinale den Silbernen Bären einheimsen konnte. Damit war nicht nur ein neuer Stil der Filmkomödie geboren, sondern auch der Filmruhm eines bis dahin unbekannten Schauspielers begründet: Jean-Pierre Cassel. Er war auch Hauptdarsteller der beiden nächsten Filme von Philippe de Broca: WO BLEIBT DA DIE MORAL, MEIN HERR? (LE FACEUR, 1960) und LIEBHABER FÜR FÜNF TAGE (L'AMANT DE CINQ JOURS, 1961) – zwei Filme, deren Titel Programm war.

Danach verabschiedete de Broca sich aus dem Umfeld der Nouvelle Vague. Im Gegensatz zu seinen Kollegen Godard, Truffaut und Rivette war ihm künstlerische bis kommerzielle Unterhaltung wichtiger, und er entwickelte sein Faible für bunt ausgestattete Abenteuerkomödien: Bei CARTOUCHE, DER BANDIT (CARTOUCHE, 1962) entdeckte er die komische Ader des jungen Jean-Paul Belmondo, mit dem er auch die Filme ABENTEUER IN RIO (L'HOMME DE RIO, 1964), DIE TOLLEN ABENTEUER DES MONSIEUR L. (LES TRIBULATIONS D'UN CHINOISE EN CHINE, 1965), LE MAGNIFIQUE (1973) und DER UNVERBESSERLICHE (L'INCORRIGIBLE, 1975) drehte. Vier Filme, in denen de Broca seinen Star mit wahnwitzigem Tempo und brillanten Regieeinfällen in halsbrecherische Abenteuer stürzt. Durch seine beschwingte Inszenierung bot ABENTEUER IN RIO pures Kinovergnügen im komödiantisch ausgelassenen Spiel zwischen dem schnoddrigen Belmondo und der kapriziösen Deneuve-Schwester Francoise Dorleàc, die pausenlos entführt und gerettet wird. Originell auch die Doppelrolle von Belmondo in LE MAGNIFIQUE als erfolgloser Autor von Abenteuerromanen, der sich selbst zum Helden hochschreibt als emotionalen Ausgleich für die Niederlagen seiner Alltagsexistenz. Im Jahr 1978 wetterte de Broca über seinen Star Belmondo: »Ich werde nie mehr mit ihm arbeiten – er ist größenwahnsinnig geworden.« Für viele Jahre herrschte tatsächlich Funkstille, erst im Jahre 2000 arbeiteten sie wieder bei AMAZON zusammen.

Über sein »Kino der Leichtigkeit«, bei dem er in Komödien wie EIN VERRÜCKTES HUHN (TENDRE POULET, 1978), EINE VERRÜCKTE HOCHZEIT (ON A VOLÉ LA CUISSE DE JUPITER, 1980) mit Annie Girardot und LA GITANE - NICHTS ALS ÄRGER MIT DEN FRAUEN (LA GITANE, 1986) mit Valérie Kaprisky manchmal eher Hektik als Tempo und eher Klamauk als Witz verbreitete, äußerte sich de Broca nur widerwillig: »Es ist nicht mein Beruf, eine öffentliche Meinung über Filme zu haben«, schon gar nicht über die eigenen. Eigentlich mochte er Amerika überhaupt nicht, dabei musste er zugeben – und seinen Filmen merkt man das an –, dass er von den amerikanischen Gesellschaftskomödien von →Ernst Lubitsch oder →Frank Capra stark beeinflusst wurde. Mit DUELL DER DEGEN kehrte er 1997 noch einmal zum Kostümfilm zurück und feierte seinen letzten Kinoerfolg. »Das Kino macht das Leben schöner« lautete sein Credo, und sein besonderer Lieblingsfilm war der 1966 entstandene HERZKÖNIG (LE ROI DE COEUR), der bei Publikum und Kritik gleichermaßen floppte, bis er in den 1980er Jahren wieder entdeckt wurde und zum Kultfilm avancierte: Gegen Ende des Ersten Weltkriegs gerät ein schottischer Soldat in ein verlassenes französisches Dorf, das von den Insassen der örtlichen Irrenanstalt besetzt wurde. In der Rolle des Meldegängers Adolf Hitler war Philippe de Broca als Schauspieler mit von der Partie.

Philippe de Broca

Die Komödien:

1960: Liebesspiele (Les jeux de l'amour), 1960: Wo bleibt die Moral, mein Herr? (Le farceur), 1961: Liebhaber für fünf Tage (L'amant de cinq jours), 1962: Die sieben Todsünden (Les sept péchés capitaux), 1962: Cartouche, der Bandit (Cartouche), 1963: Fünf Glückspilze (Les veinards), 1964: Abenteuer in Rio (L'homme de Rio), 1964: Ich war eine männliche Sexbombe (Un monsieur de compagnie), 1965: Die tollen Abenteuer des Monsieur L. (Les tribulations d'un chinois en Chine,) 1966: Herzkönig (Le roi de cœur), 1967: Das älteste Gewerbe der Welt (Le plus vieux métier du monde), 1969: Pack den Tiger schnell am Schwanz (Le diable par la queue), 1970: Wenn Marie nur nicht so launisch wär' (Les caprices de Marie), 1971: Drei auf der Flucht (La poudre d'escampette), 1972: Die Affaire (Chère Louise), 1973: Belmondo – Der Teufelskerl (Le magnifique), 1975: Der Unverbesserliche (L'incorrigible), 1977: Zähme mich – liebe mich (Julie pot de colle), 1978: Ein verrücktes Huhn (Tendre poulet), 1979: Edouard, der Herzensbrecher (Le cavaleur), 1980: Wer hat den Schenkel von Jupiter geklaut? (On a volé la cuisse de Jupiter), 1983: Der Buschpilot (L'Africain) 1986: La Gitane – Nichts als Ärger mit den Frauen (La gitane), 1997: Duell der Degen (Le Bossu)

Detlev Buck

(*1962) Seit 25 Jahren ist Detlev Buck in der deutschen Filmszene präsent als Regisseur, Drehbuchautor, Darsteller und Talententdecker (von David Kross, Heike Makatsch, Maria Bäumer, Horst Krause). Als Produzent förderte er die Filme des Theaterregisseurs Leander Haußmann (SONNENALLEE

Abb. 94: Detlev Buck in MÄNNERHORT

(1999), HERR LEHMANN (2003), NVA (2005), HOTEL LUX (2011)), und als Nebendarsteller setzte er in vielen deutschen Komödien die komischen Akzente seiner unnachahmlich stoischen Präsenz.

Im Alter von 21 Jahren drehte er seinen ersten Film in der Personalunion von Drehbuchautor, Hauptdarsteller und Regisseur: ERST DIE ARBEIT UND DANN? (1984). Die 45minütige Filmskizze kontrastiert die dem gelernten

Landwirt Detlev Buck vertraute bäuerliche Existenz mit dem Leben in der Stadt und zieht aus seiner lakonischen Beobachtungsweise Witz und Komik. Buck verkörpert den Jungbauern mit der stoischen Coolness ostfriesischer Prägung als eine Figur, die in seinen Filmen immer wieder auftaucht. Trotz seiner Kürze war der Film ein Überraschungshit in deutschen Programmkinos. Mit HOPNICK (1990) – dem Alltagsporträt eines wortkargen Grenzbeamten – nähert sich Buck normaler Spielfilmlänge, die er dann mit KARNIGGELS (1991) erreicht: eine norddeutsche Milieukomödie über einen Polizeischüler in der Provinz, der sich ohne Aussicht auf Erfolg in die Tochter eines reichen Bauern verliebt und Jagd auf einen Kuhmörder macht.

War KARNIGGELS noch ein Cinéasten-Geheimtipp, so erreichte das Roadmovie WIR KÖNNEN AUCH ANDERS... (1993) ein größeres Publikum. Zwei Brüder reisen in der Wendezeit gemeinsam mit einem desertierten russischen Soldaten quer durch Deutschland von West nach Ost, um ihr Erbe – ein altes Bauernhaus – in Besitz zu nehmen. Im Verlauf ihrer abenteuerlichen Odyssee werden sie zu Helden und Mördern wider Willen und entwickeln auf ihrer Flucht ungeahnte kriminelle Energien. Der Stil seiner früheren Filme – die liebevolle Zeichnung der Figuren, der lakonische norddeutsch geprägte Humor, die Verlangsamung des Tempos und das systematische Herunterspielen der absurdesten Situationen, die als selbstverständlich dargestellt werden – findet in WIR KÖNNEN AUCH ANDERS... seine schönste Form.

Mit etwas deftigerer Komik und Til Schweiger in der Hauptrolle wurde MÄNNERPENSION (1996) Bucks größter Kinohit. Zwei Knastbrüder bekommen im Rahmen eines Resozialisierungsprogramms Hafturlaub unter weiblicher Betreuung, die sie auf die rechte Bahn zurückführen soll. Eine filmische Steilvorlage für ein reizvolles Spiel mit sexuellen Erwartungen, männlichen Klischees und kriminellen Veranlagungen. Weniger Erfolg war Bucks nächstem Film beschieden: In LIEBE DEINE NÄCHSTE (1998) werden zwei weibliche Soldaten der Heilsarmee aus der Provinz in den Sündenpfuhl Berlin geschickt, um im Obdachlosenasyl Gutes zu tun, wobei sie in einen hoffnungslosen Kampf Geld gegen Liebe geraten. So originell seine nächste Komödie LIEBESLUDER (2000) um eine verführerische Blondine, erpresste uneheliche Väter und eifersüchtige Frauen in der sauerländischen Provinz auch war, sie wurde ebenfalls kein Kinohit.

Mit seinen folgenden Filmen vollzog Buck einen totalen Genrewechsel. KNALLHART (2006) ist eine knallhart realistische Berlin-Studie über Jugendbrutalität, HÄNDE WEG VOM MISSISSIPPI (2007) ein fröhlicher Kinderfilm mit einem Erwachsenen-Arsenal skurriler Typen, SAME SAME BUT DIFFERENT (2009) ein interkulturelles Liebesdrama über die Beziehung eines deutschen Rucksacktouristen zu einer an HIV erkrankten Prostituierten in Kambodscha, das Buck emotional glaubwürdig als das Ringen um eine unmögliche Liebe darstellt. Drei gelungene Filme, mit denen Buck sich aus dem Provinzmilieu norddeutscher Humorigkeit verabschiedet, die stets mit seinem Namen verbunden war. Völlig daneben lag sein Versuch einer Travestie-Komödie mit RUBBELDIEKATZ (2011), vielleicht weil er sich mit Anika Decker eine Co-Autorin auserkoren hatte, deren Drehbücher zu den Til Schweiger-Hits KEINOHRHASEN (2007) und ZWEIOHRKÜKEN (2009) schon peinlichen Macho-Klamotten-Humor erwarten ließen. Mit dem ambitionierten Unterfangen, Daniel Kehlmanns genialen Roman *Die Vermessung der Welt* (2012) über die Geistes- und Wissenschaftsgenies Carl-Friedrich Gauß und Alexander von Humboldt zu verfilmen, hat sich Buck allerdings überhoben. Trotz lebenspraller Bilder hat er für die literarische Raffinesse der Romanvorlage keine filmische Entsprechung gefunden.

Nach seinem ersten Kinderkomödien-Erfolg HÄNDE WEG VON MISSISSIPPI (2007) drehte er im Jahr 2014 mit BIBI & TINA - DER FILM und BIBI & TINA: VOLL VERHEXT gleich zwei Pferde- und Mädchen-Filme, in denen es komödiantisch zugeht.

Die Komödien:

1984: Erst die Arbeit und dann? 1990: Hopnick, 1991: Karniggels, 1993: Wir können auch anders ..., 1996: Männerpension 1998: Liebe deine Nächste! 2000: LiebesLuder, 2011: Rubbeldiekatz, 2014: Bibi & Tina: Der Film, 2014: Bibi & Tina: Voll verhext

Tim Burton

Abb. 95: Tim Burton 2012

(*1958) Mit seinen bizarren Fantasiegestalten hat Tim Burton eine ganz eigene Welt von morbidem Charme und skurrilem Humor erschaffen. Schon als Kind zeigte er zeichnerisches Talent und gewann die Zeichenwettbewerbe der Müllabfuhr und der Feuerwehr in seinem Heimatort Burbank. Im Alter von 13 Jahren drehte er seinen ersten Amateurfilm THE ISLAND OF DOCTOR AGOR. Mit einem Stipendium der Disney-Stiftung studierte er Trickfilmkunst und wurde bei Disney als Phasenzeichner angestellt. Doch in der heilen Disney-Welt ist er mit seinen bizarren Schreckgestalten fehl am Platz. Sein letzter dort gedrehter Kurzfilm VINCENT (1982) offenbarte bereits das Talent des Kinomagiers und wirkt wie eine kindliche Trickfilm-Autobiographie des Regisseurs: Vincent ist ein siebenjähriger Junge mit düsterer Fantasie, der statt Kinderbücher lieber Edgar Allan Poe liest und mit bösen Experimenten seinen Hund in einen Zombie verwandelt.

Außenseiter wie Vincent sind all die melancholischen Helden in den Filmen von Tim Burton, ob es nun Untote oder künstliche Menschen, animierte Puppen oder Superhelden wie BATMAN sind, dem Burton eine düstere Aura verleiht. Oder auch der Trash-Regisseur der 1950er Jahre Ed Wood, dem Burton mit dem gleichnamigen Film 1994 ein ebenso so verspieltes wie stilistisch adäquates Denkmal setzte, das die Nöte eines untalentierten Träumers einfängt, der Hollywood erobern will, es aber nur zum Kultstatus als »schlechtester Filmregisseurs der Welt« schafft. Im Fundus der B-Movies wühlt Burton auch in seiner schrillen Science Fiction-Parodie MARS ATTACK (1996), in der Erdbewohner von Marsianern bedroht und durch die hochfrequenzigen Töne eines Jodler-Liedes gerettet werden, das die Gehirne der Außerirdischen platzen lässt.

Wo Tim Burton seine Leichen aus dem Keller holt, ist der schwarze Humor nicht weit. Die Frage, ob es ein Leben nach dem Tod gibt, beantwortet Tim Burton in seinen Filmen mit einem grotesk-verspielten Ja. Seine Filme sind düster-pittoreske Nachrichten aus dem Jenseits, wo die Untoten die Lebenden erschrecken und sich am Ende nicht als die Bösen, sondern als die Guten erweisen. Das spielte er schon in seinem ersten großen Kinohit BEETLEJUICE (1988) mit fantasievoller Experimentierfreude an seltsamen Schreckgespenstern und grellen Trickeffekten durch. Zwei bei einem Autounfall Verstorbene landen in einem Zwischenreich und spuken durch ihr ehemaliges Haus, um die Nachbewohner zu vertreiben. In seinen Puppentrickfilmen NIGHTMARE BEFORE CHRISTMAS (1993) und CORPSE BRIDE – HOCHZEIT MIT EINER LEICHE (2005) reanimierte Burton die sterbende Kunst des Stop-Motion-Tricks aus der Anfangszeit des fantastischen Kinos, die unbeseelte Objekte wie Puppen und Gegenstände zum Leben erweckt. Burton stellt die liebe, nette, heile, bunte Welt des Trickfilms auf den Kopf, indem er den Zuschauer entführt auf eine Geisterbahnfahrt ins Reich der Toten, die einen beunruhigenden Zauber ausübt. Erstrahlt seine spezielle Art der Weihnachtserzählung noch in grell bunten Festfarben, so ist seine Leichenbraut in CORPSE BRIDE von der Düsternis des Halloween-Schauers umschattet.

Es sind immer wieder klassische Motive der fantastischen Literatur, die den Meister des fantastischen Kinos inspirieren. Mit EDWARD MIT DEN SCHERENHÄNDEN (EDWARD SCISSORHANDS, 1990) gestaltete Burton seine Vision von *Die Schöne und das Biest* und *Frankenstein*. Edward ist ein künstlich geschaffener Mensch mit Scherenhänden, der aus seinem einsamen Schloss in eine bunte Vorstadtwelt gerät und sich dort seiner Einzigartigkeit und Andersartigkeit bewusst wird. Burtons Fantasy-Opus BIG FISH (2003) verbindet zauberhaft Märchenhaftes mit Romantischem und erstrahlt als vor filmischer Fabulierlust überbordende Hommage an das Geschichtenerzählen und an das Kino. Die Verfilmung des als unverfilmbar geltenden Kultromans von Daniel Wallace illustriert die wild wuchernden Erzählungen eines Sterbenden mit einem überwältigenden Bilderrausch absonderlicher Visionen und Geschehnisse, der dem Untertitel des Films »Der Zauber, der ein Leben zur Legende macht« mehr als gerecht wird.

Ganz ohne die Düsternis seiner bisherigen Filme verzückt Burtons Filmversion des Kinderbuchklassikers von Roald Dahl CHARLIE UND DIE SCHOKOLADENFABRIK (CHARLY AND THE CHOCOLATE FACTORY, 2005) das Familienpublikum mit einer fantasievoll und detailfreudig ausgestatteten Märchenwelt, die nicht verkitscht süßlich, sondern magisch menschlich ist. Mit dem Grusical SWEENEY TODD – DER TEUFLISCHE BARBIER AUS DER FLEET STREET (SWEENEY TODD: THE DEMON BARBER OF FLEET STREET, 2007) kehrt Burton unheimlicher und blutiger als je zurück ins Reich des Todes. Die als Musical aufgepeppte Gruselmär von der blutigen Rachetour eines mordenden Barbiers fand unterschiedliche Kritikerresonanz. Während *Die Welt* den Film als große Kino-Oper lobt, verdammt die *F.A.Z.* ihn als Splatterfilm, der sich als hohe Kunst geriert.

Wer – außer vielleicht →Terry Gilliam – wäre geeigneter als der Kino-Visionär Tim Burton, um Lewis Carrolls Fantasy-Klassiker ALICE IM WUNDERLAND und ALICE HINTER DEN SPIEGELN (2010) zu filmischem Leben zu erwecken? Im 3D-Format entfaltet die merkwürdige Zauberwelt von Lewis Carroll einen einzigartigen Zauber. Die dunklen Schatten der Vergangenheit werden als Fluch wahr in DARK SHADOWS (2012). Burtons Kinoversion einer TV-Serie aus den 1960er Jahren malt mit Lust am morbiden Vergnügen genussvoll aus, wie es denn wäre, wenn ein Vampir aus dem 18. Jahrhundert in die Welt von heute gerät. Gespannt wurde die Langversion seines Kurzfilms FRANKENWEENIE (2012) erwartet, in dem ein tot gefahrener Hund von einem Jungen wieder zusammengeflickt und zu neuem Leben erweckt wird.

Feste Konstanten in Tim Burtons Filmschaffen sind die Freundschaften mit dem Komponisten Danny Elfmann, der die Musik zu fast allen seinen Filmen komponierte, und zu Dauerstar Johnny Depp sowie die Beziehung zu seiner Lebensgefährtin Helena Bonham Carter, die immer wieder in seinen Filmen erscheint.

Die Filme:

1985: Pee-Wee's irre Abenteuer (Pee-wee's Big Adventure), 1988: Beetlejuice, 1989: Batman, 1990: Edward mit den Scherenhänden (Edward Scissorhands), 1992: Batmans Rückkehr (Batman Returns), 1993: Nightmare Before Christmas, 1994: Ed Wood, 1996: Mars Attacks! 1999: Sleepy Hollow, 2001: Planet der Affen (Planet of the Apes), 2003: Big Fish, 2005: Charlie und die Schokoladenfabrik (Charlie and the Chocolate Factory), 2005: Corpse Bride – Hochzeit mit einer Leiche (Corpse Bride), 2007: Sweeney Todd – Der teuflische Barbier aus der Fleet Street (Sweeney Todd: The Demon Barber of Fleet Street), 2010: Alice im Wunderland (Alice in Wonderland), 2012: Dark Shadows, 2012: Frankenweenie, 2014: Big Eyes

Frank Capra

(1897 – 1991) Mit seinen optimistischen Komödien, die er vor dem sozialen Hintergrund der Depressionsära drehte, war Frank Capra einer der erfolgreichsten Regisseure seiner Zeit. Mit seiner Kritik an politischer Korruption, seelenlosem Kapitalismus und Sensationsjournalismus sprach Capra der von der allgemeinen Finanzmisere gebeutelten Bevölkerung aus der Seele und verkündete mit dem HappyEnd-Sieg seiner aufrechten, ehrlichen Kinohelden Gary Cooper und James Stewart den Triumph des Individuums, der in aller Naivität die wahrhaftig

Abb. 96: Frank Capra am Set von DIE UNTEREN ZEHNTAUSEND

amerikanischen Tugenden verkörpert: Anständigkeit, Gemeinsinn, Güte und Tatkraft.

In der Screwball Comedy Es GESCHAH IN EINER NACHT (IT HAPPENED ONE NIGHT, 1934) lernt eine verwöhnte Millionärstochter (Claudette Colbert) auf ihrer Eheflucht von Florida nach New York erstmals die bittere Alltagsrealität einer verarmten Bevölkerung kennen. Gary Cooper in MR. DEEDS GEHT IN DIE STADT (MR. DEEDS GOES TO TOWN, 1936) und James Stewart in MR. SMITH GEHT NACH WASHINGTON (MR. SMITH GOES TO WASHINGTON, 1939) legen sich als amerikanische Mr. Jedermanns mit den geldgierigen, korrupten Mächten des Kapitals und Politik an. In scharfer Charakterzeichnung und satirischer Pointierung kontrastiert Capra das Milieu der einfachen, kleinen Leute mit dem arroganten Lebensstil der feinen Gesellschaft. Aus diesem Kontrast zieht auch DIE UNTEREN ZEHNTAUSEND (POCKETFUL OF MIRACLES, 1961) treffliche Komik. Der Lebenstraum einer armen, alten Dame (Bette Davis), die ihrer abwesenden Tochter das Luxusleben einer reichen Lady vorgeschwindelt hat, droht mit deren Rückkehr zu platzen. Doch ihre Bettel- und Gangsterfreunde erschaffen auf burleske Weise die Scheinfassade einer heilen High Society-Welt.

Die sentimentale Botschaft von IST DAS LEBEN NICHT SCHÖN (IT'S A WONDERFUL LIFE, 1947) prädestiniert diesen Film als ideales Forum für besinnliche Festgefühle jedes Jahr zum Weihnachtsfest im Fernsehen. Der von Selbstmordgedanken geplagte Uramerikaner James Stewart bekommt von seinem Schutzengel vor Augen geführt, um wie viel schlechter das Leben in seiner Heimatstadt verlaufen wäre, wenn es ihn nicht gegeben hätte. Ein Ansporn zum Nachdenken über die Bedeutung der eigenen Existenz.

Mit ihrem schwarzen Humor und ihrer makabren Komik ist die Horrorparodie ARSEN UND SPITZENHÄUBCHEN (ARSENIC AND OLD LACE, 1944) das exakte Gegenteil der warmherzigen Filme von Frank Capra. Die von →Cary Grant mit ekstatischem Temperament verkörperte Hauptfigur ist geplagt von einer ebenso verrückten wie mörderischen Verwandtschaft, die ihn von einer abstrusen Situation in die andere treibt. Im filmischen Gedächtnis der Zeit bleibt Frank Capra jedoch als der humorvolle Filmmärchenerzähler vom Triumph des guten Amerikaners über die bösen Mächte des Kapitals und der Politik.

Die Komödien:

1933: Lady für einen Tag (Lady for a Day), 1934: Es geschah in einer Nacht (It Happened One Night), 1936: Mr. Deeds geht in die Stadt (Mr. Deeds Goes to Town), 1937: In den Fesseln von Shangri-La (Lost Horizon), 1938: Lebenskünstler (You can't Take It with You), 1939: Mr. Smith geht nach Washington (Mr. Smith Goes to Washington), 1941: Hier ist John Doe (Meet John Doe) 1944: Arsen und Spitzenhäubchen (Arsenic and Old Lace), 1946: Ist das Leben nicht schön? (It's a Wonderful Life), 1948: Der beste Mann (State of the Union), 1950: Lach und wein mit mir (Riding High), 1951: Hochzeitsparade (Here Comes the Groom) 1959: Eine Nummer zu groß (A Hole in the Head), 1961: Die unteren Zehntausend (Pocketful of Miracles)

René Clair

(1898 – 1981) René Clair gilt als der filmische Poet der kleinen Leute von Paris. Sein Revier waren die Pariser Vorstädte, deren Milieu er in Bildern voller Poesie und Melancholie zeichnet. Es ist die Welt der Straßensänger, der Arbeiter, der Kleinganoven, der Taschendiebe, der Lebenskünstler, der nachbarlichen Gemeinschaft, die Clair aus ironischer Distanz betrachtet. Schon seine frühen Stummfilme waren inspiriert von der Experimentierfreude der Pariser Avantgardekünstler. ENTR'ACTE (1924) war ein avantgardistisches Feuerwerk innovativer Ideen und visueller Tricks.

Sein erster Tonfilm UNTER DEN DÄCHERN VON PARIS (SOUS LES TOITS DE PARIS, 1931) setzte Maßstäbe im geschickten Einsatz des Tons, den er der Wirkung der Bilder unterordnete. Clair spielte experimentierfreudig mit den Möglichkeiten, die der gezielte Einsatz von Dialog, Musik und Geräuschen bot, um die Filmhandlung über Freundschaft und Liebe im Pariser Untergrundmilieu mit ironisch genutzten Toneffekten zu kommentieren. In DIE MILLION (LE MILLION, 1931) und DER 14. JULI (QUATORZE JUILLET, 1932) brachte

Abb. 97: René Clair mit Linda Darnell beim Dreh von ES GESCHAH MORGEN

er seinen romantisch verbrämten Filmstil zur Vollendung: Die Jagd nach einem verlorenen Millionenlosschein in DIE MILLION gestaltete Clair als musikalisches Kunstwerk, in dem die Handlung in die Musik integriert und von ihr reflektiert wird. Das Leben und Treiben am französischen Nationalfeiertag 14. JULI verklärte Clair zu einer hinreißend komischen Liebeserklärung an das Pariser Vorstadtmilieu. Seine Sozialsatire ES LEBE DIE FREIHEIT (À NOUS LA LIBERTÈ, 1931) über die Tyrannei der Fließbandarbeit war Vorbild für →Chaplins MODERNE ZEITEN.

Nach einem kurzen Ausflug nach England, wo er EIN GESPENST AUF REISEN (THE GHOST GOES WEST, 1935) drehte, ging er nach Hollywood, wo er unter ungewohnten Produktionsbedingungen nach dem Desaster mit dem Marlene Dietrich-Film DIE ABENTEUERIN (THE FLAME OF NEW ORLEANS, 1940) erst mit seinen späteren Filmen die Leichtigkeit seines Inszenierungsstils wieder fand: der geistreichen Hexen-Satire MEINE FRAU, DIE HEXE (I MARRIED A WITCH, 1942), dem witzigen Fantasy-Opus ES GESCHAH MORGEN (IT HAPPENED TOMORROW, 1943), der parodistischen Agatha Christie-Verfilmung DAS LETZTE WOCHENENDE (AND THEN THEY WERE NONE, 1945).

Zurück in Frankreich gelang es Clair, die Tradition seiner Erzählkunst wieder aufleben zu lassen. SCHWEIGEN IST GOLD (LE SILENCE EST D'OR, 1946) ist eine liebenswerte Hommage an die Pioniere der Stummfilmzeit, DIE SCHÖNEN DER NACHT (LES BELLES DE NUIT, 1952) eine musikalische Komödie über einen lärmgeplagten Musiker, der in Traumwelten der Vergangenheit flüchtet, DAS GROSSE MANÖVER (LES GRANDES MANOEUVRES, 1955) eine elegante Tragikomödie über einen chronischen Frauenverführer. Ein letzter Höhepunkt im Schaffen René Clairs war DIE MAUSEFALLE (PORTE DE LILAS, 1957), der wie in einem Abgesang zu den Chansons von Georges Brassens noch einmal ein poetisch verklärtes Bild der Pariser Vorstadtwelt auffächert. Der Film lebt ganz von der Stimmung und Atmosphäre des kleine Leute-Milieus und der fülligen Präsenz Pierre Brasseurs in der Rolle eines versoffener Penners, der einen von der Polizei gesuchten Bankräuber versteckt und ihn erschießt, als er ihn durchschaut. Den Banküberfall zeigt Clair nicht direkt, sondern als Spiel von Kindern, während die Vorgänge aus einem Zeitungsbericht vorgelesen werden. Es ist dieser indirekte Inszenierungsstil, der seinen Filmen ihren besonderen Zauber verleiht, diese Leichtigkeit und feine Ironie in der Darstellung, die burleske Art seiner Komik und die intelligente Verwendung des Tons, der im Filmgeschehen komische Akzente setzt.

Die Komödien:

1924: Entr'acte (Kurzfilm), 1925: Paris qui dort (Kurzfilm), 1925: Le Voyage imaginaire (Kurzfilm) 1927: Der Florentiner Hut (Un chapeau de paille d'Italie), 1928: Die beiden Schüchternen (Les Deux timides), 1930: Unter den Dächern von Paris (Sous les Toits de Paris), 1931: Die Million (Le Million), 1931: Es lebe die Freiheit (À nous la Liberté), 1932: Der vierzehnte Juli (14 juillet), 1934: Der letzte Milliardär (Le Dernier milliardaire), 1935: Ein Gespenst geht nach Amerika (The Ghost Goes West) 1941: Die Abenteurerin (The Flame of New Orleans), 1942: Meine Frau, die Hexe (I Married a Witch), 1943: Es geschah morgen (It Happened Tomorrow), 1945: Das letzte Wochenende (And Then There Were None), 1946: Schweigen ist Gold (Le Silence est d'or), 1952: Die Schönen der Nacht (Les Belles de nuit), 1955: Das große Manöver (Les Grandes Manœuvres), 1957: Die Mausefalle (Porte des Lilas), 1960: Die Französin und die Liebe (La Française et l'Amour) – Episode Le Mariage, 1961: Alles Gold dieser Welt (Tout l'Or du monde), 1962: Die vier Wahrheiten (Les Quatre vérités) – Episode Les Deux pigeons, 1965: Die Festung fällt, die Liebe lebt! (Les Fêtes Galantes)

Étienne Chatiliez

Abb. 98: Étienne Chatiliez

(*1952) Gleich mit seinem ersten Film DAS LEBEN IST EIN LANGER, RUHIGER FLUSS (LA VIE ES UN FLEUVE TRANQUILLE, 1987) erzielte Étienne Chatiliez, ein ehemaliger Werbefilmer, einen großen Kritiker- und Besuchererfolg. Die Sozialsatire, in der zwei Kinder bei ihrer Geburt vertauscht werden und in jeweils falschen Familien aufwachsen, gewinnt satirische Komik aus den Gegensätzen zwischen den Familienmitgliedern aus der Ober- und aus der Unterschicht. TANTE DANIELE (TATIE DANIELLE, 1989) verletzt mit bösem schwarzen Humor die Tabugrenzen gegenüber älteren Menschen, denn Tante Daniele ist ein alte bösartige Dame, die ihre Umwelt ebenso schamlos tyrannisiert wie einst Michel Simon in BOUDU – AUS DEN WASSERN GERETTET. Der Zuschauer weiß nicht, ob er mit oder über Tante Daniele lachen soll.

In DAS GLÜCK LIEGT IN DER WIESE (LE BONHEUR EST DANS LE PRÉ, 1995) schlüpft ein vor dem Ruin stehender Geschäftsmann in die Rolle eines seit 25 Jahren verschwundenen Mannes und beginnt eine neue Existenz. Mit beschwingter Leichtigkeit und Zartgefühl erzählt die Aussteigerkomödie von der Suche nach dem Lebensglück. Wie ein verzweifeltes Ehepaar mit immer bösartigeren Methoden versucht, ihren 28jährigen Sohn aus der Bequemlichkeit des Elternhauses zu vertreiben, macht den komödiantischen Reiz in TANGUY – DER NESTHOCKER (TANGUY, 2001) aus. Mit dem Begriff der »Political Corectness« hat die Komik der Filme von Étienne Chatiliez nichts zu tun. Seine Filmfiguren sind alles andere als Moralapostel, stets in Versuchung, das Spiel mit der Unmoral zu übertreiben. Seine jüngsten Filme sind wurden nicht in Deutschland veröffentlicht.

Die Filme:

1987: Das Leben ist ein langer, ruhiger Fluß (La vie est un long fleuve tranquille), 1989: Tante Daniele (Tatie Danielle), 1995: Das Glück liegt in der Wiese (Le Bonheur est dans le pré), 2000: Scénario sur la drogue, 2001: Tanguy – Der Nesthocker (Tanguy), 2004: La confiance régne, 2008: Agathe Cléry, 2012: L'oncle Charles

Die Coen-Brothers

Joel Coen (*1954), Ethan Coen (*1957)

Das Brüderpaar Joel Coen und Ethan Coen funktioniert als filmisches Tandem: die Drehbücher schreiben sie gemeinsam, Ethan übernimmt – laut Vorspann – die Produktion, Joel die Regie. Als Grund für dieses Arbeitsarrangement verwies Joel darauf, dass er drei älter sowie 17 Kilo schwerer und

Abb. 99: Ethan und Joel Coen

deshalb der Stärkere sei, und daher führe er auch Regie und nicht der kleine Bruder. Unter dem Pseudonym Roderick Jaynes besorgen sie gemeinsam den Filmschnitt. Erst seit THE LADYKILLERS (2004) sind sie gemeinsam als Regisseure und Produzenten gelistet, was die Gemeinschaftsarbeit, die hinter ihren Filmen steckt, wohl adäquat ausdrückt.

Schon in ihrem ersten Film BLOOD SIMPLE (1984) ist alles evident, was ihren Filmstil auszeichnet: der parodistische Umgang mit den Spielregeln des Thrillergenres, der schwarze Humor, die überraschende Umkehr der Genremotive, eine von unbändiger Fabulierlust erfüllte Bildersprache. In dieser düster-ironischen Hommage an den Schwarze-Serie-Stil der 1940er Jahre will ein brutaler Barbesitzer seine Frau und ihren Liebhaber töten lassen. Es kommt aber anders, als er plant.

Stets sind es unscheinbare Alltagsfiguren, die in den Coen-Filmen von einem Schlamassel in den nächsten geraten: ein kinderloses Pärchen (Nicolas Cage, Holly Hunter) entführt einen der Fünflinge eines Millionärs, der ihnen einen Killer auf die Fersen hetzt – ARIZONA JUNIOR (RAISING ARIZONA, 1987) –, in der Hollywood-Satire BARTON FINK (1991) wird ein Drehbuchautor (John Turturro) wegen eines Frauenmordes verdächtigt, in FARGO (1996) gerät ein Entführungsfall durch die Ausraster eines unberechenbaren Psychopathen außer Kontrolle, als THE BIG LEBOWSKI (1998) wird der Alt-Hippie Jeff Bridges Opfer einer Namensverwechslung und in absurde Abenteuer verwickelt, in O BROTHERS, WHERE ART THOU? (2000) lassen sich drei Gefängnisausbrecher (John Turturro, John Goodman, George Clooney) auf einer grotesken Odyssee durch den amerikanischen Süden treiben. In THE MAN WHO WASN'T THERE (2001) verstrickt sich ein von seiner Frau betrogener Friseur in einen Teufelskreis von Betrug, Erpressung und Mord, in A SERIOUS MAN (2009) bricht alles Unheil der Welt über einen biederen College-Professor herein, was sogar seinen Rabbi am Sinn allen Übels zweifeln lässt. Und in TRUE GRIT - VERGELTUNG (TRUE GRIT, 2010) wiederholt Bridges die John Wayne-Rolle des Originalfilms DER MARSHALL (TRUE GRIT, 1969) als Parodie klassischer Westernhelden.

Nach ihrem düsteren Neo-Noir-Western-Thriller NO COUNTRY FOR OLD MEN (2007) finden die Coen-Brothers mit ihrer Version einer Agentenkomödie BURN AFTER READING (2008) in die schwarzhumorigen Gefilde ihrer Chaos-Komödien zurück. Der letzte Teil ihrer inoffiziellen Idioten-Trilogie nach THE BIG LEBOWSKI und O BROTHER, WHERE ART YOU? hetzt eine Horde durchgeknallter Typen, paranoider Agenten und Möchtegern-James Bonds durch die absurd-komische Welt einer Verschwörungsfantasie, die von einem fiktiven Geheimdienstroman ausgelöst wird. Aus der traurigen Geschichte eines unentdecktes Musik-Genies, das an seiner unbeirrbaren Berufung zerbricht, haben die Coens mit INSIDE LLEWYN DAVIS (2013) einen hinreißend komischen Film gezaubert.

Die Coen-Brothers haben sich eine verschworene Fangemeinde mit Filmen erobert, in denen das einzig Berechenbare die Stars sind, die in ihren Filmen wie alte Bekannte immer wieder auftauchen: Steve Buscemi, John Turturro, Jeff Bridges, John Goodman, George Clooney und Joel Coens Ehefrau Frances McDormand.

Die Filme:

1984: Blood Simple – Eine mörderische Nacht (Blood Simple), 1987: Arizona Junior (Raising Arizona), 1991: Barton Fink 1994: Hudsucker – Der große Sprung (The Hudsucker Proxy,) 1996: Fargo, 1998: The Big Lebowski, 2000: O Brother, Where Art Thou? – Eine Mississippi-Odyssee (O Brother, Where Art Thou?), 2001: The Man Who Wasn't There, 2003: Ein (un)möglicher Härtefall (Intolerable Cruelty), 2004: Ladykillers, 2006: Paris, je t'aime (Episode), 2008: Burn After Reading – Wer verbrennt sich hier die Finger? (Burn After Reading), 2009: A Serious Man, 2010: True Grit, 2013: Inside Llewyn Davis

Charles Crichton

(1910 – 1999) Seine besten Filme schuf Charles Crichton in den →Ealing Studios, deren Komödienausrichtung seinem bevorzugten Inszenierungsstil der Filmgroteske entgegenkam: EINMAL MILLIONÄR SEIN / DAS GLÜCK KAM ÜBER NACHT (THE LAVENDER HILL MOB, 1951), TITFIELD-EXPRESS (THE TITFIELD THUNDERBOLT, 1952), HERZLICH WILLKOMMEN IM KITTCHEN (LAW AND DISORDER, 1958), MR. MILLER IST KEIN KILLER (THE BATTLE OF THE SEXES, 1959). Seine Filmlaufbahn hat er als Cutter begonnen für die Filme von Alexander

Abb. 100: *Charles Crichton mit Jon Whiteley beim Dreh von EIN KIND WAR ZEUGE (1952)*

Korda: Klassiker wie Things To Come (1936) und Der Dieb von Bagdad (1940). In dem Horrorfilmklassiker Traum ohne Ende (Dead of Night, 1945) gab er sein Regiedebüt mit dem einzig komischen Beitrag zu diesem Episodenfilm.

Einmal Millionär sein karikiert mit liebevoller Komik die Träume eines biederen Kleinbürgers von großem Reichtum. Mit einem genialen Plan raubt ein unbescholtener Wachmann millionenschwere Goldbarren und schafft sie als kleine Souvenir-Eiffeltürmchen getarnt nach Paris, wo die Beute in falsche Hände gerät und ein heilloses Durcheinander urkomischer Verfolgungsjagden auslöst. Titfield- Express ist eine gewitzte Hommage auf angelsächsisches Beharrungsvermögen, in der nostalgischer Spleen über den Fortschritt triumphiert. Mit allen Mitteln und Tricks kämpfen starrköpfige Kleinstadtbewohner gegen die behördlich verfügte Stilllegung ihrer Lokalbahn. Auch der traditionsbewusste Leiter einer alteingesessenen Textilfirma wehrt sich mit seinem ganzen Einfallsreichtum gegen die Modernisierungspläne einer amerikanischen Managerin. Als seine Sabotageversuche scheitern, schmiedet er Mordpläne. Mr. Miller ist kein Killer nimmt den Konflikt zwischen wirtschaftlichem Fortschritt und traditionellen Arbeitsweisen zum Anlass für eine amüsante Komödie, die dem englischen Originaltitel gemäß auch in einen Kampf der Geschlechter mündet. Willkommen im Kittchen fühlt sich ein unverbesserlicher Gauner, der seinem ahnungslosen Sohn ein ehrbares Leben vortäuscht, bis er diesem als Angeklagter vor Gericht begegnet. Den im Originaltitel beschworenen Gegensatz von Law and Disorder – Gesetz und Unordnung – spielt die originelle Komödie mit trockenem Humor und in witzigen Dialoggefechten durch.

30 Jahre später erzielte Charles Crichton seinen größten Kinoerfolg mit Ein Fisch namens Wanda (A Fish Called Wanda, 1987). In der schwarzhumorigen Gangsterfilmparodie vereinen sich der trockene Humor des englischen Kinos und das Gagtempo des amerikanischen Films zu einem hemmungslos komischen Filmvergnügen. Der besondere Reiz des Films resultiert aus der grotesken Überzeichnung des Gaunerquartetts, das mit seinen

Schrullen und Macken sich um die Beute eines Juwelenraubs bringt und in die irrwitzigsten Situationen gerät. Es war der letzte Film des Altmeisters des englischen Humors.

Die Filme (Auswahl):

1945: Traum ohne Ende (Dead of Night), 1946: Die kleinen Detektive (Hue and Cry), 1951: Das Glück kam über Nacht (The Lavender Hill Mob), 1952: Titfield-Expreß (The Titfield Thunderbolt), 1953: Liebeslotterie (The Love Lottery), 1958: Herzlich willkommen im Kittchen (Law and Disorder), 1959: Mister Miller ist kein Killer (The Battle of the Sexes), 1961: Die gestohlene Million (The Boy Who Stole a Million), 1965: Wer einen Tiger reitet (Who Rides a Tiger), 1987: Ein Fisch namens Wanda (A Fish Called Wanda)

Michel Deville

(*1931) Von einer Laienspielschar zum Film kam Michel Deville, wurde Regieassistent bei dem Krimispezialisten Henri Decon, verfilmte zwei Bühneninszenierungen von Jean Meyer: *Der Bürger als Edelmann* und *Die Hochzeit des Figaro*. 1960 inszenierte er seinen ersten Film nach eigenem Drehbuch CE SOIR OU JAMAIS. Der Titel eines seiner nächsten Filme ALLES WEGEN DIESER FRAUEN (À CAUSE, À CAUSE D'UNE FEMME, 1963) deutet schon die zentrale Begabung von Michel Deville an, dem Meisterregisseur der erotischen Komödie. Jeder seiner Filme ist eine Hommage an die weibliche Schönheit, voller Zärtlichkeit und Verführungskraft.

Abb. 101: Michel Deville 2010

In seinen frühen Jahren sind seine Filme eng mit der Drehbuchautorin Nina Companéez verbunden, die auch für den Filmschnitt verantwortlich war. Ihr bester gemeinsamer Film war BENJAMIN – AUS DEM TAGEBUCH EINER MÄNNLICHE JUNGFRAU (BENJAMIN OÙ LES MÉMOIRES D'UN PUCEAU, 1968). Als hätte

Antoine Watteau, der Maler des galanten Rokoko-Zeitalters, die Bilder zu einem Stück von Pierre Marivaux gemalt, dem Autor reizvoller Rokoko-Komödien, erscheinen in Devilles Film Kostüme, Dekors und Gegenstände detailgenau aufeinander abgestimmt, um ein vergangenes Zeitalter aufleben zu lassen. Ein unschuldiger Jüngling wird auf dem Schloss seiner Tante Zeuge und Mitspieler eines galanten Liebesreigens. Aus ironischer Distanz und mit gallischem Esprit fängt Deville den Zeitgeist einer ganzen Epoche ein.

Nach eigenem Drehbuch inszenierte Deville sein absolutes Meisterwerk: DIE UNBEKANNTE SCHÖNE / DIE DAME IN BLAU (LA FEMME EN BLEU, 1972). Ein des Lebens überdrüssiger Musikwissenschaftler begegnet der Traumfrau seines Lebens und versucht, sie wieder zu finden – ein ebenso graziöser wie kunstvoll ironischer Kinotraum, in dem die Grenzen von Wirklichkeit und Irrealem zerfließen. Ganz gegen ihr Darstellerimage besetzte Deville in DAS WILDE SCHAF (LE MOUTON ENRAGÉ, 1974) den introvertierten Jean-Louis Trintignant mit der Fraueneroberrolle, für die eigentlich der quirlige Jean-Pierre Cassel prädestiniert ist, während Cassel den intellektuellen Part des die Verführungsspiele wie ein Schachspiel planenden Schriftstellers übernimmt. Ein Rollentausch, der den Liebesspielen eine unerwartete Spannung gibt. Auch Eddie Constantine besetzte Deville in LUCKY JO (1964) gegen sein Sieger-Image als vom Pech verfolgter Gauner, der als Unglücksrabe alle Pläne seiner Gangsterkollegen verdirbt.

Immer wieder findet Deville sein Vergnügen darin, Frauen mit dem Raffinement des kultivierten Genießers zu entblättern. EINE REISE IN DIE ZÄRTLICHKEIT (LE VOYAGE EN DOUCE, 1980) enthüllt während einer gemeinsamen Reise durch die Provinz die Träume und Hoffnungen zweier Frauen (Dominque Sanda, Geraldine Chaplin), die eine Bilanz ihres Lebens ziehen. EINE SOMMERNACHT IN DER STADT (NUIT D'ÉTÉ EN VILLE, 1990) fängt da an, wo andere Liebesfilme aufhören: wie in einer Versuchsanordnung beobachtet die Kamera das Verhalten der Liebenden nach der ersten gemeinsamen Nacht und die Phasen des wirklichen Kennenlernens. Zwei, die sich eigentlich fremd sind, kommen sich in Liebesspielen und Gesprächen näher. Deville lotet ebenso intensiv wie delikat das Spannungsfeld zwischen Sex und Intellekt aus.

Eine filmische Liebeserklärung an die Macht der Worte und der Erotik ist DIE VORLESERIN (LA LECTRICE, 1988). Eine junge Frau bietet die Schönheit ihrer Stimme als Vorleserin an und erfährt die erotische Wirkung auf ihre Zuhörer. Mit kindlicher Unschuld webt Miou-Miou zwischen der Attraktion ihres Körpers und der Botschaft ihrer Texte ein erotisches Netz, das die Zuschauer wie in einem Bann gefangen hält. In einem Spinnennetz von Intrigen verfängt sich der Musiklehrer in GEFAHR IN VERZUG (PÉRIL EN LA DEMEURE, 1985), der den Verführungen einer reichen Ehefrau, den Nachstellungen einer mysteriösen Detektivin und der Verfolgung eines todessüchtigen Killers ausgesetzt ist – ein geistreich pointiertes Vexierspiel um die Wirrungen der Liebe und Ränkespiele der Macht, das sich in einem herrlich frivolen Spiel aus Wort- und Bildwitz auflöst.

Es gehört zum besonderen Flair der Filme von Michel Delville, wie er klassische Musik in die Stimmung seiner Filme einbindet, wie er die Spielregeln des Kinos, seines Kinos mit dem Zauber der schönen Künste Malerei und Literatur verschmilzt zu intelligentem Filmvergnügen von hohem ästhetischen Reiz.

Die Filme:

1961: Das Spiel der Lüge (La menteuse), 1963: Alles wegen dieser Frauen (A cause, à cause d'une femme), 1963: Gangster, Gold und flotte Mädchen (L'appartement des filles), 1964: Lucky Jo, 1966: Der Dieb der Mona Lisa (Il ladro della Gioconda), 1967: Zärtliche Haie, 1968: Benjamin – Aus dem Tagebuch einer männlichen Jungfrau (Benjamin), 1969: Der Bär und die Puppe (L'ours et la poupée), 1972: Die unbekannte Schöne (La femme en bleu), 1974: Das wilde Schaf (Le mouton enragé), 1977: Auch Betrügen will gelernt sein (L'apprenti salaud), 1980: Reise in die Zärtlichkeit (Le voyage en douce), 1983: Die kleine Bande (La petite bande), 1985: Gefahr im Verzug (Péril en la demeure), 1986: Der Tölpel (Le paltoquet), 1988: Die Vorleserin (La lectrice) 1990: Eine Sommernacht in der Stadt (Nuit d'été en ville), 1992: Sweetheart (Toutes peines confondues)

Tom DiCillo

Abb. 102: Tom DiCillo

(*1953) Tom DiCillo war Kameramann der ersten Jim Jarmush-Filme (PERMANENT VACATION, STRANGER THAN PARADISE, COFFEE AND CIGARETTES), bevor er 1991 seinen ersten eigenen Film inszenierte: JOHNNY SUEDE. Mit einer bizarren Hochfrisur spielt Brad Pitt einen Möchtegernmusiker ohne jegliches Talent, der vom großen Starruhm träumt – ein Loser wie all die tragikomischen Helden in den Filmen von Tom DiCillo. Sein nächster Film TOTAL ABGEDREHT (LIVING IN OBLIVION, 1995) spiegelt auf grotesk-ironische Weise die eigenen Erfahrungen als Regisseur von Low Budget-Filmen wider: der Kampf um die Finanzierung, die Auseinandersetzung mit arroganten Schauspielern, einem liebeskranken Kameramann, dem Versagen der Technik. All die Pannen, Eitelkeiten und Eifersüchteleien, die zum Scheitern eines Films führen können, spielt LIVING IN OBLIVION penibel durch.

BOX OF MOONLIGHT (1996) schildert den Versuch eines von der Midfife Crisis geplagten Ingenieurs, aus seinem bürgerlichen Leben auszubrechen, verführt von einem ausgeflippten Typen, der ihn mit seinen schrägen Ansichten und Taten ansteckt. Nach diesem filmischen Ausflug ins normale Leben kehrt Tom DiCillo mit ECHT BLOND (THE REAL BLONDE, 1997) wieder zurück in das Milieu der Kino- und Fernsehwelt, das er so gut kennt. Die Beziehungskomödie kreist um die Hoffnungen, Sehnsüchte und Frustrationen erfolgloser Schauspieler, die von der großen Karriere träumen und von der titelgebenden Suche nach einer Traumfrau, einer wirklichen Blondine. In der Paparazzi-Satire BLITZLICHTGEWITTER (DELIRIOUS, 2006) wirft Tom DiCillo einen skurrilen Blick auf die Welt des Sensationsjournalismus und die Absurditäten der Starmanie. Als Assistent eines Starfotografen erhält ein Nobody Zutritt in die Welt des schönen Scheins der Stars und Sternchen und wird selbst zum Star einer Reality-Soap.

Der Independent-Regisseur Tom DiCillo zeigt die Schattenseiten einer Schein- und Glamourwelt, deren hässliche Kehrseite er durch ironische Seitenhiebe auf den Hedonismus und die Oberflächlichkeiten der Unterhaltungsbranche punktgenau enthüllt. Seine Helden sind die Verlierer des Showbusiness, deren naive Träume er mit der nüchternen Wirklichkeit konfrontiert.

Die Filme:

1991: Johnny Suede, 1995: Living in Oblivion, 1996: Box of Moonlight, 1997: The Real Blonde, 2006: Blitzlichtgewitter (Delirious), 2009: When You're Strange

Doris Dörrie

(*1955) Schon mehr als ein Vierteljahrhundert inszeniert Doris Dörrie erfolgreiche Kinofilme: 1985 landete sie mit ihrer turbulenten Beziehungskomödie MÄNNER, die im Konkurrenzkampf zweier Männer um eine Frau mit frechem Witz und treffenden Beobachtungen die komplette Skala männlicher Eitelkeiten verspottet, den erfolgreichsten Kinohit des Jahres. Meist zwischen Komik und Tragik chargierend, drehen sich ihre Filme immer wieder um die gleichen Themen: das Erleben von Einsamkeit und die Versuche, sie zu durchbrechen, das Kreisen um das eigene Ich mit seinen komischen Auswüchsen, die Suche nach Glück oder den Wunsch, anders sein zu wollen.

Abb. 103: Doris Dörrie

1955 als Tochter eines Arztes in Hannover geboren, machte Doris Dörrie ihr Abitur an einem humanistischen Gymnasium. Von 1973 bis 1975 studierte sie zunächst Schauspiel und Film am Drama Department der University of the Pacific im kalifornischen Stockton, dann Philosophie und Psychologie an der New School for Social Research in New York. In Deutschland begann sie 1975 das Studium an der Hochschule für Fernsehen und Film in München. Ihr Abschlussfilm DER ERSTE WALZER lief erfolgreich auf den Festivals von Hof und Lübeck. Von 1978 bis 1981 schrieb Doris Dörrie Filmkritiken für die *Süddeutsche Zeitung*, parallel entstanden für den Bayerischen Rundfunk Dokumentarfilme, der ZDF-Kinderfilm PAULA AUS PORTUGAL und das Drama DAZWISCHEN, die Geschichte eines 16-jährigen Mädchens, dessen Eltern sich getrennt haben.

1983 drehte die Regisseurin ihren ersten Kinofilm MITTEN INS HERZ – ein Beziehungsdrama, das auf Filmfestivals in Venedig und Tokio lief. Die Einladung nach Tokio legte den Grundstein für Doris Dörries ausgeprägte Liebe zu Japan. Ein Jahr später folgte IM INNERN DES WALS – ein Roadmovie über den Bewusstseinsprozess eines jungen Mädchens, das sich auf Suchodyssee nach ihrer verschwundenen Mutter begibt. Mit MÄNNER-Star Heiner Lauterbach inszenierte sie 1986 die Geschlechterkampfarce PARADIES als existentielle Tragödie eines Mannes, der zwischen zwei Frauen zerrieben wird. Erfolgsproduzent Michael Eichinger engagierte Doris Dörrie für ihre erste internationale Produktion ICH UND ER (1988): die Verfilmung eines Romans von Alberto Moravia um einen Mann, der mit seinem Penis kommuniziert. Der Film floppte bei Kritik und Publikum ebenso wie ihr nächster Film GELD (1989), eine satirische Komödie um eine Frau, die sich aus Geldnot als Bankräuberin versucht.

Seit 1989 produziert Doris Dörrie ihre Filme selbst mit der Firma Cobra Filmproduktion, die sie gemeinsam mit Gerd Huber und Renate Seefeldt betreibt. Auch bei der Filmherstellung arbeitet sie mit einem festen Team zusammen: mit Co-Autor Michael Juncker, mit dem Cutter Raimund Barthlemes und dem Kameramann Helge Weindler, mit dem sie bis zu dessen Tod 1996 verheiratet war. Gleich mit ihrer ersten Produktion eroberte sie Kritik und Publikum zurück. Mit HAPPY BIRTHDAY, TÜRKE, der Adaption des gleichnamigen Romans von Jakob Arjouni um einen türkischstämmigen Privatdetektiv, entführte die Regisseurin ihr Publikum 1991 erstmals in das Krimi-Genre. Auf Charakteren ihrer Kurzgeschichtensammlung *Für immer und ewig* basiert KEINER LIEBT MICH (1995): das Porträt einer jungen Frau zwischen Todessehnsucht und Lebensfreude. Auch ihr nächster Film BIN ICH SCHÖN? (1998) beruhte auf ihrer eigenen literarischen Vorlage. Der Episodenfilm vereinigte mit Franka Potente, Otto Sander, Susanna von Borsody, Iris Berben, Joachim Król, Nina Petri, Dietmar Schönherr, Uwe Ochsenknecht, Heike Makatsch, Senta Berger, Gustav Peter Wöhler und Gottfried John ein All-Star-Ensemble aus drei Generationen, um ein kunstvoll verwobenes Gruppenporträt verschiedener Menschen an einem Wendepunkt ihres Lebens zu zeichnen. In Japan drehte die Regisseurin ERLEUCHTUNG GARANTIERT (2000) als fernöstliches Roadmovie über zwei unterschiedliche Brüder, die in einem buddhistischem Kloster ihre Midlife-Krise überwinden wollen und zu sich selbst finden. Nach ihrem Bühnenstück *Happy – ein Drama* inszenierte sie 2002 in intensiver Kammerspielatmosphäre den Film NACKT als Seelenstriptease dreier befreundeter Ehepaare, deren Freundschaft während eines gemeinsamen Abendessens auf die Probe gestellt wird. Inspiriert von dem gleichnamigen Grimmschen Märchen erzählt DER FISCHER UND SEINE FRAU (2005) von einem Ehepaar, deren Ehe durch die Sucht nach Erfolg, Geld und Ruhm zu scheitern droht.

Von ihrer Japan-Liebe geprägt ist Doris Dörries Überraschungshit KIRSCHBLÜTEN – HANAMI (2007), eine fernöstlich inspirierte filmische Trauerbewältigung über einen alternden Mann, der nach dem plötzlichen Tod seiner Frau nach Japan reist und dort einem neuen Lebensanfang findet. Mit DIE FRISEUSE (2010) kehrte Doris Dörrie zur reinen Komödie zurück: die bewegende Geschichte der fülligen Friseuse Kathi König aus Berlin Marzahn, die seit dem Mauerfall arbeitslos ist. Denn ihr Äußeres gilt als »nicht ästhetisch«. Doch Kathi kann kämpfen. Die Heldin dieser Real-Komödie jammert nicht über die Gesellschaft, sondern begegnet Problemen mit Offenheit und Selbstironie und erinnert damit an englische Sozial-Komödien wie GANZ ODER GAR NICHT. Ungewohnt ernst dagegen ist Doris Dörris Verfilmung einer Kurzgeschichte von Ferdinand von Schirach GLÜCK (2012) über das fragile Liebesglück einer vom jugoslawischen Bürgerkrieg frustrierten Frau, die als Dirne zu überleben trachtet. Doch dem versponnen-märchenhaften Inszenierungsstil gelingt diesmal nicht der ansonsten so souverän gemeisterte Balanceakt zwischen Drama und Komödie. Mit der Verfilmung ihres eigenen Romans ALLES INKLUSIVE (2014) gelingt ihr das schon wieder besser: ein skurriler Episodenreigen um Mütter und Töchter-Beziehungen, Hippiezeit-Erinnerungen und Wiedersehensenttäuschungen, um kleinbürgerliche Träume und linksliberale Entgleisungen.

Die Komödien:

1985: Männer, 1986: Paradies, 1988: Ich und Er, 1989: Geld, 1989: Love in Germany, 1995: Keiner liebt mich, 1998: Bin ich schön?, 2000: Erleuchtung garantiert, 2002: Nackt, 2005: Der Fischer und seine Frau, 2008: Kirschblüten – Hanami, 2010: Die Friseuse, 2012: Glück, 2014: Alles inklusive

Stanley Donen

(*1924) Stanley Donen begann als Tänzer und Choreograf, bevor er selber Musicalfilme inszenierte und mit COVER GIRL (1944), ANCHORS AWAY

(1945), KÖNIGLICHE HOCHZEIT(1951), SINGIN' IN THE RAIN (1952) und IT'S ALLWAYS FAIR WEATHER (1955) jene Musical-Klassiker drehte, die das Genre in der nahtlosen Verschmelzung von Handlung, Gesang und Tanz revolutionierten. Seine späteren Komödien beeindruckten durch die spielerische Eleganz der Inszenierung und den geistreichen Witz der Dialoge.

INDISKRET (INDISCREET, 1958) schwelgt in gegenseitigen Verführungsspielen zwischen einer gefeierten Schauspielerin (Ingrid Bergman) und einem Gentleman-Diplomaten (→Cary

Abb. 104: Stanley Donen 2010

Grant), der sich als Ehemann ausgibt, um diskret ein ungebundenes Liebesleben führen zu können. Das vieldeutig-geheimnisvolle Krimirätsel CHARADE (1963) ist bestimmt durch den Charme zweier Menschen, die sich verlieben und sich doch gegenseitig misstrauen, denn sie – Audrey Hepburn – ist die frisch verwitwete Jungwitwe eines Betrügers, den er – Cary Grant – als Regierungsbeamter gejagt hat. Mit zwei anderen Stars (Sophia Loren und Gregory Peck) und den verschwenderischen Dekors farblicher Extravaganzen versuchte Donen mit ARABESKE (1966) den Erfolg von CHARADE zu übertreffen, doch Gregory Peck ist nicht Cary Grant, woran dieser auch seinen Regisseur stets erinnern musste: »Remember, I'm no Cary Grant!«

Deutlicher als der Originaltitel THE GRASS IS GREENER (1960) interpretiert der deutsche Titel VOR HAUSFREUNDEN WIRD GEWARNT das Handlungssujet dieser Boulevardkomödie in feinsten Kreisen. Der amerikanische Hausfreund hat dem englischen Landadeligen die ehemüde Gattin ausgespannt und dieser versucht, sie wieder zurück zu gewinnen. VOR HAUSFREUNDEN WIRD GEWARNT ist eine hochdelikate Stilübung in Klasse und Niveau, die ihre humoristische Würze aus skurrilen Details und dem Unterschied zwischen amerikanischer und englischer Lebensart bezieht, was sich auch in den Details der sprachlichen Differenz bemerkbar macht. So heißt es einmal: »Die größte Barriere zwischen unseren Nationen ist die Trennung durch die gleiche Sprache.«

Tiefer in die Komplexität menschlicher Beziehungen loten seine nächsten Filme. ZWEI AUF GLEICHEM WEG (TWO FOR THE ROAD, 1966) zieht die Bilanz einer zwölfjährigen Ehe, die sich in Routine festgefahren hat. Während einer gemeinsamen Urlaubsreise an der französischen Mittelmeerküste wird das Paar mit Lebensstationen seiner Vergangenheit konfrontiert und erkennt trotz aller Auseinandersetzungen und Ehebrüche die gegenseitige Verbundenheit. Mit dem Bravourauftritt zweier Stars – Richard Burton und Rex Harrison – spiegelt UNTER DER TREPPE (STAIRCASE, 1969) ein ganz anderes Eheverhältnis wieder: die Lebensgemeinschaft zweier schwuler Friseure, welche die gleiche Kommunikationsprobleme haben wie jedes heterosexuelle Paar, was durch den Rollentausch der Geschlechter eine ganz eigene Komik entwickelt. Mit MEPHISTO 68 (BEDAZZLED, 1967) wagte sich Donen an die Popversion des Faustmotivs. Ein lebensmüder Koch verkauft seine Seele an den Teufel und hat sieben Wünsche frei, die er aber dank eigener Ungeschicklichkeit und teuflischer Tricks nicht realisieren kann. Mit seinen späteren Filmen konnte Donen an die Eleganz und das Niveau seiner besten Filme nicht mehr anknüpfen.

Die Komödien:

1958: Indiskret (Indiscreet), 1960: Noch einmal, mit Gefühl (Once More, with Feeling!), 1960: Ein Geschenk für den Boss (Surprise Package), 1960: Vor Hausfreunden wird gewarnt (The Grass Is Greener), 1963: Charade, 1966: Arabeske (Arabesque), 1967: Zwei auf gleichem Weg (Two for the Road), 1967: Mephisto 68 (Bedazzled), 1969: Unter der Treppe (Staircase), 1975: Abenteurer auf der Lucky Lady (Lucky Lady), 1978: Movie Movie, 1984: Schuld daran ist Rio (Blame It on Rio)

Blake Edwards

(1922 – 2010) Blake Edwards sagt von sich selber, dass er die Gesetze der Filmkomödie studiert hat wie eine Wissenschaft. Das erklärt die Perfektion, mit der er die unterschiedlichsten Elemente der Komik zum hinreißenden Filmvergnügen integriert. Er bewegt sich im Milieu der geistreich-eleganten Salonkomödie ebenso sicher wie in den Standardsituationen des Slapsticks, die er mit der Präzision eines Uhrwerks ablaufen lässt.

Blake Edwards begann seine Filmkarriere als Schauspieler in kleinen Nebenrollen. Mehr Erfolg hatte er als

Abb. 105: Blake Edwards (links) mit Peter Sellers am Set von INSPEKTOR CLOUSEAU, DER »BESTE« MANN BEI INTERPOL

Drehbuchautor und Regisseur. Seinen Durchbruch als Regisseur erzielte er mit der Truman Capote-Verfilmung FRÜHSTÜCK BEI TIFFANY (BREAKFAST AT TIFFANY'S, 1961) mit Audrey Hepburn als dem reizendsten Playgirl der Filmgeschichte. DAS GROSSE RENNEN UM DIE WELT (THE GREAT RACE, 1965) war eine Hommage an die Zerstörungsorgien der Slapstick-Ära. Mit →Peter Sellers als in jeder Situation tollpatschigem Inspektor Clouseau erschuf Edwards in der ROSAROTE PANTHER-Serie (THE PINK PANTHER, 1963) eine Slapstick-Serien-Figur, die sich als unverwüstliche Comic-Figur in die menschliche Welt verirrt hat. In der Hollywood-Satire DER PARTYSCHRECK (The Party, 1968) stürzt Peter Sellers mit seinem sprachlosen Talent perfekter Ungeschicklichkeit die feine Schickimickiwelt einer Filmparty ins totale Chaos.

Nach dem Erfolg von ZEHN – DIE TRAUMFRAU (TEN, 1979) über die Männerfantasie von einer traumhaften Schönheit verarbeitete Edwards mit sicherem Gespür für zündende Komik und attraktives Staraufgebot sein Lieblingsthema »die erotische Krise des Mannes« in höchst vergnüglichen Variationen: VICTOR/VIKTORIA (1982), MICKI & MAUDE (1984), SKIN DEEP – MÄNNER HABEN S AUCH NICHT LEICHT (1989). Mit BLIND DATE – VERABREDUNG MIT EINER UNBEKANNTEN (1987) läuft Blake Edwards noch einmal zur Hochform auf. In bedingungsloser Konsequenz führt er vor, wie eine schöne Frau mit Kontrollverlustproblemen nach Alkoholgenuss (Kim Basinger) ihre männliche Verabredung (Bruce Willis) ins Unglück stürzt und aller männlichen Wohlstands-Insignien von Auto, Karriere und Luxus beraubt.

Es ist eine typische Blake Edwards-Spezialität, ein und dieselbe Grundsituation in immer neuen Gagvariationen durchzuspielen, eine komischer als die andere. So münden alle noch so einfallsreichen Stalker-Beobachtungen des Detektivs in VICTOR/VICTORIA, die wahre sexuelle Identität des Travestiestars Julie Andrews in der Intimität ihres Schlafzimmers auszuforschen, stets ergebnislos in peinlichen Missgeschicken. In DAS GROSSE RENNEN RUND UM DIE WELT wenden sich alle Versuche des Technikbastlers →Jack Lemmon, mit immer aufwändigeren Erfindungen und Sabotageakten seinen Rennkonkurrenten Tony Curtis auszustechen, in aberwitziger Konsequenz gegen ihn selbst: unabwendbar wird er immer wieder das Ziel seiner eigenen Attacken. In den ROSAROTER PANTHER-Filmen verfängt sich Peter Sellers dank der zielsicheren Ungeschicklichkeit seiner Fingerfertigkeit regelmäßig in die runden Abgründen einer Globuskugel, die nur zu diesem Zweck im Raum steht. Und jedes Taxi fährt nur vor, damit er es nicht kriegt... Wie Blake Edwards seine Gags zelebriert und in allen Nuancen auskostet, das ist die hohe Schule der Komödientechnik in Vollendung.

Die Komödien:

1958: Urlaubsschein nach Paris (The Perfect Furlough), 1959: Unternehmen Petticoat (Operation Petticoat), 1961: Frühstück bei Tiffany (Breakfast at Tiffany's), 1963: Der rosarote Panther (The Pink Panther), 1964: Ein Schuß im Dunkeln (A Shot in the Dark), 1965: Das große Rennen rund um die Welt (The Great Race), 1966: Was hast du denn im Krieg gemacht, Pappi? (What Did You Do in the War, Daddy?), 1968: Der Partyschreck (The Party), 1975: Der rosarote

Panther kehrt zurück (The Return of the Pink Panther), 1976: Inspektor Clouseau, der »beste« Mann bei Interpol (The Pink Panther Strikes Again), 1978: Inspector Clouseau – Der irre Flic mit dem heißen Blick (Revenge of the Pink Panther), 1979: Zehn – Die Traumfrau (Ten), 1981: S.O.B. – Hollywoods letzter Heuler (S.O.B.), 1982: Victor/Victoria, 1982: Der rosarote Panther wird gejagt (Trail of the Pink Panther) 1983: Der Fluch des rosaroten Panthers (Curse of the Pink Panther), 1983: Frauen waren sein Hobby (The Man Who Loved Women), 1984: Micki & Maude,, 1986: Ärger, nichts als Ärger (A Fine Mess), 1986: That's Life! So ist das Leben (That's Life!), 1987: Blind Date – Verabredung mit einer Unbekannten (Blind Date), 1988: Sunset – Dämmerung in Hollywood (Sunset), 1989: Skin Deep – Männer haben's auch nicht leicht (Skin Deep), 1991: Switch – Die Frau im Manne (Switch), 1993: Der Sohn des rosaroten Panthers (Son of the Pink Panther)

Nora Ephron

(1941 – 2012) Von den vielen erinnerungswürdigen Filmszenen, die Nora Ephron geschrieben oder inszeniert hat, gibt es eine aus HARRY UND SALLY (WHEN HARRY MET SALLY, 1989, Regie: →Rob Reiner), die alle anderen überstrahlt: Meg Ryan simuliert mitten im Restaurant einen sexuellen Höhepunkt, um →Billy Crystal zu beweisen, dass Männer zwischen einem echten und einem vorgespielten weiblichen Orgasmus nicht unterscheiden können. Als Ryan fertig ist, gibt die ältere Frau am Nebentisch bei der Kellnerin eine Bestellung auf: »Ich will genau das, was sie hatte.« Noch heute weist ein Schild in Katz's Deli über dem Tisch, an dem die beiden saßen, darauf hin: »Where Harry met Sally - hope you have what she had«.

Sie galt als eine der einflussreichsten Frauen Hollywoods, die Regisseurin, Drehbuch-Autorin und Produzentin Nora Ephron konnte in ihrer Karriere drei Oscar-Nominierungen vorweisen: für das beste Originaldrehbuch in SCHLAFLOS IN SEATTLE (SLEEPLESS IN SEATTLE, 1993) – wo sie auch Regie führte –, für die romantische Komödie HARRY UND SALLY und für das Drama SILKWOOD (1983, Regie: Mike Nichols), das sie gemeinsam mit Alice Arlen schrieb. Sie stammte aus einer Familie von Autoren. Ihre Eltern Henry und Phoebe Ephron zogen von der Ostküste nach Los Angeles, wo beide Dreh-

Die Kunst der Filmkomödie

Abb. 106: Nora Ephron auf dem Tribeca Film Festival 2010

bücher schrieben. Nora war die älteste von vier Töchtern. Nach ihrem Schulabschluss an der Beverly Hills High School 1958 studierte sie am Wellesley College in Massachusetts. Die Briefe, die sie in dieser Zeit nach Hause schrieb, dienten ihren Eltern als Grundlage für die Komödie IN LIEBE EINE 1 (TAKE HER, SHE'S MINE, 1963, Regie: Henry Koster). Selbstironisch hat sie sich einmal über floppende Drehbücher geäußert, um zwischen Total-Flops und Quasi-Flops zu unterscheiden und den Vorteil hervorzuheben, selbst Regie zu führen, denn wenn der Film dann floppt, gibt es nur einen Schuldigen: Einen selbst. Nach der Schule folgte ein Abschluss in Journalismus, mit Anfang Zwanzig kam die geborene New Yorkerin wieder in ihre Stadt und blieb ihr treu. Zunächst als Hilfskraft bei *Newsweek* ergatterte sie bald die Chance, selbst zu schreiben. Mit wohldosierter Frechheit brachte sie Texte bei Magazinen wie ESQUIRE und im NEW YORK TIMES SUNDAY MAGAZINE unter. Ephron schrieb offen und ohne ein Blatt vor den Mund zu nehmen über Frauen, Beziehungen und das Leben in New York, der Essay *A Few Words About Breasts* (Ein paar Worte über Brüste) machte sie 1972 bekannt.

Mit ihren Drehbüchern eroberte sie in den 1980er Jahren Hollywood, schließlich etablierte sie sich auch als Regisseurin. Bei SCHLAFLOS IN SEATTLE führte Ephron nach dem gefloppten THIS IS MY LIFE (deutscher Titel SHOWTIME, 1992) zum zweiten Mal in ihrer Karriere auch Regie. Auch aus diesem Film ist eine Szene in das kollektive Gedächtnis eingegangen: Noch heute ist es ein beliebtes Klischee, sich auf dem Empire State Building für ein Blind Date zu verabreden. Dort nimmt auch die Beziehung von →Tom Hanks und Meg Ryan ihren Anfang. Ephrons zweiter Film mit dem uramerikanischen Traumpaar Hanks und Ryan hieß E-Mail für Dich, gemeinsam mit ihrer Schwester Delia machte sie sich daran, die Geschichte des →Lubitsch-Klassikers Rendezvous nach Ladenschluss in die Gegenwart des Jahres 1998 zu übertragen. Auch wenn der Film als »Schlaflos im Cyberraum« bespöttelt wurde, erwies sich die Lovestory als zeitlos.

Die Schriftstellerin und Regisseurin legte in ihren Filmen vor allem Wert auf die Gefühle und zwischenmenschlichen Beziehungen ihrer Hauptcharaktere. Sie drehte mit großen Stars, darunter John Travolta (Michael, 1996) und Nicole Kidman (Verliebt in eine Hexe – Bewitched, 2005). Rückblickend stehen die Komödien, die auch als ideale Vorbilder für Fernsehserien wie »Sex and the City« gelten dürfen, im Zentrum von Ephrons Schaffen: Mit den Jahren hat sie ein eigenes Sub-Genre erfunden, den komischen und romantischen Frauenselbstfindungsfilm, meistens einem unendlich freundlichen Männerbild verhaftet. »Die Menschen wollen sich verlieben!«, hat Nora Ephron einmal gesagt und damit nicht nur die Motivation für eine ganze Reihe der besten romantischen Komödien Hollywoods preisgegeben, sondern auch die eigene: das Prinzip Hoffnung. Auch Ephrons letzter Kinoerfolg war eine Komödie: Bei Julie & Julia (2009) führte sie Regie und war Produzentin. Mit der Geschichte über die legendäre Köchin Julia Child nahm Ephron noch mal eine ihrer größten Leidenschaften auf, das Kochen. Denn auch wenn sie sich dem Schema Kinder-Küche-Kirche stets verweigert hatte, gutes Essen war ihr heilig.

Drehbücher:

1978: Ladies mit der weißen Weste (Perfect Gentlemen), 1989: Harry und Sally, 1989: Cookie, 1990: My Blue Heaven, 1991: Ein Vermieter zum Knutschen (The Super), 2000: Aufgelegt (Hanging Up)

Buch und Regie:

1992: Showtime – Hilfe, meine Mama ist ein Star (This Is My Life), 1993: Schlaflos in Seattle (Sleeples in Seattle), 1994: Lifesavers – Die Lebensretter,

1996: Michael, 1998: e-m@il für Dich (You've Got Mail), 2000: Lucky Numbers (Mixed Nuts), 2005: Verliebt in eine Hexe (Bewitched), 2009: Julia & Julia

Marco Ferreri

Abb. 107: Marco Ferreri beim Festival von Cannes 1991

(1928 – 1998) Mit seinen aggressiven Filmsatiren hat Marco Ferreri immer wieder Kritik und Publikum provoziert. Am nachhaltigsten gelang ihm das mit dem Film DAS GROSSE FRESSEN (LA GRANDE BOUFFE, 1973), in dem sich vier übersättigte Wohlstandsbürger in einem grotesken rituellen Akt zu Tode saufen, essen und ficken. Deutlicher lässt sich die Abbildung einer dekadenten und genusssüchtigen Gesellschaft, die jeden Hang zur Realität und jede Hemmung verloren hat, nicht darstellen. Sex und Geist, Tod und Leben, Männlichkeitswahn und der Mythos der Weiblichkeit – das sind die immer wieder kehrenden Themenkonstanten im Lebenswerk vom Marco Ferreri, der seine gesellschaftskritischen Ambitionen in makabre und zynische Filmfabeln umsetzt.

Erste Erfahrungen mit dem Filmgeschäft gewann er beim Drehen von Werbefilmen und bei der Produktionsmitarbeit der Filme von Alberto Lattuada und Cesar Lavattini. Seine ersten beiden, in Spanien gedrehten Filme DIE KLEINE WOHNUNG und DER ROLLSTUHL offenbarten schon das Talent vom Marco Ferreri zur grotesken Sozialsatire, die mit bitterem Galgenhumor gesellschaftliche Missstände kritisiert und ad absurdum führt. In DIE KLEINE WOHNUNG (EL PISITO, 1959) heiratet ein kleiner Angestellter auf Betreiben seiner Verlobten eine Greisin, weil es die einzige Chance darstellt, je zu einer eigenen Wohnung zu gelangen. Und in DER ROLLSTUHL (EL COCHECITO, 1960) vergiftet ein Behinderter systematisch seine hartherzige Familie, um einen Rollstuhl zu bekommen.

Mit der gleichen satirischen Schärfe analysiert Marco Ferreri in seinen italienischen Filmen die Beziehung von Mann und Frau im gesellschaftlichen Leben, wobei er angesichts der angehenden weiblichen Emanzipation die Dominanz des Mannes in Frage stellt. In DIE BIENENKÖNIGIN (UNA STORIA MODERNA: L'APE REGINA, 1963) wird der Ehemann auf die Funktion eines Bienendrohns reduziert: erst von seiner unersättlichen Ehefrau ausgesaugt und dann abgewiesen, als sie schwanger wird und in ihrer neuen Mutterrolle aufgeht. In DIE LETZTE FRAU (L'ULTIMA DONNA, 1976) und AFFENTRAUM (CIAO MASCHIO, 1978) reagiert der Mann – in beiden Filmen Gérard Depardieu – auf das Dilemma der unmöglichen Beziehung der Geschlechter mit extrem selbstzerstörerischen Handlungen: von den Frauen ausgegrenzt und auf seine Sexualität begrenzt, kastriert er sich selbst in DIE LETZTE FRAU; in AFFENTRAUM konzentriert sich seine Liebe auf ein Affenbaby, das er als sein Kind ausgibt. Auch in seinen nächsten Filmen variiert Ferreri sein Dauerthema vom Untergang des Patriarchats und der Überlegenheit der Frau: DIE GESCHICHTE DER PIERA (STORIA DI PIERA, 1982) und DIE ZUKUNFT HEISST FRAU (IL FUTURO È DONNA, 1984). Die Kurzgeschichtensammlung von Charles Bukowski *Erections, Exhibtions and General Tales of Ordinary Madness*, deren Titel exakt das filmische Oevre von Marco Ferreri umschreibt, inspirierte den Meister erotischer Subversion zu GANZ NORMAL VERRÜCKT (STORIE DI ORDINARIA FOLLIA, 1981)

Mit CARNE – FLEISCH (1991) unternimmt Ferreri eine Demontage des Weiblichkeitsmythos. In einer grellen Farce demaskiert er die nur auf sexuelle Begierden ausgelegte Beziehung zwischen einem Barpianisten und einem Flittchen, das dem Mann zuerst als Erfüllung all seiner erotischen Wunschträume erscheint, bis sie ihm nur noch als Dauerbelastung erscheint. Als sie schwanger wird und eigene Wege geht, tötet und verspeist er sie. Was als Erfüllung aller Liebessehnsüchte beginnt, endet im grotesken Ritus des Kannibalismus. Je weiter Ferreri sich in die Abgründe sensationeller Abartigkeiten vertiefte, desto weniger vermochten Kritik und Publikum seinen filmischen Provokationen folgen.

Mit HAUS DER FREUDEN (LA CASA DEL SORRISO, 1988) erzielte Ferreri noch einmal einen Achtungserfolg, der ihm den Goldenen Bären der Berliner Filmfestspiele 1991 als bester Film bescherte. Seine Grundthemen Liebe und Sexualität, Tod und Leben bestimmen auch diesen Film, aber sie erscheinen gefiltert durch die Abgeklärtheit der Altersmilde, mit der er der Darstellung der Liebe zwischen zwei Menschen im Altersheim Raum gibt.

Die Filme:

1959: Die kleine Wohnung (El pisito), 1959: Los chicos, 1960: Der Rollstuhl (El cochecito), 1961: Die Italienerin und die Liebe (Le Italiane e l'amore) - eine Episode, 1963: Die Bienenkönigin (Una storia moderna – l'ape regina), 1968: Dillinger ist tot (Dillinger è morto), 1971: Die Audienz (L'udienza), 1972: Allein mit Giorgio (Liza), 1973: Das große Fressen (La grande bouffe), 1974: Berühre nicht die weiße Frau (Touche pas à la femme blanche), 1976: Die letzte Frau (L'ultima donna), 1978: Affentraum (Ciao maschio), 1979: Mein Asyl (Chiedo asilo), 1981: Ganz normal verrückt (Storie di ordinaria follia), 1982: Die Geschichte der Piera (Storia di Piera), 1984: Die Zukunft heißt Frau (Il fututo è donna), 1988: Haus der Freuden (La casa del sorriso), 1991: Carne – Fleisch (La carne)

Miloš Forman

(*1932) Mit dem Oscar-prämierten Kinohit EINER FLOG ÜBER DAS KUCKUCKSNEST (ONE FLEW OVER THE CUCKOO'S NEST, 1975) gelingt dem in die USA emigrierten tschechischen Regisseur Miloš Forman der Durchbruch – ein Welterfolg, den er mit AMADEUS (1984) noch einmal übertrumpfen konnte. Unangepasste Außenseiter, die sich dem Konformitätsdruck der Gesellschaft widersetzen, sind immer wieder die Hauptfiguren in den Filmen von Miloš Forman, sei es der sich den strikten Anstaltsregeln einer Irrenanstalt widersetzende Unruhestifter Jack Nicholson oder das Musikgenie Mozart, das mit dem obszön-kindischen Gehabe eines unreifen Kindes an der höfischen Welt aneckt, sei es der Pornoverleger Larry Flint, der in einer Dauerfehde mit der amerikanischen Justiz für die Pressefreiheit kämpft (LARRY FLINT – DIE NACKTE WAHRHEIT – THE PEOPLE VS. LARRY FLINT, 1996) oder der Komiker Andy Kaufman, der mit seinem Anarchohumor die Fernsehnation schockt: DER MONDMANN (MAN ON THE MOON, 1999). Mit dieser Grundthematik des Individuums, der mit seinem Eigensinn an der Gesellschaft scheitert, hatte Miloš Forman sich schon mit seinen frühen tschechischen Filmen in einem grundsätzlichen Widerspruch zur Parteidoktrin des Kommunismus befunden, was ihnen offiziellen Tadel und Verbot einbrachte.

Abb. 108: Miloš Forman auf dem Zurich Film Festival 2010

Formans Interesse für unangepasste Helden resultiert wohl aus den düsteren Erfahrungen seiner Kindheit. Er musste mit ansehen, wie seine Eltern durch die Gestapo verhaftet wurden. Beide starben im KZ. Er lebte bei Verwandten und Freunden, kam auf ein Internat und studierte an der Prager Filmhochschule FAMU. In seinem ersten Spielfilm DER SCHWARZE PETER (ČERNÝ PETR, 1963) demonstrierte Forman mit beißendem Humor die Abscheu eines Ladendetektivs vor den Erfordernissen seines Berufs. Eine alte Frau, die er beim Ladendiebstahl erwischt, lässt er laufen. Die romantischen Träume einer Fabrikarbeiterin von der großen Liebe, von Heirat und Familie konfrontierte Forman in DIE LIEBE EINER BLONDINE (LÁSKY JEDNÉ PLAVOVLÁSKY, 1965) mit der ernüchternden Wirklichkeit. Formans gnadenloser Blick für die unfreiwillige Komik aufgeblasener Verhaltensweisen und die Lächerlichkeit spießbürgerlicher Rituale findet seinen wirkungsvollsten Ausdruck in der Schilderung eines Feuerwehrballs, der in ein totale Chaos mündet: DER FEUERWEHRBALL / ANUSCHKA, ES BRENNT, MEIN SCHATZ (HOŘÍ, MÁ panenko, 1967). Eine urkomische Provinzposse, in der ein Schönheitswettbewerb eine Peinlichkeit an die andere reiht, alle Tombolapreise systematisch gestohlen werden und die Feuerwehr beim Hausbrand erst erscheint, als nur noch die Grundmauern übrig sind. Nur die Zensoren konnten nicht lachen, da sie im Feuerwehrball – nicht zu Unrecht – eine politische Allegorie auf das sozialistische System sahen.

In all diesen Filmen zeichnete Forman ein detailliert komisches Bild vom sozialistischen Leben, das die Komik aus der Monotonie des Alltags herausfiltert und im Spiel von Laiendarstellern realistische Glaubwürdigkeit erhält. Eine Technik, die er auch in seinem ersten amerikanischen Film humorvoll demonstrierte: Taking Off (1971). Auf der Suche nach ihrer verschwundenen Tochter, die heimlich zu einem Casting-Wettbewerb aufgebrochen ist, versuchen die besorgten Eltern im »Club verwaister Eltern« in die Vorstellungswelt ihrer Kinder einzutauchen und lernen unter der Anleitung eines Profis Hasch zu rauchen. Forman konfrontiert die grotesken Singversuche der jugendlichen Casting-Bewerber mit den absurden Suchbemühungen der Erwachsenen, und jeder blamiert sich so gut wie er kann.

Wie das Tragische und das Komische, das Groteske und Politische nahtlos ineinander übergehen, das bestimmt die einzigartige Inszenierungskunst von Miloš Forman und ist Kennzeichen all seiner Filme.

Die Komödien:

1963: Der schwarze Peter (Černý Petr), 1965: Die Liebe einer Blondine (Lásky jedné plavovlásky), 1967: Der Feuerwehrball (Hoří, má panenko), 1971: Taking Off, 1975: Einer flog über das Kuckucksnest (One Flew Over the Cuckoo's Nest), 1979: Hair 1984: Amadeus, 1989: Valmont, 1996: Larry Flynt – Die nackte Wahrheit (The People vs. Larry Flynt), 1999: Der Mondmann (Man on the Moon)

Melvin Frank, Norman Panama

Melvin Frank (1913 – 1988) und Norman Panama (1914 – 2003) freundeten sich während ihrer Studiums in Chicago an. Als Duo schrieben sie Theaterstücke und Broadway-Shows, bevor sie als Drehbuchautoren ins Filmgeschäft einstiegen. Mit dem Komikerstar →Danny Kaye drehten sie als Regie-Tandem ihre besten gemeinsamen Filme: DIE LACHBOMBE und DER HOFNARR, schrieben das Drehbuch für WHITE CHRISTMAS. In der LACHBOMBE (KNOCK ON WOOD, 1954) hat Danny Kaye eine Bombenrolle als Bauchredner, dessen Puppen ein störrisches Ei-

Abb. 109: Norman Panama und Melvin Frank mit Danny Kaye (links) und Glynis Johns am Set von DER HOFNARR

genleben führen und in ihrem Inneren feindliche Spionagepläne transportieren. Als von Geheimdiensten und Polizei verfolgter Bauchredner kann Kaye sein clowneskes Talentent voll entfalten und rettet sich mit der Hyperaktivität eines wild gewordenen Hampelmanns aus allen Gefahren. Wie die LACHBOMBE den Spionagefilm verulkt, so parodiert DER HOFNARR (THE COURT JESTER, 1955) das Genre des Ritterfilms mit einem Feuerwerk komischer Gags, die all die Degenkämpfe und Schwertduelle, den Heldenglanz und die Kriegerrituale mittelalterlicher Abenteuerfilme der Lächerlichkeit preisgeben.

Nachdem sich in den 1960er Jahren ihre Wege trennten, gelangen Melvin Frank weiter bemerkenswerte Komödien, die sich durch burleske Komik und pointenreiche Dialoge auszeichnen. Die Starkomödie FREMDE BETTGESELLEN (STRANGE BEDFELLOWS, 1965) vereint Rock Hudson und Gina Lollobrigida zum intimen Bettgeflüster. Die Liebesromanze MANN, BIST DU KLASSE (TOUCH OF CLASS, 1973) schildert die Leiden eines Mannes, der dem Doppelleben-Stress als Ehemann und Liebhaber nicht gewachsen ist. In der Großstadt-Satire DAS NERVENBÜNDEL (THE PRISONER OF SECOND AVENUE, 1975) bietet →Jack Lemmon eine tragikomische Glanzleistung als vom Nervenzusammenbruch bedrohter Stadtneurotiker.

Gemeinsame Filme:

1953: Die Lachbombe (Knock on Wood), 1955: Der Hofnarr (The Court Jester), 1956: Ich heirate meine Frau (That certain Feeling)

Melvin Frank:

Drehbuch:

1945: Der Weg nach Utopia (Road to Utopia), 1948: Nur meiner Frau zuliebe (Mr. Blandings Builds His Dream House), 1954: Weiße Weihnachten (White Christmas), 1960: So eine Affäre (The Facts of Life), 1961: Der Weg nach Hongkong (Road to Hongkong), 1966: Toll trieben es die alten Römer (A Funny Thing Happened on the Way to the Forum)

Regie:

1956: Ich heirate meine Frau (That Certain Feeling), 1965: Fremde Bettgesellen (Strange Bedfellows), 1973: Mann, bist du Klasse! (A Touch of Class), 1975: Das Nervenbündel (The Prisoner of Second Avenue), 1976: Wer schluckt schon gern blaue Bohnen? (The Duchess and the Dirtwater Fox)

Norman Panama:

Drehbuch:

1945: Der Weg nach Utopia (Road to Utopia), 1948: Nur meiner Frau zuliebe (Mr. Blandings Builds his Dream house), 1954: Weiße Weihnachten (White Christmas),

Drehbuch, Regie:

1961: Der Weg nach Hongkong (Road to Hongkong), 1966: Finger weg von meiner Frau (Not With My Wife You Don't)

Stephen Frears

(*1941) »Ich mache fröhliche Filme, weil ich das Elend nicht mehr sehen kann.« So lautet das Credo von Stephen Frears. Als Sohn einer Sozialarbeiterin hat er sein soziales Bewusstsein für das, was schief läuft im damaligen Thatcher-England, in seinen frühen Filmen deutlich artikuliert. Über das Theater, dem Royal Court Theatre, wo auf der Bühne die aktuellen Gegenwartsdramen der »zornigen jungen Männer« wie Joe Orton oder John Osborne Furore machten und mit ihrem Realismus die »Free Cinema«-Bewegung inspirierten, kam er mit den führenden Schauspielern und Regisseuren der 1970er Jahre in Kontakt, mit Albert Finney, Lindsay Anderson, Karel Reisz und Ken Loach. Er wurde Regie-Assistent und inszenierte erste Fernsehfilme für die BBC.

Abb. 110: Stephen Frears 1989

Nachdem sein Filmdebüt AUF LEISEN SOHLEN (GUMSHOE, 1972) – einer Parodie auf die amerikanischen Filme der »Schwarzen Serie« mit Albert Finney als englische Ausgabe des amerikanischen Privatdetektivs Sam Spade – sich an der Kinokasse als Flop erwies, war es ein Fernsehfilm, der ins Kino kam und ihn über Nacht berühmt machte: MEIN WUNDERBARER WASCHSALON (MY BEAUTIFUL LAUNDRETTE, 1985). In einer vielschichtigen Handlung bündelt Frears in den Schicksalen verschiedener Menschen die brennenden Probleme in der Londoner Gesellschaft der Thatcher-Ära: Arbeitslosigkeit, Immigrantenthematik, Fremdenhass, Drogenhandel, gesellschaftliche Vorurteile und die Ächtung der Homosexualität. Mit feiner Ironie und leisem Humor überhöht Frears die schwule Liebesgeschichte zwischen einem aufstrebenden Pakistani und einem jungen Arbeitslosen zum lebendigen, farbenfrohen Plädoyer für eine freiere und tolerantere Welt. Wie eine Fortsetzung mit anderen Paarungen, aber gleichen Problemen wirkt SAMMY UND ROSIE TUN ES (SAMMY AND ROSIE GET LAID, 1987). Wieder geht es um ein pakistanisch-britisches Liebespaar, um Toleranz und sexuelle Freiheit als Ausdruck antibürgerlichen Protests und als Bindung über alle Rassen- und Klassengrenzen hinweg. Die Authentizität des Geschehens ist dem Drehbuchautor Hanef Kureishi zuzuschreiben, der als in London lebender Pakistani wusste, worüber er schrieb. Die filmische Biographie des englischen Dramatikers Joe Orton, der von seinem Liebhaber getötet wurde (PRICK UP YOUR EARS, 1987), bildet den Abschluss von Frears London-Trilogie.

Bei der engen Verbindung der amerikanischen und der englischen Filmindustrie war es nur eine Frage der Zeit, bis Hollywood lockte. Doch gerade bei Stephen Frears, der mit seinen frechen, hintergründigen und grotesk-komischen Filmen gegen die Thatcher-Gesellschaft revoltierte, fiel es schwer, sich ihn als glamourösen Hollywood-Regisseur vorzustellen. War die Literaturverfilmung GEFÄHRLICHE LIEBSCHAFTEN (DANGEROUS LIAISONS, 1988) vom Stoff her noch europäisch, so waren der moderne Western HI-LO COUNTRY (1998), der Jim Thompson-Thriller GRIFTERS (1990), das Dustin Hoffman-Vehikel EIN GANZ NORMALER HELD (HERO, 1992) und die Jekyll- und Hyde-Geschichte MARY REILLY (1996) uramerikanische Themen- und Genrevariationen, denen Frears neue Facetten abgewann.

Mit zwei Verfilmungen aus der Roman-Trilogie *Barrytown* von Roddy Doyle kehrte Frears in den proletarischen Alltag Großbritanniens zurück. THE SNAPPER (1993) und FISH AND SHIPS (The Van, 1996) sind realistische Milieustudien, deren Komik aus der genauen Beobachtung seiner skurrilen Figuren entsteht. Im erzkatholischen Irland der 1980er Jahre ist es ein Skandal, wenn eine unverheiratete Frau ein Kind erwartet. Das ist die Grundproblematik in THE SNAPPER, die bei allem Hin-und-Her-Gerissensein zwischen Verzweiflung, Wut und Freude heiter gelöst wird. In FISH AND SHIPS droht die Freundschaft zwischen zwei Familienvätern am Konkurrenzkampf um den gemeinsam erworbenen Imbisswagen zu zerbrechen. Doch in beiden Filmen siegt der Zusammenhalt von Familie und Freundschaft über gegenseitige Probleme und finanzielle Zwänge. Durch die Darstellung von John Cusack, der in seinem altmodischem Plattenladen über seine Existenz und sein verpfuschtes Liebesleben philosophiert, gewinnt die Verfilmung des Romans von Nick Hornby HIGH FIDELITY (2000) eine über den Ernst des Lebens schwebende Leichtigkeit: das Porträt eines Mannes, der nicht erwachsen werden kann.

In seinen folgenden Filmkomödien durchstreift Frears unterschiedliche Zeiten und Epochen. LADY HENDERSON PRÄSENTIERT (MRS. HENDERSON PRESENTS, 2005) wirft einen nostalgischen Blick auf die nicht immer glänzende Vergangenheit eines berühmten Revue-Theaters in Soho, das als erstes Theater eine Nacktrevue bot und im Krieg zum Ort des Widerstands wird. Nach THE QUEEN (2006) wird die Schauspielerin Helen Mirren ewig mit dem Bild von Königin Elisabeth verbunden sein, so majestätisch in jedem Blick und würdevoll in jeder Geste vereinnahmt sie in totaler Anverwandlung die Persönlichkeit einer Frau, deren Verletzlichkeit und Menschlichkeit unter dem Prinzip des Protokolls zu verschütten droht. »Aus einem undurchschaubaren Wesen macht sie einen Menschen, so kühl wie liebenswert.« (Der Spiegel). Unbefangen spekuliert der Film darüber, wie es wohl zugegangen sein mag am königlichen Hof, als Prinzessin Diana starb und das öffentliche Queen-Image als Übermutter der Nation an ihrer scheinbaren Teilnahmslosigkeit zu verblassen drohte.

Frears elegant in Schönheit und Kostümen schwelgende Verfilmung des Colette-Romans CHÉRI – EINE KOMÖDIE DER EITELKEITEN (2009) knüpft mit ihren geschliffenen Dialogen an seinen Welterfolg GEFÄHRLICHE LIEBSCHAFTEN an: ein raffiniertes Liebesduell zwischen einem vom Luxusleben verdorbenen Jüngling und einer sechs Jahre älteren Kurtisane, die Liebe will und nicht Geld. »Reifere Frauen geben die besseren Geschichten ab. Und die besseren Filme.« resümiert die *Süddeutsche Zeitung*. In der skurrilen Provinzkomödie IMMER DRAMA UM TAMARA (TAMARA DREWE, 2010) zeigt Frears, was so alles hinter der harmlosen Oberfläche des heilen Lebens in der ländlichen Provinz schlummert. Die Rückkehr der schönen Tamara bringt Schwung in ein verschlafenes Dorfnest und lässt die bürgerliche Fassade der Wohlanständigkeit zerplatzen. Ungelebte Sehnsüchte, geplatzte Lebensträume und entgleiste Ambitionen tauen auf und geben den Blick frei auf eine Gemeinde lüsterner Herren, unbefriedigter Hausfrauen, vernachlässigter Teenager und verklemmter Intellektueller. Mit seiner Spieler- und Zocker-Komödie LADY VEGAS (2012) kann Frears allerdings nicht an das künstlerische Niveau und die humorvolle Vergnüglichkeit seiner vorherigen Filme anknüpfen. Doch mit PHILOMENA (2013) findet Frears in der perfekten Balance von Tragik und Komik wieder zur Hochform seiner besten Filme zurück. James Bond-Ikone Judie Dench spielt eine Frau, die sich im hohen Alter auf die Suche nach ihrem Sohn begibt, der ihr einst im erzkatholischen Irland als uneheliches Kind weggenommen wurde.

Die Filme:

1972: Auf Leisen Sohlen (Gumshoe), 1985: Mein wunderbarer Waschsalon (My Beautiful Laundrette), 1987: Das stürmische Leben des Joe Orton (Prick Up your Ears), 1987: Sammy und Rosie tun es (Sammy and Rosie Get Laid), 1988: Gefährliche Liebschaften (Dangerous Liaisons), 1992: Ein ganz normaler Held (Hero), 1993: The Snapper – Hilfe, ein Baby (The Snapper), 1996: Fisch & Chips (The Van), 2000: High Fidelity, 2002: Kleine schmutzige Tricks (Dirty Pretty Things), 2005: Lady Henderson präsentiert (Mrs. Henderson Presents), 2006: Die Queen (The Queen), 2009: Chéri-Eine Komödie der Eitelkeiten (Chéri) 2010: Immer Drama um Tamara (Tamara Drewe), 2012: Lady Vegas (Lay the Favorite), 2014: Philomena

Terry Gilliam

(*1940) Der Amerikaner im britischen Comedy-Team →Monty Python, verantwortlich für die absurd-grotesken Animationseinschübe, begann seine eigene Regiekarriere, um seine überschäumende Fantasie in faszinierende Bilderwelten zwischen Traum und Wirklichkeit umzusetzen. Dabei kennt er kein Maß, was zum Vorwurf führt, er bringe zuviel und zu Verschiedenes in einem Film unter. Bitterer Ernst schlägt bruchlos in Komik um, das Grausame geht fugenlos ins Groteske über. »Von Begriffen wie guter oder schlechter Geschmack habe ich nie viel gehalten. Ich habe es immer vorgezogen, alles aus anderen Blickwinkeln zu betrachten«, bekennt Terry Gilliam, und das ist es ja auch, was seine Filme so einzigartig und faszinierend macht.

Abb. 111: Terry Gilliam 2006

Sein erster Film in Alleinregie JABBERWOCKY (1977) verpflichtete das halbe Monty Python-Team für eine Satire auf das Mittelalter, die mit aktuellen Bezügen zur Gegenwart einen Bogen schlägt zur Geschäftemacherei von heute und zur Angst als Motor für Macht und Bereicherung. Denn angesichts des drachenartigen Monsters Jabberwocky lässt es sich gut an den Opfern verdienen. In TIME BANDITS (1981) flüchtet ein Junge aus seinem Elternhaus in eine Traumreise durch Raum und Zeit, wo er legendären Helden der Geschichte Agamemnon, Robin Hood, Napoleon begegnet und zum Schluss auf der sinkenden Titanic landet. Das Herstellungsjahr 1984 von

BRAZIL lässt diesen Film als die zeitnahe Filmumsetzung des berühmten Romans von Georg Orwell erscheinen. In der Diktatur eines Überwachungsstaats wird ein kleiner Beamter durch einen Tippfehler zum verfolgten Staatsfeind. Die Ohmacht des Einzelnen in einer anonymen Bürokratie visualisiert Gilliam in klaustrophischen Stadtbildern, die an METROPOLIS und BLADE RUNNER erinnern. In seiner Version des Lügenbarons Münchhausen – DIE ABENTEUER DES BARON MÜNCHHAUSEN (THE ADVENTURES OF THE BARON MÜNCHHAUSEN, 1988) – schüttet Gilliam in einem beeindruckenden Spektakel ein Füllhorn von Einfällen über den verwirrten Zuschauer aus und kennt in der Maßlosigkeit seiner Trick- und Schauwerte keine Grenzen. Wie der Ritter, der in TIME BANDITS aus dem Wandschrank galoppiert, oder der Samuraikrieger, der in BRAZIL aus dem Untergrund auftaucht, so bricht auch in KÖNIG DER FISCHER (1991) ein Ritter mit Schwert und Pferd in der Gegenwart New Yorks ein und nistet sich als Schreckgestalt unbewältigter Konflikte in das Dasein eines Mannes, der den Tod seiner Frau nicht vergessen kann und als Penner dahin vegetiert. Mit märchenhaftem Humor und skurrilen Figuren entwickelt Gilliam eine menschlich berührende Geschichte über Schuld und Erlösung, Freundschaft und Liebe. Wie schon in BRAZIL zeigt Gilliam in 12 MONKEYS (1995) ein verstörendes und visuell opulentes Zukunftsszenario, das die Probleme der Gegenwart auf fantastische Weise erhöht. Die fünfundzwanzigminütige Vorlage des Kurzfilms AM RAND DES ROLLFELDS (LA JETÉE, 1962) von Chris Marker über die Expedition eines Mannes in die Vergangenheit, um dort einen Mord zu verhindern, hat Gilliam zu einem zweieinhalbstündigen apokalyptischen Fiebertraum ausgewalzt. Wer wäre besser geeignet als Terry Gilliam, dieser Meister des innovativen und fantasievollen Kinos, den legendären Drogenroman von Hunter S. Thompson FEAR AND LOATHING IN LAS VEGAS (1998) in Bilder umzusetzen, welche die Drogenexzesse der Filmjunkies Johnny Depp und Benicio del Toro in rauschhafte und bizarre Visionen bannen? Dagegen wirkt seine Kinoversion der Märchenwelt der Brüder Grimm BROTHERS GRIMM (2005) fast normal. Natürlich ging es ihm bei der Bebilderung märchenhafter Motive auch ums Spektakel, aber aus den trockenen Wissenschaftlern und Märchensammlern Actionhelden zu machen, überfordert die Glaubwürdigkeit der Geschichte, die zwischen verspielten Märchenanspielungen, skurrilen Figuren und Schauermär keine klare Linie findet. Als Mischung aus *Alice im Wunderland* und Psycho hat Gilliam seinen Film Tideland (2005) bezeichnet, der in verstörenden Bildern die Erlebniswelt eines jungen Mädchens schildert, das allein auf sich gestellt in Traumwelten lebt und sich der Wirklichkeit verweigert. Der Tod von Heath Ledger platzte mitten in die Dreharbeiten von Das Kabinett des Dr. Parnassus (The Imaginarium of Dr. Parnassus, 2009). Doch Gilliam rettet den halbfertigen Film mit der genialen Idee, die noch nicht gedrehten Filmszenen, in denen sich Heath Ledger im Zauberspiegel des Dr. Parnassus verwandelt und in Parallelwelten eintaucht, von drei anderen Darstellern spielen zu lassen, von Jude Law, Johnny Depp und Colin Farrell. Was nur als Notlösung erschien, entpuppt sich als der besondere Clou eines Films von einer künstlerischen Extravaganz, wie sie heute selten geworden ist im Kino. So entging dieser Film dem Schicksal seiner spektakulär gescheiterten *Don Quichote*-Verfilmung. In seinem jüngsten Film The Zero Theorem (2013) setzt er Christoph Waltz erneut dystopischen Welten, der Ununterscheidbarkeit von Wirklichkeit und Fantasie und der Suche nach dem Sinn des Lebens aus.

Regie, Drehbuch, Darsteller:

1975: Die Ritter der Kokosnuß (Monty Python And the Holy Grail), 1977: Jabberwocky, 1983: Der Sinn des Lebens (The Meaning of Life) – Episode Animationsfilm

Drehbuch, Darsteller:

1979: Das Leben des Brian (The Life of Brian)

Drehbuch, Regie:

1981: Time Bandits, 1985: Brazil, 1988: Die Abenteuer des Baron Münchhausen (The Adventures of Baron Münchhausen), 1998: Fear and Loathing in Las Vegas, 2005: Tideland, 2009: Das Kabinett des Dr. Parnassus (The Imaginarium of Dr. Parnassus)

Regie:

1991: König der Fischer (The Fisher King), 1995: 12 Monkeys, 2005: The Brothers Grimm, 2013: The Zero Theorem

Darsteller:

1985: Spione wie wir, 2002: Lost in La Mancha

Howard Hawks

Abb. 112: Howard Hawks am Set von HATARI!

(1896 – 1977) Howard Hawks ist eine der gefeierten Ikonen des Actionkinos. In seinen Komödien haben als ironische Umkehrung seiner Abenteuer-, Western- und Krimifilme (TOTE SCHLAFEN FEST, RED RIVER, RIO BRAVO) nicht die Männer, sondern die Frauen das Sagen. Sie dominieren eindeutig im Geschlechterkampf: In LEOPARDEN KÜSST MAN NICHT (BRINGING UP BABY, 1938) stürzt Katharine Hepburn den verschrobenen Dinosaurierforscher →Cary Grant von einem Chaos ins nächste, bis er ihrem Charme erliegt. Nicht anders ergeht es dem Sprachforscher Gary Cooper in DIE MERKWÜRDIGE ZÄHMUNG DER GANGSTERBRAUT SUGARPUSS (BALL OF FIRE, 1941), als er die Slangsprache der Titelheldin (Barbara Stanwyck) studieren will. In ICH WAR EINE MÄNNLICHE KRIEGSBRAUT (I WAS A MALE WAR BRIDE, 1949) verliert Cary Grant nicht nur alle männliche Würden, sondern auch seine geschlechtliche Identität. Für seine Verfilmung des Theaterstücks *Front Page*, das später von →Billy Wilder mit →Jack Lemmon und →Walter Matthau als EXTRABLATT neu herauskam, schrieb Hawks bei SEIN MÄDCHEN FÜR BESONDERE FÄLLE (HIS GIRL FRIDAY, 1940) die Männerrolle des Reporters zur Frauenrolle um, damit der Zweikampf zwischen Chef (Cary Grant) und Reporterin (Rosalind Russell) zum Geschlechterkampf wurde.

Die beiden Sexbomben der 1950er Jahre, Marilyn Monroe und Jane Russell, sind das Zielobjekt männlicher Begierden in BLONDINEN BEVORZUGT (GENTLEMEN PREFER BLONDES, 1953). Während Marilyn Monroe in ihrer naiven Sorglosigkeit nur das große Geld sucht, findet die schlagfertige Jane Russell auch den passenden Mann. Wenn sich Rock Hudson in EIN GOLDFISCH AN DER LEINE (MEN'S FAVORITE SPORT, 1964) am Angelsport versucht, so deutet schon der amerikanische Originaltitel an, dass mit des Mannes Lieblingssport eigentlich etwas ganz anderes gemeint ist. Aber das muss ihm erstmal eine Frau klar machen.

Howard Hawks' Komödien sind schneller im Erzähltempo als alle anderen Filme des Genres. Hawks sprach von einer 20prozentigen Temposteigerung. Seine präzise Inszenierungsweise, in der kein Bild zu viel und keine Szene zu lang ist; sein Verzicht auf überflüssige Kameramätzchen; seine lakonisch-leichte Erzählweise, die fast kunstlos wirkt und doch mit wenigen Bildern und Worten Szenen umreißt und Personen charakterisiert; das halsbrecherische Tempo seiner Dialoge – all das sind unverkennbare Zeichen seines unverwechselbaren Inszenierungsstils.

Die Komödien:

1934: Napoleon vom Broadway (Twentieth Century), 1938: Leoparden küßt man nicht (Bringing Up Baby), 1940: Sein Mädchen für besondere Fälle (His Girl Friday), 1941: Die merkwürdige Zähmung der Gangsterbraut Sugarpuss (Ball of Fire,) 1949: Ich war eine männliche Kriegsbraut (I Was a Male War Bride), 1952: Liebling, ich werde jünger (Monkey Business), 1953: Blondinen bevorzugt (Gentlemen Prefer Blondes), 1962: Hatari!, 1964: Ein Goldfisch an der Leine (Man's Favorite Sport?)

Kurt Hoffmann

Abb. 113: Kurt Hoffmann

(1910 – 2001) »Film ist für mich optisch musikalische Komposition« sagte er einmal: »Wo Menschlichkeit und Ironie sich berühren, wo Heiterkeit und Zärtlichkeit sich finden, da beginnt mein weites Feld.« Wie kein anderer hat Kurt Hoffmann das Bild der deutschen Filmkomödie in den 1950er und 1960er Jahren bestimmt. Das Niveau seiner Filme wurde gewährt durch die Dialogkunst seiner Drehbücher, für die er sich die Mitarbeit von Meistern der leichten Muse sicherte: Erich Kästner, →Curt Goetz und dem Berliner Kabarettisten Günter Neumann. Seine Regiekarriere war eng verbunden mit den beiden Hauptstars der deutschen Filmkomödie: →Heinz Rühmann und Liselotte Pulver, die er entdeckt hatte. Mit Rühmann drehte er seinen ersten Film PARADIES DER JUNGGESELLEN (1939) und seinen ersten großen Kinohit QUAX DER BRUCHPILOT (1941). In HURRA! ICH BIN PAPA (1939) und ICH VERTRAUE DIR MEINE FRAU AN (1943) verfestigt sich Rühmanns Image vom gewitzten Trottel – also das exakte Gegenteil vom Männerbild des Nationalsozialismus.

Als man nach dem Krieg begann, deutsche Synchronfassungen herzustellen, bemühte sich Kurt Hoffmann, aus der Not eine Tugend zu machen: gute Sprecher auszusuchen, die dem Charakter der originalen Schauspieler möglichst nahe kommen. So stellte er deutsche Sprachversionen von amerikanischen Filmen her: DAS LIED DER BERNADETTE mit Jennifer Jones, →Ernst Lubitschs RENDEZVOUS NACH LADENSCHLUSS mit James Stewart, DAS HAUS DER LADY ALQUIST mit Ingrid Bergman und viele andere. Durch ihre spritzigen und witzig gepfefferten Dialoge hoben sich seine ersten Filmkomödien nach dem Krieg Taxi-Kitty (1950), Fanfaren der Liebe (1951) und Klettermaxe (1952) – erstmals besetzte er hier Liselotte Pulver – vom spießigen Zeitgeist der Adenauer-Ära ab. Auch seine beiden Erich Kästner-Verfilmungen Das fliegende Klassenzimmer (1954) und Drei Männer im Schnee (1955) trafen den intelligenten Humor und liberalen Geist der literarischen Vorlage. Im gleichen Jahr schuf Hoffmann mit Ich denke oft an Piroschka seine schönste Komödie, erfüllt vom burschikosen Reiz des ungarischen Naturkinds Liselotte Pulver und schwärmerischer Liebessehnsucht. In Zusammenarbeit mit Monika Mann gelang ihm eine elegante Verfilmung von Thomas Manns Bekenntnisse des Hochstaplers Felix Krull (1957), der von Horst Buchholz mit verführerischem Charme und aufschneiderischer Eloquenz verkörpert wird. Weitere Literaturverfilmungen von unterschiedlicher Qualität waren Die Ehe des Herrn Mississippi (1961) nach Friedrich Dürrenmatt, Schloss Gripsholm (1963) und Rheinsberg (1967) nach Kurt Tucholsky.

Seinen größten Erfolg erzielte Hoffmann mit der romantischen Musikkomödie Das Wirtshaus im Spessart (1957), in der Liselotte Pulver sich den feschen Räuberhauptmann Carlos Thompson angelt. Ein Filmerfolg, dem die zwei Varianten Spukschloss (1960) und Herrliche Zeiten (1967) nachfolgten. Mit Wir Wunderkinder (1958) versuchte sich Hoffmann an einer kritischen Auseinandersetzung mit dem Opportunismus, der erst der Nazidiktatur den Boden ebnete und bruchlos neue Karrieren im Nachkriegsdeutschland beförderte. Doch das einzig wirklich Kritische waren die eingestreuten Songs der Kabarettisten Wolfgang Neuss und Wolfgang Müller. Ätzende Zeitkritik war nicht die Domäne von Kurt Hoffmann. Weniger ambitioniert, dafür aber in seiner liebenswerten Fröhlichkeit verzaubernd, war sein 1959 inszeniertes Kinomärchen Der Engel, der seine Harfe versetzte – eine reizvolle Besonderheit im Filmschaffen Kurt Hoffmanns, die zu Unrecht im Schatten seiner Erfolgskomödien steht: ein Kinojuwel voller Poesie.

Die Kunst der Filmkomödie

Die Komödien:

1939: Paradies der Junggesellen, 1939: Hurra! Ich bin Papa!, 1941: Quax, der Bruchpilot, 1943: Ich vertraue Dir meine Frau an 1943: Kohlhiesels Töchter, 1950: Taxi-Kitty, 1951: Fanfaren der Liebe, 1952: Klettermaxe, 1953: Hokuspokus, 1954: Der Raub der Sabinerinnen, 1954: Das fliegende Klassenzimmer, 1954: Feuerwerk, 1955: Drei Männer im Schnee, 1955: Ich denke oft an Piroschka, 1956: Heute heiratet mein Mann, 1956: Salzburger Geschichten, 1957: Bekenntnisse des Hochstaplers Felix Krull, 1957: Das Wirtshaus im Spessart, 1958: Wir Wunderkinder, 1959: Der Engel, der seine Harfe versetzte, 1960: Das Spukschloß im Spessart, 1961: Die Ehe des Herrn Mississippi, 1963: Liebe will gelernt sein, 1963: Schloß Gripsholm, 1964: Dr. med. Hiob Prätorius, 1965: Hokuspokus oder: Wie lasse ich meinen Mann verschwinden...?, 1967: Herrliche Zeiten im Spessart, 1967: Rheinsberg, 1968: Morgens um sieben ist die Welt noch in Ordnung, 1971: Der Kapitän

Juzo Itami

Abb. 114: Juzo Itami

(1933 – 1997) Nachdem er sich im japanischen Fernsehen als Schauspieler, Regisseur und Talkmaster einen Namen gemacht hatte und auch in amerikanischen Filmen aufgetreten war (55 Tage in Peking, Lord Jim), begann Juzo Itami erst im Alter von 50 Jahren Filme zu inszenieren. Gleich sein erster Film Beerdigungszeremonie (Ososhiki, 1984) wurde beim Japanese Academy Award für die beste Regie und das beste Drehbuch ausgezeichnet. Seine Erfahrung als Reporter und verantwortlicher Redakteur unzähliger dokumentarischer TV-Features schlug sich in dieser wohl kalkulierten Beschreibung japanischer Wirklichkeit und ihrer Rituale nieder, die im Zusammenprall mit der modernen Zeit von Zerstörung bedroht sind. Nach dem Tod seines Vaters wird der Sohn dazu auserwählt, das traditionelle Ritual des Abschieds von dem Toten auszurichten. Aber dazu muss er sich selbst erst einmal einen Lehrfilm ansehen; so sehr hat er sich von den alten Bräuchen entfremdet.

Itamis zweiter Film TAMPOPO (1985) widmet sich dem Essensritual und ging in die Filmgeschichte ein als der lustigste Film über Sex und Kochen – eine Liebeserklärung an die japanische Küche wie an den sinnlichen Akt des Essens. Die Suche nach dem Rezept für die beste Nudelsuppe führt durch einen skurrilen Episodenreigen, in denen der Nahrungsaustausch zum Angelpunkt schicksalhafter Wendungen wird. Ebenfalls mit seiner Frau Nobuko Miyamoto drehte er seine beiden STEUERFAHNDERIN-Filme MARUSA NO ONNA (1987) und MARUSA NO ONNA II (DIE STEUERFAHNDERIN SCHLÄGT WIEDER ZU, 1988), die sich in satirischer Schärfe mit dem japanischen Ritual der Steuerhinterziehung auseinandersetzen (»Steuerhinterziehung ist eine japanische Leidenschaft«, so Itami). Ist der Steuerfahnderin im ersten Film noch Erfolg beschieden, so stößt sie im zweiten Film an ihre Grenzen. Im Kampf gegen den mächtigen Filz von Kapital, Politik, religiösen Sekten und Yakuza hat sie keine Chance. Basierend auf detaillierten Recherchen gelang Itamo eine ebenso unterhaltsame wie scharf geschliffene Analyse der japanischen Gesellschaft. Auch seinen nächsten Film A-GE-MAN (1990) widmete Itamo einer speziell japanischen Einrichtung: dem Geishawesen. Erzählt wird die Geschichte einer Geisha, die Wirtschaftsbossen nur solange Glück bringt, wie sie mit ihr zusammenbleiben. Mit DIE KUNST DER ERPRESSUNG (MINBO NO ONNA, 1992) griff er die mächtigste aller japanischen Institutionen an: die Yakuza. Seine Satire auf die japanische Mafia verspottete das Gangsterwesen so treffsicher, dass die Yakuza zurückschlug: eine Schlägerbande überfiel Itamo und verletzte ihn schwer.

Die Filme von Juzo Itamo sind tief in den Traditionen der japanischen Gesellschaft verwurzelt, die er mit kritischen Seitenhieben attackiert. Immer wieder führt er mit sarkastischer Pointenschärfe vor, welch grotesken Auswüchse die Jagd nach Geld und Erfolg annehmen kann. Als Sohn eines Regisseurs von Yakuza-Filmen kennt er die Spielregeln des Films und jongliert mal spielerisch, mal drastisch, mal parodistisch in stilistischen Kabinettstücken mit den Elementen des Genrekinos. Geprägt vom tiefen Ehrgefühl japanischer Tradition beging er Selbstmord, als ihm von Skandalblättern eine Affäre mit einer jungen Schauspielerin nachgesagt wurde. Um den Titel eines japanischen Films zu zitieren: Ein Selbstmord unter Zwang.

Die Filme:

1984: Beerdingszeremonie (Ososhiki), 1985: Tampopo, 1987: Die Steuerfahnderin (Marusa no onna), 1988: Die Steuerfahnderin schlägt wieder zu (Marusa no onna II), 1990: Geisha des Glücks (Ageman), 1992: Die Kunst der Erpressung (Minbo no onna) 1993: Tanz am Abgrund (Daibyonin), 1995: Shizukana seikatsu, 1996: Sūpah no onna

Agnès Jaoui

Abb. 115: Agnès Jaoui und Jean-Pierre Bacri in ERZÄHL MIR WAS VOM REGEN (2008).

(*1964) Agnès Jaoui und ihr Lebenspartner Jean-Pierre Bacri sind aus dem Bereich der französischen Komödie von heute nicht weg zu denken, die sie in Wort und Darstellung mitgeprägt haben. Gemeinsam mit Bacri schrieb Agnès Jaoui 1993 das Drehbuch zu →Alain Resnais' Doppelkomödie SMOKING / NO SMOKING, das mit dem französischen Filmpreis für das beste Drehbuch ausgezeichnet wurde. Den gleichen Preis erhielten auch ihre Drehbücher für →Cédric Klapischs Erfolgskomödie TYPISCH FAMILIE! (UN AIR DE FAMILLE, 1996), in der die beiden auch Hauptrollen übernahmen, wie für Alain Resnais' Gesellschaftskomödie DAS LEBEN IST EIN CHANSON (ON CONNAIT LA CHANSON, 1998), die Jaoui zusätzlich noch den Preis als beste Nebendarstellerin bescherte. Auf Anhieb gewann ihr Regiedebüt LUST AUF ANDERES (LE GOÛT DES AUTRES, 2000) den französischen Filmpreis César als bester Film: Bei einem Theaterbesuch entflammt ein reicher Kulturbanause für eine schöne Schauspielerin und versucht Zugang zu finden zur Welt der Kunst, von der er keine Ahnung hat. Auf humorvolle Weise macht Agnès Jaoui die Konfrontation zweier unterschiedlicher Lebenshaltungen erfahrbar.

SCHAU MICH AN (COMME UNE IMAGE, 2004) setzt als pointenreiche gewürzte Gesellschaftssatire über das Pariser Intellektuellenmilieu einen Reigen emotionaler Abhängigkeiten und Bedürfnisse in Gang, in dessen Verlauf ein arroganter Erfolgsschriftsteller, seine von Minderwertigkeitskomplexen gezeichnete Tochter, ihre Gesangslehrerin und ein erfolgloser Dichter verwickelt sind. ERZÄHL MIR WAS VOM REGEN (PARLEZ-MOI DE LA PLUIE, 2008) erzählt auf selbstreflektive Weise von der Identitätskrise einer feministischen Autorin und Politikerin, die in die heimatliche Provinz des Südens zurückkehrt und das Objekt der Filmbegierde eines unfähigen Dokumentarfilmers und eines unerfahrenen Journalisten wird. Dem Wirrwar der Dreharbeiten entsprechen die Turbulenzen im Beziehungsgeflecht eines Figurenensembles, das auf der Suche nach Selbstverwirklichung ist. Wieder einmal zeigt das Team Jaoui / Bacri feinfühlig und mit pointierten Wortwitz die kleinen und großen Schwächen frustrierter Menschen, ohne die Tragik und Widersprüche des Lebens zu verleugnen

Darstellerin:

1983: Tödliche Spur (Le Faucon), 1987: Die Verliebte (L'Amoureuse), 1987: Hôtel de France, 2004: Le rôle de sa vie, 2012: Du vent dans mes mollets

Darstellerin, Autorin:

1993: Cuisine et dépendances, 1993: Smoking / No Smoking, 1996: Typisch Familie! (Un air de famille), 1997: Le Cousin – Gefährliches Wissen, 1998: Das Leben ist ein Chanson (On connaît la chanson), 2002: 24 heures dans la vie d'une femme, 2004: Comme une image, 2014: L'art de la fugue

Darstellerin, Drehbuch, Regie:

2000: Lust auf Anderes (Le Goût des autres), 2004: Schau mich an! (Comme une image), 2008: Erzähl mir was vom Regen (Parlez-moi de la pluie), 2013: Au bout du conte

Anders Thomas Jensen

Abb. 116: Anders Thomas Jensen

(*1972) Als Drehbuchhautor und Regisseur ist Anders Thomas Jensen eine prägende Figur des dänischen Kinos von heute. Er schrieb sowohl die Drehbücher für die Filme der Oscar-Preisträgerin Susanne Bier NACH DER HOCHZEIT (EFTER BRYLLUPPET, 2006), IN EINER BESSEREN WELT (HÆVNEN, 2010), LOVE IS ALL YOU NEED (DEN SKALDEDE FRISØR, 2012) und SECOND CHANCE (EN CHANCE TIL, 2014) wie für die total durchgeknallten Filme des Stuntman-Regisseurs Lasse Spang Olsen IN CHINA ESSEN SIE HUNDE (I KINA SPISER DE HUNDE, 1999) und OLD MEN IN NEW CARS (IN CHINA ESSEN SIE HUNDE II – GAMLE MÆND I NYE BILER, 2002), deren kompromisslos schwarzer und absurder Humor kaum zu überbieten ist.

Anders Thomas Jensens Regiedebüt FLICKERING LIGHTS (BLINKENDE LYGTER, 2000) zeichnet sich durch lakonischen schwarzen Humor aus, der aus den grotesken Handlungswendungen und der Kauzigkeit der Charaktere seinen Reiz bezieht. Mit einem geklauten Koffer voller Geld proben vier Kleinganoven den Überlebenskampf gegen die geprellte Mafia. In seinem zweiten Film DÄNISCHE DELIKATESSEN (DE GRØNNE SLAGTERE, 2003) über Kannibalismus in der dänischen Provinz retten sich zwei von der Pleite bedrohte Metzger mit einer morbiden Fleischrezeptur, die als »Killer Wickies« zum Hit wird. Mit ADAMS ÄPFEL (ADAMS ÆBLER, 2005) gelingt Anders Thomas sein Meisterstück, eine metaphysische Komödie über den Grundprinzipienkampf eines aggressiven Neonazis gegen das lebensferne Gutmenschentum des Pfarrers, der ihn bekehren soll. Heiter und düster zugleich hinterfragt die mit biblischen Verweisen spielende Erlösungsfabel eindimensionale Weltbilder und regt bei aller bizarren Komik der Ereignisse zum Nachdenken an.

In all seinen Filmen variiert Jensen sein Grundthema, wie das geordnete Leben durch groteske Zufälle durcheinander gerät und seine Alltagshelden durch alle denkbaren Katastrophen gehetzt werden. Derzeit arbeitet er an der Vorbereitung seiner nächsten Regiearbeit MEN & CHICKEN (MÆND OG HØNS).

Drehbuch:

1999: In China essen sie Hunde (I Kina spiser de hunde), 1999: Mifune – Dogma III (Mifunes sidste sang), 2000: The King Is Alive, 2002: Für immer und ewig (Elsker dig for Evigt), 2002: Old Men in New Cars, 2002: Wilbur Wants to Kill Himself 2004: Stealing Rembrandt – Klauen für Anfänger (Rembrandt), 2004: Brothers – Zwischen Brüdern (Brødre), 2006: Nach der Hochzeit, 2008: Die Herzogin (The Duchess), 2008: Wen du fürchtest (Den du frygter), 2009: Das Ende der Welt (Ved Verdens Ende), 2010: In einer besseren Welt (Hævnen), 2012: Love Is All You Need (Den skaldede frisør), 2014: The Salvation

Drehbuch, Regie:

2000: Flickering Lights (Blinkende lygter), 2003: Dänische Delikatessen (De grønne slagtere), 2005: Adams Äpfel (Adams æbler), 2015: Mænd og høns

Jean-Pierre Jeunet

(*1953) Er gehört zu den erfolgreichsten Regisseuren Frankreichs. Nach seinem Studium in Animation drehte er mehrere Werbefilme und entwickelte eine von Märchen geprägte Filmsprache: »Realismus ist nichts für mich. Das ist was fürs Leben, für den Alltag, aber nichts, was einen fantasiesüchtigen Menschen wie mich begeistern könnte. Ein Film muss anrühren, bewegen«, sagt Jeunet über sein Kino der schönen Bilder, denn »Regis-

Abb. 117: Jean-Pierre Jeunet

seur zu sein bedeutet, das Privileg zu haben, die eigene Kindheit zu verlängern.«

Sein Kino-Debüt war DELICATESSEN (1991), eine makabre Krimi-Komödie über einen skrupellosen Metzger, der ausgehungerten Kunden saftiges Menschenfleisch verkauft. Auf dem Speisezettel steht auch der neue Hauswart. Aber der riecht den Braten. Und während die Metzgerstochter musizierend von der großen Liebe träumt, treiben radikale Vegetarier im Untergrund die Revolution voran. Seine aberwitzigen Einfälle setzt Jeunet mit einem ausgeprägten Sinn für Slapstick in Szene.

Nach einem wenig erfolgreichen Ausflug nach Hollywood (ALIEN – DIE WIEDERGEBURT, 1997) gelang ihm 2001 mit der Tragikomödie DIE FABELHAFTE WELT DER AMÉLIE (LE FABULEUX DESTIN D' AMÉLIE POULAIN) sein bislang größter Erfolg: Amélie Poulain hat schon in ihrem Elternhaus wenig Liebe erfahren und lebt daher eher zurückgezogen. Sie arbeitet in einem Café im Pariser Viertel Montmartre. Ihre Freizeit verbringt sie in ihrer ganz eigenen Traumwelt. Das ändert sich schlagartig, als sie in einem Versteck ihrer Wohnung die Kindheitserinnerungen eines früheren Mieters findet, diesen ausfindig macht und mittels Rückgabe dessen Leben vollständig verändert. Sie beginnt ihre, wie sie glaubt, lebensverändernde Gabe auf die Menschen in ihrer Umgebung anzuwenden, ihre Nachbarn, Mitarbeiter, ihren Vater. Im Geheimen arbeitend, geschehen in ihrer Umgebung so lauter Wunder, doch bis zum eigenen Glück ist es noch ein weiter Weg. Viele kleine Geschichten ergeben das komplexe Bild eines Paris, das zwar in dieser Form sicherlich nicht mehr existiert, aber dennoch den enormen Flair dieser Stadt verbreitet. Völlig künstlich da hingetrickst, ein Postkartenparis, in dem →Jacques Tati jeden Augenblick um die Ecke biegen könnte.

Sein nächster Film MATHILDE - EINE GROSSE LIEBE (UN LONG DIMANCHE DE FIANÇAILLES, 2004) war zwar ein historisches Drama mit der Amélie-Hauptdarstellerin Audrey Tautou, aber mit der Person des Rad fahrenden Briefträgers lieferte Jeunet auch hier eine liebevolle Hommage an Jacques Tati. Nachdem die Verfilmung von Yann Martels Weltbestseller *Schiffbruch mit Tiger* nach zwei Jahren Vorbereitung scheiterte, weil Jeunet keine Finanzierungslösung finden konnte, drehte er mit der Komödie MICMACS - UNS GEHÖRT PARIS (MICMACS À TIRE-LARIGOT, 2009) eine Art Action-Cartoon: →Dany Boon kämpft mithilfe einer Gruppe skurriler Außenseiter gegen fiese Waffenhändler. Und wieder spielt die Geschichte in einem zeitlosen Paris: »Ich kann mich einfach nicht zurückhalten und muss die Realität verändern«, meint Jeunet dazu: »Als Regisseur verstehe ich mich da ein wenig wie ein Maler, der die Farben modifiziert, Straßen aufräumt und das Ganze origineller gestaltet. Für einige Menschen ist diese Öffnung nicht nachvollziehbar, aber ich erschaffe so meine Welt in der Realität. Das ist mein Weg.«

Ein Weg, dem der deutsche Verleihtitel seines jüngsten Films THE YOUNG AND PRODIGIOUS T. S. SPIVET, der wunderbaren Odyssee eines hochbegabten zehnjährigen Erfinders durch die USA, einen Namen gab: DIE KARTE MEINER TRÄUME.

Die Komödien:

1991: Delicatessen (Delicatessen), 1995: Die Stadt der verlorenen Kinder (La Cité des enfants perdus), 2001: Die fabelhafte Welt der Amélie (Le Fabuleux destin d'Amélie Poulain), 2004: Mathilde – Eine große Liebe (Un long dimanche de fiançailles), 2009: Micmacs – Uns gehört Paris! (Micmacs à tire-larigot), 2013: Die Karte meiner Träume (L'Extravagant voyage du jeune et prodigieux T.S. Spivet)

Cédric Klapisch

Abb. 118: Cédric Klapisch beim Dreh von BEZIHEUNGSWEISE NEW YORK

(*1961) Als Student der Filmwissenschaft beschäftigte sich Cédric Klapisch in seiner Abschlussarbeit mit Tex Avery, →Woody Allen und den →Marx Brothers – die beste Voraussetzung, um die Theorie mit seinen Filmen in die Praxis umzusetzen. Schon für sein Filmdebüt KLEINE FISCHE, GROSSE FISCHE (RIEN DU TOUT, 1992) bekam er eine Nominierung für den französischen Filmpreis César. Gleich drei Césars erhielt er dann für TYPISCH FAMILIE (UN AIR DE FAMILLE, 1996) – der Verfilmung eines Boulevardtheaterstücks, das auf tragikomische Weise die Krisensituation einer Familie einfängt, deren Scheinidylle zusammenbricht angesichts der Eskalation verdrängter Familienprobleme. Der Umschlag vom Spaß zum Ernst, vom Lachen zum Weinen wird von Klapisch mit subtil nuancierter Komik ausgereizt. So entfaltet die Zuspitzung der Situation bei allem Ernst der familiären Konflikte ein Maß an Komik, die dem Lächeln näher ist als dem lauten Gelächter.

Sein im gleichen Jahr entstandener Film …UND JEDER SUCHT EIN KÄTZCHEN (CHACUN CHERCHE SON CHAT) verzückte das Berlinale-Publikum und bescherte ihm den Fipresci-Preis der Internationalen Filmkritik. Auf der Suche nach einer verschwundenen Katze lösen sich die Figuren eines Pariser Vorstadtviertels aus der Anonymität ihrer Existenz und vereinen sich zu einer freundschaftlichen Suchgemeinschaft. Es entbehrt nicht einer gewissen rührenden Komik, wenn es ausgerechnet eine kleine Katze ist, die Menschen zusammenbringt und sie aus ihrer Einsamkeit befreit.

Nach dem missglückten Versuch eines Science-Fiction-Films drehte Klapisch seinen größten Publikumserfolg L'AUBERGE ESPAGNOL – BARCELONA FÜR EIN JAHR (2002). Der Film stellt in komödiantisch übersteigerter Form das

Leben von Auslandsstudenten dar: ihr Einfinden in ein fremdes Land und in eine fremde Sprache, ihre extreme Offenheit und Kontaktfreudigkeit im Zusammenleben mit Anderen, ihre Lebensgemeinschaftsprobleme im WG-Alltag, die Missverständnisse im Zusammenprall unterschiedlicher Nationalitäten, die Exzesse des das Studium zurückdrängenden Partylebens und die unvermeidlichen Liebesprobleme mit den Fernbeziehungen daheim und den Nahbeziehungen vor Ort. Das Chaos des zusammenwachsenden Europas spiegelt sich im Chaos jugendlicher Lebenssinnsuche. Mit dem gleichen Figurenpersonal inszeniert Klapisch die Fortsetzungen L'AUBERGE ESPAGNOL – WIEDERSEHEN IN ST. PETERSBURG (LES POUPÉES RUSSES, 2005) und BEZIEHUNGSWEISE NEW YORK (CASSE-TÊTE CHINOIS, 2013) als pointenreiche Fortführung seines Porträts der »Wir-um-30«-Generation.

Ein Ensemblefilm ist auch seine Paris-Hommage SO IST PARIS (PARIS, 2008), die aus der Perspektive eines depressiven Kranken, der vom Balkon aus seine Umwelt beobachtet, einen ebenso amüsanten wie wehmütigen Lebens- und Liebesreigen entfaltet. In MEIN STÜCK VOM KUCHEN (MA PART DU GÂTEAU, 2010) schlägt Klapisch sozialkritische Töne an mit der Geschichte einer arbeitslosen Frau, die sich ausgerechnet bei dem reichen Börsenmakler als Putzfrau verdingt, der für ihre Entlassung verantwortlich ist. Klapisch erzählt seine Geschichten aus dem Alltagsleben ohne Hektik, erweist ein feines Gespür für die dramatischen Momente im Leben seiner Figuren, holt sie durch fein austarierte Komik wieder auf den Boden der Tatsachen zurück und formt mit lebensnah empfundenen Personen ein tragikomisches Panoptikum des Lebens.

Die Filme:

1992: Kleine Fische, große Fische (Riens du tout), 1996: ...und jeder sucht sein Kätzchen (Chacun cherche son chat), 1996: Typisch Familie! (Un air de famille), 1999: Peut-être, 2002: L'auberge espagnole – Barcelona für ein Jahr (L'auberge espagnole), 2003: Ni pour ni contre (bien au contraire), 2005: L'auberge espagnole – Wiedersehen in St. Petersburg (Les poupées russes), 2008: So ist Paris (Paris), 2010: Mein Stück vom Kuchen (Ma part du gâteau), 2013: Beziehungsweise New York (Casse-tête chinois)

Emir Kusturica

Abb. 119: Emir Kusturica bei einem Konzert seines »No Smoking Orchestra« in Budapest 2014

(*1954) Die Verbindung von Politischem und Privatem ist in den Filmen von Emir Kusturica ebenso evident wie sich der burleske Slapstick seiner Inszenierung mit der Vitalität urwüchsiger Folklore-Musik verbindet. Nach seinem Studium an der Filmhochschule in Prag drehte er seine beiden ersten Filme noch während der Tito-Zeit im ungeteilten Jugoslawien: ERINNERST DU DICH AN DOLLY BELL? (SJECAŠ LI SE DOLLY BELL?, 1981) und PAPA IST AUF DIENSTREISE (OTAC NA SLUŽBENOM PUTU, 1984). Beide Filme – preisgekrönt mit dem Goldenen Löwen für das beste Erstlingswerk in Venedig 1981 und mit der Goldenen Palme in Cannes 1984 als bester Film – handeln vom schwierigen Abschied von der Kindheit und Jugend im real existierenden Sozialismus, deren Widersprüche sich im jugoslawischen Alltag widerspiegeln.

Der internationale Durchbruch gelang Kusturica mit ZEIT DER ZIGEUNER (DOM ZA VESANJE, 1989), der ihm die Goldene Palme der Filmfestspiele in Cannes einbrachte. Aus der Sicht eines mit telekinetischen Fähigkeiten begabten Zigeuner-Jungen beschwört Kusturica mit in den Mythen und Volkssagen des Balkans wurzelnder Fabulierlust eine magische Welt voller Wunder und Verrücktheiten. In seinem Hollywood-Ausflug ARIZONA DREAM (1993) skizzierte Kusturica mit den Stargrößen →Jerry Lewis, Johnny Depp und Faye Dunaway einen skurrilen Personenreigen von Tagträumern, der auf der Berlinale 1993 mit dem Spezialpreis der Jury ausgezeichnet wurde.

Den Alptraum des Krieges auf dem Balkan vergegenwärtigte Kusturica in UNDERGROUND (PODZEMLJE, 1995). In drei Kapitel eingeteilt – die deutsche Besatzung 1941, das Tito-Regime 1991, der Balkankrieg 1994 – entfächert

Kusturica 50 Jahre jugoslawischer Geschichte, gespiegelt im Schicksal zweier Freunde, von denen der eine im Untergrund revoltiert und der andere sozialistische Karriere macht. Der mit der Goldenen Palme der Filmfestspiele Cannes ausgezeichnete Film erregte als bildgewaltiger, surrealer Abgesang auf den Vielvölkerstaat Jugoslawien, der noch während der Dreharbeiten in einem blutigen Chaos unterging, eine erbitterte Kontroverse wegen der proserbischen Haltung des Filmemachers.

Mit SCHWARZE KATZE, WEISSER KATER (CRNA MAČKA, BELI MAČOR, 1998) kehrte Kusturica zurück in die lebenspralle Welt der Zigeuner. In der orgiastischen Verschmelzung von unbändiger filmischer Fabulierlust und fröhlicher Ausgelassenheit gelang dem Kinomagier Kusturica eine hinreißende Hommage an die Sinti-Kultur, die eine ausgefallene Variante des »Romeo und Julia«-Motivs im burlesken Milieu zweier Zigeuner-Gangster-Familien ansiedelt. Für SCHWARZE KATZE, WEISSER KATER erhielt Kusturica den Regie-Preis der Filmfestspiele Cannes.

DAS LEBEN IST VOLLER WUNDER (ZIVOT JE CUDO, 2004) manifestiert die Absurdität des Krieges in der Liebesgeschichte zwischen einem christlich-orthodoxen Serben und einer moslemischen Bosnierin, die zwischen die Fronten des Bosnienkrieges geraten. Wieder ein chaotischer Bilderreigen, in der eine bizarre Episode die andere ablöst und sich doch tausend Geschichten zu einer vereinen – wild, ungestüm, explosiv. Kusturica entzündet ein Feuerwerk visueller Extravaganzen vor dem Hintergrund der politischen Situation seines Landes und zeigt die Realität als Groteske. In seinen Filmen scheinen die Grenzen zwischen tödlichen Konflikten und unbändiger Lebensfreude fließend – begründet in der Psyche seines Landes.

Regie:

1981: Erinnerst Du Dich an Dolly Bell? (Sjecaš li se Dolly Bell?,)1984: Papa ist auf Dienstreise (Otac na službenom putu), 1989: Zeit der Zigeuner (Dom za vešanje), 1993: Arizona Dream, 1995: Underground, 1998: Schwarze Katze, weißer Kater (Crna mačka, beli mačor), 2004: Das Leben ist ein Wunder (Život je čudo) 2005: Alle Kinder dieser Welt (All the Invisible Children), Episode Blue Gypsy, 2007: Versprich es mir! (Zavet)

Als Schauspieler:

2000: Die Witwe von Saint-Pierre (La Veuve de Saint-Pierre), 2002: The Good Thief, 2011: Ein griechischer Sommer 2012: 7 Tage in Havanna

John Landis

Abb. 120: John Landis 2011

(*1950) John Landis begann als Botenjunge bei der Fox und als Stuntman in einigen Italowestern, bevor er mit SCHLOCK, DAS BANANENMONSTER (SCHLOCK, 1973) seinen ersten Film inszenierte, der schon alles enthielt, was später Markenzeichen seiner Filme wurde: überschäumende Komik und fantastische Effekte. 1977 verfilmte er die mit Kultstatus versehene Bühnenshow von →Jim Abrahams, Jerry und David Zucker KENTUCKY FRIED MOVIE. Mit BLUES BROTHERS (1980) und AMERICAN WERWOLF (AN AMERICAN WERWOLF IN LONDON, 1981) inszenierte er jene beiden Filme, die ihm selbst Kultstatus bescherten. Mit der lässigen Coolness des Duos John Belushi & Dan Aykroyd, unbändiger Zerstörungslust und aufreizenden Musikauftritten der legendären Bluesgrößen Aretha Franklin, James Brown, Cab Calloway, John Lee Hooker und Ray Charles wurde BLUES BROTHERS zur mitreißenden Hymne anarchischen Kinohumors. Mit einer effektvollen Mischung aus Horrorsplatter, Slapstick-Momenten, schwarzem Humor und originellen

Schocküberraschungen übertrug Landis in AMERICAN WERWOLF das ausgelutschte Werwolf-Motiv aus der Vergangenheit des Horrorkinos in die Gegenwart.

Nach AMERICAN WERWOLF unterzieht Landis in grellen und schrillen Parodien die klassischen Genres des amerikanischen Kinos einer systematischen Untersuchung ihrer komischen Möglichkeiten. KOPFÜBER IN DIE NACHT (INTO THE NIGHT, 1985) nimmt den Gangster-Thriller aufs Korn. Ein von Schlaflosigkeit geplagter und von seiner Ehefrau betrogener Mann gerät durch die Begegnung mit einer *femme fatale* in haarsträubende Abenteuer, die sein langweiliges Durchschnittsleben gewaltsam aufmischen. SPIONE WIE WIR (SPIES LIKE US, 1985) funktioniert als methodische Parodie auf Spionage-Thriller, die den Kalten Krieg zwischen USA und Sowjetunion als Schlachtfeld treffender Seitenhiebe auf Agentenklischees und militärischen Hurrapatriotismus nutzt. DREI AMIGOS (THREE AMIGOS, 1986) persifliert das Westerngenre, die Grundkonstellation des Klassikers DIE GLORREICHEN SIEBEN einer humorigen Abwandlung unterziehend.

Mit dem Komiker und Sprücheklopfer →Eddie Murphy inszenierte Landis zwei seiner besten Komödien: DIE GLÜCKSRITTER und DER PRINZ VON ZAMUNDA. In GLÜCKSRITTER (TRADING PLACES, 1983) spielt Laberbacke Eddie Murphy einen verdreckten Penner, der mit dem erfolgreichen Geschäftsmann Dan Aykroyd die Plätze tauscht, und in DER PRINZ VON ZAMUNDA (COMING TO AMERICA, 1988) ist er ein afrikanischer Prinz, der in Amerika auf Brautschau geht. Beide Filme ziehen ihren komödiantischen Reiz aus der Gegenüberstellung unterschiedlicher Welten, die aus dem Kontrast zündende Pointen gewinnt.

Nicht in all seinen Filmen konnte John Landis den Humor-Standard seiner großen Kinohits halten. Für drei seiner Filme erhielt er den Himbeeren-Award als schlechtester Regisseur des Jahres. Aber das kann ein Regisseur verkraften, dessen legendärer Videoclip zu Michael Jacksons Song »Thriller« als Meilenstein im Genre der Musikvideos gilt.

Die Filme:

1973: Schlock - Das Bananenmonster (Schlock), 1977: Kentucky Fried Movie, 1978: Ich glaub', mich tritt ein Pferd (National Lampoon's Animal House), 1980: Blues Brothers, 1981: American Werewolf (An American Werewolf in London), 1983: Die Glücksritter (Trading Places), 1985: Kopfüber in die Nacht (Into the Night), 1985: Spione wie wir (Spies Like Us), 1986: Drei Amigos! (Three Amigos!), 1987: Amazonen auf dem Mond oder Warum die Amis den Kanal voll haben (Amazon Women on the Moon), 1988: Der Prinz aus Zamunda (Coming to America,) 1991: Oscar – Vom Regen in die Traufe (Oscar), 1994: Beverly Hills Cop III, 1998: Blues Brothers 2000, 2010: Burke & Hare

Mitchell Leisen

Abb. 121: Mitchell Leisen mit Joan Bennett am Set von ARTISTS AND MODELS ABROAD (1938)

(1898 – 1972) Im Hollywood der 1930er und frühen 1940er Jahre war Mitchell Leisen ein typischer »Vertragsregisseur«: für die Paramount verwirklichte er die Projekte, die man ihm zuwies: »In meiner ganzen Filmkarriere habe ich nie den Wunsch verspürt, eine (eigene) Geschichte zu erzählen. Niemals bin ich mit einem Skript hingegangen und habe gesagt: Das will ich machen! Mir übergibt man ein Problem, und dann frage ich mich: Wie kann ich es lösen?« Leisen drehte Melodramen und Komödien, aber auch Kriminal- und Fliegerfilme sowie reine Revuefilme. Er hat kein geschlossenes »Werk« hinterlassen wie seine Kollegen →Ernst Lubitsch und Josef von Sternberg, die als Kronzeugen gelten für persönlichen Stil und Eigenwilligkeit inmitten des Hollywood-Studio-Systems. Und doch war Leisen mehr als ein gehorsamer Inszenierungs-Handwerker: Er kam als gelernter Architekt zum Film, bei Cecil B. DeMille arbeitete er seit 1919 zunächst als Kostümbildner, bald auch als

Filmarchitekt und Ausstatter. Als er den Status eines »Art Director« erreicht hatte, waren ihm längst auch die Funktionen eines »Assistant Director« zugewachsen. Die Beteiligung an Dialogregie und Drehbuchkorrekturen folgte, bis er zum Regisseur avancierte.

Mit romantischen Melodramen hatte Leisen zum Auftakt und gegen Ende seiner Karriere bei Publikum wie Kritik seine größten Erfolge. Inzwischen erscheinen sie recht angestaubt, während seine Komödien, die Leisen 1935 bis 1944 inszenierte, noch immer mitreißend frisch wirken. Im komödiantischen Genre war er 1935 mit Liebe im Handumdrehen (Hands Across the Table) noch ein Unbekannter, sodass der Kritiker der *New York Times* seinen Lesern versicherte, Leisens berühmter Kollege Ernst Lubitsch habe den Film durch alle Stadien der Produktion geleitet. Mitchell Leisen, der aus seiner Homosexualität nie einen Hehl gemacht hat, wurde (wie George Cukor) ein »Frauenregisseur« genannt: Er hat Carole Lombard (mit der er zeitlebens eng befreundet war), Claudette Colbert und Barbara Stanwyck strahlende Auftritte verschafft, während die männlichen Partner in aller Regel zu simplen Sexsymbolen reduziert werden. So tritt Fred MacMurray immer wieder als der junge Mann auf, der keine weiteren Qualitäten aufzuweisen hat als seine maskuline Ausstrahlung. Sind die Frauen der 1930er Jahre auf eine reiche Heirat als einzige Chance zum sozialen Aufstieg angewiesen, so sind sie in den 1940ern – mit Beginn der Kriegsjahre – erfolgreiche Karrierefrauen, müssen aber – der Zeitmoral entsprechend – aus der Berufswelt ausscheiden, sobald sie sich für den Mann ihrer Träume entscheiden. Aus den →Preston Sturges-Drehbüchern zu Mein Leben im Luxus (Easy Living, 1937) und Die unvergessliche Nacht (Remember the Night, 1940) entstanden Filme, deren Qualität Sturges später als sein eigener Regisseur zwar in Rhythmus und Tempo übertrumpfte, aber in der Ausarbeitung physischer Aktionen, im Einsatz des Dekors, in der Plastizität der Bilder nicht erreichte. →Billy Wilder (mit Charles Brackett Autor des wohl elegantesten Leisens-Films Midnight - Enthüllung um Mitternacht, 1939) war der einzige Drehbuchverfasser, den Leisen am Drehort duldete: weil er, so Leisen, der Einzige war, der Dialog-Änderungen akzeptierte. Billy Wilder und Preston Sturges waren nicht gut auf ihren Kollegen zu sprechen: Sie hielten ihn für einen ästhetischen Stylisten, dem das Bild wichtiger als das Wort war. Die *Cahiers du Cinema* haben Leisen deshalb etwas scherzhaft Hollywoods »grand Couturier« genannt.

Die Komödien:

1934: Die schwarze Majestät (Death Takes a Holiday), 1935: Liebe im Handumdrehen (Hands Across the Table), 1937: Mein Leben in Luxus (Easy Living), 1938: The Big Broadcast of 1938, 1939: Midnight – Enthüllung um Mitternacht (Midnight) 1940: Arise, My Love, 1940: Die unvergeßliche Nacht (Remember The Night), 1942: Liebling, zum Diktat (Take A Letter, Darling), 1943: Keine Zeit für Liebe (No Time for Love), 1944: Sturzflug ins Glück (Practically Yours), 1946: Goldene Ohrringe (Golden Earrings), 1951: SOS: Zwei Schwiegermütter (The Mating Sason)

Richard Lester

(*1932) In die Filmgeschichte eingegangen ist Richard Lester mit dem ersten Beatles-Film Yeah! Yeah! Yeah! (A Hard Day's Night, 1964), in dem er seine Erfahrungen als Regisseur von Livesendungen und Werbefilmen nutzte für eine völlig neue Art des Musikfilms. Die unkonventionelle Verquickung von dokumentarischen Sequenzen, Slapstick-Intermezzos, schrägen Kameraperspektiven und surrealen Bildmontagen war die ideale Form, um das Lebensgefühl der gegen das Establishment rebellierenden jungen Generation in ein treffendes Zeitgeistdokument der 1960er Jahre umzusetzen, der 1965 die Fortsetzung Hi-Hi-Hilfe (Help) folgte. Die Sex-Satire Der gewisse Kniff (The Knack ... and How to Get It, 1963), die Lester die Goldene Cannes-Palme als bester Film bescherte, ist ein filmisches Feuerwerk an innovativen Einfällen, das frech mit versteckter Kamera aufgefangene Sprüche sexuell verklemmter Bürger, surreale Gags, Stilmittel des Werbefilms und verrückte Einfälle zu einer originellen, übermütigen Fanfare auf das

Swinging London zusammenmixt, in dem ein erfolgreicher Schürzenjäger seine gewissen Kniffe verrät.

In Amerika verfilmte Lester das Broadway-Musical A FUNNY THING HAPPENED ON THE WAY TO THE FORUM (TOLL TRIEBEN ES DIE ALTEN RÖMER, 1965) als Hommage an die Filme der Slapstick-Ära mit →Buster Keaton in seinem letzten Leinwandauftritt. Seine beiden nächsten Filme erfreuten zwar die Kritiker, nicht aber das Publikum: die schwarzhumorige Antikriegssatire WIE ICH DEN KRIEG GEWANN (HOW I WON THE WAR, 1967) mit John Lennon und

Abb. 122: Richard Lester am Set von WIE ICH DEN KRIEG GEWANN

die postapokalyptische Endzeitfarce DANACH (THE BED SITTING ROOM, 1969) mit →Marty Feldman. Mit seiner stargespickten Mantel- und Degenparodie DIE DREI MUSKETIERE (1973) eroberte Lester das Publikum zurück. Auch mit seinen Hollywood-Blockbustern SUPERMANN II (1980) und SUPERMANN III (1983) hatte sich Lester dem Mainstream verschrieben, lockerte ihn aber stilsicher mit seinem beschwingten Inszenierungsstil auf.

Die Filme:

1959: The Running Jumping & Standing Still Film (Kurzfilm), 1961: Twen-Hitparade - It's trad, Dad!, 1963: Auch die Kleinen wollen nach oben (The Mouse on the Moon), 1964: Yeah Yeah Yeah (A Hard Day's Night), 1965: Der gewisse Kniff (The Knack ... and How to Get It), 1965: Hi-Hi-Hilfe! (Help!), 1965: Toll trieben es die alten Römer (A Funny Thing Happened on the Way to the Forum), 1967: Wie ich den Krieg gewann (How I Won the War), 1969: Danach (The Bed-Sitting Room), 1973: Die drei Musketiere (The Three Musketeers), 1974: Die vier Musketiere – Die Rache der Mylady (The Four Musketeers), 1975: Royal Flash, 1980: Superman II – Allein gegen alle, 1983: Superman III – Der stählerne Blitz, 1988: Die Rückkehr der Musketiere (The Return of the Musketeers)

Dani Levy

Abb. 123: Dani Levy auf der Berlinale 2008

(*1957) Seit seinem ersten Film Du MICH AUCH (1986) folgte Dani Levy seiner Vision eines Kinos der persönlichen und authentischen Geschichten. Levy hat ein Gespür, den Nerv der Zeit zu treffen und die emotionale Welt seiner Generation offen zu legen. Vielfältige persönliche Erfahrungen kommen ihm dabei zugute. Nach einer wilden Kindheit und Jugend als Clown und Akrobat im Circus Basilisk, als Gitarrist einer Rockband und einem, wie er selbst sagt, mittelmäßigen Abi, begann er ein Germanistikstudium, doch das brach er bald ab. Er spielte von 1977 bis 1979 in Basel Theater, dann ging er nach Berlin, wo er 1980/81 Mitglied des Theaters Rote Grütze und 1982/83 bei der Theatergruppe Logo war, bevor er sein Regiedebüt mit dem Kinofilm Du MICH AUCH vorlegte, für das er gleich den Preis für den besten Film auf dem Komödienfestival von Vevey erhielt. In einer Zeit, da das deutsche Kunstkino vornehmlich für bierernste Problemquälereien verrucht war, wirbelte die unverkrampfte Low-Low-Budgetproduktion frischen Wind in die deutsche Kinolandschaft. »Trennen wir uns oder ja?« lautet die ständig variierte Dauerfrage des liebeswütigen Paares Dani Levy und Anja Franke in einer fröhlichen Tour de Farce zwischen Spät-Pubertät, studentischer Gammelei und Bürgerschreck-Humor. Sein zweiter Film ROBBYKALLEPAUL (1989), gedreht in der eigenen Wohnung als entspannt inszenierte Szene-Komödie, fing perfekt die Stimmung der spät-alternativen 1980er Jahre ein und bekam den Publikumspreis des Max Ophüls Festivals 1989. Im Jahr 1994 gründete Dani Levy gemeinsam mit Stefan Arndt, Wolfgang Becker und Tom Tykwer die Produktionsfirma X Filme Creative Pool. STILLE NACHT, der erste Film, der unter dem Dach von X Filme entstand, lief 1996 im Internationalen Wettbewerb der Filmfestspiele von Berlin. 1997 widmete sich Levy nach zehn Jahren Drehbuch- und Entwicklungsarbeit der Realisierung des komplexen Thrillers MESCHUGGE.

Nach seinem Film VÄTER (2002) kehrte Levy mit ALLES AUF ZUCKER! (2005) wieder zurück zur Form der Filmkomödie, die seinem Talent mehr entgegen kommt als alle seine ambitionierten Versuche dramatischer Filmkunst. Als Levy im Berliner Kino »filmkunst 66« dem 10 000. ZUCKER-Gast gratulierte, gab er zu, dass dieser Film schon nach vier Wochen mehr Besucher ins Kino gelockt hatte als alle seine vorausgegangenen Filme der letzten Jahre zusammengenommen. Wie ALLES AUF ZUCKER! mit spitzem Witz und turbulentem Humor jüdische Traditionen und menschliche Schwächen persifliert, erinnert an beste →Lubitsch-Tradition, was dem Film auch den gleichnamigen Preis als beste deutsche Komödie des Jahres einbrachte. Für diese jüdische Komödie über das Aufeinandertreffen zweier sehr unterschiedlicher Familien wünschte sich Levy eine Portion Aufklärung: »Ein Teil der Komik entsteht ja gerade durch die Unmöglichkeit, die strengen jüdischen Gesetze einhalten zu können. Der Zuschauer wird in einem Schnelldurchgang lernen, was alles in einem orthodoxen Haushalt beachtet werden muss. Das Schöne ist, dass wir deutschen Juden zusehen können, ohne dass im Hintergrund immer der Holocaust wie ein Schatten an der Wand aufleuchtet. Ich finde es sehr wichtig, Terrain zu schaffen, auf dem sich Deutsche und Juden ganz normal begegnen können. Ich selbst komme aus einer Familie, in deren Geschichte der Holocaust ‚amtlich' stattgefunden hat. Aber meine Generation hat den Krieg nicht mehr erlebt. Wir haben ganz andere Erfahrungen gemacht als die Generation unserer Eltern.«

Aufsehen und jede Menge Medienrummel erzeugte dann 2007 seine Komödie MEIN FÜHRER – DIE WIRKLICH WAHRSTE WAHRHEIT ÜBER ADOLF HITLER, die von Publikum und Kritik durchaus kontrovers diskutiert wurde. Während ALLES AUF ZUCKER! und MEIN FÜHRER eindeutig zu den Highlights deutscher Filmkomödien gehören, ist sein Versuch, mit DAS LEBEN IST ZU LANG (2010) über die Lebens- und Schaffenskrise eines jüdischen Filmemachers auf →Allen-Spuren zu wandeln, nur eine langweilige Nabelschau mit schalen Scherzen.

Die Komödien:

1986: Du mich auch, 1989: RobbyKallePaul, 2005: Alles auf Zucker!, 2007: Mein Führer – Die wirklich wahrste Wahrheit über Adolf Hitler, 2009: Deutschland 09, Segment: Joshua, 2010: Das Leben ist zu lang

Ernst Lubitsch

(1892 – 1947) Der »Lubitsch-Touch« gilt als Inbegriff eines bestimmten Inszenierungsstils, der mit den Begriffen Eleganz, Leichtigkeit, Raffinesse, Ironie, Dialog-Feinheit allein nicht zu beschreiben ist. Scheinbare Diskretion, die in vieldeutigen Anspielungen sexuelle Tabus umschifft; Nebensachen, die in gezielter Pointierung auf die Hauptsache verweisen; das Spiel mit der Erwartungshaltung des Zuschauers, die durch überraschende Handlungswendungen und unerwartete Konfliktauflösungen düpiert werden – das sind die Kunstmittel, die den Lubitsch-Touch prägen. Der Meister der filmischen Auslassung erzählt die Schlusspointen seiner Szeneauflösungen nie direkt, sondern spiegelt sie wieder in den Reaktionen und im Mienenspiel unbeteiligter Beobachter oder in der Großaufnahme symbolisch deutbarer Gegenstände. Auf diese Weise indirekt informiert, amüsiert sich der Zuschauer über jeden Kunstgriff, den Lubitsch anwendet, um mit der Zeichensprache des Kinos die Fantasie anzuregen. In dem Marlene Dietrich-

Film ENGEL (ANGEL, 1937) dokumentiert Lubitsch die sich aufschaukelnde Anspannung beim gemeinsamen Diner von Ehemann, Liebhaber und untreuer Ehefrau im Spiegelbild der unterschiedlich aufgehäuften Essenreste auf den abgeräumten Tellern, aus denen der Butler die unterschiedlichen Stimmungslagen der Beteiligten abliest.

In seiner Frühzeit als Darsteller und Regisseur in den 1910er Jahren freilich waren seine in Deutschland gedrehten Komödien weniger elegant denn einfallsreich albern: inszeniert mit einem großem Sinn für kunstvollen Nonsens wirken Filme wie DIE PUPPE (1919), DIE AUSTERNPRINZESSIN (1919) oder DIE BERGKATZE (1921) auch heute noch temporeich witzig. Der Erfolg seiner Stummfilme – darunter auch historische (Melo)Dramen wie MADAME DUBARRY (1919), SUMURUN (1920) oder ANNA BOLEYN (1920), die dezidiert als Großfilme eines hochtalentierten Regisseurs produziert wurden – führte Lubitsch schon zu Beginn der 1920er Jahre nach Hollywood, wo er mit den größten Stars arbeitete: Pola Negri (mit der er auch schon in Deutschland häufig zusammengearbeitet hat), Asta Nielsen, Mary Pickford, Marlene Dietrich, Greta Garbo. Die neuen Möglichkeiten des Tonfilms nutzte Lubitsch für eine Reihe operettenhafter Musikfilme: MONTE CARLO (1930), LIEBESPARADE (THE LOVE PARADE, 1929), DIE LUSTIGE WITWE (THE MERRY WIDOW, 1934). Mit ÄRGER IM PARADIES (TROUBLE IN PARADISE, 1932) fand Lubitsch zu seinem Stil der »Sophisticated Comedies« – »Komödien über Sein und Schein, Glücksversprechen und Betrug, Liebesgeschichten, wie sie virtuoser und zeichenhafter niemand erzählen konnte.« (so charakterisiert im *Filmregisseure*-Band des Reclam-Verlags).

Abb. 124: Ernst Lubitsch um 1920

Mit anspielungsreichem Humor und ironischem Witz untergräbt Lubitsch in Ärger im Paradies die gesellschaftlichen und moralischen Wertvorstellungen einer feinen Gesellschaft, in die ein verliebtes Diebespaar einbricht. In Serenade zu dritt (Design For Living, 1933) verbinden sich ein Maler (Gary Cooper), ein Dichter (Fredric March) und eine Zeichnerin (Miriam Hopkins) zu einem Dreiecksarrangement ohne Sex, bis sie die Vergeblichkeit ihres Liebesverzichts erkennen. Ein Dreieckskonflikt bestimmt auch Engel. Der Engel ist Marlene Dietrich, die nach einer Affäre Besuch des Liebhabers im ehelichen Heim bekommt. In Blaubarts achte Frau (Bluebeard's Eighth Wife, 1938) ist Gary Cooper der Blaubart, der als oft verheirateter Millionär von der Tochter (Claudette Colbert) eines verarmten Adeligen eingefangen wird. Ninotschka (1939) ging in die Kinogeschichte ein als der einzige Film, in dem Greta Garbo gelacht hat. Als linientreue Sowjetkommissarin erliegt die schwedische Kinotragödin in Paris dem Reiz der westlichen Welt und dem Glück der Liebe.

Als seinen liebsten Film bezeichnet Lubitsch Rendezvous nach Ladenschluss (The Shop Around The Corner, 1940): ein Film, mit dem Lubitsch aus seinem feinen High Society-Milieu ausbricht und im Kosmos eines kleinen Budapester Gemischtwarenladens das wahre Leben der Mittelschicht mit ihrem Kampf um Arbeit, Geld und sozialen Aufstieg, um Eifersucht und Liebe in präziser Milieuzeichnung einfängt. In seinem einzigen Farbfilm Ein himmlischer Sünder (Heaven Can Wait, 1943) akzentuiert Lubitsch die Lebensbeichte eines alternden Lebemannes mit pointiert eingesetzter Farbdramaturgie. Erst mit jahrzehntelanger Verspätung war Lubitschs Nazi-Satire Sein oder Nichtsein (To Be Or Not To Be, 1942) in Deutschland zu sehen. Im besetzten Polen trickst eine Theatertruppe Gestapo und Wehrmacht aus, indem sie mit einem kühnen Verkleidungsbluff die Nazis mit ihren eigenen Mitteln schlägt und so die faschistischen Machtrituale der Lächerlichkeit preisgibt – ein bravouröser Balanceakt zwischen Grauen und Komik.

Die Bedeutung Lubitsch dokumentiert eine Anekdote, die einen kurzen Dialog an seinem Grab wiedergibt: →Billy Wilder zu William Wyler: »Kein Lubitsch mehr«. – Wyler: »Schlimmer – kein Lubitsch-Film mehr.«

Die Komödien:

In Deutschland (Auswahl):

1916: Schuhpalast Pinkus, 1917: Wenn vier dasselbe tun, 1917: Der Blusenkönig, 1917: Das fidele Gefängnis, 1918: Meyer aus Berlin, 1918: Ich möchte kein Mann sein, 1919: Die Puppe, 1919: Die Austernprinzessin, 1920: Romeo und Julia im Schnee, 1920: Kohlhiesels Töchter, 1921: Die Bergkatze

In USA (Auswahl):

1924: The Marriage Circle (Die Ehe im Kreise), 1925: Lady Windermere's Fan (Lady Windermeres Fächer), 1927: The Student Prince in Old Heidelberg (Alt Heidelberg), 1929: Liebesparade (The Love Parade), 1930: Monte Carlo, 1931: Der lächelnde Leutnant (The Smiling Lieutenant), 1932: Eine Stunde mit Dir (One Hour with You), 1932: Ärger im Paradies (Trouble in Paradise), 1932: Wenn ich eine Million hätte (If I Had a Million), 1933: Serenade zu dritt (Design for Living), 1934: Die lustige Witwe (The Merry Widow), 1937: Engel (Angel), 1938: Blaubarts achte Frau (Bluebeard's Eighth Wife), 1939: Ninotschka (Ninotchka), 1940: Rendezvous nach Ladenschluß (The Shop Around the Corner), 1941: Ehekomödie (That Uncertain Feeling), 1942: Sein oder Nichtsein (To Be or Not to Be) 1943: Ein himmlischer Sünder (Heaven Can Wait), 1946: Cluny Brown auf Freiersfüßen (Cluny Brown), 1948: Die Frau im Hermelin (That Lady in Ermine) vollendet und realisiert durch Otto Preminger

Alexander Mackendrick

Abb. 125: Alexander Mackendrick (rechts) mit Alec Guinness am Set von DER MANN IM WEISSEN ANZUG

(1912 – 1993) Als Werbegrafiker kam Alexander Mackendrick erstmals mit dem Film in Berührung. Er schuf Storyboards für Werbefilme. Im Krieg diente er bei einer britischen Propagandaeinheit, wo er von Flugblättern bis zu Dokumentarfilmen alles zusammenbastelte, was man zur psychologischen Kriegführung brauchte. Nach dem Krieg etablierte er sich bei den →Ealing-Studios als eine der Schlüsselfiguren des britischen Nachkriegsfilms und schuf mit FREUT EUCH DES LEBENS / DAS WHISKYSCHIFF (WHISKY GALORE!, 1948), DER MANN IM WEISSEN ANZUG (THE MAN IN THE WHITE SUITE, 1951), OLLER KAHN MIT GRÖSSENWAHN (THE MAGGIE, 1953) und LADYKILLERS (1955) einige der ganz großen Klassiker englischen Humors. Typische »Ealing«-Filme, die ihre bizarre Komik und ihren trockenen Humor vor dem realistisch gezeichneten sozialen Hintergrund des »Kleine Leute«-Milieus entfalteten.

In FREUT EUCH DES LEBENS versuchen die durstigen Bewohner einer abgelegenen Insel trotz aller behördlichen Nachforschungen sich eines angeschwemmten Whisky-Fasses zu erfreuen. DER MANN IM WEISSEN ANZUG ist →Alec Guinness als verkannter Wissenschaftler, der einen unzerreißbaren Stoff erfindet und so die Existenz sowohl der Fabrikanten wie der Arbeiter bedroht. OLLER KAHN MIT GRÖSSENWAHN ist ein schrottreifer Kahn, dessen Ladung ein amerikanischer Geschäftsmann hinterher jagt. Vergeblich. Denn schottische Gemütlichkeit triumphiert über amerikanisches Tempo. Und in der schwarzhumorigen Gangsterparodie LADYKILLERS versucht ein Bankräuberquintett ausgesucht krimineller Charakterköpfe vergeblich eine alte Dame ins Jenseits zu befördern, nachdem sie ihre Geldbeute entdeckt hat.

Störrische Insulaner, ein eigenbrötlerischer Forscher, ein alter Seebär, ein schusselige alte Lady – es sind lauter liebenswerte Exzentriker, die in den Komödien von Alexander Mackendrick mit ihrem Starrsinn über die Starken und Mächtigen triumphieren. Nach dem Niedergang der Ealing-Studios ging Mackendrick nach Amerika, wo seiner filmischen Anklage gegen gewissenlosen Sensationsjournalismus DEIN SCHICKSAL IN MEINER HAND (SWEET SMELL OF SUCCESS, 1957) nicht der Erfolg seiner früheren Filme beschieden war. Bis zu seinem Lebensende war er Dekan des California Institute Of The Arts, wo er seine Erfahrungen des filmischen Handwerks weitergab.

Die Komödien:

1948: Freut euch des Lebens (Whisky Galore!), 1951: Der Mann im weißen Anzug (The Man in the White Suit), 1952: Mandy 1953: Oller Kahn mit Größenwahn (The Maggie), 1955: Ladykillers (The Ladykillers), 1966: Die nackten Tatsachen (Don't Make Waves)

Leo McCarey

(1898 – 1969) Die Karriere von Leo McCarey begann schon in der Stummfilmzeit. Er verfasste für den ersten →Laurel & Hardy-Film PUTTING PANTS ON PHILIP (1927) das Drehbuch und inszenierte einige ihrer besten Kurzfilme: THE FINISHING TOUCH (1928), LIBERTY (1929) und BIG BUSINESS (1929). Für den Slapstick-Star Charly Chase schrieb er Drehbücher. Sein in der Stummfilmära geformter Spürsinn für effektvolle Situationskomik, exaktes Gagtiming und fröhliches Chaos prägte auch den Filmstil seiner ersten Tonfilme. Er arbeitete mit fast allen Komikern seiner Zeit: Eddie Cantor (THE KID FROM SPAIN, 1932), →Marx Brothers (DIE MARX BROTHERS IM KRIEG - DUCK SOUP, 1933), →W. C. Fields (SECHS VON EINER SORTE - SIX OF A KIND, 1934), →Mae West (DIE SCHÖNE DER NEUNZIGER JAHRE - BELLE OF THE NINETIES, 1934), Charles Laughton (EIN BUTLER IN AMERIKA - RUGGLES OF RED GAP, 1935)

Abb. 126: Leo McCarey mit Mae West am Set von DIE SCHÖNE DER NEUNZIGER JAHRE

und →Harold Lloyd (THE MILKY WAY, 1936). Mit →Cary Grant drehte er zwei der besten und komischsten Screwball Comedies: DIE SCHRECKLICHE WAHRHEIT (THE AWFUL TRUTH, 1937) und MEINE LIEBLINGSFRAU (MY FAVORITE WIFE, 1940).

Die vom Wortwitz der Dialoge und vom Spielwitz der Darsteller Cary Grant und Irene Dunne getragene SCHRECKLICHE WAHRHEIT brachte Leo McCarey den Oscar ein. Ein sich mit Scheidungsabsichten beschäftigendes Ehepaar hat 90 Tage Bedenkzeit, um sich wieder zu versöhnen, und findet nach einem Geschlechterendkampf mit schwindel erregenden Dialoggefechten wieder zueinander. In MEINE LIEBLINGSFRAU kehrt die tot geglaubte Gattin ausgerechnet am Hochzeitstag wieder zurück und lässt Bräutigam Cary Grant zum Bigamisten wider Willen werden. Das Doris Day-Remake EINE ZUVIEL IM BETT (1963) konnte den komischen Drive des Originals nie erreichen.

Es waren jedoch nicht seine Komödien, die Leo McCareys größte Kassenschlager wurden. Dies war seiner unsterblichen Liebesschnulze DIE GROSSE LIEBE MEINES LEBENS (AN AFFAIR TO REMEMBER, 1957) und dem fromm-fröhlichen Bing Crosby-Spektakel DIE GLOCKEN VON ST. MARIEN (THE BELLS OF ST. MARY'S, 1945) bestimmt.

Die Komödien:

1933: Die Marx Brothers im Krieg (Duck Soup), 1934: Sechs von einer Sorte (Six of a Kind), 1934: Die Schöne der neunziger Jahre (Belle of the Nineties), 1935: Ein Butler in Amerika (Ruggles of Red Gap), 1937: Die schreckliche Wahrheit (The Awful Truth), 1940: Meine Lieblingsfrau (My Favorite Wife), 1942: Es waren einmal Flitterwochen (Once Upon a Honeymoon), 1957: Die große Liebe meines Lebens (An Affair to Remember), 1958: Keine Angst vor scharfen Sachen (Rally 'Round the Flag, Boys!)

Norman Z. McLeod

(1898 – 1964) Als Zeichner für Animationsfilme entwickelt Norman Z. McLeod jenes Gespür für filmische Komik, das ihn zum herausragenden Regisseur der amerikanischen Filmkomödie in den 1930er Jahren machte. Er inszenierte die →Marx Brothers-Filme MONKEY BUSINESS (1931) und HORSE FEATHERS (1932) – DIE MARX BROTHERS AUF SEE und BLÜHENDER BLÖDSINN -, die →W. C. Fields-Komödien ALICE IN WONDERLAND (1933) nach dem Buch von Lewis Carroll und IT'S A GIFT (1934), und mit den Topper-Filmen zwei Klassiker des Gespensterfilms.

Abb. 127: Norman Z. McLeod mit Patsy Kelly und Virginia Bruce am Set von MILLIONÄRIN AUF ABWEGEN

In TOPPER – DAS BLONDE GESPENST (TOPPER, 1937) kehrt ein leichtlebiges Ehepaar nach seinem Unfalltod als unsichtbare Gespenster ins Leben zurück, um einem von seiner Frau tyrannisierten Banker zu helfen. In TOPPER GEHT AUF REISEN (TOPPER TAKES A TRIP, 1938) muss das Ehepaar vor der Aufnahme ins Jenseits eine gute Tat vollbringen und assistiert dem Banker Topper beim Kampf um seine Frau. Zwei Geisterkomödien, die mit verblüffenden Tricks, glänzenden Darstellern und geistreichen Dialogen noch immer zu unterhalten wissen.

Im Gewand einer Screwball Comedy führt MERRILY WE LIVE (1938) das exzentrische Leben einer reichen Familie vor, das einen bizarren Hang zur Resozialisierung von Landstreichern und Ex-Knackies entwickelt. Mit den beiden →Bob Hope-Filmen SEIN ENGEL MIT DEN ZWEI PISTOLEN (THE PALEFACE, 1948) und EIN SCHUSS UND 50 TOTE (ALIAS JESSE JAMES, 1959) gelangen Norman Z. Mcleod zwei urkomische Westenparodien, in denen der Groteskstar als hasenfüßiger Neuling in den Wilden Westen gerät und mit mehr Glück als Verstand alle Gefahren überlebt. Sein Engel mit den zwei Pistolen ist die Sexbombe Jane Russell als legendäre Meisterschützin Calamity Jane. In ALIAS JESSE JAMES ist Bob Hope ein erfolgloser Versicherungsvertreter, der ausgerechnet Jesse James eine 100.000 Dollar-Lebensversicherung verkauft hat. Völlig überfordert für solche Aufgaben wird er in den Wilden Westen geschickt, um Jesse James zu schützen. Im Showdown kommen ihm alle Westernhelden von Roy Rogers bis Gary Cooper zu Hilfe.

Norman Z. McLeods Meisterstück bleibt DAS DOPPELLEBEN DES HERRN MITTY (THE SECRET LIFE OF WALTER MITTY, 1947). →Danny Kaye spielt einen von allen unterdrückten kleinen Angestellten in einem Verlag für Schauerromane, der nur in seinen Tagträumen zum strahlenden Helden wird. Sein Leben gerät erst richtig außer Kontrolle, als er Traum und Wirklichkeit nicht mehr auseinander halten kann und in eine wirkliche Kriminalgeschichte verwickelt wird. Aus der charakterlichen Ambivalenz zwischen der Ängstlichkeit des ewigen Losers und der unerwarteten Tatkraft des schusseligen Träumers erzielt der Film seine Komik. Nach einer Geschichte des amerikanischen Schriftstellers und Comiczeichners James Thurber gestaltete Norman McLeod eine hintergründige Satire, die geschickt die wirklichen Ereignisse mit der Fantasiewelt Mittys verbindet.

Die Komödien:

1931: Die Marx Brothers auf See (Monkey Business), 1931: Skippy (Drehbuch), 1932: Blühender Blödsinn (Horse Feathers), 1933: Alice im Wunderland, 1934: Das ist geschenkt (It's a Gift), 1936: Pennies from Heaven, 1937: Topper – Das blonde Gespenst (Topper), 1938: Millionärin auf Abwegen (There Goes My Heart), 1938: Uns geht's ja prächtig (Merrily We Live), 1938: Topper geht auf Reisen (Topper Takes a Trip), 1939: Remember?, 1946: Der Held des Tages (The Kid from Brooklyn), 1947: Das Doppelleben des Herrn Mitty (The Secret Life of Walter Mitty), 1947: Der Weg nach Rio (Road to Rio), 1948: Sein Engel mit den zwei Pistolen (The Pale Face), 1951: Spione, Liebe und die Feuerwehr (My Favorite Spy), 1954: Der Schürzenjäger von Venedig (Casanova's Big Night), 1956: Rindvieh Nr. 1 (Public Pigeon No. one) 1959: Ein Schuss und 50 Tote (Alias Jesse James)

Jiří Menzel

(*1938) Der ironische Witz und die Skurrilität seiner Figuren brachten Jiří Menzel die Bezeichnung »tschechischer →Allen« ein. Gemeinsam mit Evald Schorm, Věra Chytilová, Jan Němec und Jaromil Jireš war Menzel einer der herausragenden Regisseure der Neuen Welle des »Prager Frühlings« in der Mitte der 1960er Jahre. Gleich für seinen ersten Film LIEBE NACH FAHRPLAN (OSTŘE SLEDOVANÉ VLAKY, 1966) erhielt er den Oscar für den besten Auslandfilm. Mit sanftem Humor und feiner Ironie schildert Menzel die vergeblichen Liebesversuche eines schüchternen Bahnbeamtenanwärters und seinen todesmutigen Versuch, einen Mili-

Abb. 128: Jiří Menzel 2007

tärzug deutscher Besatzer in die Luft zu sprengen. Nach dem Verbot seines Films LERCHEN AM FADEN (SKŘIVÁNCI NA NITÍCH, 1969), den er symbolhaft auf einem Schrottplatz ansiedelte, um das Leben und Treiben in einem politischen Umerziehungslager als deutliche Systemkritik zu skizzieren, konnte Menzel erst in den 1980er Jahren wieder Filme inszenieren, die er vorsichtshalber als filmische Stadt- und Zeitflucht anlegte.

Die Dorfidylle der böhmischen Provinz ist der Hintergrund nostalgischer Rückblicke auf eine Welt im Wandel nach dem Ende des Ersten Weltkriegs in KURZGESCHNITTEN (POSTRIZINY, 1980), DAS WILDSCHWEIN IST LOS (SLAVNOSTI SNĚŽENEK, 1983) und ENDE DER ALTEN ZEITEN (KRONEC STARÝCH ČASŮ, 1989). Die gesellschaftlichen Umwälzungen und politischen Umbrüche werden auch spürbar im dörflichen Lebensraum, in dem alte Traditionen der Modernisierung entgegenstehen. Alles, was den Inszenierungsstil von Jiří Menzel auszeichnet, findet sich in seiner schönsten Liebeserklärung ans dörfliche Leben HEIMAT, SÜSSE HEIMAT (VESNIČKO MÁ, STŘEDISKOVÁ, 1985) exemplarisch wieder: seine skurrilen Antihelden, die als Gestrauchelte und Außenseiter den Widrigkeiten des Alltags trotzen; das augenzwinkernde Lächeln über menschliche Schwächen; die liebevoll-ironische Distanz, aus der Menzel das Geschehen schildert und mit ruhigem Timing zu komischen Höhepunkten führt. HEIMAT, SÜSSE HEIMAT lässt aus einem Geflecht tragikomischer Geschichten den Mikrokosmos einer ursprünglichen Welt entstehen und so die tiefe Bedeutung von Heimat als Behauptung eines eigenen Lebensstils verstehen.

Mit seiner Zeitsatire ICH HABE DEN ENGLISCHEN KÖNIG BEDIENT (OBSLUHOVAL JSEM ANGLICKÉHO KRÁLE, 2006) entfernte sich Menzel von den sympathischen Figuren seiner früheren Filme. Als tschechische Geschichtsrevue rekapituliert er die Erfolgsstory eines naiven Mitläufers, der stets im Unglück der Anderen sein Glück findet und während der deutschen Besatzung aus Liebe zu einer Deutschen zum Kollaborateur wird. Die Verfilmung des Romans von Bohmil Hrabal ist die mittlerweile sechste Zusammenarbeit mit seinem Lieblingsautor.

Die wichtigsten Filme:

1966: Liebe nach Fahrplan (Ostře sledované vlaky), 1968: Ein launischer Sommer (Rozmarné léto), 1969: Lerchen am Faden (Skřivánci na nitích), 1978: Die wunderbaren Männer mit der Kurbel (Báječní muži s klikou), 1983: Das Wildschwein ist los (Slavnosti sněženek), 1985: Heimat, süße Heimat (Vesničko má, středisková), 1989: Ende der alten Zeiten (Konec starých časů), 1991: Prager Bettleroper (Žebrácká opera), 1994: Die denkwürdigen Abenteuer des Soldaten Iwan Tschonkin (Život a neobyčejná dobrodružství vojáka Ivana Čonkina), 2002: TeMinutes Older (Episode: Dalších deset minut II.), 2006: Ich habe den englischen König bedient (Obsluhoval jsem anglického krále)

Nancy Meyers

(*1949) Die Autorin, Regisseurin und Produzentin gehört zu den Filmemachern mit der Fähigkeit, Unterhaltung und Romantik im klassischen Hollywoodstil mit einer zeitgenössischen sozialen Perspektive zu verbinden. Bei ihren intelligenten und raffinierten Liebeskomödien erweist sie sich als scharfe Beobachterin menschlicher Lebensumstände, ganz besonders mit Blick auf Beziehungen zwischen Mann und Frau. Die in Philadelphia geborene Nancy Meyers besuchte die American University in Washington, D. C. und siedelte 1972 nach Los Angeles über, wo sie als Redakteurin bei Rastar Productions ihre erste Stelle antrat. SCHÜTZE BENJAMIN (PRIVATE BENJAMIN, 1980, Regie: Howard Zieff) mit Goldie Hawn war der erste Film, den sie produzierte und zusammen mit Charles Shyer schrieb. Im Film geht es um eine verzogene junge Frau, die Soldatin wird. Nach dem Erfolg mit SCHÜTZE BENJAMIN schrieb und produzierte Meyers den gefeierten TRIPLE TROUBLE (IRRECONCILABLE DIFFERENCES, 1984, Regie: Charles Shyer). Es folgten BABY BOOM - EINE SCHÖNE BESCHERUNG (BABY BOOM, 1986, Regie: Charles Shyer) mit Diane Keaton und die Spionage-Komödie JUMPIN' JACK FLASH (JUMPIN' JACK FLASH, 1987, Regie: Penny Mashall) mit →Whoopi Goldberg sowie die Remake-Kassenknüller VATER DER BRAUT (FATHER OF THE BRIDE, 1991) und EIN GESCHENK DES HIMMELS (FATHER OF THE BRIDE PART II, 1995, beidesmal Regie: Charles Shyer), in denen →Steve Martin und Diane Keaton

Abb. 129: Nancy Meyers 2009

die 1990er-Jahre-Version der 1950er-Originale mit Spencer Tracy und Joan Bennett lieferten.

Nachdem sie bereits fast zwei Jahrzehnte lang als Autorin und Produzentin erfolgreich war, gab sie 1998 mit Ein Zwilling kommt selten allein (The Parent Trap) ihr Debüt als Regisseurin: Die Disney-Adaption des Erich-Kästner-Romans *Das doppelte Lottchen* ist ein Remake des Films Die Vermählung ihrer Eltern geben bekannt (The Parent Trap) von 1961. Anschließend entstand ihr bis dahin größter Hit Was Frauen wollen (What Women Want, 2000), in dem Mel Gibson die Gedanken des weiblichen Geschlechts hören kann und sich dementsprechend zum Frauenversteher mausert. Danach schrieb und inszenierte Nancy Meyers zwei Beziehungskomödien für fortgeschrittene Semester: In Was das Herz begehrt (Something's Gotta Give, 2003) liefern sich Jack Nicholson und Diane Keaton (erstmals gemeinsam auf der Leinwand) brillante Wortgefechte, und bei Wenn Liebe so einfach wäre (It's Complicated, 2009) starten Alec Baldwin und Steve Martin dreiste Versuche, um Meryl Streep zu erobern.

In Liebe braucht keine Ferien (Holiday, 2006) tauscht Iris (Kate Winslet), Londoner Journalistin mit Beziehungskrise ihr englisches Landhäuschen mit der amerikanischen Filmproduzentin Amanda (Cameron Diaz). In ihrer Nachbarschaft in Los Angeles trifft sie den 90-jährigen ehemaligen Drehbuchautor Arthur Abbott (Eli Wallach), mit dem sie sich anfreundet. Abbott, der in Hollywood als Botenjunge begann, kannte →Cary Grant und gewann sogar einmal einen Oscar. Er führt Iris an die alten Hollywood-Klassiker heran, die sie praktisch verschlingt. Eine Verbeugung vor dem alten Studiosystem Hollywoods und Nancy Meyers' ewiger Traum von einer Wiedergeburt der goldenen Ära der Traumfabrik, wobei immerhin Kate Winslet als Iris das Zeug dazu hat, Katharine Hepburn oder Ginger Rogers Konkurrenz zu machen. Das gegenwärtige Hollywood kommt dagegen nicht so gut weg, es wird recht ironisch betrachtet, wenn Amanda an einem Trailer arbeitet, der ultrabrutale Actionszenen zeigt und den Filmstart für Weihnachten ankündigt.

Drehbuch, Regie:

1998: Ein Zwilling kommt selten allein (The parent trap), 2000: Was Frauen wollen (What women want), 2003: Was das Herz begehrt (Something's gotta give), 2006: Liebe braucht keine Ferien (The Holiday), 2009: Wenn Liebe so einfach wäre (It's Complicated)

Drehbuch:

1980: Schütze Benjamin (Private Benjamin), 1984: Triple Trouble (Irreconcilable Differences), 1986: Baby Boom – Eine schöne Bescherung, 1991: Vater der Braut (Father of the bride), 1995: Ein Geschenk des Himmels – Vater der Braut 2 (Father of the bride Part 2), 2003: Was das Herz begehrt (Something's gotta give), 2006: Liebe braucht keine Ferien (The Holiday, 2009: Wenn Liebe so einfach wäre (It's Complicated)

Édouard Molinaro

(1928 – 2013) Édouard Molinaro ist einer der Regisseure, die sich ausschließlich auf Komödien spezialisiert haben. Wie sein Vater studierte er Zahnmedizin, wandte sich aber schnell dem Film zu. Mit sechs Kurzfilmen erregte er erste Aufmerksamkeit und inszenierte 1958 seinen ersten Film MIT DEM RÜCKEN ZUR WAND (LE DO AU MUR) – ein psychologisch genau nachgezeichnetes Ehe- und Eifersuchtsdrama, das von der Kritik als reizvoller Nouvelle Vague-Vorläufer gelobt wurde. Mit JAGD AUF MÄNNER (LA CHASSE À L'HOMME, 1964) fand er zu seinem Komödienstil. Beginn und Ende des Films zeigen eine Fuchsjagd – Symbol für die menschliche Fuchsjagd, bei der die Frauen die Männer jagen und zur Strecke bringen. Vergeblich begibt sich Jean-Claude Brialy kurz vor seiner Hochzeit auf die Flucht, nur um im fernen Griechenland zur Ehe verführt zu werden, während der überzeugte Ehegegner Claude Rich ebenfalls der Liebe erliegt. Die Niederlage der Männer konkretisiert die turbulente Komödie in der ironischen Gegenüberstellung von Wunschvorstellung und Wirklichkeit.

Abb. 130: Édouard Molinaro 2009

Mit OSCAR (1967) schuf Molinaro den besten, weil komischsten →Louis de Funès-Film. In der Rolle eines überforderten Managers und Familienvaters ist der virtuos ausrastende Funès in seinem Element. Auch in ONKEL PAUL, DIE GROSSE PFLAUME (HIBERNATUS, 1969) brilliert de Funès als Hektiker in allen Lebenslagen. Ein im grönländischen Eis eingefrorener und wieder aufgetauter Mann bringt alles durcheinander, weil er glaubt, um die Jahrhundertwende zu leben.

Nach einem französischen Schelmenroman der rustikal heiteren Art erzählt MEIN ONKEL BENJAMIN (MON ONCLE BENJAMIN, 1969) die erotischen Erlebnisse eines lebenslustigen Landarztes und Frauenhelden aus der Zeit Ludwig XV. Wieder in die Gegenwart führt die Krimiparodie DIE FILZLAUS (L'EMMERDEUR, 1973). Ein Profikiller wird wider Willen zum Lebensretter eines lebensmüden Chaotikers, der mit seinen Selbstmordversuchen permanent die Erfüllung eines Mordauftrags sabotiert. Die rasante Komödie bezieht ihren Witz aus dem Gegenüber des stoischen Killers, dem Lino Ventura seine ruhige Präsenz verleiht, und des hysterischen Selbstmordkandidaten, den Jacques Brel als tollpatschigen Hampelmann spielt. Die Schwulen- und Travestiekomödie EIN KÄFIG VOLLER NARREN (LA CAGE AUX FOLLES, 1978), der 1980 NOCH EIN KÄFIG VOLLER NARREN folgte, wurde ein Kultfilm nicht nur in der Schwulenszene. Ein homosexuelles Paar muss sich anlässlich der Hochzeit des aus einem Seitensprung stammenden Sohnes von seinem ausgeflippten Lebensstil trennen, um den konservativen Brautvater nicht zu schocken. Aus der Komik der vertauschten Geschlechterrollen schlägt die extravagante Verfilmung eines Boulevardtheaterstücks zündende Funken.

Mit DIE HERREN DRACULA (DRACULA PÈRE ET FILS, 1976) gelang Molinaro eine vergnügliche Parodie auf den Horrorfilm mit einem selbstironisch aufgelegten Christopher Lee, die nichts mit Dracula, aber alles mit den Topoi des Vampirfilms zu tun hat.

Die Komödien:

1964: Jagd auf Männer (La Chasse à l'homme), 1967: Oscar (Oscar), 1969: Mein Onkel Benjamin (Mon oncle Benjamin), 1969: Onkel Paul, die große Pflaume (Hibernatus), 1973: Die Filzlaus (L'Emmerdeur), 1976: Die Herren Dracula (Dracula père et fils), 1977: Der Antiquitätenjäger (L'Homme pressé), 1978: Ein Käfig voller Narren (La Cage aux folles), 1980: Noch ein Käfig voller Narren (La Cage aux folles 2), 1980: Sunday Lovers, 1982: Du kannst mich mal (Pour 100 briques, t'as plus rien!), 1985: Der Filou (L'Amour en douce), 1996: Beaumarchais – Der Unverschämte (Beaumarchais, l'insolent)

Mario Monicelli

(1915 – 2010) Die frühe Periode seines Schaffens, das insgesamt 60 Filminszenierungen und 90 Drehbücher aufweist, ist geprägt von der Autorenschaft seines festen Drehbuchautors Steno: Komödien aus dem Leben und Milieu der kleinen Leute. In fast all diesen Filmen wirkt der Komikerstar →Totò mit. Das herausragende Werk dieser Serie ist RÄUBER UND GENDARM (GUARDIE E LADRI, 1952) um die Freundschaft zwischen einem Polizisten und einem Gauner. Der eine will den anderen nicht verhaften, der andere will nicht weglaufen. Von menschlicher Gesinnung und weisem Humor bestimmt sind auch seine späteren Filme: VÄTER UND SÖHNE (PADRE E FIGLI, 1956) fächert in locker aufgereihten Episoden das Vater-Sohn-Thema auf in einem kunstvollen Geflecht aus alltagsnahen Situationen, DIEBE HABEN ES SCHWER (IL SOLITI IGNOTI, 1958) beschreibt den Lebensalltag einer kleinen Gaunerbande und ihrer grotesk misslingenden Versuche des perfekten Bankraubs. Mit seinem exzellenten Darstellerensemble (Marcello Mastroianni, Vittorio Gassmann, Totò, Claudia Cardinale, Renato Salvatore) hält Mo-

Abb. 131: Mario Monicelli 1991

nicelli die Waage zwischen Lächerlichkeit und Tragik, tolldreister Dummheit und intakter Würde.

In seinem ambitioniertesten Film MAN NANNTE ES DEN GROSSEN KRIEG (LA GRANDE GUERRA, 1959) versuchte Monicelli eine satirische Attacke auf den verlogenen Heldenglanz des Krieges. In Bildern des Grauens und absurder Komik zeigt der Film den Krieg aus der Sicht zweier einfacher Soldaten als eine Folge burlesker und tragischer Episoden. Zwei Angsthasen und Drückeberger versuchen allen tapferen Heldentaten zu entgehen und sterben einen unheroischen Tod, der ihrer Armee den Sieg ermöglicht. Auf den Filmfestspielen in Venedig wurde LA GRANDE GUERRA als bester Film ausgezeichnet.

Monicellis Don Quichote-Hommage DIE UNGLAUBLICHEN ABENTEUER DES HOCHWOHLLÖBLICHEN RITTERS BRANCA LEONE (L'ARMATA BRANCALEONE, 1966) mit dem unvergleichlichen Vittorio Gassman als Ritter von der traurigen Gestalt ist mehr als nur eine Historienkomödie. In seiner provokanten Interpretation des Mittelalters erfasst Monicelli mit spöttischer Gebärde den Zeitgeist einer historischen Epoche im Übergang von der Tradition in die Moderne und dem Zerfall alter Werte.

In den Filmen von Mario Monicelli erfüllt sich die »Commedia all'italiana« in ihrer reinsten Form. Mit ihrer bahnbrechenden Mischung aus Komik und Tragik ist sie die ideale Ausdrucksform, um die sozialen Konflikte der Zeit als menschliche Komödie über all die armen Teufel und Verlierer des aufkommenden Wirtschaftswunders in Szene zu setzen. Monicelli bewahrt das Erbe der italienischen Commedia dell'Arte mit all ihren derben Späßen und Verrücktheiten und überführt es ironisch überzeichnet in den realistisch gezeigten Lebensraum seiner Antihelden.

Die wichtigsten Filme:

1952: Räuber und Gendarm (Guardie e ladri), 1952: Totò und die Frauen (Totò e le donne), 1953: Untreue (Le infedeli), 1956: Donatella: Junge Liebe in Rom (Donatella), 1956: Väter und Söhne (Padri e figli), 1958: Diebe haben's schwer (I soliti ignoti) 1959: Man nannte es den großen Krieg (La grande guerra), 1960: Dieb aus Leidenschaft (Risate di gioia), 1961: Boccaccio 70 (Regie der ersten Episode), 1964: Ehen zu dritt (Alta infedeltà) – Regie der vierten Episode, 1965: Casanova '70, 1966: Die unglaublichen Abenteuer des hochwohllöblichen Ritters Branca Leone (L'armata Brancaleone), 1966: Die Gespielinnen (Le fate) – Regie der zweiten Episode, 1968: Mit Pistolen fängt man keine Männer (La ragazza con la pistola), 1970: Branca Leone auf Kreuzzug ins Heilige Land (Brancaleone alle crociate), 1971: Mortadella (La mortadella), 1977: Viva Italia! (I nuovi mostri), (14-Episodenfilm. Monicelli drehte die Episoden »Autostop« und »ronto soccorso««), 1978: Reise mit Anita (Viaggio con Anita), 1981: Die tolldreisten Streiche des Marchese del Grillo (Il marchese del Grillo), 1985: Hoffen wir, daß es ein Mädchen wird (Speriamo che sia femmina)

Harold Ramis

(1944 – 2014) Als Schauspieler, Drehbuchautor und Regisseur war Harold Ramis maßgeblich an einigen der erfolgreichsten Hollywoodkomödien beteiligt. Seine beruflichen Anfänge als Pfleger in einer Nervenheilanstalt und als Witzredakteur für den *Playboy* haben ihn nach eigener Auskunft ideal für das Filmschaffen vorbereitet. Mit seinem Freund →Bill Murray bildete er ein produktives Filmgespann im Ersinnen und Realisieren höchst vergnüglicher Filmabsurditäten, die aus einer aberwitzigen Handlung und gegensätzlichen Figurenkonstellationen Kultfilme zauberten: die Chaostruppe in ICH GLAUB' MICH KNUTSCHT EIN ELCH (STRIPES, 1981), die Geisterjäger in GHOSTBUSTERS (1984), der Mafiaboss auf der Psychiatercouch in REINE NERVENSACHE (ANALIZE THAT, 1999), der in einer Zeitschleife gefangenen TV-Reporter in UND TÄGLICH GRÜSST DAS MURMELTIER (GROUND HOG DAY, 1993). Der

Abb. 132: Harold Ramis in GHOSTBUSTERS II

englische Originaltitel GROUND HOG DAY wurde in der Umgangssprache zum geflügelten Wort für nicht enden wollenden Frust.

In all diesen Filmen war Bill Murray mit seiner stoischen Gemütsruhe, der auch angesichts totalen Irrsinns keine Miene verzog, stets der Prellbock, an dem aller Ärger ergebnislos abprallte. Eine absonderliche Idee spinnt auch VIER LIEBEN DICH (MULTIPLICITY, 1996) aus: aus Zeitmangel lässt sich ein überforderter Bauingenieur und Familienvater klonen, um sein Leben besser aufteilen zu können, bis er bei vier Klonen durcheinander gerät. Das Faust-Motiv von der an den Teufel verkauften Seele inszenierte Ramis als pervertierte Höllenfahrt trivialer Männerfantasien in TEUFLISCH (BEDAZZLED, 2000): ob als Drogenboss, Frauenversteher, Basketballstar, Literat oder Staatspräsident – stets sind es entscheidende Kleinigkeiten, die eine Erfüllung des männlichen Traumbilds vermasseln: die bevorstehende Ermordung, der zu kleine Penis, die schwule Umwandlung – insgesamt sieben Varianten großartiger Vergeblichkeit.

Einen schwarzhumorig unterkühlten Ausflug ins Krimigenre unternahm Ramis mit THE ICE HARVEST (2005). Ausgerechnet am Weihnachtsabend klauen zwei Amateure der Mafia zwei Millionen Dollar, können aber wegen des titelgebenden Eissturms nicht fliehen und geraten von einem Schlamassel in den nächsten. Mehr Thriller als Komödie nutzte Ramis die Ausgangsposition vom großen Coup zweier Antihelden für eine wendungsreiche und vielschichtige Krimifarce, die der abgedroschenen Story mit einer stilvoll kalkulierten Mischung aus Gewalt, Sarkasmus und schwarzem Humor schräge Komik abgewinnt. Nicht alle Filme von Harold Ramis konnten das Humorniveau seiner Kultfilme halten, doch seine fantasiefreudig zwischen Aberwitz und Absurdität schwankende Komik wurde Vorbild für eine neue Komikergeneration.

Schauspieler:

1981: Ich glaub', mich knutscht ein Elch! (Stripes), 1984: Ghostbusters – Die Geisterjäger (Ghostbusters) 1987: Baby Boom – Eine schöne Bescherung (Baby Boom), 1988: Katies Sehnsucht (Stealing Home), 1989: Ghostbusters II, 1994: Airheads, 1997: Besser geht's nicht (As Good as It Gets), 2002: Alle lieben Lucy (I'm with Lucy), 2002: Nix wie raus aus Orange County (Orange County), 2006: Der letzte Kuss (The Last Kiss), 2007: Beim ersten Mal (Knocked Up), 2007: Walk Hard: The Dewey Cox Story

Drehbuch:

1978: Ich glaub', mich tritt ein Pferd (National Lampoon's Animal House), 1984: Ghostbusters – Die Geisterjäger (Ghostbusters), 1986: Mach's noch mal, Dad (Back to School), 1988: Caddyshack II, 1989: Ghostbusters II

Regie und Drehbuch:

1980: Wahnsinn ohne Handicap (Caddyshack), 1986: Club Paradise, 1999: Reine Nervensache (Analyze This), 2000: Teuflisch (Bedazzled), 2002: Reine Nervensache 2 (Analyze That)

Regie:

1983: Die schrillen Vier auf Achse (National Lampoon's Vacation), 1993: Und täglich grüßt das Murmeltier (Groundhog Day), 1995: Stuart Stupid (Stuart Saves His Family), 1996: Vier lieben dich (Multiplicity), 2005: The Ice Harvest, 2009: Year One – Aller Anfang ist schwer (Year One)

Carl Reiner

Abb. 133: Carl Reiner bei der Verleihung eines Sterns auf dem Hollywood Walk of Fame für Mel Brooks 2010

(*1922) Carl Reiner ist der Vater des HARRY UND SALLY-Regisseurs →Rob Reiner. Seine Regiekarriere ist eng verbunden mit der Entdeckung des Komikers →Steve Martin, dessen erste Filme er inszenierte: REICHTUM IST KEINE SCHANDE (THE JERK, 1979), TOTE TRAGEN KEINE KAROS (DEAD MEN DON'T WEAR PLAID, 1982), DER MANN MIT ZWEI GEHIRNEN (THE MAN WITH TWO BRAINS, 1983), SOLO FÜR ZWEI (ALL OF ME, 1984).

In ihrem ersten gemeinsamen Film mischten Carl Reiner und Steve Martin Komik und Gesellschaftskritik zu einer Satire auf den amerikanischen Karrieretraum vom Tellerwäscher zum Millionär. REICHTUM IST KEINE SCHANDE präsentiert die Erfolgsstory umgekehrt: Ein Mann aus der Gosse erzählt seine Lebensgeschichte, wie er mit einer simplen Erfindung Millionär wurde und in seiner Naivität wieder alles verlor. Mit einem genialen Inszenierungscoup schuf Reiner die originellste und treffendste aller Kinoparodien, die zugleich eine einzigartige Hommage auf die Filme der »Schwarzen Serie« darstellt: TOTE TRAGEN KEINE KAROS. Dem Stil des »film noir« perfekt nachempfunden verfolgt der Film die Spurensuche eines Privatdetektivs nach geheimnisvollen Dokumenten, wobei er raffiniert und mit hintergründigem Witz Szenenausschnitte aus legendären Filmklassikern ins Geschehen einbaut. Das Horrorkino parodierten Reiner & Martin in DER MANN MIT ZWEI GEHIRNEN, der aberwitzigen Geschichte eines verliebten Gehirnchirurgen, der sich in ein sprechendes Gehirn verliebt und es in den Körper seiner Geliebten verpflanzen will. Ein ausgelassen-übermütiges Spiel mit dem Übersinnlichen trieb das Komiker-Duo des absurden Humors in SOLO FÜR 2: Durch eine Krankheit zum Tode verurteilt, versucht eine attraktive Millionärin durch Seelenwanderung zu überleben und schlüpft in die Körperhälfte eines Rechtsanwalts, der nun mit zwei Seelen zu kämpfen hat. In der Rolle eines Trickbetrügers mischt Carl Reiner mit bei Steven Soderberghs Erfolgsfilmserie OCEAN'S 11 mitsamt Nachfolgern und knüpft wieder an seine Anfänge als Schauspieler an; vor seiner Regiekarriere hatte er in den 1960ern unter anderem mit →Mel Brooks zusammengearbeitet.

Die Filme – Auswahl:

1970: Wo is' Papa? (Where's Poppa?), 1977: Oh Gott... (Oh God!), 1977: Das charmante Großmaul (The One and Only), 1979: Reichtum ist keine Schande (The Jerk), 1982: Tote tragen keine Karos (Dead Men Don't Wear Plaid), 1983: Der Mann mit den zwei Gehirnen (The Man with Two Brains), 1984: Solo für 2 (All of Me), 1985: Ein total verrückter Sommer (Summer Rental), 1987: Summer School, 1990: Eine fast anständige Frau (Sibling Rivalry), 1993: Crazy Instinct (Fatal Instinct), 1997: Noch einmal mit Gefühl (That Old Feeling)

Rob Reiner

(*1962) Der Sohn des Regisseurs →Carl Reiner scheint das komödiantische Talent seines Vaters geerbt zu haben. Sein erster Film DIE JUNGS VON SPINAL TAP (THIS IS SPINAL TAP, 1984) – die satirische Pseudodokumentation über eine fiktive Hardrock-Band – war so perfekt vorgetäuscht, das man die Doku bei aller Übertreibung für echt halten konnte. In DIE BRAUT DES PRINZEN (THE PRINCESS BRIDE, 1987) parodierte Rob Reiner in witzigen Szenen und hitzigen Gefechten das Mantel- und Degengenre. In seinem Kinohit HARRY UND SALLY (WHEN HARRY MET SALLY, 1989) tragen →Billy Crystal und Meg Ryan mit exakt pointierten Dialogen einen ganzen Film lang den Geschlechterkampf aus, wenn sie sich in verschiedenen Zeitabständen immer wieder

Die Kunst der Filmkomödie

Abb. 134: Rob Reiner in THE WOLF OF WALL STREET

begegnen. AN DEINER SEITE (THE STORY OF US, 1999) könnte »Harry und Sally 15 Jahre später« heißen. Mit Bruce Willis und Michelle Pfeiffer in den Hauptrollen führt der Film vor, was passiert, wenn alltägliche Routine und grundsätzliche Meinungsverschiedenheiten eine Ehe ins Aus führen.

In der romantischen Politikkomödie HALLO MR. PRESIDENT (THE AMERICAN PRESIDENT, 1995) verliebt sich mächtigste Mann der USA, Michael Douglas als US-Präsident, in eine »Grüne«. Seine Beziehung zur Umweltaktivistin nutzen die konservativen Republikaner, die das Geld vor der Natur schützen wollen, für eine Hetzkampagne. Mr. President muss sich zwischen Liebe und Politik entscheiden. Am Leben des Schriftstellers Scott Fitzgerald orientiert sich ALEX & EMMA (2003). Ein Autor mit Schreibblockade engagiert eine Stenotypistin, die eigene Ideen in das Manuskript einbringt, wodurch die Welt des Romans und das Leben des Schriftstellers sich immer ähnlicher werden. Mit DAS BESTE KOMMT ZUM SCHLUSS (THE BUCKET LIST, 2007) landet Rob Reiner noch einmal einen großen Kinohit. Die »Bucket List« ist eine »To Do«-Liste, die zwei vom Krebstod bedrohte Männer mit zunehmender Begeisterung abarbeiten, um noch einmal entgangene Lebensfreuden der abenteuerlichen Art auszukosten – ein Paradedoppelprogramm für Jack Nicholson und Morgan Freeman.

Bob Reiner taucht in seinen Filmen auch immer wieder in kleinen Nebenrollen auf. Als aktiver Kriegsgegner und Umweltaktivist absolvierte er in der Fernsehserie »South Park« einen Gastauftritt als radikaler Tabakgegner.

Die Komödien:

1984: This is Spinal Tap (This is Spinal Tap), 1985: Der Volltreffer (The Sure Thing), 1986: Stand by Me – Das Geheimnis eines Sommers (Stand by Me), 1987: Die Braut des Prinzen (The Princess Bride), 1989: Harry und Sally (When Harry Met Sally...), 1995: Hallo, Mr. President (The American President), 1999: An deiner Seite (The Story of Us), 2003: Alex & Emma, 2005: Wo die Liebe hinfällt... (Rumor Has It...), 2007: Das Beste kommt zum Schluss (The Bucket List), 2010: Verliebt und ausgeflippt (Flipped)

Alain Resnais

(1922 – 2014) In der Filmgeschichte gilt Alain Resnais als Wegbereiter des modernen Films, der in HIROSHIMA MON AMOUR (1959), LETZTES JAHR IN MARIENBAD (L'ANNÉE DERNIÈRE À MARIEBAD, 1961) oder MURIEL ODER DIE ZEIT DER WIEDERKEHR (MURIEL, 1963) mit einer revolutionär neuen Erzähldramaturgie alle herkömmlichen Aspekte korrekter Filmgestaltung durch Auflösung von Zeitstruktur, Bildkomposition und Figurenentwicklung unterlief und ganz neue, freie Filmformen ermöglichte. Die ernsthafte Form seiner frühen Filme wich in seinen Alterswerken einem spielerischen Umgang mit den Erzählformen des Kinos, der ernste Thematik durch Heiterkeit des Erzähltons auflockert.

Abb. 135: Alain Resnais

In DAS LEBEN IST EIN ROMAN (LA VIE EST UN ROMAN, 1983) verwebt Resnais verschiedene Zeitebenen und mehrere Genres – Melodram, Komödie und Märchen – zu einer vielschichtigen Allegorie des menschlichen Strebens nach Glück und Liebe. Nach einer Story des New Yorker Cartoonisten Jules Pfeiffer schildert Resnais in I WANT TO GO HOME (1989) die Begegnung eines amerikanischen Cartoon-Zeichners mit einem französischem Literaturprofessor als höchst amüsante Kulturschock-Komödie. Mit spielerischer Leichtigkeit inszenierte Resnais das Theaterstück von Alan Ayckbourn SMOKING / NO SMOKING (1993) als raffiniertes Spiel mit dem Zufall. Ob die Frau des Hauses eine Zigarette raucht oder nicht, bestimmt das Schicksal von neun Paaren im englischen Yorkshire auf unterschiedlichste Weise. Was geschieht, wenn sie auf den Rauchgenuss verzichtet, erzählt Teil eins des Doppelfilms. Wie sich die Geschichte ganz anders entwickelt, wenn sie geraucht hätte, zeigt Teil zwei. Resnais erhebt eine spontane Entscheidung zum Ausgangspunkt eines tragikomischen Spiels mit den Rollenbildern des menschlichen Lebens. In DAS LEBEN IST EIN CHANSON (ON CONNAÎT LA CHANSON, 1997) kreuzen sich die Wege einer Reihe frustriert Liebender, die sich über ihre Misere mit ihren Lebenslügen hinweg täuschen. Ihre wahren Gefühle treten erst zutage, wenn ihre Dialoge nahtlos übergehen in Chansons, die lippensynchron vorgetragen werden und ihre wirklichen Gefühle ausdrücken – ein Kunstgriff, der die zu Lebensweisheiten gewordenen Binsenwahrheiten von Schlagertexten komisch ad absurdum führt und die Alltäglichkeit des Geschehens amüsant überhöht. Ebenfalls von Liedsequenzen angetrieben wird in HERZEN (CŒURS, 2006) der Liebesreigen von sechs einsamen Menschen, die sich in der Disziplin des Scheiterns versuchen. Trotz der melancholischen Grundsituation ist Resnais zweite Verfilmung eines Alan Ayckbourn-Stücks von spielerischer Leichtigkeit erfüllt.

Die inszenatorische Geschlossenheit seiner Komödien resultiert gewiss auch daraus, dass Resnais mit André Dussollier, Pierre Arditi, Lambert Wilson, →Agnès Jaoui, Jean-Pierre Bacri und seiner Ehefrau Sabine Azéma ein festes, spielfreudiges Schauspielerensemble um sich schart. Kurz vor seinem Tod, im Alter von 92 Jahren, stellt Resnais mit LEBEN, TRINKEN UND SINGEN (AIMER, BOIRE ET CHANTER, 2014) seine unerschöpfliche Experimentierfreude unter Beweis, denn ausgerechnet an diesen Oldtimer der Filmregie ging der renommierte Alfred Bauer-Preis der Berliner Filmfestspiele 2014 für innovatives Kino, das der Filmkunst neue Perspektiven eröffnet.

Die Komödien:

1980: Mein Onkel aus Amerika (Mon oncle d'Amérique), 1983: Das Leben ist ein Roman (La vie est un roman), 1989: I want to go home, 1993: Smoking / No Smoking, 1997: Das Leben ist ein Chanson (On connaît la chanson), 2003: Pas sur la bouche 2006: Herzen (Cœurs), 2009: Vorsicht Sehnsucht (Les herbes folles), 2012: Ihr werdet euch noch wundern (Vous n'avez encore rien vu), 2014: Leben, trinken und Singen (Aimer, boire et chanter)

Dino Risi

(1916 – 2008) Mit seinem beruflichen Vorleben als Arzt und Psychiater brachte Dino Risi seine einschlägigen Erfahrungen und sein soziales Interesse in seine flott und milieugenau inszenierten Filme mit ein, die meist um das Leben und Treiben der unteren, sozial schwachen Schichten in Rom kreisen. Schon Filmtitel wie SESSO MATTO – NIEMAND IST VOLLKOMMEN

Abb. 136: Dino Risi (Mitte) mit Edda Ferronao und Jean-Louis Trintignant am Set von VERLIEBT IN SCHARFE KURVEN

(SESSOMATTO, 1973) oder ICH LASS MICH NICHT VERFÜHREN (POVERI MA BELLI, 1956) deuten auf den Filmstil Dino Risis hin, der seine menschenfreundlichen und alltagsnahen Komödien frisch, fröhlich, frech und frei von jedem Pathos inszeniert, doch dessen genaue Beobachtung der Personen und Situationen bei aller Leichtigkeit der Inszenierung auch nachdenklich stimmt.

Mit der damals noch unbekannten Sophia Loren als Nachfolgerin von Gina Lollobrigida verfilmte Dino Risi den letzten Teil der »Liebe, Brot und...«-Trilogie unter dem Titel LIEBE, BROT UND 1000 KÜSSE (PANE, AMORE, E..., 1955). DER MEISTERGAUNER (IL MATTATORE, 1960) war der Auftakt zu einer engen Zusammenarbeit mit Vittorio Gassman, mit dem er 14 Filme drehte. Vittorio Gassmann brilliert in diesem, wohl einem seiner besten Filme als Trickbetrüger, der mit wechselnden Identitäten die Perfektion seiner kriminellen Tätigkeiten zur Meisterschaft entwickelt. Mit der ironischen Zeichnung der Filmfiguren und der episodenhaften Dramaturgie entwickelte Dino seinen eigenen Filmstil, den er in DIE MONSTER, DAS LEBEN IST SCHWER und in VERLIEBT IN SCHARFE KURVEN perfektionierte.

Vittorio Gassman und Jean-Louis Trintignant spielen in VERLIEBT IN SCHARFE KURVEN (IL SORPASSO, 1962) zwei grundverschiedene junge Männer, deren Lebensauffassung sich auf einer Autofahrt entlang der italienischen Küste ändert. Die Komik und Spannung des Films resultieren aus dem Kontrast zwischen dem leichtlebigen Nichtstuer und dem schüchternen Studenten, die jeweils Charakterzüge des Anderen annehmen. So erwächst aus ihrer Gegensätzlichkeit ein Humor, der im tödlichen Finale von Tragik grundiert ist. DAS LEBEN IST SCHWER (UNA VITA DIFFICILE, 1961) entwickelt ein erhellendes Bild italienischer Geschichte vom hoffnungsvollen Kampf des Widerstands bis zum moralischen Desaster des Wirtschaftswunders, personifiziert in einem linken Journalisten, dessen leichtes Leben sich ändert, als er in den Jahren des Aufschwungs und im Wandel der Konsumgesellschaft sich anpassen und seine Ideale verraten muss. Mit der Gesellschaftssatire DIE MONSTER (I MOSTRI, 1963) trieb Dino Risi die Grundstruktur des Episodenfilms auf die Spitze. In einem filmischen Mosaik von 20 kurzen Szenen, Anekdoten, Skizzen und Grotesken entblätterte er die hässliche Kehrseite des typischen Italieners mit all seinen großen Torheiten und kleinen Gaunereien, seinem übersteigerten Männlichkeitswahn und seinen amourösen Schwachheiten als Zerrbild des italienischen Volkscharakters. »Ein geradezu enzyklopädisches Welttheater der Niedertracht.« (Gerhard Miding in *epd Film*)

Der Erfolg von DER DUFT DER FRAUEN (PROFUMO DI DONNA, 1974) zeitigte 1992 ein amerikanisches Remake, für das Al Pacino den Oscar erhielt, den eigentlich Vittorio Gassman verdient hätte. Mit feinem Gespür für subtile Nuancen verkörperte er einen zynischen und verbitterten Blinden, der nur am Duft die Frauen erkennt und einschätzt. Verkleidet als erotische Komödie, geht DUFT DER FRAUEN tiefer lotenden Fragen nach den Äußerungen der Männlichkeit und dem Verlust der Unschuld nach. Hinter der humorvollen Fassade lauert ein Abgrund von Verzweiflung, der die Gefahr eines Selbstmordes androht. Nicht in all seinen Filmen hat Dino Risi seine selbst gestellten künstlerischen Ansprüche erfüllt. Doch seine besten Filme haben Bestand in der Filmgeschichte als Meisterstücke der tragikomischen Art.

Die wichtigsten Filme:

1955: Liebe, Brot und tausend Küsse (Pane, amore e...), 1956: Ich laß mich nicht verführen (Poveri ma belli), 1957: Puppe mit Pfiff (Poveri ma belli), 1958: Windhund von Venedig (Venezia, la luna e tu), 1959: Der Witwer (Il vedovo), 1960: Der Meistergauner (Il mattatore), 1960: Liebesnächte in Rom (Un amore a Roma), 1961: Das Leben ist schwer (Una vita difficile), 1962: Verliebt in scharfe Kurven (Il sorpasso), 1963: Die Monster (I mostri), 1963: Der Donnerstag (Il giovedi), 1965: Die Puppen (Le Bambole) – Episode: La Telefonata, 1966: Unser Boß ist eine Dame (Operazione San Gennaro), 1966: Unsere Ehemänner (I nostri mariti), 1971: Abend ohne Alibi (In nome del popolo italiano) 1971: Die Frau des Priesters (La moglie del prete), 1973: Sesso matto – Niemand ist vollkommen (Sessomatto), 1974: Der Duft der Frauen (Profumo di donna), 1978: Ein Sack voller Flöhe (Primo amore), 1979: Caro Papa, 1980: Sunday Lovers, 1981: Die zwei Gesichter einer Frau (Fantasma d'amore)

Yves Robert

(1920 – 2002) Es gibt Regisseure, die in einer Komödie eine Szene schaffen, die zum einen Filmgeschichte schreibt und zum anderen unvergesslich bleibt: Mit der »Mach mir den Hengst«-Nummer in der erfolgreichen und überaus vergnüglichen Agentenfilmparodie DER GROSSE BLONDE MIT DEM SCHWARZEN SCHUH (LE GRAND BLOND AVEC

Abb. 137: Yves Robert als Dirigent in DER GROSSE BLONDE MIT DEM SCHWARZEN SCHUH

UNE CHAUSSURE NOIRE) aus dem Jahr 1972 ist dies Yves Robert gelungen, wobei die Leichen in der Wohnung (inklusive Kühlschrank) und die Toiletten-Spülung im Mini-Transporter ebenso unvergessen sind. Sein Hauptdarsteller als »großer Blonder« war →Pierre Richard, mit dem er auch die Fortsetzung DER GROSSE BLONDE KEHRT ZURÜCK (LE RETOUR DU GRAND BLOND, 1974) drehte und der damit zum internationalen Star wurde. Ihre erste Zusammenarbeit war 1967 das originell-subtil inszenierte Lob auf die Faulheit ALEXANDER, DER LEBENSKÜNSTLER (ALEXANDRE, LE BIENHEUREUX), in dem der junge Pierre Richard neben dem französischen Charakterdarsteller Philippe Noiret agierte.

Berühmt wurde Yves Robert 1961 mit seiner Kinder-Komödie DER KRIEG DER KNÖPFE (LA GUERRE DES BOUTONS) nach einem Bestseller von Louis Pergaud, der 2011 gleich zweimal von Yann Samuell und Christophe Barratier neu verfilmt wurde. Auch von DER GROSSE BLONDE MIT DEM SCHWARZEN SCHUH gab es 1985 in den USA unter dem Titel DER VERRÜCKTE MIT DEM GEIGENKASTEN (THE MAN WITH ONE RED SHOE) ein Remake von Stan Dragoti. Dieses Schicksal ereilte auch eine andere Komödie von Yves Robert: EIN ELEFANT IRRT SICH GEWALTIG (UN ÉLÉPHANT ÇA TROMPE ÉNORMÉMENT, 1976) wurde 1984 von und mit →Gene Wilder zu DIE FRAU IN ROT (THE WOMAN IN RED). Mit den Filmen EIN ELEFANT IRRT SICH GEWALTIG und der Fortsetzung WIR KOMMEN ALLE IN DEN HIMMEL (NOUS IRONS TOUS AU PARADIS, 1977) wurde Yves Robert ein Begriff für spritzige Komödien, welche die Midlife Crisis-Nöte vierer befreundeter Großstadtneurotiker bewusst bloßlegen und dem Zuschauer die Möglichkeit des Wiedererkennens geben. Episoden, Witz und Gags werden stets recht lässig miteinander verbunden. Seine letzte Komödie mit Pierre Richard entstand 1984 unter dem Titel DER ZWILLING (LE JUMEAU), auch dieser Film wurde 1995 unter dem Titel TWO MUCH - EINE BLONDINE ZUVIEL (TWO MUCH) mit Antonio Banderas und Melanie Griffith für den US-amerikanischen Filmmarkt adaptiert.

Als Cutter hatte Robert vor Jahrzehnten den Autor und Regisseur Marcel Pagnol kennen gelernt, der in all seinen literarischen und filmischen

Werken seiner geliebten Heimat Provence ein pittoreskes Denkmal setzte. Im Alter von 70 Jahren inszenierte Yves Robert 1990 mit DER RUHM MEINES VATERS (LA GLOIRE DE MON PÈRE) und DAS SCHLOSS MEINER MUTTER (LE CHÂTEAU DE MA MÈRE) als eine Art Doppelprogramm zwei wunderschöne Jugendfilme nach den Erinnerungen Pagnols, der bekannte: »Es geht nicht um mich, sondern um das Kind, das ich nicht mehr bin.« Überzeugend gelang Yves Robert die Beschreibung der Kindheit aus der ironischen Distanz des Erwachsenen.

Die Filme:

1958: Fisch oder Fleisch (Ni vu... ni connu...), 1961: Die unfreiwillige Weltreise der Familie Fenouillard (La famille Fenouillard) 1962: Der Krieg der Knöpfe (La Guerre des boutons), 1963: Wie der Vater, so der Sohn (Bébert et l'omnibus), 1966: Auch große Scheine können falsch sein (Monnaie de sing), 1967: Alexander, der Lebenskünstler (Alexandre le bienheureux), 1972: Der große Blonde mit dem schwarzen Schuh (Le grand blond avec une chaussure noire), 1974: Der große Blonde kehrt zurück (Le retour du grand blond), 1976: Ein Elefant irrt sich gewaltig (Un éléphant ça trompe énormément), 1977: Wir kommen alle in den Himmel (Nous irons tous au ciel), 1984: Der Zwilling (Le Jumeau), 1990: Der Ruhm meines Vaters (La Gloire de mon père), 1990: Das Schloß meiner Mutter (Le Château de ma mère)

David O. Russell

(*1958) Spätestens mit AMERICAN HUSTLE (2013) ist David O. Russell bei Kritik und Publikum angekommen. In seinen Filmen wirft er einen satirischen Blick auf das Amerika von heute, das er als menschlichen Zoo vorführt, dem man nur mit schräger Komik und Galgenhumor begegnen kann. Im Grenzbereich zwischen Realismus und Absurdität angesiedelt, entwerfen seine Filme ein bizarres Panoptikum der amerikanischen Wirklichkeit. Seine Filmfiguren sind vom Leben gebrochene Helden, die am Rande der Gesellschaft stehen und sich ihren Platz gegen alle Widerstände erobern müssen. Sie versuchen, ihr Leben verändern, in dem sich selbst neu erfinden

Die Kunst der Filmkomödie

Abb. 138: David O. Russell auf dem Tribeca Film Festival 2011

wie der junge Student in SPANKING THE MONKEY (1994), der einen Ausweg aus ödipalen Ängsten und emotionalen Schuldgefühlen sucht, wie der junge Wissenschaftler in FLIRTING WITH DESASTER (1996), der im Bemühen um die eigene Identität sich auf die Suche nach seinen leiblichen Eltern begibt, wie die Schar absonderlicher Umweltschützer, die in I HEART HUCKABEES (2004) im Spannungsfeld zwischen Konsum und Ökowahn gegen ein Superkaufhaus zu Felde zieht, wie der legendäre Boxer Micky Ward, der sich in THE FIGHTER (2010) mit selbstquälerischen Fanatismus aus der Armut nach oben boxt, wie die Gruppe desillusionierter US-Soldaten, die in THREE KINGS (1999) in den letzten Tagen des Golfkriegs auf der Suche nach einem Goldschatz sich in einem tödlichen Fiasko zwischen High Tech-Krieg, politischer Konfusion und ökologischem Desaster verlieren, wie der Expatient einer Nervenklinik, der in SILVER LININGS (2012) wieder in sein altes Leben zurückfinden will, wie der Trickbetrüger in AMERICAN HUSTLE (2013), der vom einem FBI-Agenten zu einem Spiel der Täuschungen verleitet wird, um den größeren Betrug der Mächtigen zu entlarven. Das auf einer wahren Begebenheit basierende Politspektakel um die Entlarvung korrupter Senatoren, Abgeordneter und Bürgermeister entwirft ein irrwitziges Szenario um Korruption, Bestechung und Betrug in höchsten politischen Kreisen.

Schon für sein provokantes Regiedebüt SPANKING THE MONKEY – der Titel ist im Englischen der umgangssprachliche Ausdruck für Masturbation – erhielt Russell den Publikumspreis des Independent Filmfestivals von Sundance. Auch seine übrigen Filme, für die er meist auch das Drehbuch schrieb, wurden mit Preisen überhäuft. AMERICAN HUSTLE wurde gleich zwölfmal für den Oscar 2014 nominiert und ging doch leer aus

Die Filme:

1994: Spanking the Monkey, 1996: Flirting with Disaster – Ein Unheil kommt selten allein (Flirting with Disaster), 1999: Three Kings – Es ist schön König zu sein (Three Kings), 2004: I ♥Huckabees, 2010: The Fighter, 2012: Silver Linings (Silver Linings Playbook), 2013: American Hustle

Sabu

(*1964) Japanischer Kultregisseur, dessen bizarre Actionspektakel mit ihrem einzigartig schrägen Humor in der Berlinale-Sektion »Forum des Jungen Films« entdeckt wurden. Sabu ist der Künstlername von Hiroyuki Tanaka, der als Schauspieler begann und mit seinem Regiedebüt D.A.N.G.A.N. RUNNER (1996) Furore machte – einer einzigen, atemlosen Verfolgungsjagd mit ständig wechselnden Jäger- und Gejagter-Fronten und einem absurd-tödlichen Finale. Sein zweiter Film POSTMAN BLUES (1997) erzählt die tragikomische Geschichte eines harm-

Abb. 139: Hiroyuki Tanaka alias Sabu

losen Postboten, der völlig ahnungslos durch einen abgeschnittenen Yakuza-Daumen und andere absurde Geschehnisse mit Drogendealern und Auftragskillern aneinander gerät. MONDAY (1999) rekonstruiert die turbulenten Ereignisse einer durchzechten Nacht, in der ein biederer Beamter zum

Serienmörder wird. Wirklichkeit, surreale Träume und überdrehte Satire verbinden sich zu einem schillernden Gewebe aus Krimi, Horror und Komödie. Auch BLESSING BELL (KOUFUKU NO KANE, 2002) ist typisch für Sabus geniale Erzähltechnik der meisterlichen Verkettung absurder Zufälle und bizarrer Ereignisse. Ein Tag im Leben eines Arbeitslosen wird zu einer Irrfahrt durch ein groteskes Sammelsurium aberwitziger Zufälle. Er wird für einen Mord verhaftet, rettet ein Kind, begegnet einem Geist, gewinnt im Lotto und verliert alles. Mit beeindruckender formaler Finesse entwickelt Sabu die ebenso bittere wie komische Parabel eines Menschen, der jede Wendung des Schicksals stoisch und stumm hinnimmt. Die Komik in HARD LUCK HERO (2003) resultiert aus dem Zusammenprall der Passivität der Helden mit der Unausweichlichkeit des Schicksals. Sechs Personen ringen um den Besitz eines Koffers und stolpern in unausweichlicher Konsequenz von einem seltsamen Abenteuer in andere.

Der unverwechselbare Stil der Sabu-Filme zeichnet sich aus durch seine melancholische Grundstimmung, absurden Humor, temporeiche Inszenierung, die Unvorhersehbarkeit der Ereignisse und ihre raffinierte Erzähldramaturgie, die Unvereinbares vereint.

Die Filme:

1996: D.A.N.G.A.N. Runner, 1997: Postman Blues, 1998: Unlucky Monkey, 1999: Monday, 2002: Drive, Blessing Bell, 2003: Hard Luck Hero, 2005: Hôrudo appu daun, Shisso, 2009: Kanikôsen, 2011: Bunny Drop, 2013: Miss Zombie

Coline Serreau

(*1947) Als Tochter einer Schriftstellerin und eines Theaterregisseurs wuchs Coline Serreau ins Künstlermilieu hinein. Sie studierte Literatur-, Theater- und Musikwissenschaften, spielte am Theater und schrieb ein Drehbuch, das mit ihr von Jean-Louis Bertucelli 1973 verfilmte wurde als

IRRTUM EINER LIEBESGESCHICHTE (ON S'EST TROMPÉ D'HISTOIRE D'AMOUR). Große Aufmerksamkeit erregte ihr Dokumentarfilm WAS WOLLEN SIE DENN? (MAIS QU'EST CE QU'ELLES VEULENT?, 1978), in dem Frauen mit ungewohnter Offenheit auf ihre Interviewfragen antworteten. Gleich ihr erster Kinofilm WARUM NICHT! (POURQUOI PAS!, 1977) war der Kultfilm des Jahres in den Programmkinos. Zwei Männer und eine Frau leben und lieben in der fröhlichen Harmonie einer freien Beziehung zu dritt, in der homo- wie bisexuelle Beziehungen selbstverständlich sind. Die freimütige Idylle wird gestört, als eine junge Frau mit einzieht, die in ihrer bürgerlichen Moralvorstellung von der Liebes- und Lebensphilosophie der Dreierbande geschockt ist. Frisch und humorvoll knackt der Film bürgerliche Sexualtabus und feiert die sexuelle Befreiung der 68er-Generation.

Abb. 140: Coline Serreau

Ein Welterfolg wurde DREI MÄNNER UND EIN BABY (TROIS HOMMES ET UN COFFIN, 1985), der unvermeidlich von Hollywood neu verfilmt wurde. Das Leben dreier eingefleischter Junggesellen gerät völlig durcheinander, als sie sich in ihrer Sorgenfrei-WG plötzlich um ein kleines Baby kümmern müssen und einen unfreiwilligen wie herrlich komischen Crashkurs als Ersatzväter absolvieren. Mit ihrem Kinotraum von der der Liebe über alle Klassen- und Rassenschranken hinweg schrammte Coline Serreau in MILCH UND SCHOKOLADE (ROMUALD ET JULIETTE, 1989) bei allem Witz und aller Turbulenz des Geschehens um einen Fabrikanten, der sich unsterblich in seine schwarze Putzfrau verliebt, haarscharf am Kitsch vorbei. An der Fallstudie eines Erfolgstypen, der plötzlich Job, Frau und seine Kinder verliert, hinterfragt DIE KRISE (LA CRISE, 1992) in heiter-satirischer Betrachtungsweise die Wertigkeit einer nur auf Selbstverwirklichung und Erfolg gepolten Lebensweise. In ihrem letzten Kinoerfolg SAINT JACQUES – PILGERN AUF FRANZÖSISCH (SAINT JACQUES...LE MECQUE, 2005) schickte Serreau eine verfeindete Familiensippschaft auf den Jakobsweg, dessen Strapazen und menschliche Begegnungen die neunköpfige Chaostruppe wieder zusammen schweißen. Nie gleitet Coline Serreau in billigen Klamauk ab, begeistert das Publikum mit zündenden Dialogpointen, sympathisch und präzis gezeichneten Charakteren und schrägen Regieeinfällen.

Die Filme:

1977: Warum nicht! (Pourquoi pas!), 1978: Mais qu'est ce qu'elles veulent?, 1982: Qu'est-ce qu'on attend pour être heureux! 1985: Drei Männer und ein Baby (Trois hommes et un couffin), 1989: Milch und Schokolade (Romuald et Juliette), 1992: Die Krise, (La Crise) 1996: Der grüne Planet - Besuch aus dem All (La belle verte), 2001: Chaos, 2003: 18 Jahre später (18 ans après), 2005: Saint Jacques... Pilgern auf Französisch (Saint-Jacques... La mecque)

Ettore Scola

(*1931) Als Drehbuchautor und Regisseur ist Ettore Scola einer der bedeutendsten Vertreter der italienischen Filmkomödie. Stets hat er es verstanden, politische und gesellschaftskritische Themen im Kontex seiner Drehbücher und im Humor seiner Filme in die Handlung einzubinden. Nach seinem Jurastudium und seiner Tätigkeit als Redakteur der humoristischen Zeitschrift *Marc'Aurelio* kam er mit dem Film in Berührung, schrieb Drehbücher für →Dino Risi (Der Meistergauner, Verliebt in scharfe Kurven, Die Monster) und Antonio Pietrangeli (Adua und ihre Gefährtinnen, Das Mädchen aus Parma, Der Ehekandidat, Ich habe sie gut gekannt), bevor er seinen ersten Film inszenierte: Frivole Spiele (1964). Der Originaltitel Se permettete parliamo di donne (Sprechen wir von den Frauen) signalisiert die offene Form des Episodenfilms, der von fremd gehenden Männern und Frauen handelt und so den Sittenwandel der italienischen Gesellschaft dokumentiert. Einziger Fixpunkt ist Vittorio Gassman, der in allen Episoden in verschiedener Gestalt auftaucht. Sein zweiter Film Riusciranno i nostri eroi

A RITROVARE L'AMICO MISTERIOSAMENTE SCOMPARSO IN AFRICA? (1968) ist eine bissige Satire auf den italienischen Kolonialismus und die Phrase von der Überlegenheit des weißen Mannes, die die Titelfrage des Films »Wird es unseren Helden gelingen, den in Afrika auf mysteriöse Weise verschwundenen Freund wieder zu finden?« als exotische Komödie beantwortet. Als Rückschau auf eine gescheiterte Dreierbeziehung zwischen einem Pizzabäcker, einem Maurer und einer Blumenverkäuferin, die in Mord und Wahnsinn endet, ist EIFERSUCHT AUF ITALIENISCH (DRAMMA DELLA GELOSIA, 1970) in Form einer Tragikomödie angelegt, die das temperamentvolle, lebensprale Spiel der italienischen »Commedia dell'arte« mit der präzisen Wirklichkeitsschilderung des römischen Proletariats verbindet.

Abb. 141: Ettore Scola

Mit DIE SCHÖNSTE SOIREE MEINES LEBENS (LA PIÙ BELLA SERATA DELLA MIA VITA, 1972), der Verfilmung von Friedrich Dürrenmatts Justiz-Parabel *Die Panne*, überschritt Scola endgültig die Genregrenze von der reinen Komödie zur Tragikomödie, die das Geschehen einer moralischen und ethischen Wertung unterzieht. Nach einer Autopanne trifft ein italienischer Geschäftsmann in einer Villa auf vier pensionierte Rechtsanwälte, die in einem gespielten Prozess über ihn Gericht halten und ihn wegen seiner Verfehlungen zum Tode verurteilen. Als zeitgeschichtliche Chronik der verlorenen Ideale der italienischen Linken erzählt WIR WAREN SO VERLIEBT (C'ERAVAMO TANTO AMATI, 1974) die Entwicklung einer Männerfreundschaft, die im Wandel der Kriegs- und der Nachkriegsära zerbricht. Keiner hat seine Träume von einer gerechten, sozialistischen Gesellschaft verwirklichen können: Nicola scheitert an seinem Fanatismus und Gianni an seiner Selbstüberschätzung. Nur Antonio arrangiert sich mit dem bürgerlichen Leben und der Ehe mit jener Frau, in der sie alle drei verliebt waren. Wie eine Fortsetzung wirkt DIE TERRASSE (LA TERRAZA, 1980) – eine spöttische Satire über eine Künstler- und Intellektuellenschickeria, die in satter Selbstzufriedenheit alle ihre künstlerischen und politischen Ideale über Bord geworfen hat.

Immer hintergründiger wird die Komik in Scolas Filmen, immer deutlicher die Einbindung seiner Kinofiguren in ihren sozialen Hintergrund, aus dem heraus sie so handeln, wie sie handeln, doch nirgends wurde es so radikal deutlich wie in DIE SCHMUTZIGEN, DIE HÄSSLICHEN UND DIE GEMEINEN (BRUTTI, SPORCHI E CATTIVI, 1976), ein Filmtitel, der an Sergio Leones THE GOOD, THE BAD AND THE UGLY (auf deutsch: ZWEI GLORREICHE HALUNKEN) erinnert mit dem Unterschied, dass es in Scolas Italien keine Guten gibt, denn die menschliche Gemeinheit ist das einzige Überlebenselixier in dem römischen Elendsquartier, das Scola mit anarchischem Witz als bittere Sozialsatire auf den Neid und die Gier der Armen vorführt. In einem Chaos aus Suff, Gewalt, Sex, Verbrechen und komischer Trostlosigkeit zeigt Scola die ganze Banalität des Bösen, die ihren Grund hat in der Entwurzelung der Menschen, in der ausweglosen Verlorenheit der an den Rändern der Großstadt Gestrandeten. Scolas groteske Höllenfahrt in die moralischen Abgründe der Unterschicht wurde mit dem Regiepreis der Filmfestspiele von Cannes 1976 ausgezeichnet.

Mit seinen folgenden Filmen entfernte sich Scola aus dem Schmuddelmilieu seiner Gegenwartsfilme und erweiterte seinen filmischen Kosmos mit einem kritischen Blick auf das Leben und Treiben der besseren Gesellschaft. Eine illustre Reisegruppe steht im Mittelpunkt des Films DIE FLUCHT NACH VARENNES (LA NUIT DE VARENNES, 1982), der den Fluchtversuch des französischen Königs Louis XVI. und Marie-Antoinettes vor der französischen Revolution aufgreift, um ein vielfältiges Panorama der Gefühle, Ängste und Visionen jener Zeit einzufangen. Ein Unikum der Filmgeschichte ist Scolas Filmaufzeichnung einer genialen Aufführung des »Theatre du Campagnol«, die in einer wortlosen Mischung aus Revue, Pantomime und Ballett eine Epoche französischer Geschichte wiedergibt: Le Bal (1983). Der Ort, ein Pariser Tanzcafe, bleibt unverändert, nur die Personen, die Moden, die Musik wechseln. In ihren Tänzen und in der Musik drückt sich Zeitgeschichte aus: von der Volksfront 1936 über die deutsche Okkupation bis zu den Mai-Unruhen 1968.

Macaroni (1985) vereint Marcello Mastroianni und →Jack Lemmon zu einem reizvollen Kontrastpaar. Das Zusammentreffen eines leichtlebigen italienischen Lebenskünstlers mit einem amerikanischen Erfolgstypen wird zur filmischen Hymne auf die kleinen Freuden und liebenswerten Verrücktheiten im italienischen Alltag. Als filmische Liebeserklärung an die Unverwüstlichkeit der italienischen Großfamilie erweist sich Die Familie (La famiglia, 1987). Mit dem Kunststück der Inszenierung auf einen Raum gelingt Scola eine atmosphärisch dichte Chronik vom Leben einer römischen Familie über einen Zeitraum von 80 Jahren. Das große Leben spiegelt sich im Kleinen wieder. Die Verschmelzung von Historischem und Privatem bestimmt die einzigartige Qualität von Scolas schönstem und bedeutendstem Film.

Zwei nostalgische Filme des Abschieds sind Splendor (1989) und Wie spät ist es? (Che ora e?, 1989). Wie der zeitgleich entstandene Film Cinema Paradiso von Giuseppe Tornatore erzählt Splendor vom vergeblichen Überlebenskampf eines Kleinstadtkinos im medialen Wandel der Zeit; und in Wie spät ist es? ist es zu spät für das Zusammenfinden von Vater und Sohn, die sich nach langer Zeit der Trennung und des Streits wieder begegnen und erkennen müssen, wie fremd sie einander geworden sind. In Ettore Scolas Spätwerk ist das groteske Element seiner frühen Filme einer ausgereiften Inszenierungskunst gewichen, die durch feine Ironie, satirischen Witz und die vergnügliche Charakterisierung der Figuren auch ernsthafter Thematik elegante Leichtigkeit abgewinnt. Mit Die Reise des Capitan Fracassa (Il viaggio di Capitan Fracassa, 1991) erweist Scola noch einmal der Kunst der »Commedia dell'arte« eine bezaubernde Huldigung: die Erlebnisse eines jungen Adeligen in der Gemeinschaft einer reisenden Komödiantentruppe wird zur Metapher für das Leben überhaupt mit seinen Gefühlen und Erfahrungen.

Immer wieder hat Ettore Scola mit seinen Lieblingsschauspielern zusammengearbeitet: mit Vittorio Gassman, Marcello Mastroianni, Stefania Sandrelli, →Nino Manfredi und Massimo Triosi, die in seinen Filmen wie alte Bekannte auftauchen und so zur künstlerischen Geschlossenheit seines Gesamtwerks beitragen.

Drehbuch:

1954: Begegnung in Rom (Una Parigina a Roma), 1954: Ein Amerikaner in Rom (Un americano a Roma), 1955: Gut Nacht, Herr Advokat! (Buona notte, avvocato!), 1959: Der Meistergauner (Il mattatore), 1960: Adua und ihre Gefährtinnen (Adua e le compagne), 1961: Das Spukschloß in der Via Veneto, 1962: Das Mädchen aus Parma (La Parmagiana), 1962: Erotica, 1962: Verliebt in scharfe Kurven (Il sorpasso), 1963: Der Ehekandidat (La visita), 1963: Die Monster (I mostri), 1964: Auf eine ganz krumme Tour (La congiuntura), 1964: Frivole Spiele (Se Permettete Parliamo Di Donne), 1964: Cocü (Il magnificico cornuto) 1964: Der Ehekandidat (La visita), 1964: Ehen zu dritt (Alta infedelta), 1965: Einmal zu wenig, einmal zu viel, 1965: Ich habe sie gut gekannt (Io lo conoscevo bene), 1965: Made in Italy, 1967: Ladies, Ladies (Le dolci signore)

Regie:

1964: Frivole Spiele (Se permettete parliamo di donne), 1968: Riusciranno i nostri eroi a ritrovare l'amico misteriosamente scomparso in Africa?, 1970: Eifersucht auf italienisch (Dramma della gelosia), 1972: Die schönste Soirée meines Lebens (La piu bella serata della mia vita), 1974: Wir waren so verliebt (C'eravamo tanto amati), 1976: Die Schmutzigen, die Häßlichen und die Gemeinen (Brutti, sporchi e cattivi), 1977: Viva Italia, 1977: Ein besonderer Tag (Una giornata particolare), 1980: Die Terrasse (La terrazza), 1981: Passion der Liebe (Passione d'amore), 1982: Flucht nach Varennes (La nuit de Varennes), 1983: Le Bal – Der Tanzpalast (Le Bal), 1985: Macaroni, 1987: Die Familie (La famiglia), 1989: Splendor, 1989: Wie spät ist es? (Che Ora E?), 1991: Die Reise des Kapitän Fracassa (Il viaggio di Capitan Fracassa), 1993: Mario, Maria e Mario, 1995: Lumière & Compagnie, 1998: La cena, 2003: Gente di Roma

Preston Sturges

(1898 – 1959) In den 1940er-Jahren war er Hollywoods unbestrittener Komödien-Meister. Sein Film THE PALM BEACH STORY (1942) bekam den deutschen Titel ATEMLOS NACH FLORIDA, selten war ein Titel treffender, wobei atemlos nicht nur für dieses Werk gilt. Tempo, Tempo, alles muss schnell gehen in den Komödien von Preston Sturges. Nur nicht aufhalten, keine Zeit für lange Erklärungen: komische Situationen, kauzige Typen und pointengezielte Dialoge. »Make 'em laugh«, bring sie zum Lachen, das war die Devise von Preston Sturges, der in der Bundesrepublik erst Ende der 1970er Jahre durchs Fernsehen bekannt wurde.

Abb. 142: Preston Sturges mit Betty Grable am Set von THE BEAUTIFUL BLONDE FROM BASHFUL BEND

Als Erfinder (von kussechtem Lippenstift), Unternehmer (der Kosmetikfirma seiner Mutter), Restaurantbesitzer (eines mehrstöckigen Lokals, bei dem jede Etage einer Preisklasse entsprach) und Bühnenautor arbeitete er, ehe er Anfang der 1930er Jahre Drehbuchautor in Hollywood wurde: 1940 beförderte man ihn zum Regisseur, und schon sein erster Film DER GROSSE MCGINTY (THE GREAT MCGINTY) brachte ihm den Oscar ein. DER GROSSE MCGINTY war eine boshafte Antwort auf →Frank Capras gerade herausgekommenen MR. SMITH GEHT NACH WASHINGTON (MR. SMITH GOES TO WASHINGTON). Sein McGinty hat als Politiker Erfolg, solange er korrupter Partner eines Gangstersyndikats bleibt. Er landet sofort im Gefängnis, als er sich von seiner Frau überreden lässt, ein unbestechlicher Anwalt des Volkes zu werden und mit Gangster-Freunden zu brechen. In einem zur Geschäftemacher-Farce entarteten Demokratie-System, so Sturges' zynische Erläuterung, gibt es keinen Platz für redlichen Reformwillen.

Seine elf Filme, die er alle nach eigenen Drehbüchern inszenierte, verschafften ihm den Ruf als »größter Satiriker seiner Zeit« (Kritiker Andrew Harris). Ein Lieblingsthema von Sturges war die Jagd nach Glück und Geld, so in DIE FALSCHSPIELERIN (THE LADY EVE, 1941): Die Hochstaplerin Jean alias Lady Eve (Barbara Stanwyck), die dem unbeholfenen, naiven Millionärssohn Henry Fonda beibringt, dass eine Frau mit schlechter Vergangenheit nicht ganz schlecht zu sein braucht, spult sich ausschließlich auf einem Luxusdampfer, in einer Luxusvilla und in einem Schlafwagen-Abteil ab. Die Dialog-Komödie, die drastisch-simple Slapstick-Einlagen als Motor einbaut und erotische Symbole (Henry Fondas Schlange als Phallus-Symbol) mit eleganter Beiläufigkeit durchspielt, gilt als Sturges' vollendetster Film. Zusammen mit SEIN MÄDCHEN FÜR BESONDERE FÄLLE (HIS GIRL FRIDAY, 1940) von →Howard Hawks ist ATEMLOS NACH FLORIDA eines der schnellstgesprochenen Dialogstücke der Filmgeschichte: Claudette Colbert verlässt Ehemann Joel McCrea, weil er ihr nicht den Luxus bieten kann, der ihr unentbehrlich ist, und reist von New York nach Palm Beach, Florida, dem Spielplatz der Millionäre, um sich einen reichen Mann zu angeln. Mangels Geld für eine Fahrkarte lässt sie sich von einem Millionärsjagdklub in einen privaten Salonwagen des Pullmanzuges einladen und gerät damit in eine Orgie infantiler reicher Leute.

SULLIVANS REISEN (SULLIVAN'S TRAVELS, 1941), seine vierte Regiearbeit, wird oft als das ACHTEINHALB von Preston Sturges bezeichnet. Doch hat er damit sein Handwerk nicht selbstkritisch reflektiert, sondern vielmehr sarkastisch gerechtfertigt. Komödien-Erfolgsregisseur Sullivan-Sturges, der zum Entsetzen seiner Produzenten hinfort Filme als »wahrheitsgetreue Gemälde der Leiden der Menschheit« machen will, kehrt von Entdeckungsreisen durch das Amerika der Armen zurück mit der Überzeugung, dass diese Armen nichts so sehr brauchen wie (wirklichkeitsferne) Komödien: Sullivan wird überfallen, verliert sein Gedächtnis und landet in einem Arbeitslager, zum einzigen Trost wird der sonntägliche Kinogang. Die sentimentalen Armuts-Szenerien, die Sullivan durchstreift, sind sterile Studio-Zitate berühmter Hollywood-Sozialdramen der 1930er Jahre. Zynisch und mit sozialkritischem Witz wartet der Film dagegen auf, wenn sich Sullivan-Sturges im Hollywood der ganz Erfolgreichen bewegt, wo Butler und Chauffeure mit ihren Herrschaften in Wortwitz konkurrieren; wo sich aus Ausbruchsversuchen eines Erfolgsmenschen aus gewohntem Luxuswahn witzige Slapstick-Jagden entwickeln; wo Sullivan-Sturges eine spöttische Starlet-Schönheit anbellt: »→Lubitsch? Wer ist Lubitsch?«

Drehbuch und Regie:

1940: Der große McGinty (The Great McGinty), 1940: Weihnachten im Juli (Christmas in July), 1941: Die Falschspielerin (The Lady Eve), 1941: Sullivans Reisen (Sullivan's Travels), 1942: Atemlos nach Florida (The Palm Beach Story), 1943: Sensation in Morgan's Creek (The Miracle of Morgan's Creek), 1944: Heil dem siegreichen Helden (Hail the Conquering Hero), 1944: The Great Moment, 1947/50: Verrückter Mittwoch (Mad Wednesday / The Sin of Harold Dibbleblock), 1948: Die Ungetreue (Unfaithfully Yours), 1949: The Beautiful Blonde from Bashful Bend, 1955: Das Tagebuch des Mister Thompson (Les Carnets du Major Thompson)

Jan Svěrák

(*1965) Jan Svěrák gilt als der erfolgreichste tschechische Regisseur seit der »Samtenen Revolution«, dem Wechsel von der sozialistischen Diktatur zur Demokratie im Jahr 1989. Er ist der Sohn des Schauspielers und Drehbuchautors Zdeněk Svěrák, der auch die Drehbücher für seine Filme schrieb. Sein erster Film DIE ÖLFRESSER (ROPÁCI, 1988) erhielt den »Studenten-Oscar«, sein nächster Film DIE VOLKSSCHULE (OBECNÁ ŠKOLA, 1991) wurde als bester fremdsprachiger Film für den Oscar nominiert, eine Auszeichnung, die er dann für KOLYA (1996) erhielt. »Ich möchte Filme für ein großes Publikum machen«, hat Jan Svěrák bekannt, »Keiner zahlt mir Millionen, dass ich auf der Leinwand meine Gefühle ausdrücke. Filme sind zuallererst für die Zuschauer gemacht«. So wurde die Filmkomödie sein Me-

Die Kunst der Filmkomödie

Abb. 143: Jan Svěrák 2007

tier, deren Originalität und Humor im spielerischen Blick auf das Filmgeschehen liegt.

Der Lebensentwurf seiner Filme umfasst die Zeit der Kindheit über die Jugend bis zum Erwachsenwerden und der Endzeit des Alters. In DIE VOLKSSCHULE (OBECNÁ SCOLA, 1991) führt Svěrák den Erkenntnisprozess eines zehnjährigen Jungen vor, der hinter der smarten Fassade seines charismatischen Lehrers die Lebenslüge des Kriegs- und Frauenhelden entdeckt – eine intelligent-witzige Entlarvung falscher Autoritäten. In DIE FAHRT (JÍZDA, 1994) begeben sich zwei junge Aussteiger mit einem Gebrauchtwagen, den sie durch Absägen des Dachs zum Cabrio umfunktionieren, auf eine spätsommerliche Fahrt durch ihre Heimat und nehmen ein Mädchen mit auf ihre Tour, das ihrem Liebhaber weggelaufen ist. Es sind die Momentaufnahmen skurriler Begegnungen mit Land und Leuten, die diesen Film so stimmig und interessant machen. In KOLYA (1996) muss sich ein vom Leben enttäuschter Cellist eines zehnjährigen Jungen annehmen und überwindet im ungewollten Zusammenleben seinen Egoismus, um erstmals im Leben Verantwortung für einen Anderen zu übernehmen. Was in einem Hollywoodfilm zu kitschigem Gefühlspathos geronnen wäre, entfaltet in Svěráks warmherziger Inszenierung durch kleine, emotional bewegende Szenen einen Charme, der sich samtweich in die Herzen der Zuschauer schleicht. LEERGUT (VRATNÉ LAHVE, 2007) schließlich ist das Porträt eines querköpfigen Schullehrers, der seinen Job kündigt und ungeachtet seines pensionsreifen Alters nach neuen Lebensperspektiven sucht. Die lebensbejahende Tragikomödie wurde der erfolgreichste tschechische aller Zeiten.

Wenn der *Spiegel* über Leergut schrieb: »Einer der Filme, die Humor haben, aber keine Gags«, so verweist das auf einen Filmstil, der seiner Geschichte vertraut, die an sich bewegt und Vergnügen bereitet.

Mit Accumulator I (Akumulátor, 1993) unternahm Svěrák einen Ausflug ins Fantasy- und Science-Fiction-Genre, das er einer erfrischenden Radikalkur unterzog. Ein von →Miloš Formans Sohn Petr gespielter fernsehsüchtiger Einzelgänger erliegt zunehmendem Energieverlust, da sich der Bildschirm als mysteriöser Vampir entpuppt. Beim Kinostart ließ die nicht ernst zu nehmende Satire auf die Medienwelt alle amerikanischen Fantasy- und Action-Produkte weit hinter sich. Auch sein letzter Film bewegt sich in Fantasy-Gefilden. Kooky kommt zurück (Kuky se vrací, 2010) ist als Mischung aus Puppen-, Stop Motion- und Realfilm Svěráks bislang aufwändigster und teuerster Film. Der Filmtitel spielt auf den Handlungskern des amerikanischen Familienfilmklassikers Lassie Comes Home an. Kooky ist der Teddybär eines kleinen, asthmakranken Jungen, der in der Fantasie des Kindes lebendig wird. Das Spiel mit der Fantasie und Realität des Jungen funktioniert durch die perfekte filmische Umsetzung ohne den Kitschfaktor der amerikanischen Trickfilmproduktion, weil die Geschichte, wie in allen Filmen von Jan Svěrák, fest in der Wirklichkeit verankert ist.

Die Komödien:

1988: Die Ölfresser (Ropáci), 1991: Die Volksschule (Obecná škola), 1993: Akkumulator 1 (Akumulátor 1), 1994: Die Fahrt (Jízda), 1996: Kolya, 2007: Leergut (Vratné lahve), 2010: Kooky (Kuky se vrací)

Frank Tashlin

Abb. 144: Frank Tashlin (Mitte) mit Debbie Reynolds und Robert Wagner am Set von ENGEL AUF HEISSEM PFLASTER (1959)

(1913 – 1972) Frank Tashlin war Gagman, Animator und Autor von Zeichentrickfilmen, bevor er selber Filme inszenierte. Seine Herkunft vom Animationsfilm spiegelt sich in der grotesken Komik seiner Spielfilme wieder, die Stilmittel des Zeichentrickfilms in den Realfilm überführt. Tashlins Filmfiguren sind reine Karikaturen, die kaum weniger surreale Gags, grausame Attacken und menschliche Deformierungen zu überstehen hatten als seine Zeichentrickfiguren.

Tashlin schrieb die Drehbücher für die →Bob Hope-Komödien SEIN ENGEL MIT DEN ZWEI PISTOLEN (THE PALEFACE, 1948) und BLEICHGESICHT JUNIOR (SON OF PALEFACE, 1952), bevor er mit seinen bissigen und grotesken Satiren auf den amerikanischen Sex-, Musik- und Erfolgskult SCHLAGERPIRATEN (THE GIRL CAN'T HELP IT, 1956) und SIRENE IN BLOND (WILL SUCCESS SPOIL ROCK HUNTER?, 1957) Furore machte. In SCHLAGERPIRATEN überrascht Sexbombe Jayne Mansfield mit der ironischen Selbstparodie einer Superblondine, die zum Star aufsteigt mit ihrem Talent zu spitzen Schreien, welche Fensterscheiben, Flaschen und Brillengläser zerplatzen lassen. Tashlin unterbricht sein pausenloses Gag-Bombardement nur für furiose Auftritte der Rock-Giganten Bill Hailey, Little Richard, Fats Domino, Eddie Cochran und Gene Vincent. In SIRENE IN BLOND wird ein unscheinbarer Werbetexter bei seiner PR-Action für einen kussechten Lippenstift zum Medienstar als angeblicher Geliebter einer umschwärmten Sexbombe. Mit sarkastischen Pointen haut Tashlin die Praktiken des Showbusiness und des Werbefernsehens, den Starkult und die Psychoanalyse in die parodistische Pfanne.

Seine ideale Comicfigur fand Tashlin in →Jerry Lewis, mit dem er einige der besten Filme des Komikers drehte, da er dessen reine Grimassenschneiderei zugunsten satirischer Gagtechniken zurückdrängte: DER AGENTENSCHRECK (ARTISTS AND MODELS, 1955), ALLES UM ANITA (HOLLYWOOD OR BUST, 1956), ASCHENBLÖDEL (CINDERFELLA, 1960), DER LADENHÜTER (WHO'S MINDING THE STORE?, 1963), GEISHA BOY (1958) und DER TÖLPEL VOM DIENST (THE DISORDERLY ORDERLY, 1964). Alle diese Filme wimmeln von satirischen Spitzen auf die Auswüchse der amerikanischen Kulturindustrie, auf Starrummel, die Schlagerindustrie, die Werbung, das Fernsehen, die Klischees des Hollywoodkinos, den Dollarkult und auf sämtliche Verschrobenheiten der amerikanischen Lebensart. Die Gestalten dieser Filme entstammen der Psychopathologie des amerikanischen Alltags: ein Filmfan, der nur solchen Situationen gewachsen ist, die er aus Filmen kennt; ein Krankenpfleger, dessen Patienten ausnahmslos eingebildete Kranke sind; ein Comic Strip-Zeichner, der seine Geschichten aus den Alpträumen seines Freundes klaut; ein junger Mann, der von der bösen Schwiegermutter wie weiland Grimms Aschenputtel in die Küche verbannt wird; ein Radiomechaniker, der wie sein Heldenidol Detektiv werden möchte. Geprägt von der Gagpraxis Tashlins lernte Jerry Lewis das Regiehandwerk und fand so zu seinem eigenen Inszenierungsstil.

Tashlin arbeitete auch mit anderen bekannten Komikern zusammen, mit Tony Randall in DIE MORDE DES HERRN ABC (THE ALPHABET MURDERS, 1965), mit Doris Day in SPION IN SPITZENHÄUBCHEN (THE GLASS BOTTOM BOAT, 1966) und CAPRICE (1967), mit →Danny Kaye in DER MANN VOM DINERS CLUB (THE MAN OF DINER'S CLUB, 1962). 1968 drehte er mit Bob Hope seinen letzten Film WO BITTE GIBT'S BIER AN DER FRONT? (THE PRIVATE NAVY OF SGT. O'FARRELL).

Drehbuch - Die wichtigsten Filme:

1946: Eine Nacht in Casablanca, (A Night at Casablanca), 1948: Sein Engel mit den zwei Pistolen (The Paleface), 1949: Love Happy

Drehbuch und Regie (Auswahl):

1952: Bleichgesicht Junior (Son of Paleface), 1954: Eine Nacht mit Susanne (Susan Slept Here), 1955: Der Agentenschreck (Artists and Models), 1956: The Girl Can't Help It, 1956: Alles um Anita (Hollywood or Bust), 1957: Sirene in blond (Will Success Spoil Rock Hunter?), 1958: Geisha-Boy (The Geisha Boy), 1960: Aschenblödel (Cinderfella), 1963: Der Ladenhüter (Who's Minding the Store?), 1962: Der Mann vom Diners Club (The Man of Diner's Club), 1964: Der Tölpel vom Dienst (The Disorder Orderly), 1965: Die Morde des Herrn ABC (The Alphabet Murders) 1966: Spion in Spitzenhöschen (The Glass Bottom Boat), 1967: Caprice

Francis Veber

(*1937) Francis Veber war als Drehbuchautor für einige der erfolgreichsten Kinokomödien (DER GROSSE BLONDE MIT DEN SCHWARZEN SCHUH, DIE FILZLAUS, LE MAGNIFIQUE, EIN KÄFIG VOLLER NARREN) verantwortlich, bevor mit seiner ersten Regiearbeit DAS SPIELZEUG (LE JOUET, 1976) einen Kinohit landete. Die Figur des kleinen Angestellten Perrin, der von einem reichen Industriellen als Spielzeug für seinen Sohn gekauft wird, ist ein Standardcharakter, der in fast allen Filmen von Francis Veber wieder auftaucht. Ob er nun Monsieur Perrin oder Pignon heißt, ob er von →Pierre Richard, Jacques Villeret, Daniél Auteuil oder Gérard Depardieu gespielt wird: Es ist immer der schusselig-liebenswürdige Antiheld, der das Leben der anderen ungewollt durcheinander bringt. Zunächst verlacht, gewinnt er im Lauf der Filme so viel Sympathie, dass der

Abb. 145: Francis Veber 2012

Zuschauer die Schwächen der Figur akzeptiert und lieb gewinnt. Pierre Richard spielt diese Rolle in der Kumpel-Trilogie La Chèvre, Les Compères und Les Fugitives – drei Filme, die man vor ihren dämlichen deutschen Titeln in Schutz nehmen muss. In Der Hornochse und sein Zugpferd – TV-Titel Ein Tollpatsch kommt selten allein – (La Chèvre, 1981) wird ein vom Pech verfolgter Tollpatsch auf die Suche nach einer verschwundenen Millionärstochter geschickt, da nur ein Seelenverwandter die ebenfalls vom Pech verfolgte Vermisste finden kann. Ohne voneinander zu wissen, begeben sich Pierre Richard und Gérard Depardieu in Zwei irre Spassvögel (Les Compères, 1983) auf die Spurensuche nach ihrem angeblichen Sohn. In Zwei irre Typen auf der Flucht / Die Flüchtigen (Les fugitifs, 1986) sind Pierre Richard und Gérard Depardieu auf ihrer Flucht vor der Polizei bei all ihrer Unterschiedlichkeit aufeinander angewiesen. Die Verkettung der Gegensätze – Depardieu als gefürchteter Gangster und Richard als ungeschickter Amateurräuber – vertieft die Charakterzeichnung der Figuren und hält den Film in komischer Spannung.

Die Verfeinerung der Charaktere findet ihre Vollendung in Dinner für Spinner (Le dîner des cons, 1997). Eine Gruppe Superreicher lädt sorgfältig ausgewählte Spinner zum feinen Dinner, um sich über sie lustig zu machen. Doch mit Monsieur Pignon (diesmal gespielt von Jacques Villeret) verläuft alles anders: der arglose Trottel lernt den Snob, der ihn eingeladen hat, das Fürchten, bis dieser am Ende selbst als Trottel dasteht. In seinem Herstellungsland war die mehrfach mit dem französischen Filmpreis César ausgezeichnete Komödie der erfolgreichste Film nach Titanic. Francis Vebers nächster Film Ein Mann sieht rosa (Le placard, 2000) ist eine schillernde Satire auf überholte Vorurteile, liberale Heuchelei und schwule Klischees. Ein von der Entlassung bedrohter Angestellter outet sich als Schwuler, der er gar nicht ist, und gewinnt mit seinem neuen Image eine Aufmerksamkeit, die er vorher nie hatte. In Flagranti – Wohin mit der Geliebten (Le Doublure, 2006) – die Titelfrage stellt sich Daniel Auteuil, als er mit seiner Geliebten in der Presse abgelichtet wird. Um seine Ehefrau zu täuschen, engagiert er irgendeinen Trottel, der auch auf dem Bild erscheint, als seinen Doppelgänger und angeblichen Lover des Topmodels. Monsieur Pignon kann sein überraschendes Glück gar nicht fassen. Auch in dieser charmanten Farce erweist sich Francis Veber als Meister der Situationskomik und spritzig-witziger Dialoge.

Drehbuch – Die Komödien:

1971: Ein toller Bluff (Il était une fois un Flic), 1972: Der große Blonde mit dem schwarzen Schuh (Le Grand Blond avec une chaussure noire), 1973: Der Koffer in der Sonne (La Valise), 1973: Die Filzlaus (L'Emmerdeur), 1973: Le Magnifique, 1974: Der große Blonde kehrt zurück (Le Retour du grand Blond), 1975: Das Kätzchen (Le Téléphone rose), 1976: Ein Tolpatsch auf Abwegen (On aura tout vu!), 1978: Damit ist die Sache für mich erledigt, 1978: Ein Käfig voller Narren (La Cage aux folles), 1979: Telefonliaison (Cause toujours, tu m'interesses), 1980: Noch ein Käfig voller Narren (La Cage aux folles II), 1980: Sunday Lovers, 1994: Daddy Cool – Mein Vater der Held

Regie:

1976: Das Spielzeug (Le Jouet), 1981: Der Hornochse und sein Zugpferd (La Chèvre), 1983: Zwei irre Spaßvögel (Les Compères,) 1986: Die Flüchtigen (Les Fugitifs), 1989: Das Bankentrio (Three fugitives), 1992: Ein Yuppie steht im Wald (Out on a limb), 1996: Jaguar (Le Jaguar), 1997: Dinner für Spinner (Le Diner des cons), 2000: Ein Mann sieht rosa (Le Placard), 2003: Ruby & Quentin - Der Killer und die Klette (Tais-toi), 2006: In flagranti – Wohin mit der Geliebten? (La Doublure), 2008: Der Killer und die Nervensäge (L'Emmerdeur)

John Waters

(*1946) Nur im freien Geist der 68er-Bewegung konnte sich ein Regisseur entfalten, der mit seinen Filmen alle gesellschaftlichen Tabus und bürgerlichen Werte, alle Grenzen des guten Geschmacks und der Anstandsregeln in einem provozierenden Bilderreigen grotesker Abartigkeiten verhöhnt. Da wimmelt es von hünenhaften Transvestiten, debilen Typen, geilen Sexmaniacs, fetten Omas und monströsen Hässlichkeiten aller Art. Gezeigt werden überdimensionale Busen, erigierte Penisse, bekackte Unterhosen, Kotze und der Verzehr von Hundekot, Kannibalismus und Vergewaltigung. Alles was böse, gemein und widerwärtig ist. Doch was im Einzelnen verstörend wirkt, reizt in dieser grotesken Überdosierung zum Lachen wider Willen. Mit seiner Trash-Trilogie PINK FLAMINGOS (1972), FEMALE TROUBLE (1974) und DESPERATE LIVING (1977) erarbeitete Waters sich seinen Ruf als Meister des schlechten Geschmacks.

Abb. 146: John Waters 2014

In PINK FLAMINGOS wetteifern zwei seltsame Familien um den Titel des fiesesten Menschen, in FEMALE TROUBLE testet ein skurriles Friseurehepaar die Beziehung zwischen Schönheit und Verbrechen, um alle Fetische von Jugend, Schlankheit und Schönheit ad absurdum zu führen, in DESPERATE LIVING fliehen zwei mörderische Frauen in die Außenseiterwelt von Mortville, wo sie Nudisten und Prinzessinnen, weiblichen Wrestlern und Polizisten in Damenunterwäsche begegnen. John Waters' Version von *Alice im Wunderland* feiert auf heiter-perverse Art den Triumph der Ausgestoßenen. Mit seinem Film POLYESTER (1981) versuchte er seine Art dreidimensionalen Filmbetrachtens mit der Geruchskarte Odorama, die beim Abrubbeln die zur jeweiligen Szene passenden Gerüche frei setzte. Chanel No. 5 ist nicht dabei, dafür aber alle Gerüche, die der Mensch normalerweise zu vermeiden sucht.

Waters verteidigt seine Trash-Filme: »Trash bedrohte die Gesellschaft nicht. Die Menschen mochten schon immer trashige Filme. Trash jagte den Intellektuellen Angst ein, weil sie nicht mehr das Sagen haben konnten. Sie konnten mit ihrem Geschmack nicht mehr modebestimmend sein. Die Trends wurden plötzlich von völlig verschiedenen Menschen gemacht. Solchen, die, bevor sie Filme machten, gearbeitet haben, die nur zur Grundschule gingen und solchen, die gar nicht zur Schule gegangen sind. Aber plötzlich schrieben sie Bücher und machten Filme – und bekamen mehr Aufmerksamkeit.«

Vom Erfolg dieser Filme beim Szene-Publikum verschreckt fing Hollywood den Troublemaker ein, um ihn für die Zukunft seiner Filmarbeit familientauglich glatt zu bügeln. Es trieb ihm zwar die provozierende Schocklust aus, aber nicht seine schrille Spottlust. Die bunte Musicalwelt von HAIRSPRAY (1988) nutzt er als populär musikalischen Rahmen, um schwarze und übergewichtige Außenseiter über die Reichen und Schönen siegen zu lassen. Hollywood vertraute Waters sogar seine Stars an. Johnny Depp spielt in der Elvis- und GREASE-Parodie CRY BABY (1990) den Anführer einer Jugendbande. In seiner Satire auf den Medienwahn um pathologische Mörder SERIAL MOM – MAMA LÄSST DAS MORDEN NICHT (1994) glänzt Kathleen Turner als Hausfrau, Mutter und Mörderin in einer Person. Wenn in seiner Medienparodie auf das amerikanische Mainstream-Kino CECIL B. (CECIL B. DEMENTED, 2000) Melanie Griffith von Underground-Filmemachern entführt wird, dann wird daraus ein augenzwinkerndes Spiel mit den Kinomechanismen Hollywoods und den Sehgewohnheiten des Publikums. Waters, der selbst ein Kunst- und Fotografie-Fanatiker ist, verteilt in seinem Film PECKER (1998) über den Karrierekick eines besessenen Amateurfotografen, der in der Kunstszene zum Jungstar aufsteigt, sachkundige wie spöttisch erhellende Seitenhiebe auf die Gesetzmäßigkeiten und Eitelkeiten der Kunstschickeria. 2004 stellte Waters seine eigenen Bilder im Museum in Winterthur aus.

Mit seinem hauchdünnen Lippenbärtchen, seinem braven Haarscheitel, seiner adretten Kleidung in Anzug und Krawatte wirkt John Waters auf den ersten Blick wie ein biederer Steuerbeamter, dem man solch schräge Filme gar nicht zutraut. »Ich habe gelernt, wie ich ein glücklicher Neurotiker sein kann. Aber wenn ich meine Filme nicht gehabt hätte, und keinen Kanal für all die asozialen Dinge – ich weiß nicht, was passiert wäre«, resümiert John Waters seine Filmkarriere.

Die Filme:

1970: Multiple Maniacs, 1972: Pink Flamingos, 1974: Female Trouble, 1977: Desperate Living, 1981: Polyester, 1988: Hairspray, 1990: Cry-Baby, 1994: Serial Mom – Warum läßt Mama das Morden nicht? (Serial Mom), 1998: John Waters' Pecker, 2000: Cecil B. DeMented, 2004: A Dirty Shame

Lina Wertmüller

(*1928) Mit grotesken Melodramen etablierte sich die italienische Regisseurin Lina Wertmüller als radikale Kämpferin gegen den südländischen Machismo, die Willkürherrschaft der Ausbeutungsverhältnisse in der modernen Industriegesellschaft und den gesellschaftlichen Einfluss der Mafia.

Abb. 147: Lina Wertmüller 1987

In Giancarlo Giannini fand sie den idealen Interpreten für die Figur des süditalienischen Mannes vom Lande, der sich als Kommunist und Anarchist versteht, sich aber nicht von der anerzogenen Position eines altmodischen Patriarchen lösen kann und die Emanzipation der modernen Frau nicht akzeptiert.

In MIMI, IN SEINER EHRE GEKRÄNKT (MIMÌ METALLURGICO FERITO NELL'ONORE, 1972) spielt er einen arbeitslosen Metallarbeiter, der sich bei der Mafia verdingt, um seiner finanziellen Misere zu entkommen. LIEBE UND ANARCHIE (FILM D'AMORE E D'ARNARCHIA, OVVERO 'STAMATTINA ALLE 10 IN VIA DIE FIORI NELLA NOTA CASA DI TOLLERANZA ..., 1973) ist die bittere Satire über einen stümperhaften Anarchisten, der Mussolini erschießen will und versagt. OPERATION GELUNGEN, PATIENT TOT (TUTTA A POSTO E NIENTE IN ORDINE, 1974) – der italienische Originaltitel umschreibt die systembedingte Frustsituation eines Mannes, der seine dank kirchlichem Verhinderungsverbot fruchtbare Frau mit ihrer großen Kinderschar nur als Verbrecher ernähren kann. Eine Robinsonade als Geschlechterkampf führt Hingerissen von einem ungewöhnlichen Schicksal im azurblauen Meer im August (Travolti da un insolito destino nell'azzurro mare d'agosto, 1974) vor. Auf einer einsamen Insel kehren sich die traditionellen Herrschaftsverhältnisse um und die Frau wird zur Herrin, der Mann zum Knecht. Übermütter und vitale Frauen regieren die Welt in Sieben Schönheiten (Pasqualino Settebellezze, 1976). In verschiedenen Episoden wird der konstant vergebliche Kampf eines fremdbestimmten Mannes gezeigt, der nach einem Ehrenmord ins Irrenhaus eingewiesen wird, im Zweiten Weltkrieg beim Militär und später im KZ landet, das er gleichsam durch seinen Männlichkeitswahn und seine Unterwürfigkeit überlebt, indem er sich als Sexsklave der KZ-Aufseherin verdingt.

Die spöttische Überzeichnung des Geschlechterkampfs als Schlachtfeld der Emotionen, die witzig pointierten Attacken gegen die Herrschaft der Institutionen und gesellschaftliche Vorurteile, ein stets durchschimmerndes tragikomisches Grundgefühl und der politische Hang zum Sozialismus sind die Konstanten der Inszenierungskunst von Lina Wertmüller. In ihrem letzten Filmerfolg Camorra (Un complicato intrigo di donne, vicoli e delitti, 1985) über den Kampf der Frauen gegen die Allmacht der Mafia hat sie auf die humorvolle Perspektive verzichtet, die ihre bisherigen Filme ausgezeichnet hat.

Die Filme:

1963: Die Basiliken (I basilischi), 1965: Diesmal sprechen wir über Männer (Questa volta parliamo di uomini), 1967: Mein Körper für ein Pokerspiel (Il mio corpo per un poker), 1972: Mimì, in seiner Ehre gekränkt (Mimí metallurgico ferito nell'onore), 1973: Liebe und Anarchie (Film d'amore e d'anarchia, ovvero stamattina alle 10 in via dei Fiori nella nota casa di tolleranza), 1974: Hingerissen von einem ungewöhnlichen Schicksal im azurblauen Meer im August (Travolti da un insolito destino nell'azzurro mare d'agosto), 1974: Operation gelungen – Patient tot (Tutto a posto e niente in ordine), 1976: Sieben Schönheiten (Pasqualino Settebellezze), 1978: In einer Regennacht (La fine del mondo nel nostro solito letto in una notte piena di pioggia, 1985: Camorra (Un complicato intrigo di donne, vicoli e delitti), 1987: Reich und gnadenlos (Notte d'estate con profilo greco, occhi a mandorla e odore di basilico), 1989: Heimlich, still und leise (Il decimo clandestino)

Billy Wilder

(1906 – 2002) Der ehemalige Reporter der Berliner *B.Z.* war als Drehbuchautor u. a. an den Filmklassikern MENSCHEN AM SONNTAG (1930) und EMIL UND DIE DETEKTIVE (1932) beteiligt, bevor er nach eigener Aussage am Tag des Reichtagsbrands nach Amerika übersiedelte. Gemeinsam mit Charles Brackett, der ständiger Autor seiner frühen Filme wurde, schrieb er Drehbücher für →Mitchell Leisen (MIDNIGHT, 1939), →Howard Hawks (BALL OF FIRE, 1941) und →Ernst Lubitsch (BLAUBARTS ACHTE FRAU, 1938, NINOTSCHKA, 1939).–

Abb. 148: Billy Wilder 1946

Nach seiner ersten Regiearbeit DER MAJOR UND DAS MÄDCHEN (THE MAJOR AND THE MINOR, 1942) mit Ginger Rogers machte er sich einen Namen mit Klassikern der Schwarzen Serie: FRAU OHNE GEWISSEN (DOUBLE INDEMNITY, 1943), DAS VERLORENE WOCHENENDE (THE LOST WEEKEND, 1945), BOULEVARD DER DÄMMERUNG (SUNSET BOULEVARD, 1950), REPORTER DES SATANS (ACE IN THE HOLE, 1951). Die bitter-ironischen Komödien des Skeptikers Billy Wilder entwickelten sich nahtlos aus seinen düsteren Meisterwerken des »film noir«. Das gleiche pessimistische Weltbild dokumentiert sich im unheroischem Daseinskampf der kleinen Angestellten und Nieten, die als menschliche Donald Ducks hilflos im Netz der gesellschaftlichen Anforderungen und Zwänge zappeln.

DAS VERFLIXTE SIEBTE JAHR (THE SEVENTH YEAR ITCH, 1955) entlarvt mit bissigem Humor die erotischen Fantasien eines Strohwitwers, als Sexbombe

Marilyn Monroe in die Wohnung über ihn einzieht. Das erotische Spiel der Verführung bestimmt auch in Ariane – Liebe am Nachmittag (Love in the Afternoon, 1957) die Versuche einer blutjungen und unschuldigen Musikstudentin (Audrey Hepburn), eine verruchte Dame zu spielen, um einen umschwärmten, reichen Playboy (Gary Cooper) zu erobern. Als Zeugin der Anklage (Witness for the Prosecution, 1957) rettet Marlene Dietrich ihren als Mörder angeklagten Gatten mit einem Bluff vor dem Galgen. Die Krimivorlage von Agatha Christie überführt Charles Laughton mit einer schauspielerischen Glanzleistung als gerissener Staranwalt in den Bereich der Komödie.

Mit Manche mögen's heiss (Some Like It Hot, 1959) beginnt die Zusammenarbeit mit →Jack Lemmon, mit dem er einige seiner erfolgreichsten Filme drehte sollte. Jack Lemmon und Tony Curtis spielen zwei Musiker, die sich auf der Flucht vor Gangstern als Frauen verkleiden und in einer Damenkappelle untertauchen. In Das Appartement (1960) ist Jack Lemmon ein einfacher Angestellter, der in Hoffnung auf einen Karriereschub seine Wohnung als Liebesnest für seine Vorgesetzten frei gibt, bis er sich in die Geliebte seines Bosses (Shirley MacLaine) verliebt. Wilder gelingt mit dieser Komödie eine treffende Gesellschaftskritik an einer Welt, die in einer nur an Profit und Karriere orientierten Werteordnung jegliche Moral verloren hat. Das nächste Lemmon / MacLaine-Vergnügen Irma La Douce (1963) ist nur auf reinen Spaß getrimmt. Ein biederer Polizist verliebt sich völlig ahnungslos in eine Prostituierte und mimt einen reichen Liebhaber, um sie zu heiraten. In Der Glückspilz (The Fortune Cookie, 1966) spielt Jack Lemmon einen verletzten Sportreporter, dessen Malheur →Walter Matthau als gerissener Winkeladvokat für einen lukrativen Versicherungsbetrug ausnutzen will. Die charakterliche Unterschiedlichkeit des Paars Lemmon / Matthau bestimmt auch die Komik zweier filmischer Remakes: Extrablatt (The Front Page, 1974) und Buddy, Buddy (1981). In Extrablatt spielt Walter Matthau die Rolle →Cary Grants in Howards Hawks' Sein Mädchen für besondere Fälle als hemmungslos tricksender Verleger, der seinen auf Heiratskurs befindlichen Starreporter Jack Lemmon für einen Sensationsartikel zurückgewinnen will. In BUDDY, BUDDY spielt Matthau die Rolle Lino Venturas in DIE FILZLAUS als Killer, dessen Mordauftrag von dem selbstmordgefährdeten Nervenbündel Lemmon sabotiert wird. Mit AVANTI, AVANTI (1972) schickt Wilder Jack Lemmon auf einen romantischen Italientrip, der den verklemmten Amerikaner erotisch weich spült.

Ohne seine bewährten Stars wurde Wilders nächster Film KÜSS MICH DUMMKOPF (KISS ME STUPID, 1964), in dem Dean Martin sein eigenes Sex-Image parodiert, zum Flop. Bei seinem Kinostart war auch Wilders Ost-West-Satire EINS, ZWEI, DREI (1961) kein Erfolg beschieden: kurz vor dem Bau der Berliner Mauer gedreht und gleich nach dem Mauerbau ins Kino gebracht, konnten die rasante Komik und politischen Pointen erst mit jahrzehntelanger Verspätung vorurteilslos genossen werden.

Billy Wilder wird gern als Nachfolger Ernst Lubitschs bezeichnet: durch die Leichtigkeit seiner Inszenierung, die Intelligenz seiner Dialoge, den Witz der Situationskomik, die Raffinesse der Regieführung, die inszenatorische Fähigkeit, in wenigen, präzisen Bildeinstellungen Thema, Handlung und Milieu zu verdichten, im Kleinen symbolhaft das Große zu erfassen, Requisiten wie Gläser, Handschuhe oder Regenschirme zu Handlungsträgern umzufunktionieren. Doch wo Lubitsch amüsiert beobachtet und liebevoll karikiert, attackiert Wilder mit bissigem Spott und sarkastischen Seitenhieben Korruption, prüden Puritanismus und verlogene Doppelmoral der amerikanischen Gesellschaft. Bei näherer Betrachtung der Ausgangssituation seiner Komödien scheinen sie ebenso geeignet für die Entwicklung von düsteren Sozialdramen: die urbane Einsamkeit eines von Frau und Kind verlassenen Strohwitwers, das Ausgeliefertsein des Angestellten im Räderwerk der Firmenhierarchie, die Liebessehnsucht eines jungen Mädchen nach dem unerreichbarem Traummann, die Jagd einer Gangstertruppe nach den Zeugen eines tödlichen Überfalls, die Mordlust eines Killers und die Verzweiflung eines Selbstmörders. Die untergründige Bedrohung und die dramatischen Konflikte seiner Figuren löst Wilder auf in der Komik überraschender Entwicklungen, grotesk zugespitzter Übertreibung und ins Absurde driftender Handlungswendungen. Bei Wilder ist das Ernste stets vor dem Hintergrund des Lächerlichen zu begreifen. Als Grundgesetz des Filmemachens hat er die Forderung aufgestellt: Paragraph 1 - Du sollst dein Publikum nicht langweilen!

Drehbuch – Die Komödien:

1930: Menschen am Sonntag, 1931: Emil und die Detektive, 1931: Der Mann, der seinen Mörder sucht, 1932: Scampolo, ein Kind der Straße, 1932: Ein blonder Traum, 1938: Blaubarts achte Frau (Bluebeard's Eighth Wife), 1938: That Certain Age, 1939: Midnight – Enthüllung um Mitternacht (Midnight), 1939: Ninotschka, 1940: Rhythm on the River, 1940: Arise, My Love, 1941: Die merkwürdige Zähmung der Gangsterbraut Sugarpuss (Ball of Fire)

Regie – Die Komödien:

1934: Mauvaise graine (erste Regie, auch Drehbuch), 1942: Der Major und das Mädchen (The Major and the Minor), (1948: Kaiserwalzer (The Emperor Waltz), 1948: Eine auswärtige Affäre (A Foreign Affair), 1954: Sabrina, 1955: Das verflixte 7. Jahr (The Seventh Year Itch), 1957: Ariane – Liebe am Nachmittag (Love in the Afternoon), 1957: Zeugin der Anklage (Witness for the Prosecution), 1959: Manche mögen's heiß (Some Like It Hot), 1960: Das Appartement (The Apartment), 1961: Eins, zwei, drei (One, Two, Three), 1963: Das Mädchen Irma la Douce (Irma la Douce), 1964: Küss mich, Dummkopf (Kiss Me, Stupid), 1966: Der Glückspilz (The Fortune Cookie), 1970: Das Privatleben des Sherlock Holmes (The Private Life of Sherlock Holmes), 1972: Avanti, Avanti (Avanti!), 1974: Extrablatt (The Front Page), 1981: Buddy Buddy

Sönke Wortmann

(*1959) Fußball ist sein Leben, nicht nur bei dem Kinoerfolg DAS WUNDER VON BERN (2003), dem TV-Serienauftakt FREUNDE FÜR IMMER – DAS LEBEN IST RUND (2006) und der WM-Dokumentation DEUTSCHLAND. EIN SOMMERMÄRCHEN (2006): Gleich nach dem Abitur ging er als Fußballprofi zu Westfalia Herne. Dann folgten Volontariat als Journalist und ein Job als Taxifahrer in München. 1984 schaffte er die Aufnahmeprüfung zum Studium an der Münchner Hochschule für Fernsehen und Film, aber nicht nur dort, sondern auch am Royal College of Art in London erlernte er sein Handwerk und erregte bereits als Student Aufsehen, als er mit seinem Abschlussfilm DREI D den Eastman Förderpreis der Hofer Filmtage und eine Oscar-Nominierung als bester Studentenfilm erhielt.

Abb. 149: Sönke Wortmann (links) mit Anke Engelke und Justus von Dohnányi am Set von FRAU MÜLLER MUSS WEG

Bevor er seine erste Regiearbeit übernahm, trat er als Schauspieler auf der Bühne und beim Fernsehen auf, u. a. in einer Nebenrolle in der TV-Serie DIE GLÜCKLICHE FAMILIE (mit Maria Schell, Siegfried Rauch).

1990 drehte er seinen ersten frei produzierten Spielfilm EINE WAHNSINNSEHE und danach ein Fernsehspiel für den Südwestfunk, die Beziehungskomödie UNTER FRAUEN, die 1991 als Kinofassung unter dem Titel ALLEIN UNTER FRAUEN (mit Thomas Heinze, Jennifer Nitsch, Meret Becker) auf dem Münchner Filmfest wiederum mit großem Erfolg gezeigt wurde. Ein Jahr später folgte KLEINE HAIE, ein autobiografisch geprägter Szene-Film über das Leben und vor allem das Treiben junger Schauspielerschüler. Mit der Verfilmung des Kult-Comics *Der bewegte Mann* von Ralf König, der Til Schweiger zum Star machte, gelang ihm 1994 einer der erfolgreichsten deutschen Filme der 1990er Jahre: Die Komödie um einen notorischen Frauenverführer zog sechseinhalb Millionen Zuschauer in die Kinos. Die Verfilmung des Romans von Hera Lind DAS SUPERWEIB konnte dem BEWEGTEN MANN zwar nicht das Wasser reichen, war aber 1996 vor allem ein Erfolg für die Hauptakteurin Veronica Ferres. Nach →Doris Dörrie definierte auch Sönke Wortmann die deutsche Komödie neu.

Außerdem hat Wortmann zwei Stücke am Düsseldorfer Schauspielhaus inszeniert: *Bullets Over Broadway* – eine Welturaufführung von →Woody Allen – und *Der Krüppel von Inishmaan* von Martin McDonough. Daneben war Wortmann auch als Produzent aktiv: Seine erste eigene Produktion war

LAMMBOCK (2001) von Christian Zübert, eine Coming-Of-Age-Komödie mit Moritz Bleibtreu und Lucas Gregorowicz in den Hauptrollen. 2009 erschien Wortmanns bis dahin aufwendigster Film, die Bestsellerverfilmung DIE PÄPSTIN. Wortmann übernahm die Regie 2007 von Volker Schlöndorff, der das Projekt jahrelang entwickelt hatte. 2012 brachte Wortmann die Komödie DAS HOCHZEITSVIDEO in die Kinos, wobei er dem selbst aufgeworfenen Vergleich zum amerikanischen Vorbild HANGOVER nicht standhalten konnte. In seiner Bestsellerverfilmung SCHOSSGEBETE verheddert sich Wortmann zwischen Sexfarce und Trauma-Trauer-Drama; der Schuss wohlfeiler Boulevardjournalismus-Satire kann diesen Film nicht verbessern. In dem amüsant-grotesken Kammerspiel FRAU MÜLLER MUSS WEG (2015) seziert Sönke Wortmann einen Elternabend. Für Kritiker Elmer Krekeler „die beste, böseste Schulkomödie seit der FEUERZANGENBOWLE".

Die Komödien

1986: Fotofinish (Kurzfilm), 1988: Drei D, 1991: Allein unter Frauen, 1992: Kleine Haie, 1993: Mr. Bluesman, 1994: Der bewegte Mann, 1996: Das Superweib, 1998: Der Campus, 1999: St. Pauli Nach, 2001: Der Himmel von Hollywood, 2003: Das Wunder von Bern, 2012: Das Hochzeitsvideo, 2014: Schoßgebete, 2015: Frau Müller muss weg

Robert Zemeckis

(*1952) Er ist Hollywoods Tricktüftler: Auch wenn seine Filme in der Regel beeindruckende Demonstrationen des aktuellen Standes der Tricktechnik sind, hat Zemeckis noch nie eine neue Technik um ihrer selbst willen angewendet, jede einzelne Neuerung diente immer der Geschichte.

Sein Regie-Debüt gab er mit nur 25 Jahren bei der Komödie I WANNA HOLD YOUR HAND (1977) mit Nancy Allen. Sein wichtigster Förderer war Steven Spielberg. Für dessen überdrehten Slapstickstreifen 1941 – WO, BITTE,

GEHT'S NACH HOLLYWOOD (1978) entwickelte er die Story. Fand sein Geschäftswelt- und Werbesatire MIT EINEM BEIN IM KITTCHEN (USED CARS, 1980) über den hemmungslosen Wettbewerb zweier Autohändler noch wenig Beachtung, so erhielt seine romantische Abenteuerfilm-Romanze AUF DER JAGD NACH DEM GRÜNEN DIAMANTEN (ROMANCING THE STONE, 1984) den Golden Globe für die beste Komödie – ein Preis, den auch Kathleen Turner für ihre Rolle als Abenteuerin wider Willen erhielt. Die ZURÜCK IN DIE ZUKUNFT-Reihe mit ihrer beiden Fortsetzungen lebte von 1985

Abb. 150: Robert Zemeckis auf dem Tribeca Film Festival 2010

bis 1990 ein fünfjähriges Erfolgsdasein, wobei jede Folge die vorherige an Originalität und Effekten zu übertrumpfen vermochte. Mit der Zeitreise-Maschine eines genialen Erfinders reist Michael J. Fox in die Vergangenheit, um falsche Lebensentwicklungen zu verhindern. Die Thematik der Zeitreise nutzt Robert Zemeckis für verblüffende Kinotricks, reizvolle Gegenüberstellungen von erlebter Vergangenheit angesichts des Wissens über die Zukunftsentwicklung, eine Überfülle von satirischen und parodistischen Anspielungen auf die Wirklichkeit des Kinos.

In FALSCHES SPIEL MIT ROGER RABBIT, DER TOD STEHT IHR GUT und FORREST GUMP reizt Robert Zemeckis die neuen Möglichkeiten digitaler Effekte voll aus, um mit jedem Film neue Maßstäbe zu setzen. FALSCHES SPIEL MIT ROGER RABBIT (WHO FRAMED ROGER RABBIT?, 1988) verbindet in einem genialen Mix Real- und Zeichentrickfilm und lässt vertraute Zeichentrickfiguren in die Wirklichkeit einbrechen. DER TOD STEHT IHR GUT (DEATH BECOMES HER, 1992) führt als pechschwarze Satire den Jugend- und Schönheitswahn ad absurdum. Der Kampf zweier Frauen um die ewige Jugend kulminiert in einer fatalen Entwicklung, die ihre künstlich aufgeputschten Körper schier surrealer Verwandlungen unterzieht. FORREST GUMP (1994) ist eine Geschichte um den geistig behinderten Forrest Gump im Laufe von dreißig Jahren, mit dem Stilmittel der Rückblende und vielen absurden Episoden: Er bringt Elvis das Tanzen bei, wird Footballstar und ist Held im Vietnamkrieg. In der bizarren Story erscheint →Tom Hanks als der fiktive Gump ganz natürlich und nahtlos in echten Dokumentaraufnahmen und tritt dort mit zeitgeschichtlichen Personen wie Präsident Kennedy auf. »Na ja, unsere Geschichte handelte von einem Typ, der zum Präsidenten eingeladen wurde. Das stand so im Drehbuch. Wir gingen davon aus, dass diese Begegnungen gefilmt wurden, also verwendeten wir Nachrichtenbilder von echten Präsidentenauftritten und bastelten am Computer so lange herum, bis das funktionierte. Heutzutage ist das überhaupt kein Problem mehr. Damals war es harte Arbeit«, erinnerte sich Zemeckis 2004 in einem Interview.

Sein Computer-animiertes Weihnachtsmärchen DER POLAREXPRESS (2004) war der erste Spielfilm, der komplett im Performance-Capture-Verfahren entstand: Dabei handelt es sich weder um traditionelle Animation noch um das Motion-Capture-Verfahren und auch nicht um Realfilm im strengen Sinn. Performance-Capture ist als Kunstform eine Klasse für sich, die mit ihren Innovationen nie da gewesene Bilder ermöglicht: Der eingescannte Tom Hanks diente dabei gleich als Vorlage für fünf Charaktere. Den schon häufig verfilmten Klassiker von Charles Dickens inszenierte Zemeckis mit DISNEY'S EINE WEIHNACHTSGESCHICHTE (A CHRISTMAS CAROL 3D, 2009) erstmals als computeranimierte 3D-Version: In sieben Rollen tollt →Jim Carrey über die Leinwand und fällt bei einigen 3D-Effekten sogar aus dem Bild.

Die Komödien:

1978: I Wanna Hold Your Hand, 1980: Mit einem Bein im Kittchen (Used Cars), 1984: Auf der Jagd nach dem grünen Diamanten (Romancing the Stone), 1985: Zurück in die Zukunft (Back to the Future), 1988: Falsches Spiel mit Roger Rabbit (Who Framed Roger Rabbit), 1989: Zurück in die Zukunft II (Back to the Future Part II), 1990: Zurück in die Zukunft III (Back to the Future Part III), 1992: Der Tod steht ihr gut (Death Becomes Her), 1994: Forrest Gump

ZAZ: Jim Abrahams und die Zucker-Brothers

Jim Abrahams (*1944), **David Zucker** (*1947), **Jerry Zucker** (*1950)

Ende der 1960er-Jahre fanden sich Jim Abrahams und die Brüder David und Jerry Zucker zusammen mit ihrer komischen Show »Kentucky Fried Theatre«, die 1977 von →John Landis als Kentucky Fried Movie verfilmt wurde: ein total verrückte Collage aus irrsinnigen Sketchen, Kinoparodien und satirischen Attacken auf den »American Way of Life«. Nach diesem Erfolg übernahmen die »komischen Drei« selbst die Filmregie und schufen mit ihrem gemeinsamen Sinn für herrlichen Blödsinn und kühne Verrücktheiten drei der gelungensten Kinoparodien, wofür sie statt Komiker das vertraute Personal des Actionfilms rekrutierten, die es genossen, sich selbst auf den Arm zu nehmen. Die unglaubliche Reise in einem verrückten Flugzeug (Airplane, 1980) verulkt das Genre der Katastrophenfilme. Top

Abb. 152: Jerry Zucker und Jim Abrahams

Abb. 151: David Zucker

Secret (1984) löst die Spannungen der Spionagethriller im Gelächter auf mit Gags, die – so der *film-dienst* – »ebenso so oft zünden wie sie die Grenzen des guten Geschmacks überschreiten«. Die unglaubliche Entführung der verrückten Mrs. Stone (Ruthless People, 1986) parodiert das Genre der Entführungsthriller, in dem die Grundsituation auf den Kopf gestellt wird: die Entführte verbindet sich mit den Entführern, als ihr reicher Gemahl sie gar nicht zurückhaben will.

In den 1990er Jahren trennte sich das Trio, um als Produzenten und Regisseure eigene Wege zu gehen. Mit Ghost – Nachricht von Sam (1990) gelang Jerry Zucker ein Kinohit, der zum Kultfilm wurde als romantische Hymne auf die Unvergänglichkeit ewiger Liebe. Ein Toter wird zum Schutzengel seiner großen Liebe und rettet ihr Leben. Sein Bruder David Zucker verhalf mit Die nackte Kanone (The Naked Gun: From the Files of Police Squad!, 1988) Nebendarsteller →Leslie Nielsen als trotteligster Polizist der Filmgeschichte zu einer Solokarriere, die er in zwei Fortsetzungen weiterführen konnte, in denen Jerry Zucker und Jim Abrahams dann auch nicht mehr als Drehbuchautoren fungierten. Die nackte Kanone ist noch immer die treffendste Parodie auf »Cop Movies«. Abrahams startete im Kielwasser der Nackten Kanone mit Hot Shots eine eigene Gagfilm-Reihe.

Die gemeinsamen Filme - Drehbuch und Regie:

1980: Die unglaubliche Reise in einem verrückten Flugzeug (Airplane!), 1984: Top Secret!, 1986: Die unglaubliche Entführung der verrückten Mrs. Stone (Ruthless People)

Jim Abrahams

Regie:

1988: Zwei mal Zwei (Big Business), 1990: Ein Mädchen namens Dinky (Welcome Home, Roxy Carmichael), 1991: Hot Shots!, 1993: Hot Shots! Der zweite Versuch

David Zucker:

Drehbuch und Regie:

1988: Die nackte Kanone (The Naked Gun), 1991: Die nackte Kanone 2½, 1993: For Godness Sake, 1998: Die Sportskanonen (Baseketball), 2008: Big Fat Important Movie (An American Carol)

Nur Regie:

2003: Partyalarm – Finger weg von meiner Tochter (My Bosses's Daughter), 2003: Scary Movie 3, 2006: Scary Movie 4

Jerry Zucker:

Regie:

1980: 1990: Ghost – Nachricht von Sam, 2001: Rat Race – Der nackte Wahnsinn

BONUS:

DREI KOMÖDIENSCHMIEDEN

Judd Apatow

Abb. 153: Judd Apatow auf dem Tribeca Film Festival 2012

(*1967) Als Humorkönig von Hollywood bezeichnete die *Berliner Morgenpost* den Autor, Regisseur und Produzenten Judd Apatow, der als Mentor jungen Hollywoodtalenten den Weg zur Filmkarriere ebnete – den Schauspielern →Adam Sandler, Steve Carell, James Franco, Seth Rogen und Paul Rudd, den Autoren Jason Segel und Evan Goldberg, den Regisseuren Greg Mottola und Jake Kasdan. Apatow arbeitet mit einer festen Clique von Autoren, Schauspielern und Regisseuren zusammen, um in einem Jahrzehnt von 2002 bis 2012 die Kinowelt mit rund 50 Filmkomödien zu beglücken. Die Apatow-Gang tat ganze Arbeit im Ausprobieren neuer komödiantischer Versuchsanordnungen und Talentproben, die das Comedy-Rad zwar nicht neu erfanden, aber voll origineller Ideen steckten und mit drastischen, tabubrechenden, stets emotionalen Männer- und Frauengeschichten das Komödiengenre revitalisierten. Das Spektrum der von ihm initiierten Filme reicht von SUPERBAD (2007, Regie: Greg Mottola) bis LEG DICH NICHT MIT ZOHAN AN (YOU DON'T MESS WITH THE ZOHAN, 2008, Regie: Dennis Dugan), von

Männertrip (Get Him to the Greek, 2010, Regie: Nicholas Stoller) bis Brautalarm (Bridemaids, 2011, Regie: Paul Feig). Der Erfolg beim Publikum war groß, nur die Reaktion der Kritiker war gespalten. Ihr Urteil schwankt zwischen Hintersinn und Schwachsinn, platten Gags und zündenden Pointen, durchgeknalltem Blödsinn und schrill überzeichneter Satire, abgeschmacktem Ulk und gewitzter Zeitkritik, hemmungsloser Albernheit und tiefer Wahrheit des Filmgeschehens. Von den einen wird er als Müll-Produzent verdammt, der auch gute Regisseure auf die Abwege seines vulgären Comedy-Stils hinunterzieht, von anderen als entdeckungsfreudiger Talenteförderer.

Einheitlicher ist die Zustimmung zu den Filmen, die er selbst inszeniert und zu denen er auch das Drehbuch geschrieben hat. Mit seiner Vorliebe für alberne Kindsköpfe, schräge Typen und dickliche Kiffer lenkt Hollywoods unangefochtener Komödienkönig seinen Blick weg von den Schönen Hollywoods auf die Verlierer und Außenseiter der Gesellschaft, die in anderen Komödien allenfalls zu Nebenfiguren und Gaglieferanten taugen, über deren Blödheit man ablachen kann. Darum ging es auch schon in seiner Fernsehserie Voll daneben, voll im Leben (Freaks and Geeks, 1999 – 2000).

Apatow hat ein großes Herz für Außenseiter und ein perfektes Gespür für witzige Situationen. Seine erste Regiearbeit Jungfrau, 40, männlich, sucht (The 40 Year Old Virgin, 2005) wurde als würdiger Nachfolger von Verrückt nach Mary und American Pie bezeichnet. Sie beschreibt die stets katastrophal endenden Versuche, einem vierzigjährigen Single eine Sexpartnerin zu besorgen. Beim ersten Mal (Knocked Up, 2007) zeigt das Dilemma einer Karrierefrau, die sich von einem nichtsnutzigen Faulpelz schwängern lässt. Immer Ärger mit 40 (This is 40, 2012) macht ein Nebenpaar aus Beim ersten Mal zu Hauptakteuren einer Komödie über die Midlife Crisis, die voll gespickt ist mit Anspielungen auf das Ehepaar Apatow – Judd ist mit der Schauspielerin Leslie Mann verheiratet, die er auch in seinen Filmen einsetzt. Wie das Leben so spielt (Funny People, 2009) ist eine pointierte Beobachtung über das Leben von Stand Up-Komikern, in der viel selbst erlebte Realität steckt. Anders als in den Filmen, die er als Produzent verantwortet, sind seine Kinofiguren keine Karikaturen mehr, sondern Menschen, die mit ihren Problemen ernst genommen werden und sich keiner ständigen Pointenraserei unterordnen müssen. Glaubwürdige Charaktere und lebenswahre Geschichten triumphieren über die atemlose Jagd nach Gags um jeden Preis und halten seine Filme in einer gekonnten Balance zwischen Komik und Ernst.

Drehbuch, Produzent, Regisseur:

2005: Jungfrau (40), männlich, sucht (The 40 Year Old Virgin), 2007: Beim ersten Mal (Knocked Up), 2009: Wie das Leben so spielt (Funny People), 2012: Immer Ärger mit 40 (This is 40)

Drehbuch:

2005: Dick und Jane (Fun with Dick and Jane), 2007: Walk Hard: Die Dewey Cox Story (Walk Hard: The Dewey Cox Story), 2008: Leg dich nicht mit Zohan an (You Don't Mess With The Zohan)

Produzent:

1996: Cable Guy – Die Nervensäge (The Cable Guy), 2004: Anchorman – Die Legende von Ron Burgundy (Anchorman: The Legend of Ron Burgundy), 2006: The TV Set, 2006: Ricky Bobby – König der Rennfahrer (Talladega Nights: The Ballad of Ricky Bobby), 2007: Superbad (Superbad), 2007: Walk Hard: Die Dewey Cox Story (Walk Hard: The Dewey Cox Story), 2008: Drillbit Taylor – Ein Mann für alle Unfälle (Drillbit Taylor), 2008: Nie wieder Sex mit der Ex (Forgetting Sarah Marshall), 2008: Die Stiefbrüder (Step Brothers), 2008: Ananas Express (Pineapple Express), 2010: Männertrip (Get him to the Greek), 2011: Brautalarm (Bridesmaids), 2012: Fast verheiratet (The Five-Year Engagement), 2012: Wanderlust – Der Trip ihres Lebens (Wanderlust), 2013: Anchorman 2 – Die Legende kehrt zurück (Anchorman 2: The Legend Continues)

Ealing Studio: Tradition der Komödienqualität

Wie die »Hammer-Filmproduction« zum Inbegriff des englischen Horrorfilms wurde, so leisteten dieses die »Ealing-Studios« für den Bereich der britischen Komödie. Die Ealing Studios unter der Leitung Michael Balcons produzierten auf breiter Basis Filme, die vorwiegend sozialrealistisch ausgelegt waren; erwarben sich ihren guten Ruf vor allem aber mit einer Reihe exzellenter Komödien, die sie von Mitte der 1940er Jahre bis Mitte der 1950er Jahre hergestellt hatten. Qualitätszeichen dieser Filme waren sublime Charakterkomik und typisch britische Exzentrik in der Typenzeichnung, feine Ironie, staubtrockener Humor und eine dezent entwickelte Situationskomik, die nie in billigen Klamauk abglitt. Im Mittelpunkt des Geschehens standen jeweils ein Einzelner oder eine verschworene Gemeinschaft, die mit angelsächsischer Sturheit und mit nicht unter zu kriegender Pfiffigkeit gegen staatliche Autoritäten und die Gesellschaft ankämpften.

Stets basierten die Ealing-Filme auf der sozialen Realität ihrer Zeit und entwickelten ihre bizarren Geschehnisse vor dem Hintergrund einer genau beobachteten Wirklichkeit. Die erste Ealing-Komödie DIE KLEINEN DETEKTIVE (HUE AND CRY, 1947) beschwor in der Fehde einer Kinder- und einer Gangsterbande ein lebendiges Porträt des kriegszerstörten London. In BLOCKADE IN LONDON (PASSPORT FOR PIMLICO, 1949) erklärt sich ein kleiner Teil Londons aufgrund einer alten Urkunde zum selbstständigen Staat und fordert die Krone heraus. FREUT EUCH DES LEBENS / DAS WHISKYSCHIFF (WHISKY GALORE, 1949) berichtet von den einfallsreichen Versuchen verschrobener Inselbewohner, einen ans Land gespülten Whisky-Vorrat vor den Behörden zu retten. ADEL VERPFLICHTET (KIND HEARTS AND CORONETS, 1949) ist ein Lehrfaden für die stilvolle Beseitigung störender Verwandter im Bemühen um gesellschaftliche Anerkennung. EINMAL MILLIONÄR SEIN / DAS GLÜCK KAM ÜBER NACHT (THE LAVENDER HILL MOB, 1951) karikiert mit liebevoller Komik die Träume eines kleinen Bankbeamten, der den perfekten Bankraub ersinnt, und als

DER MANN IM WEISSEN ANZUG (THE MAN IN THE WHITE SUIT, 1951) macht sich ein unscheinbarer Wissenschaftler mit seiner Jahrhunderterfindung unzerreißbarer Kleidungsstoffe gleichzeitig Arbeiterschaft und Fabrikanten zum Feind, da seine Erfindung ihre Existenz vernichtet. TITFIELD EXPRESS (TITFIELD THUNDERBOLT, 1953) ist eine englische Kleinbahn, deren Stilllegung ein kleines Dorf mit allen Mitteln verhindern will. Auf seinem altersschwachen Lastschiff bremst ein alter Seebär in OLLER KAHN MIT GRÖSSENWAHN (THE MAGGIE, 1953) mit schottischer Gemütlichkeit amerikanisches Tempo aus. Vergeblich versucht sich ein Gangsterquintett als LADYKILLERS (1955) und scheitert an ihrem Unvermögen, eine alte wehrlose Frau ins Jenseits zu befördern.

Obwohl in den Ealing Studios nur 17 Komödien gedreht wurden – bei insgesamt 58 Ealing-Nachkriegsproduktionen –, waren die Ealing Comedies der Inbegriff für die Komödie der feinen englischen Art. Die besondere Qualität dieser Filme war möglich durch ein festes, homogenes Team von Drehbuchautoren, Filmtechnikern, Darstellern und Regisseuren, zu denen →Charles Crichton, →Alexander Mackendrick und Robert Hamer gehörten. →Peter Sellers, →Alec Guinness und Margaret Rutherford kamen durch die Ealing-Komödien zu Starruhm. 1955 wurden die Produktionsfirma an Rank-Film verkauft, das Gelände an die BBC. Ein halbes Jahrhundert später gelang mit der Oscar Wilde-Verfilmung ERNST SEIN IST ALLES (THE IMPORTANCE OF BEING ERNEST, 2002) und der Noel Coward-Verfilmung EASY VIRTUE – EINE UNMORALISCHE EHEFRAU (2008) eine glanzvolle Rückkehr zur alten englischen Komödientradition.

Saturday Night Live

Die seit 1975 laufende Comedy Show des Senders NBC war und ist das Sprungbrett für fast alle amerikanischen Komikerstars: →Chevy Chase, Dan Aykroyd, John und James Belushi, →Bill Murray, →Eddie Murphy, →Billy Crystal, →Ben Stiller, →Adam Sandler, Will Ferrell, →Jim Carrey, um nur die bekanntesten zu nennen. Sie begannen als Dauergäste, gehörten nach zwei Jahren zum festen Team, wurden zu Stars, die mit wachsendem Kinoruhm den Fittichen der Fernsehshow entwuchsen. In dieser irren Show der Improvisation hatten sie die Möglichkeit, ihre komische Wirkung zu testen und weiter zu entwickeln. Hier wurden sie entdeckt und zum Film gelockt. So ist der ständige Personenwechsel des Teams die einzige Konstante der Saturday Night Show.

Im Mittelpunkt der Sendung steht ein wöchentlich wechselnder Gastgeber, der durch die Sendung führt und auch bei einzelnen komischen Sketchen mitwirkt. Jede Sendung beginnt mit einem Eröffnungssketch, der Aktualitäten aus dem Showgeschäft und der Politik in pointierter Polemik aufgreift und mit dem Begrüßungssatz endet: »Live from New York, it's Saturday Night.« Der Showmaster startet mit einem Solo eigener Komik-Erlebnisse, um überzuleiten auf den Erfolgsmix aus Showacts, Interviews, Sketchen und Kurzfilmen, die Werbefilme und Kinotrailer parodieren. Inhaltlicher Höhepunkt ist die Nachrichtenshow »Weekend Update«, in der die Tagesaktualitäten im äußerlichen Rahmen einer seriösen Nachrichtensendung unseriös-ironisch aufgespießt und in Sketchen veralbert werden. Dieses Nachrichten-Segment war Vorbild für die »RTL Samstag Nacht-Show« und die ZDF -»Heute Show«.

Stars aus Kino, Musik, Sport, dem Varieté, dem Show Business und der Politik verleihen der Show ihren Glanz. Alle Hollywoodlieblinge von A bis Z traten in Interviews und Sketchen auf. Und alle Stars der Pop-und Rockmusik gaben Kostproben ihres musikalischen Könnens: ABBA, Joe Cocker,

Frank Zappa, Santana, →Bette Middler, Bob Dylan, David Bowie, Paul McCartney, Rod Stewart, James Brown, Queen, Tina Turner, Cher, Neil Young, Eric Clapton, Jon Bon Jovi, Spice Girls, Kylie Minogue, Bruce Springsteen, Prince, Ray Charles, Mick Jagger, Stevie Wonder, Ringo Starr, Madonna, Sting, Britney Spears, Jennifer Lopez, Justin Timberlake, Madonna, Justin Bieber, Elton John, Lady Gaga, und, und, und…. …

»Saturday Night Live« ist, ausgezeichnet mit 40 Emmies, Amerikas erfolgreichste Fernsehshow. Aus Figuren, die für die TV-Show entwickelt wurden, entstanden einige der erfolgreichsten Kinofilme: die BLUES BROTHERS, WAYNE'S WORLD mit Mike Myers, A NIGHT AT THE ROXBURY mit Will Ferrell und die CONEHEADS. Die »Saturday Night Live«-Show ist der Humus, auf dem der Humor des modernen amerikanischen Kinos gewachsen ist.

Literaturverzeichnis

Thomas Brandlmeier *Filmkomiker – Die Errettung des Grotesken*, Frankfurt am Main, Fischer Cinema 1983.

Buchers Enzyklopädie des Films, Luzern und Frankfurt am Main, Verlag C. J. Bucher.

Rainer Dick: *Lexikon der Filmkomiker*, Berlin, Imprint Verlag 1999.

Ulrich Gregor / Enno Patalas: *Geschichte des Films*, Gütersloh, Sigbert Mohn Verlag 1962.

Heinz B. Heller / Matthais Steinle: *Filmgenres – Komödie*, Stuttgart, Reclams Universal Bibliothek 2005.

Joe Hembus: *Das Western-Lexikon,* München, Wilhelm Heyne Verlag 1995.

Nicole Kallwies-Meuser: *Leichte Tiefe – komischer Ernst*, Remscheid, Gardez Verlag 2008.

Ernst Karpf / Doron Kiesel / Karsten Visarius (Hrsg.): *Ins Kino gegangen, gelacht. Filmische Konditionen eines populären Affekts*, Marburg, Schüren-Verlag 1997.

Thomas Koebner: *Filmregisseure . Biographien, Werkbeschreibungen, Filmographien*, Stuttgart, Philipp Reclam Jun. 2002.

Hans Scheugl / Ernst Schmidt: *Eine Subgeschichte des Films. Lexikon des Avantgarde-, Experimental- und Undergroundfilms*, Berlin, Edition Suhrkamp 1974.

Georg Seeßlen: *Romantik & Gewalt*, München, Manz Medien 1973.

Georg Seeßlen: *Klassiker der Filmkomik*, München, Roloff und Seeßlen 1976.

John Vorhaus: *Handwerk Humor*, Frankfurt am Main, Zweitausendeins Edition 2010.

Bildrechteverzeichnis

Abb. 1: Kino Video
Abb. 2: Constantin Film
Abb. 3: Studiocanal
Abb. 4: Studiocanal
Abb. 5: Kinowelt
Abb. 6: Universum Film
Abb. 7: Warner Bros.
Abb. 8: Sony Pictures
Abb. 9: Universal Pictures
Abb. 10: Sony Pictures
Abb. 11: 20th Cerntury Fox
Abb. 12: Universal Pictures
Abb. 13: Studiocanal
Abb. 14: Paramount
Abb. 15: NDR
Abb. 16: Studiocanal
Abb. 17: Universal Plictures
Abb. 18: 20th Century Fox
Abb. 19: MGM
Abb. 20: NBC / Wikipedia
Abb. 21: MH-Archiv
Abb. 22: Universal Pictures
Abb. 23: Studiocanal
Abb. 24: Pathé Films / Jean-Claude Lother
Abb. 25: Ron Kroon/Anefo; Nationaal Archief/Spaarnestad Photo, Den Haag / Wikipedia
Abb. 26: Towpilot / Wikipedia
Abb. 27: Warner Bros.
Abb. 28: P. D. Jankens / Wikipedia
Abb. 29: Warner Bros.
Abb. 30: Shankbone / Wikipedia
Abb. 31: MH-Archiv
Abb. 32: Ufa Video
Abb. 33: Studio 37
Abb. 34: 20th Century Fox
Abb. 35: MH-Archiv
Abb. 36: MGM
Abb. 37: MH-Archiv
Abb. 38: Filmmuseum München
Abb. 39: MH-Archiv
Abb. 40: Allan Warren / Wikipedia
Abb. 41: Allan Warren / Wikipedia
Abb. 42: barefoot films GmbH, SevenPictures Film GmbH, Warner Bros. Entertainment
Abb. 43: MH-Archiv
Abb. 44: MH-Archiv
Abb. 45: herbX film
Abb. 46: Ascot Elite
Abb. 47: Paramount Pictures
Abb. 48: Paramount Pictures
Abb. 49: MK2
Abb. 50: MH-Archiv
Abb. 51: MGM / United Artists
Abb. 52: Paramount / A Certain Cinema
Abb. 53: MH-Archiv
Abb. 54: Euro Video
Abb. 55: Universal Pictures
Abb. 56: Philipp von Ostau / Wikipedia
Abb. 57: Vides Cinematografica
Abb. 58: MH-Archiv
Abb. 59: MH-Archiv
Abb. 60: MH-Archiv
Abb. 61: Warner Bros.
Abb. 62: BBC
Abb. 63: Warner Bros.
Abb. 64: Murnau-Stiftung
Abb. 65: MH-Archiv
Abb. 66: MH-Archiv
Abb. 67: Vides Cinematografica
Abb. 68: Paramount Pictures
Abb. 69: Allan Warren / Wikipedia
Abb. 70: Icestorm Pictures
Abb. 71: MH-Archiv
Abb. 72: Unifrance
Abb. 73: Concorde Video
Abb. 74: MH-Archiv
Abb. 75: MH-Archiv
Abb. 76: Meine Supermaus GmbH / Till Oellerking
Abb. 77: Allan Warren / Wikipedia
Abb. 78: Österreichisches Filmmuseum
Abb. 79: MH-Archiv
Abb. 80: Michael Schilling / Wikipedia
Abb. 81: Discina Film, Cady Films, Specta Films
Abb. 82: Da Ma Produzione, Les Productions Artistes Associés
Abb. 83: Titanus
Abb. 84: Allan Warren/Wikipedia
Abb. 85: MH-Archiv
Abb. 86: Universum Film
Abb. 87: Paramount Pictures
Abb. 88: Warner Bros.
Abb. 89: MH-Archiv
Abb. 90: Roberto Gordo Saez / Wikipedia
Abb. 91: Popperipopp / Wikipedia
Abb. 92: Medusa Video
Abb. 93: Alex Productions / philippedebroca.com
Abb. 94: Constantin Film / Marco Nagel
Abb. 95: Romain Dubois / Wikipedia
Abb. 96: Franton Productions / United Artists / A Certain Cinema
Abb. 97: Arnold Pressburger Films / A Certain Cinema
Abb. 98: Festival due Film Britannique de Dinard
Abb. 99: Miramax
Abb. 100: Indepentent Artists / British Film Makers / A Certain Cinema
Abb. 101: Aurélie Raisin / Institut Lumière / Lumière Film Festival Lyon
Abb. 102: tomdicillo.com
Abb. 103: Senator Film
Abb. 104: Adam Schartoff / Wikipedia

Abb. 105: United Artists / Amjo Productions
Abb. 106: David Shankbone / Wikipedia
Abb. 107: Georges Biard / Wikipedia
Abb. 108: Petr Novák / Wikipedia
Abb. 109: Paramount Pictures / A Certain Cinema
Abb. 110: Towpilot / Wikipedia
Abb. 111: AJ Wilhelm / Wikipedia
Abb. 112: Paramount Pictures / A Certain Cinema
Abb. 113: MH-Archiv
Abb. 114: Tokio International Film Festival / Itami Production
Abb. 115: Alamode Film
Abb. 116: Newmarket Films / IMDb
Abb. 117: Studiocanal
Abb. 118: Unifrance
Abb. 119: Derzsi Elekes Andor / Wikipedia
Abb. 120: Daniel Lewis / lewisphoto.wordpress.com
Abb. 121: Paramount / A Certain Cinema
Abb. 122: Petersham Pictures / A Certain Cinema
Abb. 123: Thore Siebrands / Wikipedia
Abb. 124: Alexander Binder / Wikipedia
Abb. 125: Ealing Studios / A Certain Cinema
Abb. 126: Paramount / A Certain Cinema
Abb. 127: United Artists / A Certain Cinema
Abb. 128: Pastorius / Wikipedia
Abb. 129: Universal / IMDb
Abb. 130: Georges Biard / Wikipedia

Abb. 131: Gorupdebesanez / Wikipedia
Abb. 132: Columbia Pictures
Abb. 133: Angela George / Wikipedia
Abb. 134: Universal Pictures
Abb. 135: Bertrand Carrière / bertrandcarriere.com
Abb. 136: Incei Film, Sancro Film, Fair Film / A Certain Cinema
Abb. 137: Universum Film
Abb. 138: David Shankbone / Wikipedia
Abb. 139: Festival international du film fantastique, Gérardmer
Abb. 140: Schwarz-Weiss Filmverleih
Abb. 141: Taormina Film Fest
Abb. 142: 20th Century Fox / A Certain Cinema
Abb. 143: Petr Novák / Wikipedia
Abb. 144: Bing Crosby Productions / 20th Century Fox / A Certain Cinema
Abb. 145: Georges Biard / Wikipedia
Abb. 146: PEN American Center / Wikipedia
Abb. 147: Augusto De Luca / Wikipedia
Abb. 148: Paramount / A Certain Cinema
Abb. 149: Constantin Film Verleih
Abb. 150: David Shankbone / Wikipedia
Abb. 151: Milwaukee Film Festival
Abb. 152: San Francisco Comedy Festival
Abb. 153: David Shankbone / Wikipedia

Erhältlich im Frühjahr 2015:

Franz Stadler / Manfred Hobsch:

Die Kunst der Filmkomödie – Band 2
1.000 Filmkomödien

Weitere Veröffentlichungen des Verlags:

Julius Pöhnert:
Provokation in Rosa. Typen, Tunten, Charaktere in Rosa von Praunheims Filmen.
212 Seiten, zahlreiche Abbildungen.
E-Book: 14,99 Euro; Print: 19,90 Euro.

Typen, Tunten, Charaktere in Rosa von Praunheims Filmen

„Wer bitte ist denn Rosa von Praunheim?"
Das ist eine der am häufigsten gehörten Fragen, wenn man eröffnet, dass man sich mit den Werken eines der produktivsten deutschen Filmemacher beschäftigt.
Einigen mag Rosa von Praunheim noch für seine frühen Skandalfilme Die Bettwurst und Nicht der Homosexuelle ist pervers, sondern die Situation, in der er lebt (beide 1971) bekannt sein oder für seine provokanten Auftritte und das Promi-Outing Anfang der 1990er.
Dabei hat sein umfangreiches Werk von inzwischen über 80 Filmen einen bleibenden Eindruck in der deutschen Filmlandschaft weit über die Schwulenszene hinaus hinterlassen – mitunter freilich subtil und unbewusst. Im Kampf gegen bürgerliche Konventionen und Sehgewohnheiten schafft Rosa von Praunheim unbequeme, aufregende und nervenaufreibende Filme, deren Themen besonders heute, in einer scheinbaren Renaissance der Spießigkeit, von ungeminderter Aktualität sind.

Provokation in Rosa von Julius Pöhnert – eine der wenigen Publikationen über von Praunheims Œuvre – bietet im umfassenden Blick auf sein Filmschaffen eine Gesamtschau über Themen, Arbeitsweisen und Vielseitigkeit einer der streitbarsten Persönlichkeiten der deutschen Filmszene.

Über den Autor:

In Berlin geboren und in Hamburg aufgewachsen, studierte Julius Pöhnert Mediendramaturgie (Film und Theater) an der Johannes Gutenberg-Universität Mainz. An der Ball State University in Muncie, Indiana, entstanden erste eigene Filmprojekte. Nach einigen redaktionellen Arbeiten sowie als Produktionsassistent fürs Fernsehen mehrere Jahre Regieassistent und Abendspielleiter bei verschiedenen Theaterproduktionen. Derzeit umsegelt er als Theatermanager auf Kreuzfahrtschiffen die Welt.

Henriette Nagel:
Zukunft war gestern. Zeitreisemodelle im Film.
Ca. 96 Seiten, einige Abbildungen, viele Schaubilder.
E-Book: 9,99 Euro; Print: 12,90 Euro.

Was haben Schwarze Löcher, Gendefekte, Sportwagen und Telefonzellen gemeinsam? Sie alle ermöglichen Reisen durch die Zeit – zumindest auf der Kinoleinwand. In diesem Buch treffen Filmwissenschaft und Astrophysik aufeinander. An einer Vielzahl klassischer Zeitreisefilme zeigt Medienwissenschaftlerin Henriette Nagel auf, welchen Einfluss die Erkenntnisse von Albert Einstein, Stephen Hawking & Co. auf die lange Tradition des Zeitreisekinos haben – unter anderem an Beispielen von DIE ZEITMASCHINE und PLANET DER AFFEN über ZURÜCK IN DIE ZUKUNFT, TWELVE MONKEYS und DONNIE DARKO bis hin zu BUTTERFLY EFFECT, HARRY POTTER UND DER GEFANGENE VON ASKABAN und STAR TREK.

Denn was geschieht mit der Gegenwart, wenn die Vergangenheit im Nachhinein geändert wird? Zwischen Parallelwelten und selbstkonsistenten Universen erfahren Sie, warum Marty McFly sich beinahe in Luft aufgelöst hätte, wieso Captain Kirk ohne seinen Vater aufwachsen musste und wie Harry Potter sich während einer Zeitreise selbst das Leben retten konnte.

Über die Autorin:

Henriette Nagel erwarb ihr Abitur im Jahr 2008 und absolvierte im Anschluss ein Freiwilliges Soziales Jahr im Wallraf-Richartz-Museum & Fondation Corboud in Köln. Den Schwerpunkt ihres darauf folgenden Studiums der Medien- und Kulturwissenschaften an der Heinrich-Heine-Universität Düsseldorf legte sie auf Filmforschung sowie Kinder- und Jugendliteratur. Seit ihrem Studienabschluss im Jahr 2012 arbeitet Henriette Nagel als freischaffende Autorin, Fotografin und Grafikdesignerin.

Andreas Köhnemann:
Liebe in alle Richtungen. Sexuell ambivalente Dreiecksbeziehungen im Film
232 Seiten, zahlr. Abb.
E-Book: 14,99 Euro, Print: 17,90 Euro

Seit jeher ist *boy meets girl* die Prämisse der Liebesfiktion – doch welche dramaturgischen und ästhetischen Herausforderungen ergeben sich, wenn es nicht (nur) um das Glück zu zweit, sondern zu dritt geht? Wenn die Liebe im Figuren- und Beziehungsdreieck in alle Richtungen verläuft und somit eine sexuelle Ambivalenz ins Spiel kommt? Wenn deshalb die Standards des Liebesfilms nicht mehr ausreichen?

Moritz Rosenthal:
Das Monster im Blick. Die Repräsentationen des Femininen im Horrorfilm
96 Seiten, einige Abb.
E-Book: 9,99 Euro, Print: 12,90 Euro

Monster bahnen sich blutige Schneisen durch weibliche Körper, die Frau muss als Leinwand für Grausamkeiten herhalten. Doch ist der Horrorfilm tatsächlich bloß ein blutiges Körperspektakel mit eindeutiger Rollenverteilung? Mit seinen Fragen nach Genre und Gender kann das Buch auch als Einführung in die Thesen von Laura Mulvey, Linda Williams, Carol J. Clover, Julia Kristeva und Barbara Creed dienen.

Weitere Informationen auf **www.muehlbeyer-verlag.de**